Der internationale Handel US-Dollar basierter Finanzinnovationen

Europäische Hochschulschriften
Publications Universitaires Européennes
European University Studies

**Reihe V**
**Volks- und Betriebswirtschaft**

Série V Series V
Sciences économiques, gestion d'entreprise
Economics and Management

**Bd./Vol. 2498**

PETER LANG
Frankfurt am Main · Berlin · Bern · Bruxelles · New York · Wien

Christian Schäferbarthold

# Der internationale Handel US-Dollar basierter Finanzinnovationen

## Unter besonderer Berücksichtigung des Handels zwischen Deutschland und den USA durch deutsche Kreditinstitute

PETER LANG
Europäischer Verlag der Wissenschaften

Die Deutsche Bibliothek - CIP-Einheitsaufnahme

Schäferbarthold, Christian:

Der internationale Handel US-Dollar- basierter Finanzinnovationen : unter besonderer Berücksichtigung des Handels zwischen Deutschland und den USA durch deutsche Kreditinstitute / Christian Schäferbarthold. - Frankfurt am Main ; Berlin ; Bern ; Bruxelles ; New York ; Wien : Lang, 1999
(Europäische Hochschulschriften : Reihe 5, Volks- und Betriebswirtschaft ; Bd. 2498)
Zugl.: Berlin, Techn. Univ., Diss., 1999
ISBN 3-631-35358-8

D 83
ISSN 0531-7339
ISBN 3-631-35358-8

Meinen Eltern und Tante Ilse
in Dankbarkeit gewidmet

Es kommt nicht darauf an, die Zukunft vorherzusagen.
Es geht darum, auf die Zukunft vorbereitet zu sein.

*Perikles*

Mein Dank gilt Herrn Professor Dr. Hans H. Lechner für den Freiraum bei der Auswahl des Themas und dessen Bearbeitung. Das Gespräch, über den Rahmen dieser Arbeit hinaus, habe ich sehr geschätzt.

Weiter bedanke ich mich bei Herrn Professor Dr. Klaus Serfling für die Übernahme des Korreferats.

Unschätzbare Einblicke in die praktischen Aspekte des Themas verdanke ich Herrn Manfred Zimmer, Dresdner Bank AG.

Meinem Kollegen im Promotionsbüro, Herrn Dipl.-Kfm. Björn Harms, danke ich für die gute Zusammenarbeit. Er stand mir als neutraler Betrachter der Thematik mit Rat zur Seite. Die 18 Uhr Diskussionen werden mir immer in angenehmer Erinnerung bleiben.

# Gliederung

# Inhalt

# Tabellen

# Abbildungen

## Abkürzungen

| | |
|---|---|
| a.A. | anderer Ansicht |
| Abb. | Abbildung |
| Abs. | Absatz |
| Anm. | Anmerkung |
| AO | Abgabenordnung |
| APA | Advance Pricing Agreement |
| Art. | Artikel |
| AStG | Außensteuergesetz |
| ATO | Australian Tax Office |
| AUD | Währungskennzeichen für Australische Dollar gem. DIN EN 24217 |
| BAK | Bundesaufsichtsamt für das Kreditwesen |
| BB | Betriebs-Berater |
| BBAIRS Terms | British Bankers' Association Interest Rate Swaps Terms |
| Bd. | Band |
| BdF | Bundesminister der Finanzen |
| BefrV | Befreiungsverordnung |
| BFA | Bankenfachausschuß des Instituts deutscher Wirtschaftsprüfer |
| BFuP | Betriebswirtschaftliche Forschung und Praxis |
| BGBl. | Bundesgesetzblatt |
| BHC Act | Bank Holding Company Act |
| BIZ | Bank für Internationalen Zahlungsausgleich |
| BMF | Bundesministerium der Finanzen |
| BStBl. | Bundessteuerblatt |
| bzw. | beziehungsweise |
| CAD | Währungskennzeichen für Kanadische Dollar gem. DIN EN 24217 |
| CCS | Comprehensive and Consolidated Supervision |
| CFTC | Commodity Futures Trading Commission |
| CHF | Währungskennzeichen für Schweizer Franken gem. DIN EN 24217 |
| CSA | Cost Sharing Arrangement |
| CT | Connecticut |
| d.h. | das heißt |
| DB | Der Betrieb |
| DBA | Doppelbesteuerungsabkommen |
| DBA USA/D | Abkommen zwischen den Vereinigten Staaten von Amerika und der Bundesrepublik Deutschland zur Vermeidung der Doppelbesteuerung und zur Verhinderung der Steuerverkürzung auf dem Gebiet der Steuern vom Einkommen und vom Vermögen und einiger anderer Steuern |
| DBW | Die Betriebswirtschaft |
| D.C. | District of Columbia |
| DEM | Währungskennzeichen für Deutsche Mark gem. DIN EN 24217 |
| Diss. | Dissertation |
| DStR | Deutsches Steuerrecht |

| | |
|---|---|
| dt. | deutsch |
| DTB | Deutsche Terminbörse |
| DVFA | Deutsche Vereinigung für Finanzanalyse und Anlageberatung |
| E | Exposure Draft |
| EITF | Emerging Issues Task Force |
| engl. | englisch |
| EStG | Einkommensteuergesetz |
| etc. | et cetera |
| EU | Europäische Union |
| evtl. | eventuell |
| f. | und die folgende Seite |
| FAS | Financial Accounting Standard |
| FASB | Financial Accounting Standard Board |
| F.A.Z. | Frankfurter Allgemeine Zeitung |
| FBSE Act | Foreign Bank Supervision Enhancement Act |
| FDIC | Federal Deposit Insurance Corporation |
| Fernuni. | Fernuniversität |
| ff. | und die folgenden Seiten |
| Fn. | Fußnote |
| FOIA | Freedom of Information Act |
| FRA | Forward Rate Agreement |
| FRF | Währungskennzeichen für Französische Franc gem. DIN EN 24217 |
| gem. | gemäß |
| GoB | Grundsätze ordnungsgemäßer Buchführung |
| GuV | Gewinn- und Verlustrechnung |
| GBP | Währungskennzeichen für Britische Pfund gem. DIN EN 24217 |
| Hochsch. | Hochschule |
| Hrsg. | Herausgeber |
| IAS | International Accounting Standard |
| IASC | International Accounting Standard Committee |
| i.d.R. | in der Regel |
| i.e.S. | im engeren Sinne |
| i.w.S. | im weiteren Sinne |
| IDW | Institut deutscher Wirtschaftsprüfer |
| INPV | Initial Net Present Value (Barwert bei Kontraktabschluß) |
| IRC | United States Internal Revenue Code: Steuergesetz der USA |
| IRS | United States Internal Revenue Service: Steuerbehörde der USA |
| i.S.d. | im Sinne des |
| ISDA | International Swaps and Derivatives Association |
| IStR | Internationales Steuerrecht |
| IWB | Internationale Wirtschafts-Briefe |
| Jg. | Jahrgang |
| JoPE | Journal of Political Economy |
| JPY | Währungskennzeichen für Japanische Yen gem. DIN EN 24217 |
| KapRL | EG-Kapitaladäquanz-Richtlinie |

| | |
|---|---|
| KredBestV | Verordnung über die Bemessung der Kredit- und Anrechnungsbeträge nach §§ 13 und 14 des Gesetzes über das Kreditwesen |
| KWG | Gesetz über das Kreditwesen |
| lat. | lateinisch |
| Mass. | Massachusetts |
| Mindestanforderungen | Mindestanforderungen an das Betreiben von Handelsgeschäften der Kreditinstitute |
| MIT | Massachusetts Institute of Technology |
| m.w.N. | mit weiteren Nennungen |
| NASD | National Association of Securities Dealers |
| NIFs | Note Issuance Facilities |
| NJ | New Jersey |
| NL | Niederlande |
| No. | Number |
| NPV | Net Present Value (Barwert) |
| Nr. | Nummer |
| o.Jg. | ohne Jahrgang |
| o.V. | ohne Verfasser |
| OCC | Office of the Comptroller of the Currency |
| OECD | Organization for Economic Cooperation and Development |
| OECD-MA | Musterabkommen der OECD |
| OPEC | Organization of Petroleum Exporting Countries |
| OTC | over the counter |
| PFAS | Proposed Financial Accounting Standard |
| RechKredV | Verordnung über die Rechnungslegung der Kreditinstitute |
| Reg. | Regulations (Verwaltungsvorschriften) |
| Rev. Proc. | Revenue Procedure (Ausführungsbestimmung des IRS) |
| RIW | Recht der internationalen Wirtschaft |
| Rn. | Randnummer |
| RUFs | Revolving Underwriting Facilities |
| S. | Seite, Satz |
| SEC | Securities and Exchange Commission |
| Sec. | Section |
| SFAC | Statement of Financial Accounting Concepts |
| sog. | sogenannt |
| StBP | Die Steuerliche Betriebsprüfung |
| StuW | Steuer und Wirtschaft |
| Tab. | Tabelle |
| Techn. | Technische |
| Tz. | Textziffer |
| u. | und |
| Univ. | Universität |
| US | United States/Vereinigte Staaten |
| USA | United States of America/Vereinigte Staaten von Amerika |
| USD | Währungskennzeichen für United States Dollar gem. DIN EN 24217 |

| | |
|---|---|
| US-GAAP | United States - General Accepted Accounting Principles |
| vgl. | vergleiche |
| Vol. | Volume |
| WiSt | Das Wirtschaftswissenschaftliche Studium |
| WISU | Das Wirtschaftsstudium |
| WM | Zeitschrift für Wirtschafts- und Bankrecht |
| WPg | Die Wirtschaftsprüfung |
| WpHG | Gesetz über den Handel von Wertpapieren |
| XEU | Währungskennzeichen für Ecu gem. DIN EN 24217 |
| ZBB | Zeitschrift für Bankrecht und Bankwirtschaft |
| ZfB | Zeitschrift für Betriebswirtschaft |
| ZfbF | Zeitschrift für betriebswirtschaftliche Forschung |
| ZfgK | Zeitschrift für das gesamte Kreditwesen |
| Zif. | Ziffer |
| ZIP | Zeitschrift für Wirtschaftsrecht |
| ZIR | Zeitschrift für Interne Revision |
| zugl. | zugleich |

# 1 Einleitung

Der tiefgreifende Strukturwandel, der sich auf den internationalen Finanzmärkten vollzogen hat, ist gekennzeichnet durch die Verflechtung der jeweils nationalen Finanzmärkte in Richtung eines weltumspannenden Finanzmarkts. Niedrige Transaktionskosten und erhöhte Markttransparenz charakterisieren diese Entwicklung.

Die weltweite Integration der Finanzmärkte ist zunächst vor allem durch den weitverbreiteten Abbau der Kapitalverkehrsbeschränkungen möglich geworden. International ist insbesondere seit den achtziger Jahren ein weitgehender Liberalisierungsprozeß in Gang gekommen, der mittlerweile auch eine Reihe von Schwellen- und Entwicklungsländern erfaßt hat. Neben der zunehmenden Einsicht in die Vorteile einer Liberalisierung des Geld- und Kapitalverkehrs wuchs auch die Erkenntnis, daß infolge der technischen Entwicklung die Aufrechterhaltung effizienter nationaler Kontrollen immer schwieriger wird.[1]

Mit der Kapitalverkehrsliberalisierung wurde der Weg zur Globalisierung geebnet. Deregulierung und Internationalisierung haben sich gegenseitig unterstützt. Dies wurde durch die Entwicklung auf dem Gebiet der Telekommunikation und der Computertechnik weiter verstärkt. Ohne diesen Fortschritt wäre eine solche enge und reaktionsschnelle Vernetzung der Finanzmärkte nicht möglich gewesen.

Die Bedeutung des Bankkredits nimmt zugunsten von Finanzierungen über Wertpapiere ab. Bei den Wertpapieren sind erhöhte Schwankungen der Marktpreise in den letzten Jahren zu beobachten. Gleichzeitig steigt damit bei den Marktteilnehmern das Bedürfnis, sich gegen die aus der zunehmenden Volatilität und Dynamik der Finanzmärkte resultierenden Risiken abzusichern.[2] Die Entstehung von neuen Finanzinstrumenten zur Risikoabsicherung in ihren vielfältigen Ausprägungen ist mit diesem Trend eng verbunden.

Inzwischen sind die Finanzinnovationen zum treibenden Faktor des Handels auf den Wertpapier-, Zins- und Devisenmärkten geworden. Während die Bedeutung der klassischen Finanzinstrumente in den Hintergrund tritt, gewinnen Handels- und Portfoliostrategien sowie deren Absicherung durch flexible derivative Instrumente immer mehr an Bedeutung.[3]

Das Handelsvolumen von innovativen Finanzinstrumenten hat seit Mitte der 80er Jahre deutlich zugenommen. Der individuell ausgehandelte Anteil dieser Geschäfte wurde bisher gegenüber dem börslich gehandelten Anteil als etwa gleich hoch angenommen. Wider Erwarten übertrifft er ihn jedoch um ein Vielfaches (47,5 Bil. USD individueller Handel zu 8,2 Bil. USD börslicher Handel).[4]

---

1 Vgl. Tietmeyer, Hans, Europäische Geldpolitik in globalen Märkten, 1996, S. 2.

2 Vgl. Schulte-Mattler, Hermann/Traber, Uwe, Marktrisiko und Eigenkapital, 1995, S. 1.

3 Vgl. Krumnow, Jürgen, Risikosteuerung im derivativen Geschäft, 1995, S. 3.

4 Vgl. BIZ, Monetary and Economic Department, Central Bank Survey of Foreign Exchange and Derivatives Market Activity 1995, 1996, S. 3.

Finanzinstitutionen, insbesondere Banken und Wertpapierhäuser, die als Finanzintermediäre auftreten, spielen eine wesentliche Rolle in der effizienten Gestaltung der Finanzmärkte. Die Finanzinstitutionen vermitteln zwischen denen, die überschüssiges Kapital zur Verfügung stellen und jenen, die zusätzliches Kapital nachfragen. In zunehmendem Maße vermitteln diese Institutionen nicht nur passende, gegensätzliche Positionen von Kreditangebot und -nachfrage, um dabei eine Spanne zu realisieren, sondern versuchen Gewinne dadurch zu erwirtschaften, daß sie selbst die Risiken eines eigenen Portfolios aus den Geschäften mit Kunden steuern. Dieses Verhaltensmuster setzt sich auch mit dem Einsatz von Finanzinnovationen fort, indem die Banken sich im Eigenhandel engagieren.

Während es früher für die Finanzintermediäre ausreichte, ein Finanzinstrument zu entwickeln, um beide Seiten des Markts zu bedienen, ist es nun erforderlich, sowohl die Nachfrageseite als auch die Angebotsseite mit individuellen Finanzprodukten zu bedienen und sich so den Wünschen der Kunden anzupassen.

Die deutschen Banken sehen sich dem zunehmenden internationalen Wettbewerb ausgesetzt und haben daher weltweit Niederlassungen gegründet, an denen auch Finanzinnovationen gehandelt werden. Dies geschieht sowohl im Auftrag der Kunden als auch im Rahmen des Eigenhandels. Als Eigenhändler können die Banken selbständig Positionen eingehen. Durch die Übernahme der Funktion des *market maker* sind die Banken dazu verpflichtet, auf Anforderung verbindliche Geld- und Briefkurse, sog. *quotes*, zu stellen.[5] Ziel der international tätigen Kreditinstitute ist es, als Market Maker *„global player"* zu werden und dadurch neue Kunden zu akquirieren.

Mit dem Auftreten als Global Player versuchen die international operierenden Banken weitere Anteile an dem auch zukünftig stark wachsenden internationalen Finanzmarkt zu gewinnen und zur weiteren Vernetzung der Finanzmärkte beizutragen. Zugleich wollen sie an dem dabei zu erzielenden Erfolg partizipieren.

Für die internationale Marktteilnahme stehen den Kreditinstituten verschiedene Wege offen. Die börslich gehandelten Finanzinnovationen können mit Handelsnetzwerken, vergleichbar mit dem der Deutschen Terminbörse, weltweit und somit rund um die Uhr gehandelt werden. Nachdem schon seit September 1994 von Frankreich aus an der Deutschen Terminbörse (DTB) gehandelt werden kann,[6] stimmte 1996 die Commodity Futures Trading Commission (CFTC) der USA zu, daß Mitglieder der DTB am DTB-Handel von den USA aus teilnehmen.[7] Ende 1996 hatten etwa ein Drittel der 151 DTB-Marktteilnehmer ihren Sitz im Ausland; 19 davon in Frankreich, 14 in Großbritannien, 11 in den Niederlanden und 3 in den USA.[8] Das Handeln standardisierter Produkte kann auch von Terminals aus erfolgen, eine örtliche Präsenz ist folglich nicht mehr erforderlich.

---

5 Vgl. Bublitz, Friedhelm, Die Funktionsweise der Deutschen Terminbörse, 1990, S. 44.

6 Vgl. DTB, Die Deutsche Terminbörse, 1995, S. II.

7 Vgl. Webb, Craig L., German Futures Mart Wins Entry to U.S., 1996, S. 1.

8 Vgl. hst., Die Transaktionskosten verändern die Börsenlandschaft, 1996, S. 19.

Kontrakte über nicht börslich gehandelte Finanzinnovationen werden in der Regel (i.d.R.) aufgrund der geforderten Individualität und der höheren Komplexität erst nach längeren Verhandlungen mit den Kontrahenten abgeschlossen. Die notwendigen Verhandlungen der individuellen Geschäfte und ihr hoher Anteil am Marktvolumen legen den Banken die Präsenz vor Ort nahe.

Es ergeben sich damit zwei grundsätzliche Strategien, Finanzinnovationen international zu handeln: Die Positionen werden weltweit vor Ort betreut oder von einem zentralen Ort aus wird rund um die Uhr mit den weltweiten Kontrahenten gehandelt. Für welche Form des Handels sich ein Finanzinstitut entscheidet, hängt nicht lediglich davon ab, ob sich der Handel auf börsen- oder auf individuell gehandelte Kontrakte bezieht. Beide Strategien schließen sich nicht gegenseitig aus, sondern ergänzen sich in der Zielsetzung des internationalen Handels. Unabhängig davon muß die Betreuung des Portfolios in Kenntnis aller Positionen geschehen. Der Positionsverantwortliche muß ständig auf alle risikobehafteten Positionen zugreifen können.

Dieses Ziel der Banken, alle offenen Positionen des internationalen Handels von Finanzinnovationen ständig betreuen zu können, soll mit einem weltweiten Handelsbuch (*„global book"*) umgesetzt werden.[9] In dieses Handelsbuch werden alle Geschäfte gehandelt, für die ein ausreichend großer internationaler Markt existiert.

Sowohl für den deutschen als auch den internationalen Markt stellt der US-Dollar (USD) die wichtigste Fremdwährung dar.[10] USD und USD basierte Finanzinnovationen werden ständig weltweit gehandelt.[11] Daher sollen diese Geschäfte im Global Book abgebildet werden.

Es werden dazu im Rahmen dieser Arbeit Lösungsansätze für die Realisierung des internationalen Handels von Finanzinnovationen entwickelt und ausführlich diskutiert. Um die Arbeit abzugrenzen, ist es notwendig, zunächst verschiedene Begriffe zu definieren.

## 1.1 Grundlegende Definitionen

### 1.1.1 Finanzinnovation

Der Begriff *„Innovation"* leitet sich von dem lat. Verb „innovare" (dt.: erneuern, verändern) ab. Es wird darunter die geplante Erneuerung und Neugestaltung von Teil-

9 Beim Handelsbuch handelt es sich im wesentlichen um die Finanzinstrumente, die ein Kreditinstitut zum Zwecke des Eigenhandels im Bestand hält und die ein Marktpreisänderungsrisiko in sich bergen. Vgl. Schulte-Mattler, Hermann/Traber, Uwe, Marktrisiko und Eigenkapital, 1995, S. 105; Boos, Karl-Heinz, Entwurf einer Sechsten KWG-Novelle, 1997, S. 121.

10 Vgl. BIZ, Monetary and Economic Department, Central Bank Survey of Foreign Exchange and Derivatives Market Activity 1995, 1996, S. 26, Tab. D-5.

11 Vgl. Dacorogna, Michael M. et al., A geographical model for the daily and weekly seasonal volatility in the foreign exchange market, 1993, S. 415 f.; Kradolfer, Verena, Finanzmarktprognosen - Fraktale Techniken, alternative Zeitskalen, Resultate, 1993, S. 7.

bereichen, Funktionselementen oder Verhaltensweisen in bereits bestehenden Funktionszusammenhängen verstanden.[12] Zielsetzung dieser Veränderung ist entweder die Optimierung bisher genutzter Verfahrensweisen oder die Anpassung an neu auftretende Funktionsanforderungen. Dabei wird wirtschaftliches Verhalten angenommen.[13]

Der Innovation geht die Invention zwingend voraus. Die Invention[14] bezeichnet das Hervorbringen von etwas Neuem. Entscheidend ist die objektive Neuartigkeit, die etwas Derartiges als objektbezogen noch nicht Dagewesenes voraussetzt. Die mögliche Umsetzung der Invention in ein Produkt oder einen Prozeß wird dabei außer Acht gelassen. Für eine Innovation hingegen ist die Einführung oder Durchführung der Veränderung zwingend notwendig. Der Innovation liegt eine Neuerung in Form einer Invention zugrunde.[15]

An die Innovation schließt sich möglicherweise die Imitation an. Erfolgversprechende Innovationen werden dabei von anderen Wirtschaftseinheiten teilweise nachgeahmt oder vollständig kopiert. Dies ist insbesondere in schnell wachsenden Märkten wie dem der Finanzdienstleistungen zu beobachten. Die Nichtverfügbarkeit der innovativen Produkte würde die Teilnahme am Wachstum verwehren oder sogar ein Ausscheiden aus dem Markt zur Folge haben.

In der Betriebswirtschaftslehre werden verschiedene Dimensionen der Innovation betrachtet. Die Subjektdimension trifft Aussagen darüber, aus wessen Sicht es sich um eine Neuerung handelt. Die Intensitätsdimension gibt den Grad der Neuheit an. Es wird in Basisinnovation und Verbesserungsinnovation unterschieden. Die Zeitdimension gibt an, wie lange ein Produkt als neu angesehen wird.[16]

Ist das Bezugsobjekt der Innovation der Produktionsprozeß, so wird von Prozeßinnovation bzw. Verfahrensinnovation gesprochen. Produktinnovationen sind Neuerungen im Sachziel von Unternehmen. In diesem Zusammenhang wird unter Produkt jedes Wirtschaftsgut materieller und immaterieller Art verstanden.[17] Die Neugestaltung der Organisation wird als organisatorische Innovation, Sozial- oder Humaninnovation, die Erschließung neuer Beschaffungs- und Absatzmärkte als Marktinnovation bezeichnet.[18]

---

12 Vgl. o.V., Schlüsselbegriff: Innovation, 1989.

13 Vgl. Schumpeter, Joseph A., Konjunkturzyklen - Band I, 1961, S. 92. Schumpeter grenzt den Begriff später wesentlich weiter ein und bezieht ihn nur noch auf die Veränderung der Produktionsfunktionen (S. 94 f.).

14 Lat.: inventio: das Auffinden, die Erfindung.

15 Vgl. Brockhoff, Klaus, Forschung und Entwicklung - Planung und Kontrolle, 1989, S. 20.

16 Vgl. Andres, Martina, Zins- und Währungsswaps als innovative Finanzinstrumente, 1989, S. 93 f.

17 Vgl. Thom, Norbert, Innovationsmanagement, 1992, S. 8.

18 Vgl. Trommsdorff, Volker/Schneider, Peter, Grundzüge des betrieblichen Innovationsmanagements, 1990, S. 4.

Die Innovationen im Finanzsektor werden als Finanzinnovationen bezeichnet. Eine klare Abgrenzung des Begriffs der Finanzinnovation fällt jedoch nicht leicht.[19] Obgleich z.B. Optionen seit langem bekannt sind, werden sie als Paradebeispiel für Finanzinnovationen angeführt. Es hat hier nur die Transformation von Objekten auf Finanztitel stattgefunden. Ähnlich verhält es sich bei Swaps. Die als Voraussetzung der Innovation angeführte Invention besteht in der neuen Kombination schon bestehender Vertragsgestaltungen. Es ergibt sich also lediglich ein neues Verfahren zur Erreichung eines zuvor auch möglichen Vertrags. Insofern sind Finanzinnovationen mit Prozeß- oder Verfahrensinnovationen zu vergleichen. Die mögliche Wiederverwendung des aus dem Innovationsprozeß resultierenden Verfahrens wird durch die Bezeichnung *Instrument* berücksichtigt.

Im Rahmen dieser Arbeit soll daher die folgende Definition für den Begriff Finanzinnovation gelten:

> Eine Finanzinnovation ist die geplante Erneuerung und Neugestaltung von Funktionsbereichen oder -elementen in bereits bestehenden Funktionszusammenhängen von Finanzinstrumenten mit dem Ziel, die bisher genutzten Verfahrensweisen zu optimieren oder neu auftretenden Funktionsanforderungen gerecht zu werden.

Aufgrund der ständigen Entwicklung weiterer Finanzinnovationen läßt sich keine vollständige Aufzählung der neuen Instrumente angeben. Durch die ausführliche Behandlung einzelner Innovationen in der Literatur lassen sich jedoch „klassische“ Finanzinnovationen feststellen. Dazu werden in der Literatur die folgenden Instrumente gezählt:[20]

- Optionen
- Futures
- Forwards
- Swaps

Das erste große, bekanntgewordene Geschäft mit Finanzinnovationen war der Zinswährungsswap zwischen IBM und der Weltbank 1981.[21] IBM suchte nach Möglichkeiten, bestehende SFR-Verbindlichkeiten, die zur Finanzierung von USD-Investitionen eingegangen wurden, vorzeitig zurückzuzahlen, um Währungsgewinne zu

---

19 Vgl. Franzen, Christopher, Finanzinnovation - was ist das?, 1988, S. 18; Glaum, Martin, Finanzinnovationen und ihre Anwendung in internationalen Unternehmungen - dargestellt am Beispiel von Devisenoptionskontrakten, 1991, S. 94; Cramer, Jürgen, Financial Engineering durch Finanzinnovationen, 1993, S. 11; Krumnow et al., Rechnungslegung der Kreditinstitute: Kommentar zum Bankbilanzrichtlinie-Gesetz und zur RechKredV, 1994, § 340e HGB Rn. 300.

20 Eine detaillierte Darstellung der Instrumente erfolgt, soweit erforderlich, in Kapitel 2.1.2 Systematik und Aufbau der betrachteten Finanzinnovationen auf S. 17 ff.

21 Vgl. Rawls, S. Waite III/Smithson, Charles W., The Evolution of Risk Management Products, 1990, S. 6.

realisieren. Die Weltbank wiederum suchte nach Möglichkeiten, sich in einer Niedrigzinswährung zu verschulden. Die Lösung bestand darin, daß die Weltbank eine USD-Anleihe emittierte, die nach Laufzeit und Volumen den SFR-Verbindlichkeiten von IBM entsprechend ausgestattet war. Beide Kontrahenten tauschten dabei die Zahlungsströme, die sich aus ihren Verpflichtungen ergaben, und übernahmen damit die Verpflichtungen der Gegenpartei.[22]

Die tatsächlichen Entstehungszeitpunkte der einzelnen Innovationen lassen sich nur schwer feststellen. Erste Geschäfte, die den heutigen Forward-Geschäften nahekommen, sind ab Mitte des zwölften Jahrhunderts aus der Champagne überliefert. Händler aus Flandern führten anstelle der existierenden Waren lediglich Lagerscheine mit sich. Später wurden auch für zukünftig herzustellende Waren anhand der sog. *lettre de faire* gehandelt.[23]

Im 17. Jahrhundert wurden auch in Japan Terminkontrakte abgeschlossen. Die Feudalherren nutzten einen *cho-ai-mai* (Reishandel im Buch) genannten Markt zum Terminhandel von Reis. In Holland wurden auf dem Tulpenmarkt zur etwa gleichen Zeit Optionen eingesetzt.[24] Die rechtliche Auslegung der Kontrakte führte schon frühzeitig zu zahlreichen Rechtsstreitigkeiten.[25]

### 1.1.2 Derivat

Der Begriff *Derivat* ist dem lat. Verb „derivare“ (dt.: herleiten, ableiten) entnommen und wird im Finanzsektor oftmals synonym mit dem Begriff Finanzinnovation verwandt. Dies ist terminologisch insofern nicht richtig, da Derivate nur den Teil der Finanzinnovationen bezeichnen, die sich von einem anderen Wertpapier, dem sog. *underlying*, ableiten. Das Bundesaufsichtsamt für das Kreditwesen (BAK) definiert Derivativgeschäfte wie folgt:

> „Zu den Geschäften in Derivaten gehören alle Geschäfte, deren Preis sich von einem zugrundeliegenden Aktivum, von einem Referenzpreis, Referenzzins oder Referenzindex ableitet.“[26]

Die Derivate stellen insofern eine Teilmenge der Finanzinnovationen dar, als daß sie eine Neugestaltung der Funktionszusammenhänge von Finanzinstrumenten repräsentieren. Die Definition grenzt durch den Bezug auf ein zugrundeliegendes Aktivum die Instrumente enger ein. Die synonyme Verwendung des Begriffs ist jedoch möglich, obwohl es sich bei Derivaten terminologisch um eine echte Teilmenge der Finanzinno-

---

[22] Vgl. Krumnow, Jürgen, Risikosteuerung im derivativen Geschäft, 1995, S. 4.

[23] Vgl. Straush, Carsten, Handbuch Terminhandel, 1990, S. 139.

[24] Vgl. Rawls, S. Waite III/Smithson, Charles W., The Evolution of Risk Management Products, 1990, S. 15.

[25] Vgl. Dewey, T. Henry, A Treatise on Contracts for Future Delivery and Commercial Wagers, including "Options", "Futures", and "Short Sales", 1886.

[26] BAK, Verlautbarung vom 23. Oktober 1995, I 4-32-3/86, Mindestanforderungen an das Betreiben von Handelsgeschäften der Kreditinstitute, Zif. 1.

vationen handelt, da sich die bisher neugestalteten Finanzinstrumente ausnahmslos von bereits existierenden Instrumenten ableiten. Dennoch ist eine Finanzinnovation, die zugleich nicht zur Menge der Derivate gehört, denkbar.

Im derzeitigen Sprachgebrauch werden daher die neuen Finanzinstrumente zunehmend auch als derivative Finanzinstrumente oder Derivate und, um die Neuartigkeit gegenüber den traditionellen Finanzinstrumenten zu betonen, als Finanzinnovationen bezeichnet.[27]

### 1.1.3 Multinationales Kreditinstitut

Das multinationale Unternehmen ist, wie jedes andere Unternehmen organisatorische Wirklichkeit, nicht aber Subjekt einer Rechtsordnung. In jedem Domizilstaat sind seine Einheiten besonderen Trägergesellschaften zugeordnet. Folglich kann das multinationale Unternehmen zwar als wirtschaftlich organisatorische, nicht aber als rechtliche Einheit begriffen werden. Das multinationale Unternehmen setzt sich vielmehr aus einzelnen Gesellschaften nationalen Rechts zusammen.[28]

Eine allgemein anerkannte Definition des multinationalen Unternehmens steht bislang nicht zur Verfügung. Dies mag sowohl auf die nationalstaatliche Beschränkung des Gesellschaftsrechts als auch darauf zurückzuführen sein, daß den unterschiedlichen Definitionsversuchen jeweils andere reale Vorbilder zugrunde gelegt wurden. Auch die Terminologie ist nicht einheitlich. Neben der Bezeichnung „multinational", die am häufigsten für das in mehreren Staaten operierenden Unternehmen verwendet wird, finden sich Ausdrücke wie global, inter-, trans-, supra-, plurinational oder Weltunternehmen. Zum einen werden diese Bezeichnungen synonym, zum anderen aber auch zur Beschreibung des Grads der Multinationalität eines Unternehmens gebraucht.[29]

Der Begriff des multinationalen Unternehmens setzt zunächst den des nationalen Unternehmens voraus. Letzteres ist durch die Beschränkung seiner Aktivitäten auf das Hoheitsgebiet eines Staates charakterisiert. Auch ein hoher Einsatz importierter Produktionsfaktoren, die Inanspruchnahme ausländischer Geld- und Kapitalmärkte oder ein umfangreicher Exportanteil lassen ein Unternehmen, das nur in einem Land operiert, nicht zu einem multinationalen Unternehmen werden.[30]

Die Auffassungen über die Kriterien, bei deren Erfüllung eine Unternehmung als multinational zu bezeichnen ist, gehen auseinander. Es werden mehrere quantitative Abgrenzungskriterien genannt:

---

[27] Vgl. Scharpf, Paul, Derivative Finanzinstrumente im Jahresabschluß unter Prüfungsgesichtspunkten: Erfassung, Abwicklung und Bildung von Bewertungseinheiten, 1995, S. 166.

[28] Vgl. Lutter, Marcus, Die rechtliche Struktur multinationaler Unternehmen, 1975, S. 62.

[29] Vgl. Engel, Clemens L., Konzerntransferpreise im internationalen Steuerrecht, 1986, S. 5 f.

[30] Vgl. Rieger, Horst, Prinzipien des internationalen Steuerrechts als Problem der Steuerplanung in der internationalen Unternehmung, 1978, S. 53.

- Die Zahl der Länder, in denen Produktionsbetriebe unterhalten werden
- Die Höhe des Gesamtjahresumsatzes
- Die Höhe des Auslandsanteils am Gesamtjahresumsatz
- Die Streuung des Aktienkapitals auf verschiedene Länder

Daneben werden qualifizierende Kriterien verwendet, deren Trennschärfe gering ist. So wird bspw. darauf abgestellt, inwieweit Willensbildung und Organisation der Unternehmung durch die internationale Unternehmensphilosophie und -politik vorhanden ist. Die Aussagekraft dieser Kriterien ist jedoch sehr zweifelhaft.

Weder die Leistungsstruktur der Unternehmung, noch die Höhe des Auslandsanteils an der Höhe des Gesamtumsatzes sind für die Multinationalität des Unternehmens entscheidend. Daher soll ein Unternehmen dann als multinational gelten, wenn es in mehreren Staaten eine Trägergesellschaft unterhält.

**Das multinationale Unternehmen ist eine Unternehmung, deren räumliche Dezentralisation durch Tochtergesellschaften oder Betriebsstätten sich auf das Hoheitsgebiet mehrerer (mindestens zwei) Staaten erstreckt.**[31]

Grundsätzlich kann ein multinationales Unternehmen entweder als multinationaler Konzern oder als multinationale Einfirmen-Unternehmung auftreten. Beim Konzern sind die Unternehmenseinheiten rechtlich selbständige Tochtergesellschaften, während sich die Einfirma-Unternehmung aus rechtlich unselbständigen Zweigniederlassungen oder Betriebsstätten zusammensetzt.

Die Übertragung des Bergriffs des multinationalen Unternehmens auf ein multinationales Kreditinstitut schränkt den Tätigkeitsspielraum auf den eines Kreditinstituts ein. Der international ausgeprägte Handel eines Kreditinstituts allein reicht nicht aus, um von einem multinationalen Kreditinstitut zu sprechen. Entsprechend der obigen Definition muß das Kreditinstitut in mindestens zwei Ländern eine Trägergesellschaft unterhalten.

## 1.2 Abgrenzung der zu betrachtenden Finanzinstrumente

Aufgrund der ständigen Entwicklung weiterer Finanzinnovationen können nicht alle Finanzinstrumente berücksichtigt werden, die in den Definitionsbereich der Finanzinnovationen fallen. Es werden daher nur die zur Analyse der Problematik des internationalen Handels von Finanzinnovationen notwendigen Finanzinstrumente berücksichtigt und dargestellt. Zu den am häufigsten gehandelten und deshalb im folgenden berücksichtigten Produkten zählen:[32]

- Optionen,
- Futures,
- Forward Rate Agreements und

---

[31] Vgl. Engel, Clemens L., Konzerntransferpreise im internationalen Steuerrecht, 1986, S. 7.

[32] Vgl. OECD, Taxation of new Financial Instruments, 1994, S. 8.

- Swaps.

Im Rahmen dieser Arbeit wird der internationale Handel von Finanzinnovationen zwischen Deutschland und den USA aus Sicht deutscher Kreditinstitute betrachtet. Es handelt sich dabei um deutsche multinationale Kreditinstitute, die auch in den USA eine Trägergesellschaft betreiben.

Für den internationalen Handel von Finanzinnovationen sind zwei Voraussetzungen zu beachten. Zum einen müssen die zu berücksichtigen Instrumente weltweit ein entsprechendes Nachfrage- und Angebotsvolumen haben. Zum anderen müssen die Instrumente homogen sein, also für alle Marktteilnehmer die gleichen Eigenschaften aufweisen.[33] Die berücksichtigten Instrumente werden im Rahmen dieser Arbeit durch die Fokussierung auf den internationalen Handel zwischen den USA und Deutschland weiter eingegrenzt. Es finden daher nur die Instrumente Berücksichtigung, die auf USD basieren oder zur Absicherung von USD-basierten Instrumenten dienen. Dies ergibt sich aus der Marktevaluation der Handelsplätze Deutschland und USA sowie des weltweiten Handels von Finanzinnovationen.

## 1.3 Zielsetzung und Gang der Arbeit

Ziel der vorliegenden Arbeit ist die Evaluation des internationalen Handels USD basierter Finanzinnovationen zwischen Deutschland und den USA aus Sicht deutscher Kreditinstitute.

Um die Verknüpfung der beiden Märkte Deutschland und USA realisieren zu können, ist zunächst jeder Handelsplatz einzeln zu untersuchen. Daher wird im zweiten Kapitel *Nationaler Handel von Finanzinnovationen* zunächst der Handel von Finanzinnovationen beschrieben und der Bezugsrahmen für die Bewertung der beiden Handelsplätze erläutert. Dabei steht neben den regulartorischen Rahmenbedingungen die Ermittlung des zu versteuernden Nettoerlöses aus Finanzgeschäften im Vordergrund.

Anschließend werden der deutsche und der US-amerikanische Markt für Finanzinnovationen unter Verwendung des eingeführten Bezugsmaßstabs betrachtet. Auf deutscher Seite ist die Bilanzierung der Finanzinstrumente über die Einzelbewertung und die mögliche Bildung von Bewertungseinheiten zu berücksichtigen. Die rasante Entwicklung im Bereich der Finanzinnovationen hat zu verschiedenen Fragestellungen im Bereich der Risikoabsicherung, Bewertung und Bilanzierung geführt, die noch nicht endgültig geklärt sind. Dies ist insbesondere durch die ständig neu entwickelten Instrumente nur schwer möglich. Es wird daher der aktuelle Stand der Diskussion dargestellt.

In den USA verfolgt die Bilanzierung eine andere Zielsetzung als in Deutschland. Aus Gründen der Vergleichbarkeit der deutschen und der US-amerikanischen Bilanzierung wird kurz der amerikanische Jahresausweis dargestellt, um dann auf die Ermittlung des zu versteuernden Nettoerlöses aus Finanzgeschäften mittels der *mark-to-market* Methode als US-amerikanischem Bewertungsansatz einzugehen.

---

[33] Vgl. Wagner, Siegfried, Global Trading, 1991, S. 154.

Im dritten Kapitel *Internationalisierung des Handels von Finanzinnovationen* wird die globale Entwicklung des Markts von Finanzinnovationen aufgezeigt. Im Anschluß an die Evaluation des globalen Handels werden die bisher realisierten Verfahren des internationalen Handels von Finanzinnovationen dargestellt und kritisch bewertet:

1. Der internationale Handel mittels separater Gesellschaften - die Präsenz und der Handel vor Ort.
2. Das zentralisierte Produktmanagement - der 24-Stunden Handel von einem Standort aus.

Aus den dabei aufgezeigten Vor- und Nachteilen wird eine neue Methode entwickelt. Sie nutzt die aufgezeigten Vorteile beider bisher realisierter Verfahren und vermeidet deren Nachteile:

3. Der integrierte Handel - der Handel in das Globale Buch.

Durch die internationalen Handelstätigkeiten werden zwei souveräne Steuerhoheiten berührt. Aufgrund der national unterschiedlichen Bilanzierung und Besteuerung dieser Geschäfte ist die Besteuerung der dabei anfallenden Gewinne problematisch. Die Zurechnung von Kosten und Erlösen auf die Handelslokationen ist nicht geklärt. Dies kann zu Doppel- und Minderbesteuerungen führen und stellt für die global agierenden Unternehmen eine erhebliche Rechtsunsicherheit dar.

Um die Übertragung von Handelskontrakten zwischen den in verschiedenen Staaten am internationalen Handel beteiligten, verbundenen Unternehmen steuerlich unbedenklich zu gestalten, wird auf die Verrechnung mittels Transferpreise zurückgegriffen. Diese Vorgehensweise wird durch das vorliegende Doppelbesteuerungsabkommen zwischen den USA und Deutschland ermöglicht. Die Transferpreise müssen dem Vergleich zwischen unabhängigen Unternehmen standhalten. Es wird daher untersucht, inwiefern die Verwendung von anerkannten Transferpreismethoden für den internationalen Handel von Finanzinnovationen möglich ist.

Aufgrund der steigenden Komplexität der Abläufe international tätiger Unternehmen kann die Anwendung von Transferpreismethoden zu Streitigkeiten mit den Steuerbehörden des Heimatlands und der anderen Staaten führen.[34] Daher ist bei der Entwicklung der Transferpreismethode für den integrierten Handel auf die steuerliche Unbedenklichkeit zu achten. Die Finanzbehörden der USA haben zur Vereinfachung solcher Geschäftsvorfälle das Verfahren des *„advanced pricing agreement"* (APA) entwickelt. Mit diesem Verfahren wird vorab zwischen den Finanzbehörden und dem Steuerpflichtigen die Transferpreismethode und die daraus resultierende, zukünftige Besteuerung festgelegt.

Das APA erschließt neben dem bisherigen Doppelbesteuerungsabkommen einen neuen Weg, die steuerliche Behandlung solcher Transaktionen zu bestimmen. Dieses in Deutschland noch unbekannte Verfahren wird ausführlich dargestellt und eingehend kritisch gewürdigt. Anschließend wird die Realisierung des internationalen, integrierten Handels anhand dieses Verfahrens aufgezeigt.

---

[34] Vgl. Wang, Lawrence K., International Financial and Banking Systems, 1990, S. 275.

# 2 Nationaler Handel von Finanzinnovationen

In diesem Kapitel wird zunächst der Handel von Finanzinnovationen allgemein beschrieben. Dazu wird auf die Entstehungsgründe für den Handel von Finanzinnovationen eingegangen und die Systematik und der Aufbau der betrachteten Instrumente erläutert. Anschließend wird die Bewertung der Finanzinnovationen erklärt.

Der Handel selbst wird von sog. Handelseinheiten durchgeführt. Dazu werden von diesen Unternehmenseinheiten verschiedene Grundfunktionen des Handels übernommen. Diese Funktionen werden im Anschluß an die Bewertung der Instrumente beschrieben. Danach wird auf die Risiken eingegangen, die mit dem Handel von Finanzinnovationen verbundenen sind.

Nachdem damit die wesentlichen Aspekte des Handels von Finanzinnovationen abgedeckt sind, wird der Bezugsrahmen für die Betrachtung der nationalen Märkte Deutschland und USA erläutert. Anschließend werden die beiden Teilmärkte unter Verwendung dieses Bezugsrahmens ausführlich analysiert.

## 2.1 Handel von Finanzinnovationen

Wesentliches Merkmal der Finanzinnovationen ist die Auflösung der Definition von Finanzmärkten. Traditionell werden Finanzmärkte durch drei verbundene Komponenten charakterisiert:[35]

1. Die Marktregulierung, die durch Autorität die Durchsetzung der in Verträgen festgeschriebenen, finanziellen Transaktionen garantiert.
2. Die Währung, die den Verträgen zugrunde gelegt wird.
3. Die Institutionen, die das Marktgeschehen realisieren.

Zu Zeiten abgeschotteter Finanzmärkte mußte jeder, der Geld in einer bestimmten Währung anlegen wollte, an den nationalen Markt gehen, um dort zu einem einheitlichen Zins, mit entsprechendem Währungsrisiko und den Vor- und Nachteilen, die an dem abgeschotteten Finanzmarkt herrschten, sein Geld anzulegen.

Heute besteht sowohl für den Kreditnehmer als auch den Anleger die Möglichkeit, diese drei Komponenten vollkommen zu zerlegen. Es kann bspw. eine DEM-Termin-Anlage in Hongkong bei einer japanischen Bank vorgenommen werden. Währung, Markt und Institution können durch die Öffnung der Finanzmärkte so frei variiert werden, daß sich Anleger und Kreditnehmer die gewünschte Risikokombination aussuchen können.

Ein finanzieller Kontrakt kann in verschiedene Finanzinstrumente zerlegt werden. Dies soll am Beispiel eines Darlehens verdeutlicht werden. Der Kreditnachfrager erhält vom Darlehensgeber zunächst eine Geldmenge für eine festgelegte Laufzeit. Der Darlehensnehmer verpflichtet sich zur Zinszahlung und zur Tilgung. Mit dem Geldbetrag bekommt der Nachfrager eine Verfügbarkeitsgarantie. Aufgrund dieser Garantie

---

35 Vgl. Dufey, Gunter, Finanzinnovationen heute - Bestandsaufnahme und Ausblick, 1989, S. 14 f.

hat er sich um den Kredit während der Laufzeit nicht zu sorgen. Durch Absicherungsfazilitäten, die als RUFs[36] oder NIFs[37] verkauft werden, kann die Verfügbarkeitsgarantie von der Mittelaufbringung instrumentell getrennt werden.

Mit der Darlehensgewährung ist eine Zinsgarantie verbunden. Für diese Garantie haben sich ebenfalls eigene Märkte entwickelt. Neben dem Forward Markt ist hier vor allem der Swap Markt zu nennen. Auf diesen Märkten wurde aus dem traditionellen Darlehen das Element der Zinsgarantie herausgelöst, welches nun eigenständig gehandelt wird.

Schließlich ergibt sich durch das eingeräumte Recht der vorzeitigen Darlehensrückzahlung ein implizites Optionsgeschäft. Die Möglichkeit der vorgezogenen Darlehenstilgung wird regelmäßig dann genutzt, wenn die Zinsen fallen. Sollten die Zinsen steigen, wird der Kredit bis zum Ende der Laufzeit in Anspruch genommen. Dies entspricht den mit einer Zinsoption verbundenen Rechten. Der Darlehensgeber fungiert somit indirekt als Stillhalter einer Verkaufsoption.

Die Finanzinnovationen zerlegen die traditionellen Finanzgeschäfte in ihre Bestandteile. Durch diese Zerlegung können die Marktteilnehmer besser auf sich verändernde Markteinflüsse reagieren.

Die Entwicklung und der verstärkte Einsatz von Finanzinnovationen lassen sich nicht durch einen einzelnen Faktor erklären, vielmehr führten verschiedene, unabhängige Trends in den siebziger und achtziger Jahren zu einem schnellen Wachstum dieser Instrumente.[38]

### 2.1.1 Erklärungsansätze für die Entstehung von Finanzinnovationen

Eine Theorie über die Entstehung der Finanzinnovationen sollte die einzelnen Einflußfaktoren identifizieren und die zeitliche Entwicklung der neuen Finanzinstrumente durch diese Faktoren erklären können. Dies ist derzeit nicht möglich, da die Charakteristika von Finanzinnovationen (Zins, Preisbildung, Preisrisiko, Gläubigerrisiko, Länderrisiko, Liquidität, Fungibilität, Volumen, Laufzeit etc.) zwar als solche bekannt sind, die Vergleichbarkeit der Instrumente über diese Charakteristika aber aufgrund der mangelnden Quantifizierbarkeit aller Faktoren nicht möglich ist. Dies wird bei dem Versuch, die Risiken zu quantifizieren, besonders deutlich. Solange dieses Problem nicht gelöst ist, läßt sich keine vollständige Theorie über die Entstehung von Finanzinnovationen herleiten. Eine Entstehungsanalyse neuer Finanzinstrumente kann daher nur partiell erfolgen.

Neue Finanzinstrumente entwickeln sich grundsätzlich nur dann, wenn sie bestimmte Funktionen besser erfüllen als bestehende. Sie sind existierenden Instrumenten vor allem dann überlegen, wenn sie eine flexiblere Verteilung von Preis- und Kreditri-

---

36 RUFs: Revolving Underwriting Facilities.

37 NIFs: Note Issuance Facilities.

38 Vgl. BIZ - Group of Ten: Study Group, Recent Innovations in International Banking, 1986, S. 7.

siken erlauben, zusätzliche Liquidität schaffen bzw. Möglichkeiten zur Kreditaufnahme erweitern.[39]

#### 2.1.1.1 Veränderungen der Risiken und der Einstellung gegenüber den Risiken

Wichtige Faktoren für die Veränderung des Risikos und der Einstellung zum Risiko sind der weltweite Anstieg der Inflation und die erhöhte Volatilität der Zinssätze und Wechselkurse nach der Auflösung des Abkommens von Bretton-Woods.[40] Die höhere Volatilität durch den Übergang von festen zu flexiblen Wechselkursen führte zu einer erhöhten Risikoaussetzung der Finanzinstitute. Ebenso waren die im internationalen Handel engagierten Marktteilnehmer betroffen. Hieraus ergab sich für die Finanzintermediäre und die Nichtbanken die Notwendigkeit, Sicherungsinstrumente zu entwickeln, mit denen auf die erhöhte Volatilität und das damit einhergehende, gestiegene Risiko reagiert werden konnte.[41]

Das Ergebnis war eine Verkürzung der Laufzeiten und die Zunahme von Gleitzinsvereinbarungen. Ebenso wurden Absicherungstechniken mit Hilfe von Futures und Optionen angeboten.[42] Durch den gezielten Einsatz dieser Instrumente lassen sich latente Risiken ausschalten oder zumindest begrenzen. Der Anreiz, das Risiko zu verändern und auf andere Marktteilnehmer zu transferieren, führte zu einer erhöhten Zunahme solcher Instrumente.[43]

Die veränderte Risikobereitschaft der Marktteilnehmer, die sich in einer zunehmenden Individualisierung ausdrückte, ergab ein weiteres Entwicklungspotential für Finanzinnovationen.

#### 2.1.1.2 Veränderungen des Angebots- und Nachfrageverhaltens

Die geographische Veränderung der internationalen Kapitalströme beeinflußte ebenfalls die Entwicklung neuer Instrumente. Die Verschlechterung der Kreditwürdigkeit internationaler Schuldner induzierte Innovationen, die die Verlagerung von Kreditrisiken ermöglichten. Die Ursachen hierfür waren die internationale Schuldenkrise, die die Bonität einiger Entwicklungsländer beeinträchtigte und die geringeren Öleinnahmen der OPEC-Staaten aufgrund von Energieeinsparungen in den Industrieländern sowie umfangreicher Nutzung nichtfossiler Brennstoffe.[44]

---

39 Vgl. Heinz, Ludwig, Finanzinnovationen, 1988, S. 820.

40 Vgl. Deutsche Bundesbank, Innovationen im internationalen Bankgeschäft, 1986, S. 25; Kratz, Karlheinz, Finanzmarktvolatilität und monetäre Unsicherheit, 1995, S. 23 ff.

41 Vgl. Heinz, Ludwig, Finanzinnovationen, 1988, S. 822.

42 Vgl. Walter, Norbert, Finanzinnovationen als geld- und währungspolitisches Problem, 1989, S. 28.

43 Vgl. Schulte-Mattler, Hermann/Traber, Uwe, Marktrisiko und Eigenkapital, 1995, S. 1.

44 Vgl. Glaum, Martin, Finanzinnovationen und ihre Anwendung in internationalen Unternehmungen - dargestellt am Beispiel von Devisenoptionskontrakten, 1991, S. 141 f.

Der Rückgang der Investitionstätigkeiten der OPEC-Länder, der erschwerte Zugang der Entwicklungsländer zu den Kapitalmärkten nach dem Einsetzen der internationalen Schuldenkrise Anfang der achtziger Jahre sowie der Wechsel der USA vom Nettogläubigerland zum Nettoschuldnerland führten zu dem verstärkten Einsatz international handelbarer Verschuldungsinstrumente.[45]

### 2.1.1.3 Staatliche Regulierungen

Die Veränderung der gesetzlichen Rahmenbedingungen der internationalen Finanzmärkte stellt einen zusätzlichen Faktor zur Entwicklung von Finanzinnovationen dar. Zum einen ergaben sich Möglichkeiten durch die weltweite Tendenz zur Deregulierung, da hierdurch ausländischen Instituten der nationale Marktzutritt gewährt wurde. Dies hatte einen erhöhten Wettbewerb auf den nationalen Märkten zur Folge.[46]

Zum anderen entstand aus den erweiterten Eigenkapitalvorschriften der Aufsichtsbehörden der Anreiz, sich im *off-balance-sheet*-Bereich[47] zu engagieren.[48] Die strengen Eigenkapitalvorschriften konnten zeitweise umgangen werden, indem das durch die Bankenaufsicht reglementierte, bilanzwirksame Geschäft durch Derivate substituiert wurde. Auf diese Entwicklung haben die deutschen Aufsichtsbehörden mit den neuen Mindestanforderungen an das Betreiben von Handelsgeschäften der Kreditinstitute reagiert.[49] Die Mindestanforderungen setzen die Empfehlungen und Forderungen des Baseler Ausschusses für Bankenaufsicht[50] von 1988[51], 1993[52] und 1994[53] um.[54]

---

45 Vgl. BIZ, Group of Ten: Study Group, Recent Innovations in International Banking, 1986, S.7; Heinz, Ludwig, Finanzinnovationen, 1988, S. 822; Guthoff, Markus, Finanzinnovationen und der Wettbewerb der Banken an den Eurofinanzmärkten, 1994, S. 64 f.

46 Vgl. Deutsche Bundesbank, Innovationen im internationalen Bankgeschäft, 1986, S. 25; Glaum, Martin, Finanzinnovationen und ihre Anwendung in internationalen Unternehmungen dargestellt am Beispiel von Devisenoptionskontrakten, 1991, S. 122.

47 *Off-balance-sheet*-Geschäfte sind Transaktionen, die sich nicht in der Bilanz (engl. *balance-sheet*) niederschlagen.

48 Vgl. Heinz, Ludwig, Finanzinnovationen, 1988, S. 823; Cramer, Jürgen, Financial Engineering durch Finanzinnovationen, 1993, S. 6; Krumnow, Jürgen, Risikosteuerung im derivativen Geschäft, 1995, S. 4; Boos, Karl-Heinz/Höfer, Birgit, Die Kapitaladäquanz-Richtlinie, Teil I, 1995, S. 285.

49 Vgl. BAK, Verlautbarung vom 23. Oktober 1995, I 4-32-3/86, Mindestanforderungen an das Betreiben von Handelsgeschäften der Kreditinstitute.

50 Der Baseler Ausschuß für Bankenaufsicht ist ein Ausschuß von Bankenaufsichtsbehörden, der von den Präsidenten der Zentralbanken der Länder der Zehnergruppe 1975 ins Leben gerufen wurde. Er setzt sich zusammen aus hochrangigen Vertretern der Bankenaufsichtsbehörden und Zentralbanken aus Belgien, Deutschland, Frankreich, Großbritannien, Italien, Japan, Kanada, den Niederlanden, Schweden, der Schweiz, den USA und Luxemburg. Der Ausschuß tritt i.d.R. bei der Bank für Internationalen Zahlungsausgleich in Basel zusammen.

Im US-amerikanischen Markt wurde im *Glass Steagall Act* von 1933 das strenge Trennbankensystem festgeschrieben, in dem es den Banken nur gestattet wird, in einzelnen Sektoren der Finanzdienstleistungen zu agieren.[55] Dieses einengende Gesetz hat bis heute Gültigkeit, obgleich die US-amerikanischen Banken seit einigen Jahren versuchen, durch eine Reform des Bankensystems eine Liberalisierung zu erreichen.[56]

Die weniger regulierten *Investment Banks* schufen in der Hochzinsphase Instrumente zur marktgerechten Einlagenverzinsung und zogen so Kundengelder von den durch die Zinsverordnungen der *Regulation Q* von 1935 umfassender regulierten *Commercial Banks* ab.[57] Die Zinsobergrenzen für alle Einlagearten, mit Ausnahme der Sichtguthaben, wurden in den USA bis 1986 schrittweise aufgehoben.[58]

Aber auch die Regulierungen anderer Staaten erzeugten Erfindungsreichtum, um die Beschränkungen zu umgehen. Mit der Hilfe neuer Finanzinstrumente konnten unter Einhaltung der zunehmenden Regulierungen dennoch weitere Geschäfte abgeschlossen werden.[59]

#### 2.1.1.4 Technischer Fortschritt

Ein weiterer Trend, der zu Innovationen und Strukturveränderungen führt, ist die weitverbreitete Anwendung neuer Kommunikations- und Computertechnologien auf den Finanzmärkten und bei der Ausführung von Finanztransaktionen. Dies geht mit der Ausdehnung der weltweiten Informationswirtschaft durch Dienstleistungsunternehmen sowie mit den Verbesserungen im Bereich der Rechnungslegung und den Informa-

---

51 Vgl. Baseler Ausschuß für Bankenaufsicht, Verlautbarung vom Juli 1988, zuletzt geändert durch Bekanntmachung vom April 1995, Internationale Konvergenz der Eigenkapitalmessung und Eigenkapitalforderungen, 1995.

52 Vgl. Baseler Ausschuß für Bankenaufsicht, Basle Capital Accord: the treatment of the credit risk associated with certain off-balance-sheet items, 1993.

53 Vgl. Baseler Ausschuß für Bankenaufsicht, Richtlinien für das Risikomanagement im Derivativgeschäft vom 27. Juli 1994.

54 Vgl. Rudolph, Bernd, Derivative Finanzinstrumente - Entwicklung, Risikomanagement und bankaufsichtsrechtliche Regelungen, 1995, S. 21.

55 Vgl. Hütz, Gerhard, Die Bankenaufsicht in der Bundesrepublik Deutschland und in den USA, 1990, S. 35 ff.

56 Vgl. o.V., Banking Industry Wants Section 20 Reformed, 1996, S. 5; o.V., Hearsay Marks Glass-Steagall Talks, 1996, S. 1-2.

57 Vgl. Walter, Norbert, Finanzinnovationen als geld- und währungspolitisches Problem, 1989, S. 28; White, Lawrence J., US Banking Regulation, 1994, S. 23.

58 Vgl. Depository Institutions Deregulation and Monetary Control Act von 1980.

59 Vgl. Smith, Clifford W., Jr./Smithson, Charles W./Wakeman, Lee M., The Evolving Market for Swaps, 1990, S. 11.

tionsverarbeitungssystemen der Finanzinstitute einher.[60] Durch die Anwendung der modernen Technologien konnten die Transaktionskosten auf einen Bruchteil gesenkt werden, wodurch ein weiterer Anreiz zur Schaffung neuer Finanzinstrumente zu erklären ist.[61]

#### 2.1.1.5 Erhöhter Wettbewerb

Schließlich erhöhte der steigende Wettbewerb im Finanzsektor, als Folge von verändertem Angebots- und Nachfrageverhalten, staatlicher Deregulierung und technischem Fortschritt, den Druck auf die Innovationstätigkeit und strukturelle Veränderungen.[62]

Zum einen ergibt sich ein stärkerer Wettbewerb durch den Einsatz neuer Technologien, da die Entwickler diesen Vorsprung in möglichst vielen Märkten ausnutzen wollen. Dies erzeugt bei den Wettbewerbern Aufholdruck und regt zur Nachahmung an. Die Vorteilhaftigkeit ist daher für den einzelnen Wettbewerber zeitlich begrenzt. Zum anderen veranlaßt der Volumenrückgang in einzelnen Marktsegmenten die Marktteilnehmer, neue Produkte zu entwickeln und aggressiver um bestehende Marktanteile zu konkurrieren bzw. neue Märkte zu erobern.

#### 2.1.1.6 Kostenvorteile durch den Einsatz von Finanzinnovationen

Die Finanzinnovationen lassen sich außerdem auf Kostenvorteile zurückführen, die sich als Folge der oben angeführten Einflußfaktoren ergeben. Vordergründig sind hier die Transaktionskosten zu nennen, die vor allem durch den Computereinsatz und die weltweite Vernetzung wesentlich gesenkt werden konnten. Des weiteren können durch die veränderten Risikopositionen Opportunitätskostenvorteile realisiert werden.

Neben diesen Erklärungsansätzen sind weitere Einflüsse zu berücksichtigen. So ist eine entscheidende Nebenbedingung, ob sich ein Sekundärmarkt entwickeln kann, der die Fungibilität und somit die Liquidität des Instruments garantiert. In Deutschland war bis 1970 der Handel mit Optionen und bis 1989 der Börsenterminhandel stark eingeschränkt. Durch die Börsengesetznovelle 1989 wurden diese Einschränkungen

---

[60] Vgl. Glaum, Martin, Finanzinnovationen und ihre Anwendung in internationalen Unternehmungen - dargestellt am Beispiel von Devisenoptionskontrakten, 1991, S. 143 f.; Schwartz, Robert A., US Securities Markets Regulation: Market Structure, 1994, S. 85.

[61] Vgl. Silber, William L., Towards a Theory of Financial Innovation, 1976, S. 56.

[62] Vgl. Glaum, Martin, Finanzinnovationen und ihre Anwendung in internationalen Unternehmungen - dargestellt am Beispiel von Devisenoptionskontrakten, 1991, S. 128.

weitgehend aufgehoben.[63] Teilweise wird die Funktion des Sekundärmarkts durch die Finanzintermediäre als Konkurrenz zum Sekundärmarkt übernommen.[64]

### 2.1.2 Systematik und Aufbau der betrachteten Finanzinnovationen

Die zentrale ökonomische Funktion von Derivaten besteht in der kostengünstigen und flexiblen Gestaltung einzelwirtschaftlicher Risikopositionen. Allen derivativen Geschäften bzw. Instrumenten ist ein auf die Zukunft gerichtetes Vertragselement gemeinsam, das entweder als Kauf- bzw. Verkaufsverpflichtung in Form von unbedingten Termingeschäften (Forwards und Futures) oder als bedingtes Termingeschäft (Option) ausgestaltet sein kann. Andere, auch komplexe Formen derivativer Kontrakte und hybride Finanzderivate, lassen sich grundsätzlich auf diese beiden Grundtypen zurückführen oder durch diese reproduzieren.[65]

Den neuen Finanzinstrumenten lassen sich verschiedene Funktionen zuschreiben. Es wird unterschieden in:[66]

- risikoübertragende Innovationen
- liquiditätserhöhende Innovationen
- fremdkapitalerzeugende Innovationen
- eigenkapitalerzeugende Innovationen

Die risikoübertragenden Instrumente ermöglichen es den Marktteilnehmern, die Preis- und Kreditrisiken untereinander zu transferieren. Durch die liquiditätserhöhende Wirkung einiger Instrumente wird eine höhere Fungibilität der Finanzinnovationen oder ihrer zugrundeliegenden Basispapiere erreicht. Die fremdkapitalerzeugenden Innovationen können zu einem größeren Fremdkapitalvolumen oder zu einer Verlagerung der Fremdkapitalquellen führen. Eigenkapitalgenerierende Innovationen ermöglichen den Marktteilnehmern erweiterte Formen der Eigenkapitalfinanzierung.

Die beschriebenen Funktionen werden in der nachfolgenden Erläuterung einzelner Finanzinnovationen deutlich. Verschiedene Instrumente können nicht isoliert einzelnen Funktionen zugeordnet werden, da sie mehrere Funktionen erfüllen.

---

63 Vgl. Horn, Norbert, Börsentermingeschäfte nach neuem Recht, 1990, S. 5; Kleinschmitt, Martin, Das Informationsmodell bei Börsentermingeschäften, 1992, S. 25.

64 Dies ist z.B. bei Swaps der Fall. Die Finanzintermediäre übernehmen die Funktion des *match-maker* und stellen sich den Swap-Nachfragern als Partner zur Verfügung, ohne das entsprechende Gegengeschäft schon in Aussicht zu haben.

65 Vgl. Smithson, Charles W., A LEGO Approach to Financial Engineering: An Introduction to Forwards, Futures, Swaps and Options, 1990, S. 19 ff.; Eller, Roland, Management von Zinsänderungsrisiken, 1994, S. 76 f.; Issing, Ottmar/Bischofberger, Karlheinz, Derivate und Geldpolitik, 1996, S. 112.

66 Vgl. BIZ, Group of Ten: Study Group, Recent Innovations in International Banking, 1986, S.171.

### 2.1.2.1 Bedingte Termingeschäfte

#### 2.1.2.1.1 Definition und Systematisierung bedingter Termingeschäfte

Bedingte Termingeschäfte werden mittels Optionskontrakten abgeschlossen.

Optionen sind Vereinbarungen, bei denen einem Vertragspartner als Optionsberechtigtem das Recht eingeräumt wird, zukünftig innerhalb einer bestimmten Frist bzw. zu einem bestimmten Zeitpunkt mit dem anderen Vertragspartner als Stillhalter ein festgelegtes Vertragsverhältnis einzugehen bzw. vom Stillhalter die Zahlung eines hinsichtlich seiner Bestimmungsgrößen festgelegten Geldbetrags als Barausgleich zu verlangen.[67]

Der Optionskäufer, auch Inhaber genannt, erwirbt dieses Recht vom Verkäufer der Option, auch Schreiber bzw. Stillhalter genannt. Wird von dem erworbenen Recht Gebrauch gemacht, so wird die Option ausgeübt. In diesem Fall ist der Stillhalter dazu verpflichtet, dem Wunsch des Inhabers nach Ausübung Folge zu leisten; er hat das zugrundeliegende Handelsobjekt zum vereinbarten Basispreis zu liefern.[68] Mit dem Ausüben erlischt das in der Option enthaltene Recht. Wenn keine Ausübung erfolgt, erlischt dieses Recht mit dem Verfallen der Option am Ende ihrer befristeten Laufzeit. Je nachdem, ob die Option während ihrer gesamten Laufzeit ausgeübt werden kann oder nur am Ende ihrer Laufzeit, wird von einer amerikanischen oder europäischen Option gesprochen.[69] Entsprechend dem in der Option enthaltenen Recht werden Optionen in Kaufoptionen (*calls*) und Verkaufsoptionen (*puts*) unterteilt. Der Inhaber geht mit dem Kauf der Option eine *long*-Position ein, der Stillhalter erhält entsprechend eine *short*-Position. Dabei ist es nicht relevant, ob es sich um einen Call oder einen Put handelt.

Optionen werden entweder an organisierten Börsen oder durch individuelle Vereinbarung, sog. *over-the-counter* (OTC), gehandelt. Börslich gehandelte Optionen sind standardisierte Kontrakte, die sich auf bestimmte Basisobjekte beziehen und als Vielfaches einer Standardmenge zu einem festgelegten Ausübungspreis mit einer Standardlaufzeit gehandelt werden. Bei OTC-Optionen werden alle Kontraktspezifikationen zwischen den Parteien einzeln ausgehandelt. Die meisten Optionskontrakte beinhalten eine objektive Basis. Anhand dieser Basis kann der Preis des Underlying festgestellt werden.[70]

---

[67] Vgl. Institut der Wirtschaftsprüfer, Bankenfachausschuß, Stellungnahme BFA 2/1995: Bilanzierung von Optionsgeschäften, 1995, S. 421.

[68] Smithson, Charles W., A LEGO Approach to Financial Engineering: An Introduction to Forwards, Futures, Swaps and Options, 1990, S. 13.

[69] Vgl. Kolb, Robert, Understanding Options, 1995, S. 5. Die regionale Bedeutung dieser Bezeichnungen ist inzwischen hinfällig geworden, da beide Optionsarten sowohl in den USA als auch in Europa gehandelt werden.

[70] Vgl. BIZ, Group of Ten: Study Group, Recent Innovations in International Banking, 1986, S.61 f.

Tab. 1: Elemente zur vollständigen Beschreibung einer Option

| **Element** | **Beschreibung / Ausprägung** |
|---|---|
| Optionsart | Put oder Call. |
| Optionsprämie | Preis für das Einräumen des Rechts. |
| Prämienzahltag | Termin, an dem die Prämie fällig wird. I.d.R ist dies der Tag des Vertragsabschlusses. |
| Handelsobjekt | Handelsgegenstand der Option, der auch als Basiswert oder Underlying bezeichnet wird. |
| Kontraktgröße | Anzahl der Handelsobjekte. |
| Abschlußzeitpunkt | Transaktionszeit und -datum. |
| Basispreis | Preis, zu dem der Inhaber die Ausübung verlangen kann (engl. *exercise* oder *strike price*). |
| Ausübungsart | Ausübung der Option während der gesamten Laufzeit (amerikanisch) bzw. am Ende der Laufzeit (europäisch). |
| Verfallstermin | Datum, an dem das Recht auf Ausübung verfällt. Die Laufzeit ist der Zeitraum zwischen Kauf der Option und dem Verfallsdatum. |

Bei dem Basiswert einer Option kann es sich um Waren, z.B. Öle oder Getreide bzw. um Finanzprodukte, z.B. Aktien oder Devisen handeln. Inzwischen wurde das Angebot der Finanzoptionen um Indexoptionskontrakte erweitert. Anders als bei den Aktien- oder Devisenoptionen liegt dieser Art des Optionskontrakts kein handelbares Gut, sondern der standardisierte Wert eines Indexes zugrunde. Ziel dieses Kontrakts ist der Barausgleich im Falle der Optionsausübung.

Die Höhe der Optionsprämie hängt von der Art der Option, dem Unterschied von Basispreis und aktuellem Marktpreis des Handelsobjekts, der Volatilität[71] des Basisguts, der Laufzeit und dem Zinsniveau ab.[72] Um den Preis einer Option berechnen zu können, werden mathematische Modelle herangezogen. Eines der bekanntesten Modelle ist das von den amerikanischen Professoren Fischer Black und Myron Scholes 1973 publizierte Black-Scholes-Modell.[73]

71 Ausführlich wird der Begriff der Volatilität dargestellt von Kratz, Karlheinz, Finanzmarktvolatilität und monetäre Unsicherheit, 1995.

72 Vgl. Hull, John C., Options, futures and other derivative securities, 1993, S. 152 f.; DTB, Aktienoptionen, 1993, S. 15.

73 Vgl. Black, Fischer/Scholes, Myron, The Pricing of Options and Corporate Liabilities, 1973, S. 637 ff.

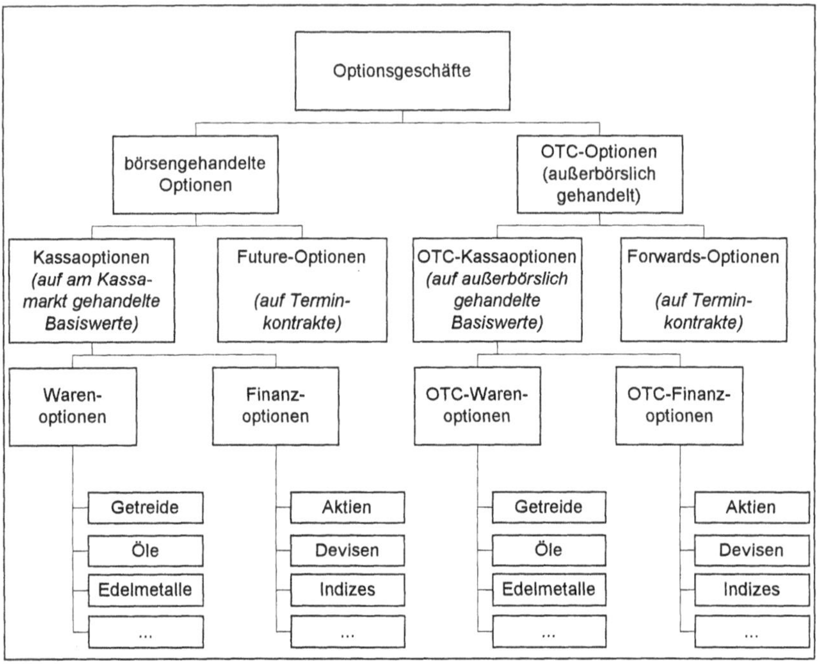


Abb. 1: Abgrenzung der Optionsmärkte[74]

Die Optionsprämie bildet zusammen mit den Transaktionskosten (z.B. Gebühren und Provisionen) die Anschaffungskosten einer Option. Der Verkäufer kann an der Option nicht mehr als den vom Käufer erhaltenen Optionspreis abzüglich der Transaktionskosten verdienen. Entsprechend kann der Käufer einer Option an der Option nicht mehr als den gezahlten Optionspreis zuzüglich den Transaktionskosten verlieren. Um den Gesamtpreis eines Optionskontrakts zu errechnen, muß der Optionspreis mit der Kontraktgröße multipliziert werden.

Für die vier möglichen Positionen einer Option ergeben sich die in Abb. 2 dargestellten Gewinn- und Verlustprofile.

Die Profile des Long-Call und Short-Call sowie des Long-Put und Short-Put sind jeweils horizontal gespiegelt. Dies verdeutlicht, daß bei den Optionen der Gewinnbetrag des einen Vertragspartners dem Verlustbetrag des Kontrahenten entspricht. Werden die Transaktionskosten vernachlässigt, so kann von einem Nullsummenspiel gesprochen werden.

[74] Vgl. DTB, DAX-Optionen, 1991, S. 6.

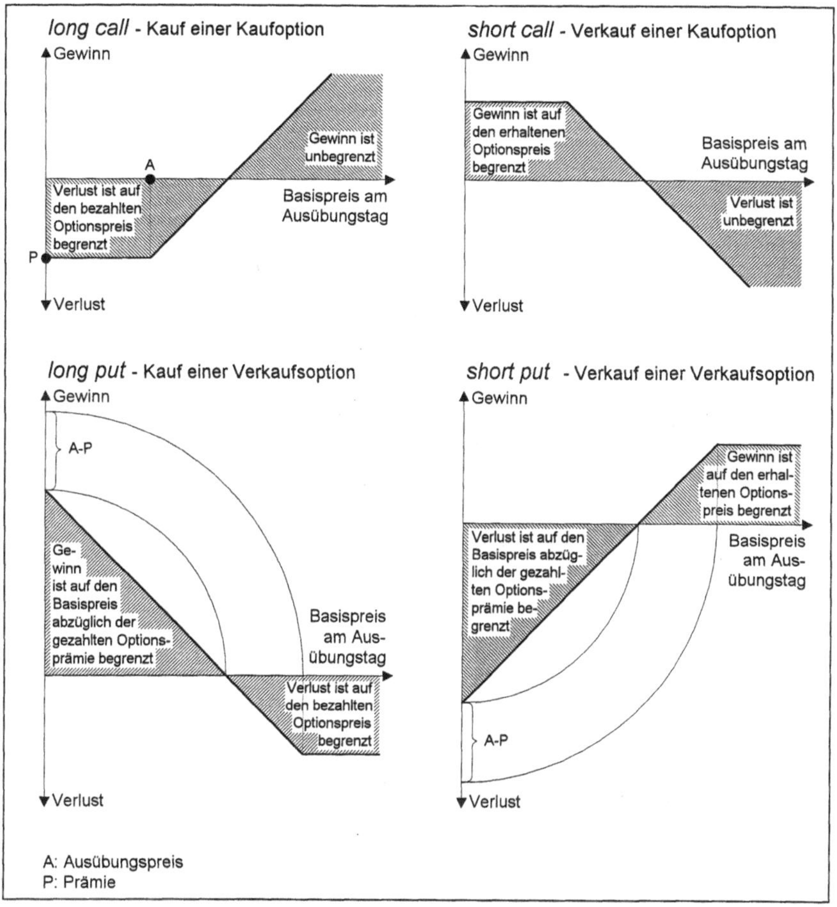


Abb. 2: Gewinn- und Verlustprofile der vier Grundpositionen in Abhängigkeit des Basispreises am Ausübungstag unter Vernachlässigung der Transaktionskosten[75]

[75] Vgl. Elton, E.J./Gruber, M.J., Modern portfolio theory and investment analysis, 1991, S. 574 ff.

#### 2.1.2.1.2 Motivation zum Engagement mit bedingten Termingeschäften

Ein Investor, der in Erwartung eines bestimmten Kurstrends entweder Basiswerte gekauft oder verkauft hat, geht das Risiko ein, daß die tatsächliche Kursentwicklung seinen Erwartungen zuwiderläuft und er Verluste erleidet. Mit Hilfe von Optionen kann dieses Risiko transferiert werden. Puts oder Calls bieten dem Anleger somit Schutz vor unerwünschten Verlusten.

Weiterhin können durch den Einsatz von Optionen Kursbewegungen mit großem Hebel ausgenutzt werden. Dieses Instrument wird wegen des begrenzten Verlustrisikos oftmals zur Spekulation verwendet.[76] Erwartet ein Investor steigende Kurse, so kann er eine Option auf den Basiswert erwerben oder diesen Basiswert selbst. Erfüllt sich seine Prognose, so wird der Preis der Kaufoption im Verhältnis zum Einsatz stärker steigen als der Preis des Basiswerts. Analog verhält es sich bei der Erwartung fallender Basispreise und dem Eingang einer entsprechenden Short-Position. Diese Chancen werden jedoch mit einem im Vergleich höheren Risiko erkauft, da die Wahrscheinlichkeit eines Totalverlusts des eingesetzten Kapitals beim Kauf einer Option ist höher ist als beim Kauf des Basiswerts. Dennoch ist das Risiko durch den Kauf einer Option nominal begrenzt.[77]

Unter Verwendung passender Optionsstrategien kann ein Anleger Veränderungen der Volatilität eines Handelsobjekts ausnutzen oder die Portfoliorendite verbessern. Voraussetzung ist jedoch in beiden Fällen, die zukünftige Entwicklung richtig zu antizipieren.[78]

### 2.1.2.2 Unbedingte Termingeschäfte

Im Gegensatz zu Optionen, die nur ein Recht verbriefen, handelt es sich bei unbedingten Termingeschäften um eine bindende Verpflichtung für beide Vertragspartner. Die Abnahmeverpflichtung stellt eine Long-Position dar, die Lieferverpflichtung eine Short-Position. Es existieren auch Kontrakte, die sowohl Liefer- als auch Abnahmeverpflichtungen in Form von gegenseitigen Tauschvereinbarungen beinhalten.

> Ein unbedingtes Termingeschäft ist eine bindende Verpflichtung zwischen zwei Vertragspartnern, ein Handelsobjekt zu einem vereinbarten Preis zu einem bestimmten, in der Zukunft liegenden Zeitpunkt zu liefern (Verkauf) bzw. abzunehmen (Kauf).[79]

Von den nicht an Börsen gehandelten unbedingten Termin*geschäften* (*forwards*) lassen sich die börsenmäßig organisierten unbedingten Termingeschäfte, sog. Termin*kontrakte* (*futures*), unterscheiden. Sie sind aufgrund ihrer Standardisierung bezüglich

---

76 Vgl. Kolb, Robert, Understanding Options, 1995, S. 6.

77 Vgl. Uszczapowski, I., Optionen und Futures verstehen, 1995, S. 55 f.

78 Vgl. DTB, DAX-Optionen, 1991, S. 28.

79 Vgl. Grünewald, Andreas, Finanzterminkontrakte im handelsrechtlichen Jahresabschluß, 1993, S. 5.

Qualität, Quantität und Erfüllungszeitpunkt des Vertrags abzugrenzen.[80] Es muß dabei nicht unbedingt festgelegt sein, welches Handelsobjekt der Kontrakt umfaßt. Der Kontrakt kann sich auch auf eine festgelegte Gruppe von Handelsobjekten beziehen.

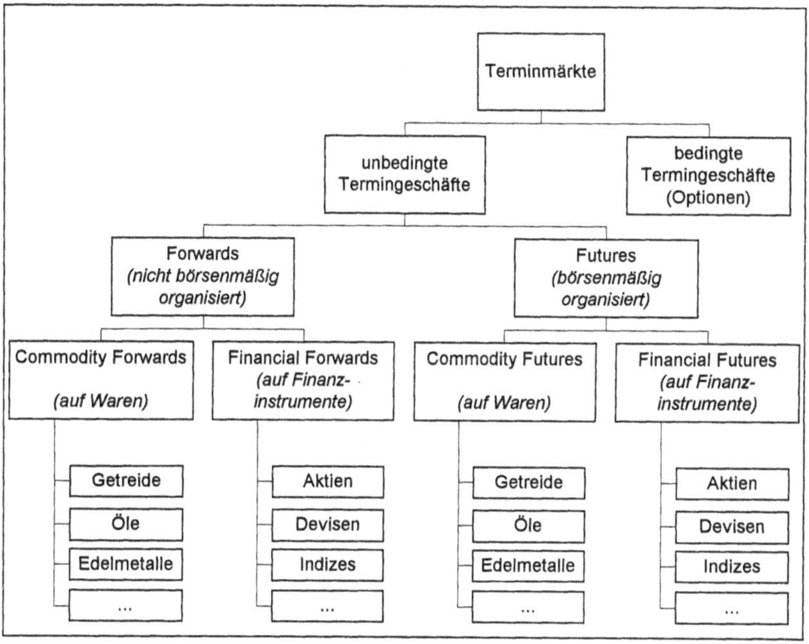


Abb. 3: Abgrenzung der Terminmärkte[81]

80 Vgl. Hochgürtel, Michael F., Der Financial Futures Markt - Eine Einführung, 1982, S. 332; Fiack, Claus-Peter, Die rechtlichen Rahmenbedingungen für Börsentermingeschäfte nach der Börsengesetznovelle 1989, 1990, S. 97; Grünewald, Andreas, Finanzterminkontrakte im handelsrechtlichen Jahresabschluß, 1993, S. 6.

81 Vgl. Uszczapowski, Igor, Optionen und Futures verstehen, 1995, S. 192.

### 2.1.2.2.1 Futures

#### *2.1.2.2.1.1 Definition und Systematisierung von Futures*

> Ein Future ist eine standardisierte, bindende Verpflichtung zwischen zwei Vertragspartnern, ein Handelsobjekt zu einem vereinbarten Preis zu einem bestimmten, in der Zukunft liegenden Zeitpunkt zu liefern (Verkauf) bzw. abzunehmen (Kauf). Der Handel von Futures ist börsenmäßig organisiert.[82]

Während bei den Forwards die Vertragspartner Art und Menge der zu liefernden bzw. abzunehmenden Handelsobjekte sowie den Erfüllungszeitpunkt individuell vereinbaren, sind diese Konditionen bei den Futures durch die jeweiligen Börsenbestimmungen vorgegeben. Bei den Terminbörsen handelt es sich um staatlich genehmigte Organisationen, die in vollem Umfang der Börsenaufsicht bzw. dem Börsenrecht unterliegen.

Finanzterminkontrakte (*financial futures*) unterscheiden sich von Warenterminkontrakten (*commodity futures*) dadurch, daß ein Finanzinstrument als Basiswert dem Kontrakt zugrunde liegt, während das Handelsobjekt eines Warenterminkontrakts eine Ware ist.

Tab. 2: Elemente zur vollständigen Beschreibung eines Future

| **Element** | **Beschreibung / Ausprägung** |
|---|---|
| Vertragsart | Long oder Short. |
| Prämie | Preis für die Verpflichtung. |
| Prämienzahltag | Termin, an dem die Prämie fällig wird. I.d.R ist dies der Tag des Vertragsabschlusses. |
| Handelsobjekt | Handelsgegenstand der Verpflichtung, der auch als Basiswert oder Underlying bezeichnet wird. |
| Kontraktgröße | Anzahl der Handelsobjekte, auf die sich der Kontrakt insgesamt bezieht. |
| Abschlußzeitpunkt | Transaktionszeit und -datum. |
| Basispreis | Preis, zu dem die Lieferung bzw. die Abnahme des Basiswerts erfolgt. |
| Liefertag | Termin, zu dem die Lieferung bzw. die Abnahme des Basiswerts erfolgt. |

82 Vgl. Hoffmann, Peter/Ramke, Ralf, Finanzinnovationen an der Deutschen Terminbörse (DTB): Chancen und Risiken des Handels mit Optionen und Finanzterminkontrakten, 1990, S. 59.

Ein wesentliches Merkmal von Futures liegt in der Abrechnung und Abwicklung aller Geschäfte durch eine zentrale Stelle, der sog. *Clearing*-Stelle. Diese Stelle ist zumeist integrativer Bestandteil der jeweiligen Terminbörse und wird von den Börsenmitgliedern getragen.[83] Die Tätigkeit der Clearing-Stelle beschränkt sich jedoch nicht nur auf die Abrechnung und Abwicklung der Terminkontrakte, sondern sie tritt bei Zustandekommen eines Geschäftsabschlusses zwischen zwei Börsenteilnehmern automatisch als Vertragspartner in das Geschäft ein. Die Clearing-Stelle übernimmt bei jedem Kontraktabschluß gleichzeitig die Position des Käufers und des Verkäufers.

Von den Vertragspartnern ist bei Kontraktabschluß jeweils ein bestimmter Betrag, ein Ersteinschuß (*initial margin*), an die Clearing-Stelle zu zahlen. Dieser Betrag soll die Erfüllung der eingegangenen Verpflichtung gewährleisten. Daher verbleibt er bis zur Geschäftsbeendigung bei der Clearing-Stelle auf einem speziell für jeden Vertragspartner angelegten Konto. Die Höhe des Einschusses wird zumeist für jede Kontraktart gesondert festgelegt, wobei sich die jeweilige Höhe vor allem nach der Volatilität des Basiswerts bemißt.[84] Grundsätzlich sind die zu leistenden Einschüsse im Verhältnis zum Kontraktwert sehr gering. Sie betragen i.d.R nur 0,2% bis 3% des Kontraktwerts.[85] Dies zeigt, daß mit einem geringen Kapitaleinsatz Kontrakte mit hohen Nominalwerten abgeschlossen werden können. Ähnlich wie bei den Optionen führen so schon kleine Kursveränderungen zu hohen Gewinnen oder zu hohen Verlusten. Dieser Hebeleffekt stellt für die Börsenteilnehmer, vor allem aber für die Spekulanten, einen bedeutenden Anreiz dar, sich an den Terminbörsen zu engagieren. Er trägt damit entscheidend zum Erfolg der Börsen bei.[86]

Am Ende eines jeden Börsentags wird auf der Grundlage der zuletzt zustandegekommenen Kurse eine Bewertung und Abrechnung durchgeführt. Durch Vergleich des aktuellen Schlußkurses mit dem des Vortags wird die Wertveränderung ermittelt. Positive Wertveränderungen werden dem jeweiligen Börsenteilnehmer auf seinem Konto gutgeschrieben, während negative Wertveränderungen durch sog. Nachschüsse (*variation margin*) an die Clearing-Stelle auszugleichen sind.[87] Werden die Nachschüsse bis zum Beginn des nächsten Börsentags nicht geleistet, so hat die Clearing-Stelle das Recht, den Kontrakt „glattzustellen", d.h. durch ein Gegengeschäft zu beenden.[88] Es kann daher nicht zu größeren, ausstehenden Nachschußzahlungen

---

83 Vgl. DTB, Das Clearing an der DTB, 1995, S. 1.

84 Vgl. hst., DTB erhöht Sicherheitsleistungen, 1996, S. 28.

85 Vgl. Perridon, Louis/Steiner, Manfred, Finanzwirtschaft der Unternehmung, 1995, S. 280.

86 Vgl. Hochgürtel, Michael F., Der Financial Futures Markt - Eine Einführung, 1982, S. 331.

87 Vgl. Smithson, Charles W., A LEGO Approach to Financial Engineering: An Introduction to Forwards, Futures, Swaps and Options, 1990, S. 7.

88 Dies entspricht der Regelung an der DTB. Bei anderen Börsen kommt es erst nach *wesentlichen* Wertveränderungen zu einer Nachschußpflicht, vgl. Büschgen, Hans E., Zinstermingeschäfte - Instrumente und Verfahren zur Risikoabsicherung an Finanzmärkten, 1988, S. 47 f.

kommen, als die Wertänderung des Instruments an einem Tag beträgt. Es ergibt sich eine Forderung der Clearing-Stelle gegenüber dem säumigen Marktteilnehmer in Höhe des nicht geleisteten Nachschusses.

Das System der börsentäglichen Bewertung und Abrechnung der offenen Kontrakte verhindert, daß sich nicht ausgeglichene Verluste über einen längeren Zeitraum akkumulieren. Es trägt somit zum Vorteil aller in den Terminbörsenhandel involvierten Parteien und zur finanziellen Stabilität des Markts bei.[89] Des weiteren wird hierdurch die Kosteneffizienz des Markts gesteigert und das Adressenausfallrisiko vermindert.[90]

Im Gegensatz zu Forwards sind Futures nicht auf die Vertragserfüllung angelegt. Die Marktteilnehmer beabsichtigen vielmehr, ihre Verpflichtung vor Fristablauf durch ein Gegengeschäft aufzuheben. Damit wird die bis dahin offene Position geschlossen. Die Auflösung vor Vertragsende wird durch den zentralisierten Börsenhandel gewährleistet.[91]

Marktteilnehmer bzw. die zuständigen Clearing-Mitglieder mit offenen Short-Positionen müssen am *notification day* der Clearing-Stelle anzeigen, welche Wertpapiere sie liefern wollen. Mittels eines Zufallsverfahrens werden die avisierten Lieferungen den Long-Positionen zugeordnet. Die Informationen über Lieferung und Zahlung werden am nächsten Tag den Marktteilnehmern zur Verfügung gestellt.[92]

###### *2.1.2.2.1.2 Motivation zum Engagement mit Futures*

Durch den Einsatz von unbedingten Termingeschäften soll das in einer Veränderung der Marktbedingungen liegende Risiko verringert werden. So kann für zukünftig in Fremdwährungen zu leistende Zahlungen schon zu Vertragsbeginn der Wechselkurs festgesetzt werden. Dadurch erhöht sich die Planungssicherheit der Marktteilnehmer. Der Grundgedanke dieser Sicherungsstrategie besteht darin, neben das Grundgeschäft ein Termingeschäft zu stellen. Die Wertveränderungen des Termingeschäfts soll die Wertveränderungen des Grundgeschäfts kompensieren.

Der Marktteilnehmer kann im Vergleich zu Direktinvestitionen am Kassamarkt mit geringerem Kapitaleinsatz Marktpositionen eingehen. Eine Wertveränderung des Basisobjekts wirkt sich hierdurch um ein Vielfaches höher aus als bei Kassapositionen. Dieser Effekt wird auch als „Hebelwirkung“ oder „Leverage-Effekt“ bezeichnet.[93]

Zugleich garantiert die Clearing-Stelle eine sichere Transaktionsabwicklung. Ausfallrisiken sind durch die Clearingstelle als Standardkontrahent auszuschließen.

---

89 Vgl. DTB, Bund-Futures, 1992, S. 24.

90 Vgl. Miller, Merton, Financial Innovations and Market Volatility, 1991, S. 201.

91 Vgl. Perridon, Louis/Steiner, Manfred, Finanzwirtschaft der Unternehmung, 1995, S. 279.

92 Vgl. DTB, Bund-Futures, 1992, S. 27.

93 Vgl. Perridon, Louis/Steiner, Manfred, Finanzwirtschaft der Unternehmung, 1995, S. 445 ff.

#### 2.1.2.2.2 Forward Rate Agreements

##### *2.1.2.2.2.1 Definition und Systematisierung von Forward Rate Agreements*

> **Ein Forward Rate Agreement (FRA) ist eine vertragliche Vereinbarung zwischen zwei Parteien mit dem Ziel, einen bestimmten Zinssatz für einen in der Zukunft liegenden Zeitraum, bezogen auf einen bestimmten Nominalbetrag, festzulegen.**[94]

Ein FRA ist somit ein auf die Zukunft gerichteter Kauf oder Verkauf von Termingeldern. Wie beim Zinsswap werden die zugrundeliegenden Kapitalbewegungen nicht ausgeführt. Da die FRAs individuell ausgehandelt werden, gehören sie zur Gruppe der OTC-Geschäfte. Bei den FRAs handelt es sich um einen Sonderfall der unbedingten Termingeschäfte. Da sich durch den Nichtaustausch der zugrundeliegenden Kapitalbewegungen ein teilweise veränderter Ablauf für die FRAs ergibt, wird dieses Instrument gesondert dargestellt.

Der Käufer eines FRA bezahlt einen festen Zinssatz (FRA-Satz) und erhält im Gegenzug einen variablen Referenzzins. Der Verkäufer bezahlt im Gegenzug den variablen Zinssatz und erhält den FRA-Satz. Am Zahlungstag (*settlement day*), zu Beginn der Zinsperiode, wird der sich aus der Zinsdifferenz ergebende Betrag gezahlt. Der vereinbarte FRA-Satz wird dazu mit dem festgelegten Referenzzinssatz verglichen. Der bis zum Zahlungstag variierende Referenzzins bleibt daher über die gesamte Zinsperiode fest.

Der Käufer des FRA-Satzes erhält am Zahlungstag die Ausgleichszahlung, wenn der Referenzzins über dem FRA-Satz liegt. Sollte der Referenzzins unter dem FRA-Satz liegen, erhält entsprechend der Verkäufer den Differenzbetrag.[95]

Hinsichtlich des Risikos handelt es sich daher bei FRAs um ein symmetrisches Finanzinstrument. Einer der beiden Kontrahenten erhält in Abhängigkeit von der Höhe des Referenzzinssatzes bei Fälligkeit des FRA entweder eine Ausgleichszahlung vom anderen Kontrahenten oder muß eine Ausgleichszahlung an ihn leisten.[96]

Da die Zinsen bei einer herkömmlichen Mittelaufnahme oder -anlage erst am Ende der Zinsperiode fällig sind, wird der errechnete Differenzbetrag auf den Zahlungstag linear abgezinst. Es ergibt sich folgende Formel zur Berechnung des Differenzbetrags:[97]

---

[94] Vgl. Das, Satyajit, Swap & Derivative Financing - The Global Reference to Products, Pricing Applications and Markets, 1994, S. 80.

[95] Vgl. Bertsch, Andreas/Kärcher, Ralph, Derivative Instrumente im Jahresabschluß und in der Steuerbilanz, 1996, S. 664.

[96] Vgl. Eller, Roland, Derivative Instrumente - Überblick, Strategien, Tendenzen, 1996, S. 11.

[97] Vgl. Haley, Charles W., Forward Rate Agreements (FRAs), 1994, S. 228; Treuberg, Hubert Graf von/Angermayer, Birgit, Jahresabschluß von Versicherungsunternehmen, 1995, S. 616; Scharpf, Paul/Luz, Günther, Risikomanagement, Bilanzierung und Aufsicht von Finanzderivaten, 1996, S. 444.

$$D = N \frac{\frac{i_{\text{Ref}} - i_{FRA}}{100} \frac{P}{360}}{1 + \frac{i_{\text{Ref}}}{100} \frac{P}{360}} \qquad \text{Gl. 1}$$

$D$: Differenzbetrag

$N$: Nominalbetrag

$i_{\text{Ref}}$: Referenzzinssatz

$i_{FRA}$: FRA - Satz

$P$: Zinsperiode

Wie bei anderen Finanzinnovationen ist der FRA vom zugrundeliegenden Geschäft getrennt und wird unabhängig davon gehandelt. Damit ist die vom FRA-Käufer angestrebte Zinssicherung vom Grundgeschäft gelöst.

Tab. 3: Elemente zur vollständigen Beschreibung eines FRA

| Element | Beschreibung / Ausprägung |
|---|---|
| Vertragsart | Kauf oder Verkauf. |
| Vorlaufzeit | Dauer bis zum Beginn der Verzinsung. |
| Zinsperiode | Dauer der Verzinsung. |
| FRA-Satz | Fester Zinssatz. |
| Referenzzins | Berechnungsbasis der variablen Zinsverpflichtung. |
| Währung | Die bezogene Währung. |
| Kontraktgröße | Nominalbetrag, auf den sich der Kontrakt bezieht. |
| Zahlungszeitpunkte | Datum zur Leistung des Differenzbetrags. |
| Abschlußzeitpunkt | Transaktionszeit und -datum. |

Bei der Quotierung eines FRA werden zwei Zahlen zur Bestimmung der Zeiträume für die Vorlaufzeit und die Gesamtlaufzeit angegeben, z.B. „3-9 FRA". Die erste Zahl bezieht sich auf den Zeitraum der Vorlaufperiode (Abschlußtag des Kontrakts bis zum Beginn der Zinsperiode), die zweite Zahl gibt die Gesamtlaufzeit des FRA an (Vorlaufperiode und Zinsperiode). Die Zinsperiode selbst errechnet sich durch Subtraktion der Vorlaufzeit von der Gesamtlaufzeit, in diesem Beispiel also 9 - 3 = 6 Monate. Trotz des OTC-Charakters dieses Instruments werden i.d.R Kontrakte mit Zinsperioden von drei, sechs, neun oder zwölf Monaten abgeschlossen. Durch die

Kontrahierung mehrerer, gestaffelter FRAs, kann auch ein längerer Zeitraum abgesichert werden.[98]

#### *2.1.2.2.2.2 Motivation zum Engagement mit Forward Rate Agreements*

Zinstermingeschäfte ermöglichen dem Anwender, sein Zinsänderungsrisiko zu steuern, ohne sein Liquiditätsprofil zu ändern, da nahezu keine Kapitalbeträge bewegt werden müssen. Sie sind deshalb insbesondere für Banken attraktiv. Dies erklärt zugleich, warum der Markt für FRAs vor allem ein Interbankenmarkt ist. Die nicht bilanzwirksamen Zinstermingeschäfte gestatten den Banken, das Zinsänderungsrisiko zu beherrschen, ohne die Bilanzen durch Interbankenkredite aufzublähen.[99]

FRAs sind insbesondere dann interessant, wenn nur eine kurzfristige, in der Zukunft liegende Absicherung vorgenommen werden soll. Handelt es sich hingegen um eine mehrperiodige Absicherung, sind mehrere FRAs oder ein entsprechender Swap notwendig.[100]

Da FRAs nicht an Börsen gehandelt werden, können die Kontrakte auf die jeweilige Finanzierungssituation individuell angepaßt werden. Marginzahlungen sind mangels einer Clearingstelle nicht zu leisten. Es fallen daher auch keine Finanzierungskosten für die Margins an. Aus dem gleichen Grund existiert jedoch ein Adressenausfallrisiko, das bei börsengehandelten Instrumenten von der Clearingstelle getragen wird. Die Höhe des zu zahlenden Betrags richtet sich nicht nach dem vollen Zinssatz, sondern lediglich nach der Differenz von FRA-Satz und Referenzzinssatz.[101]

#### 2.1.2.2.3 Swaps

#### *2.1.2.2.3.1 Definition und Systematisierung von Swaps*

> **Swaps sind Finanztransaktionen, bei denen zwei Vertragsparteien vereinbaren, Zahlungsströme, die aus bereits bestehenden oder noch zu begründenden Forderungen oder Verbindlichkeiten resultieren, über einen bestimmten Zeitraum auszutauschen, um komparative Vorteile, die eine der Vertragsparteien an bestimmten Finanzmärkten oder Finanzmarktsegmenten hat, i.d.R gegen Entgelt, zum beiderseitigen wirtschaftlichen Vorteil zu arbitrieren.**[102]

---

98 Vgl. Haley, Charles W., Forward Rate Agreements (FRAs), 1994, S. 230 f.; Eller, Roland, Management von Zinsänderungsrisiken, 1994, S. 79; Scharpf, Paul/Epperlein, Joachim K., Rechnungslegung und interne Kontrolle von derivativen Finanzinstrumenten, 1995, S. 157.

99 Vgl. Heinz, Ludwig, Finanzinnovationen, 1988, S. 834.

100 Vgl. Marshall, John F./Kapner, Kenneth R., Understanding Swaps, 1993, S. 67.

101 Vgl. Das, Satyajit, Swap & Derivative Financing - The Global Reference to Products, Pricing Applications and Markets, 1994, S. 84.

102 Vgl. Lerbinger, Paul, Zins- und Währungsswaps - neue Instrumente im Finanzmanagement von Unternehmen und Banken, 1988, S. 3. Ausführliche Darstellungen der Swapgeschäfte mit zahlreichen Beispielen finden sich bei Andres, Martina, Zins- und Währungsswaps als

Swap-Geschäfte gehören im Rahmen der zwei- bzw. mehrseitig verpflichtenden Verträge zu den sogenannten synallagmatischen (gegenseitigen) Verträgen. Bei diesen Schuldverhältnissen ergeben sich wechselseitige Schuldner- und Gläubigerbeziehungen zwischen den Vertragsparteien. Jeder Vertragspartner geht die Verpflichtung zur eigenen Leistung nur deshalb ein, da sich die andere Partei zur Gegenleistung verpflichtet. In derartigen Verträgen hat die Vertragspartei A die eigene Leistung nur zu erbringen, wenn sie gleichzeitig die Gegenleistung von B erhält, es sei denn, A ist zur Vorleistung verpflichtet.[103]

Swap-Geschäfte an den internationalen Finanzmärkten sind die Übertragung des von Ricardo entwickelten Prinzips der komparativen Kosten von den Gütermärkten auf die Finanzmärkte. Durch Swap-Geschäfte können relative Vorteile, die die Kontrahenten in bestimmten Finanzmärkten hinsichtlich der Konditionsgestaltung haben, im beiderseitigen Interesse genutzt werden. Für die an einem Swap-Kontrakt beteiligten Partner sind die gemeinsamen Kostenvorteile entscheidend. Unterschiedliche Kostenvorteile oder -nachteile, z.B. gegenüber den marktüblichen Zinssätzen, ergeben sich möglicherweise aus dem Bekanntheitsgrad, der Unternehmensgröße oder der Bonitätseinstufung der Kontrahenten.[104] Voraussetzung für einen vorteilhaften Zinsswap ist, daß die Zinsdifferenz bei der Festsatzmittelbeschaffung durch die Swap-Partner ungleich der entsprechenden Differenz der zinsvariablen Finanzierungen ist. Der Marktteilnehmer mit den komparativen Vorteilen kann bei der Festlegung der Swap-Konditionen diesen Vorteil nutzen und eine entsprechende Berechnung der Zinsvereinbarungen durchsetzen.

Je nachdem, ob Zahlungsforderungen oder -verbindlichkeiten Gegenstand der Vereinbarung sind, wird in *asset swaps* (Aktiva) und *liability swaps* (Passiva) unterschieden.[105] Swap-Geschäfte lassen sich weiterhin in die Kategorien Zinsswaps (*interest rate swaps*), Währungsswaps (*currency swaps*) und deren Kombination als Zins- und Währungsswap (*cross currency interest rate swap*) unterteilen.[106] Diese Swap-Arten sind am Markt vorherrschend und stellen die Grundlage für zahlreiche Variationen von Swap-Techniken dar, die in Literatur und Praxis zu finden sind.

Da beim Abschluß eines Swap-Geschäfts die individuellen Zahlungsströme beider Parteien aufeinander abgestimmt sein müssen, sind Swaps in den OTC-Bereich

innovative Finanzinstrumente, 1989; Marshall, John F./Kapner, Kenneth R., Understanding Swaps, 1993.

103 Vgl. Bieg, Hartmut, Schwebende Geschäfte in Handels- und Steuerbilanz, 1977, S. 16 ff.

104 Vgl. Heinrich, Detlef, Swap-Transaktionen als Finanzierungsinstrument, 1992, S. 482; Arnold, Wolfgang/Burg, Sabine, Swaps und Ricardos Theorem der komparativen Kosten, 1987, S. 194 ff.

105 Vgl. International Accounting Standards Committee, International Accounting Standards 1996, 1996, E48, A62.

106 Büschgen, Hans E., Finanzinnovationen - Neuerungen und Entwicklungen an nationalen und internationalen Finanzmärkten, 1986, S. 322; Levedag, Rolf, Zwischen 250 und 300 Milliarden Dollar werden heute über Swap-Transaktionen abgewickelt, 1986, S. B8.

einzuordnen. Es gibt keinen börsenmäßig organisierten Handel für diese Geschäfte. Dennoch ist es einfach, einen Swap abzuschließen, da die Kreditinstitute die Aufgaben des Arrangeurs, Intermediärs oder des Swap-Partners übernehmen.[107]

Als Arrangeure übernehmen die Banken die Vermittlung von Swap-Kontrakten für Dritte. Sie beraten die Parteien und übernehmen die Abwicklung der Swap-Zahlungen. Die Banken gehen selbst keine Risiken aus den Transaktionen dieser offenen Vermittlung ein. Als Intermediär erfolgt eine anonyme Vermittlung zwischen zwei Swap-Kontrahenten durch die eingeschaltete Bank. Die beiden Swap-Partner schließen ihre Verträge jeweils mit der Bank ab. Als Swap-Partner hingegen treten die Banken aus eigenem Interesse auf.[108] Eine Abgrenzung zur anonymen Vermittlung ist nur über die sich direkt ergebende Risikoposition möglich. Auch bei der Rolle des Intermediärs kann durch den Adressenausfall eine Risikoposition entstehen, sie ist allerdings noch nicht bei Abschluß der Swaps gegeben. An den einzelnen Fälligkeitstagen werden die Zahlungsverpflichtungen der beiden Kontrahenten unter Berücksichtigung der Marktentwicklung miteinander aufgerechnet und es erfolgt eine Ausgleichszahlung.[109]

Tab. 4: Elemente zur vollständigen Beschreibung eines Swap

| **Element** | **Beschreibung / Ausprägung** |
|---|---|
| Vertragsart | Devisenswap, Zinsswap, Währungsswap oder Kombinierter Zins- und Währungsswap. |
| Berechnungsbasen | Festlegung der Berechnungsgrundlage der variablen Zinsverpflichtungen und Festlegung des fixen Zinssatzes. |
| Währungen | Die bezogenen Währungen. |
| Kontraktgröße | Wert der gegenseitigen Verpflichtungen. |
| Abschlußzeitpunkt | Transaktionszeit und -datum. |
| Zahlungsperioden | Abstand der Fälligkeitstermine. |
| Laufzeit | Dauer der Vereinbarung (Beginn und Ende). |

### 2.1.2.2.3.1.1 Devisenswaps

Bei einem Devisenswap werden Kapitalbeträge in verschiedenen Währungen ohne die zugehörigen Zinsverpflichtungen ausgetauscht. Der Rücktausch erfolgt nicht zum Kassakurs, zu dem der Tausch durchgeführt wird, sondern regelmäßig zum

---

107 Vgl. Schwarze, Armin, Ausweis und Bewertung neuer Finanzierungsinstrumente in der Bankbilanz, 1989, S. 148; Bundesverband deutscher Banken, Kommission für Bilanzierungsfragen, Zur Rechnungslegung von Swapgeschäften, 1988, S. 160.

108 Vgl. Lerbinger, Paul, Swap-Transaktionen als Bankleistung, 1985, S. 294.

109 Smithson, Charles W., A LEGO Approach to Financial Engineering: An Introduction to Forwards, Futures, Swaps and Options, 1990, S. 10.

Terminkurs. Das Devisenswap-Geschäft ist somit eine Kombination von Kassa- und Termingeschäft. Es ist die älteste Erscheinungsform des Swap. Die Standardlaufzeiten betragen ein, zwei, drei, sechs und zwölf Monate.[110]

### 2.1.2.2.3.1.2 Zinsswaps

Bei einem (*liability*-)Zinsswap vereinbaren die Vertragsparteien ausschließlich den Austausch von Zins(-verbindlichkeiten), die aus der Aufnahme von Geldmitteln gleicher Höhe und Währung, aber unterschiedlicher Zinsberechnungsbasen entstanden sind. Die zugehörigen, finanzierten Kapitalbeträge aus Kredit oder Anleihe werden nicht übertragen, sondern verbleiben für die gesamte Laufzeit der Mittelaufnahme beim jeweiligen Schuldner. Es entstehen somit auch keine gegenseitigen Kapitalforderungen zwischen den Swap-Parteien. Der zugrundeliegende Kapitalbetrag kann auch rein hypothetisch angenommen werden. Durch den Zinsswap ergeben sich daher auch keine rechtlichen Auswirkungen auf die ursprünglichen Kreditverhältnisse der Vertragsparteien. Ein Zinsswap läßt sich auch als eine Serie von Zinstermingeschäften mit Liefertermin jeweils zu den Tauschzeitpunkten der Zahlungsströme betrachten.

Beim reinen Zinsswap (*coupon swap* oder *fixed rate to floating rate swap*) tauschen die Parteien die Zinszahlungsverpflichtung einer zinsvariablen Verbindlichkeit gegen die einer festverzinslichen Mittelaufnahme. Eine Sonderform ist der Basis-Swap (*from floating rate against one reference rate to floating rate against another reference rate*). Dabei werden zwei variable Zinszahlungsströme getauscht, die mit Hilfe unterschiedlicher Basiszinssätze berechnet werden. Ein solcher Basis-Swap kann als Paket aus zwei Zinsswaps gesehen werden, bei denen die Festzinsverpflichtung die gleiche Basis zur Grundlage hat und die mit unterschiedlicher Richtung der variablen Zinsverpflichtungen abgeschlossen werden.[111]

### 2.1.2.2.3.1.3 Währungsswaps

Bei einem (*liability*-)Währungsswap tauschen die Vertragsparteien in unterschiedlichen Währungen denominierte Kapitalbeträge und die daraus resultierenden Zins(-verbindlichkeiten) gleicher Berechnungsgrundlage. Der Austausch der Kapitalbeträge erfolgt zu Beginn der Laufzeit des Swap zum aktuellen Devisenkassakurs. Gleichzeitig wird vereinbart, die Kapitalbeträge am Fälligkeitstermin des Swap-Geschäfts zum gleichen Kurs zurückzutauschen.[112] Kassa- und Terminkurs sind identisch, da auch die Zinsverpflichtungen über die Swap-Laufzeit in voller Höhe ausgetauscht werden. Damit sind im Gegensatz zum traditionellen Devisenswap-Geschäft im Terminkurs keine Zinsdifferenz zwischen beiden Währungen in Form eines Deports (Abschlag) oder Reports (Zuschlag) auszugleichen.[113]

---

[110] Vgl. Dreissig, Hildegard, Swap-Geschäfte aus bilanzsteuerrechtlicher Sicht, 1989, S. 322.

[111] Vgl. BIZ - Group of Ten: Study Group, Recent Innovations in International Banking, 1986, S. 37f.

[112] Vgl. Lerbinger, Paul, Swap-Transaktionen als Finanzinstrumente, 1985, S. 245.

[113] Vgl. Dreissig, Hildegard, Swap-Geschäfte aus bilanzsteuerrechtlicher Sicht, 1989, S. 322f.

#### 2.1.2.2.3.1.4 Kombinierter Zins- und Währungsswap

Der Kombinierte Zins- und Währungsswap verbindet die Merkmale des Zins- und des Währungsswap. Dabei tauschen die Vertragsparteien gleich hohe Kapitalbeträge in unterschiedlichen Währungen und die dazugehörigen Zinszahlungsströme mit unterschiedlichen Zinsberechnungsbasen. I.d.R erfolgt der Austausch einer variabel verzinslichen Verbindlichkeit gegen eine Festzinsverbindlichkeit in einer anderen Währung.[114]

#### *2.1.2.2.3.2 Motivation zum Engagement mit Swaps*

Ein wichtiges Anwendungsmotiv von Swaps ist die Ausnutzung von relativen Kostenvorteilen bei der Kreditaufnahme. Bspw. nimmt eine europäische Bank hoher Bonität am Eurobondmarkt zu einem festen Zinssatz Geld auf und tauscht dies mit Hilfe eines Swap mit einer Firma geringerer Bonität, die Geld am internationalen Bankenmarkt aufgenommen hat. Da am Eurobondmarkt, im Gegensatz zum internationalen Bankenmarkt, von US-Unternehmen ein höherer Aufschlag gefordert wird als von europäischen Banken, existiert eine Kostendifferenz, die ausgenutzt werden kann.[115]

Weiterhin können sich Unternehmen mit Swaps gegen Währungsrisiken absichern. Ist ein deutsches Unternehmen zu Zins- und Tilgungseinnahmen in USD berechtigt, kann es zugleich dem Aufwertungsrisiko der DEM gegenüber dem USD ausgesetzt sein. Das Unternehmen kann drohenden Mindereinnahmen durch einen Swap entgehen. Dazu tauscht es mit einem US-amerikanischen Unternehmen, das eine entsprechende Forderung in DEM hält, die USD-Einnahmen gegen die DEM-Einnahmen.[116]

Erwartet ein Unternehmen, das zu einem festen Zinssatz einen Kredit aufgenommen hat, eine Zinssenkung, kann es sich hierauf einstellen. Dazu tauscht das Unternehmen die fixen Zinsen gegen variable Zinsen. Sinkt der Zins tatsächlich, kann der tiefere Zinssatz gesichert werden, indem nun die variablen Zinsen gegen einen festen Zinssatz getauscht werden.[117]

Das Problem der Swaps liegt darin, für die individuellen Zahlungsströme den passenden Tauschpartner zu finden. Daher bieten sich die Banken als Tauschpartner an und sorgen dadurch für eine Fristentransformation.

---

[114] Vgl. Glaab, Wolfgang/Kraft, Klaus, Interest Rate Swap, Currency Swap, Cross Currency Interest Rate Swap als Prüfungsgegenstand der internen Revision, 1986, S. 153.

[115] Vgl. Heinz, Ludwig, Finanzinnovationen, 1988, S. 827.

[116] Vgl. Lerbinger, Paul, Zins- und Währungsswaps - neue Instrumente im Finanzmanagement von Unternehmen und Banken, 1988, S. 18 f.

[117] Rettberg, Udo/Zwätz, Dietrich, Das kleine Terminhandels-Lexikon, 1995, S. 275 ff.

### 2.1.3 Bewertung der betrachteten Finanzinnovationen

Da die Bewertung der Finanzinnovationen international nach den gleichen Methoden vorgenommen wird, soll an dieser Stelle, im Anschluß an die Beschreibung der betrachteten Finanzinnovationen, die Bewertung dieser Instrumente dargestellt werden.

Für die Finanzinnovationen, die börsenmäßig gehandelt werden, stellt die Wertermittlung kein Problem dar. Der Wert entspricht immer dem Marktwert, der den Notierungen der einzelnen Handelsplätze entnommen werden kann. Wird ein Instrument an mehreren Börsen gehandelt, so ist die Liquidität der einzelnen Märkte zu berücksichtigen bzw. ein Mittelwert aus den Preisen der Handelsplätze zu bilden.

Anders verhält es sich bei den OTC-Instrumenten. Hier sind zwei Fälle zu unterscheiden. Zunächst gibt es einige Finanzinnovationen, die aufgrund ihrer hohen Liquidität in verschiedenen Handelssystemen (z.B. *Reuters* oder *Telerate*) notiert werden. Es gibt zwar keine Verpflichtung des Quotierenden, zu diesen Preisen Kontrakte abzuschließen, jedoch sind die Preisstellungen allgemein anerkannt, die aktuellen Preise des OTC-Markts wiederzugeben. Es können also sowohl diese Quotierungen als auch die Börsennotierungen zur Wertermittlung herangezogen werden.

Bei den nicht in Handelssystemen dargestellten OTC-Instrumenten hat die Bewertung mit Hilfe mathematischer Modelle zu erfolgen. Je nach Komplexität des zu bewertenden Instruments kann dies zu einem hohen Rechenaufwand führen. Es werden deshalb Näherungsmodelle für die Bewertung herangezogen.

In den folgenden Abschnitten wird die Bewertung der betrachteten Instrumente kurz dargestellt und auf die weiterführende Literatur verwiesen. Eine ausführliche Behandlung aller Bewertungskonzeptionen für die einzelnen Instrumente ist im Rahmen dieser Arbeit nicht möglich. Dennoch sollen an dieser Stelle die wichtigsten theoretischen Grundkonzeptionen und die den Preis derivativer Finanzinstrumente beeinflussenden Faktoren vorgestellt werden. Es wird daher auf die Bewertung der Grundformen von Optionen, Futures, Swaps und FRAs eingegangen.

Keines der vorgestellten Bewertungsmodelle kann einem anderen eindeutig vorgezogen werden. Es liegt daher in der Entscheidung des Risikomanagements, mit welchen Modellen einzelne Instrumente bewertet werden. Die ausgewählten Bewertungsmodelle sollten auch in der Rechnungslegung Anwendung finden, um eine Überleitung von der wirtschaftlichen Bewertung zum handelsrechtlichen Abschluß zu ermöglichen.

Bei allen Instrumenten sind sowohl die Transaktionskosten als auch die steuerlichen und rechtlichen Vorschriften bei der Bewertung zu berücksichtigen. Sie sind jedoch in diesem Zusammenhang von untergeordneter Bedeutung und werden daher an dieser Stelle nicht weiter ausgeführt.

#### 2.1.3.1 Bedingte Termingeschäfte

Der Preis einer Option ergibt sich aufgrund von Angebot und Nachfrage. Er setzt sich aus zwei Komponenten zusammen: dem inneren Wert (*intrinsic value*) und dem Zeitwert (*time value, premium over parity* oder Prämie).[118]

Der innere Wert einer Kaufoption ist die Differenz zwischen dem aktuellen Kassakurs des Basisinstruments und dem Ausübungspreis. Bei sofortiger Optionsausübung könnte dieser Wert bereits realisiert werden. Liegt der Ausübungskurs über dem Kassakurs, so ist der Wert gleich Null. Für eine Verkaufsoption ergibt sich der innere Wert entsprechend aus der Differenz zwischen dem Ausübungspreis und dem Kassakurs.

Hat die Option einen inneren Wert, so wird gesagt, die Option sei „*in the money*" oder auch „im Geld". Entsprechen sich der aktuelle Kurs des Underlying und der Ausübungskurs, ist die Option „*at the money*" oder „am Geld". Anderenfalls wird die Option als „*out of the money*" bzw. „aus dem Geld" bezeichnet.[119]

Die Optionsbewertung am Verfallstag ist relativ einfach vorzunehmen. Dem Optionsinhaber bieten sich zwei Möglichkeiten: Er kann die Option ausüben oder wertlos verfallen lassen. Der Optionswert hängt daher am Verfallstag nur vom Ausübungs- und Underlying-Preis ab. Da der Wert am Verfallstag bestimmt wird, ist es unerheblich, ob es sich um eine amerikanische oder europäische Option handelt.[120]

$$C = \max\{0, S - X\} \qquad \text{Gl. 2}$$

$$P = \max\{0, X - S\} \qquad \text{Gl. 3}$$

$S$: Underlying - Preis
$X$: Ausübungspreis der Option
$T$: Verfallstermin
$C$: Preis eines Call
$P$: Preis eines Put

Der Zeitwert einer Option ergibt sich aus der Differenz zwischen dem Gesamtwert der Option und dem inneren Wert. Auch ohne inneren Wert hat eine Option einen positiven Zeitwert. Dieser Zeitwert bringt zum Ausdruck, daß der Optionskäufer eine Chance sieht, daß die Option im Geld endet. Am Ausübungstag ist der Zeitwert daher Null.

[118] Vgl. Glaum, Martin, Finanzinnovationen und ihre Anwendung in internationalen Unternehmungen - dargestellt am Beispiel von Devisenoptionskontrakten, 1991, S. 224.

[119] Vgl. Dreissig, Hildegard, Bilanzsteuerrechtliche Behandlung von Optionen, 1989, S. 1513; Uszczapowski, Igor, Optionen und Futures verstehen, 1995, S. 54.

[120] Vgl. Kolb, Robert W., Understanding Options, 1995, S. 42 f.

Der Zeitwert ist von der Optionslaufzeit, der Volatilität des Basisinstruments und vom risikolosen Zinssatz abhängig.[121] Je länger die Laufzeit der Option ist, desto größer ist die Chance, daß die Option im Geld endet. Wird die Kursentwicklung des Underlying als Zufallsprozeß betrachtet, können die zukünftigen Kursabweichungen vom Ausübungskurs mit zunehmender Laufzeit größer werden. Der Käufer einer Kaufoption erwartet dabei eine positive, der Käufer einer Verkaufsoption eine negative Kursabweichung.

Ein weiterer Einfluß der Laufzeit ergibt sich über den Zinseffekt. Er wirkt sich auf Kauf- und Verkaufsoptionen unterschiedlich aus. Da bei einer Kaufoption der Preis des Basisinstruments erst bei der Optionsausübung zu zahlen ist, sinkt der Barwert des Ausübungspreises mit zunehmender Laufzeit und erhöht damit den Zeitwert des Call. Bei Verkaufsoptionen erhält der Verkäufer den Preis erst bei Ausübung, so daß der sinkende Barwert bei zunehmender Laufzeit den Zeitwert verringert.

Die Volatilität des Underlyingkurses beeinflußt den Zeitwert in ähnlicher Weise wie die Laufzeit. Je stärker der Kurs schwankt, desto wahrscheinlicher ist es, daß der Kurs des Basiswerts vom Ausübungskurs abweicht. Deshalb ist der Zeitwert einer Option um so größer, je höher die Volatilität des Underlying ist.

Neben dem Zinseffekt über die Laufzeit nimmt der Zinssatz auch auf andere Weise Einfluß auf den Optionspreis. Dies wird bei der Betrachtung eines risikolosen Portfolios mit Optionen deutlich. Wird zu einem Basiswert eine Verkaufsoption gekauft und zugleich eine entsprechende Kaufoption verkauft, kann eine Änderung der Marktkonditionen den Portfolioertrag weiter beeinflussen. Die Rendite des Portfolios ist nicht mehr stochastisch. In einem arbitragefreien Markt entspricht die Rendite dieses Portfolios genau dem risikolosen Marktzinssatz. Ein Ansteigen des Marktzinssatzes muß den Wert einer Kaufoption erhöhen bzw. den einer Verkaufsoption verringern.

Einen weiteren Einfluß auf den Optionspreis haben Ausschüttungen, die während der Laufzeit erfolgen. Ausgezahlte Dividenden reduzieren den Kurs des Underlying. Damit sinkt der Wert einer Kaufoption bzw. steigt der Wert einer Verkaufsoption.[122]

Um den Gesamtwert einer Option aus den oben genannten Einflußfaktoren zu ermitteln, wurden zahlreiche Optionspreismodelle entwickelt. Die meisten Bewertungsansätze beruhen auf zwei Grundmodellen: dem Black-Scholes-Modell und dem Binomialmodell.[123]

Black und Scholes stellten 1973 ein Preisbestimmungsmodell für europäische Kaufoptionen von Aktien ohne Dividendenausschüttung vor.[124] Zur Bestimmung der

---

[121] Vgl. Das, Satyajit, Swap & Derivative Financing - The Global Reference to Products, Pricing Applications and Markets, 1994, S. 250; Müller-Möhl, Ernst, Optionen und Futures, 1995, S. 95.

[122] Vgl. Uszczapowski, Igor, Optionen und Futures verstehen, 1995, S. 134 f.

[123] Einen historischen Überblick über die Entwicklung einzelner Modelle gibt Pechtl, Andreas, Optionen mit speziellen Eigenschaften, 1996, S. 257 f.

[124] Vgl. Black, Fischer/Scholes, Myron, The Pricing of Options and Corporate Liabilities, 1973, S. 637-659.

Optionspreise nutzen sie eine Differentialgleichung.[125] Dem Modell liegen mehrere Annahmen zugrunde.[126] Das Binomialmodell wurde 1978 von Sharpe und 1979 von Cox, Ross und Rubinstein vorgestellt.[127]

Beide Modelle bestimmen mit umfangreichen mathematischen Formeln den Optionswert aus den oben ausgeführten Einflußfaktoren. Dabei sind alle Variablen des Optionspreises, mit Ausnahme der Volatilität des Kassakurses, bekannt. Bei der Bestimmung der Volatilität ergeben sich in der Praxis Schwierigkeiten.[128] Sie wird i.d.R aus dem Kursverlauf der Vergangenheit als sog. historische Volatilität abgeleitet.[129]

Die später veröffentlichten Weiterentwicklungen unterscheiden sich insbesondere hinsichtlich ihrer unterschiedlichen Annahmen und Basisinstrumente.[130]

### 2.1.3.2 Unbedingte Termingeschäfte

Ein unbedingtes Termingeschäft ist die Vereinbarung eines zukünftigen Kassageschäfts. Daher muß der Wert eines Forward bei Fälligkeit mit dem dann gültigen Kassakurs übereinstimmen. Zu diesem Zeitpunkt verkörpern sowohl das abgelaufene Termingeschäft als auch das Kassageschäft die gleichen Rechte. Vor Fälligkeit des Termingeschäfts können Termin- und Kassakurs jedoch unterschiedlich hoch sein. Die Differenz zwischen Termin- und Kassakurs wird als Basis bezeichnet.[131]

Wird davon ausgegangen, daß der Forward jederzeit abgeschlossen und bis zur Fälligkeit gehalten werden kann, dann müssen in einem arbitragefreien Markt die bis zur Fälligkeit des Termingeschäfts anfallenden Kosten bzw. Erträge des Kassageschäfts, die sog. *costs of carry*, mit dem Wert des Forwards übereinstimmen. Da bei Finanztermingeschäften i.d.R keine Lagerhaltungskosten anfallen, entsprechen die Costs of Carry den Nettofinanzierungskosten dieses fiktiven Kassageschäfts. Würden

---

125 Eine ausführliche Herleitung des Black-Scholes-Modells findet sich bei Hull, John C., Options, futures and other derivative securities, 1993, S. 207 ff.

126 Eine Kritik dieser Annahmen findet sich bei Serfling, Klaus/Dechant, Ulrich/Gatsonis, Alexander, Die Bewertung von Optionen, Teil II, 1990, S. 497. Umgehungsmöglichkeiten der Annahmen zeigt Black selbst auf, vgl. Black, Fischer, How to use the Holes in Black-Scholes, 1991, S. 509-524.

127 Vgl. Scheffler, Jan, Hedge-Accounting - Jahresabschlußrisiken in Banken, 1994, S. 55, Fn. 47.

128 Vgl. Uszczapowski, Igor, Optionen und Futures verstehen, 1995, S. 132 ff.

129 Zur Berechnung der Volatilitäten siehe Zimmer, Manfred, Zinsoptionen - eine Spielwiese für Finanzjongleure?, Teil I, 1992, S. 108; Serfling, Klaus/Dechant, Ulrich/Gatsonis, Alexander, Die Bewertung von Optionen, Teil I, 1990, S. 452.

130 Eine Übersicht der verschiedenen Modelle findet sich bei Buschmann, Wolfgang F., Risiko-Controlling - Anforderungen an die Steuerung von derivativen Finanzinstrumenten, 1992, S. 725.

131 Vgl. Müller-Möhl, Ernst, Optionen und Futures, 1995, S. 78. f

die Costs of Carry und Basis nicht übereinstimmen, könnten Arbitrageure einen risikolosen Gewinn erzielen.[132]

Für die Bewertung eines Zinstermingeschäfts ist zu berücksichtigen, ob der Basiswert in Form eines Wertpapiers auf dem Markt gehandelt wird. Handelt es sich bei dem Basiswert um ein börsengehandeltes Wertpapier, entsprechen die Costs of Carry den Opportunitäts-Zinskosten. Diese entstehen, wenn das Wertpapier sofort gekauft und bis zur Fälligkeit gehalten wird. Der FRA-Wert ermittelt sich durch Aufzinsung des aktuellen Kassakurses auf den Zeitpunkt der Fälligkeit. Als Zinssatz wird die Rendite eines risikolosen Zero-Bonds mit einer Laufzeit bis zum vereinbarten Fälligkeitszeitpunkt herangezogen. Risikolose Zero-Bonds sind bspw. unverzinsliche Wertpapiere des Interbankenhandels. Da bei einem Zero-Bond die Zahlungen nur am Anfang und am Ende der Laufzeit fällig werden, muß aufgrund dieses Zinssatzes keine Wiederanlage- oder Nachfinanzierung erfolgen.[133]

Damit ergibt sich als Terminkurs:

$$V_t = V_0 \cdot (1 + r_t)^t \qquad \text{Gl. 4}$$

$V_i$ : Wert des Underlying zum Zeitpunkt $i$

$r_j$ : Zero - Bond - Zinssatz für den Zeitraum von 0 bis $j$

$t$ : Laufzeit

Wird der Basiswert hingegen nicht an einer Börse gehandelt, ist die Wertermittlung in zwei Schritten vorzunehmen. Ausgangspunkt ist die Bestimmung des Zinssatzes, der bei Fälligkeit des Termingeschäfts für die zugrundeliegende Laufzeit anzusetzen ist. Dieser Zinssatz wird als Forward-Zins bezeichnet und gibt an, wie sich die Geldanlage zwischen den zukünftigen Zeitpunkten x und y verzinsen wird. Wird ein arbitragefreier Markt unterstellt, so läßt sich der Forward-Zins bereits zum Bewertungszeitpunkt aus der dann aktuellen Zinsstrukturkurve ableiten. In diesem Fall ist es gleichgültig, ob ein Betrag für drei Jahre angelegt wird oder ob er zunächst für zwei Jahre angelegt und für das dritte Jahr ein Termingeschäft abgeschlossen wird.

Unter Berücksichtigung dieser Arbitragebedingungen ergibt sich für den Forward-Zins:[134]

$$r_{xy} = \frac{r_{0y} \cdot y - r_{0x} \cdot x}{y - x} \quad \text{mit} \quad y > x \qquad \text{Gl. 5}$$

$r_{ij}$ : Zinssatz für den Zeitraum von $i$ bis $j$

$x$ : Zeitpunkt $x$

$y$ : Zeitpunkt $y$

[132] Vgl. Schäfer, Klaus, Einsatz und Bewertung von Optionen und Futures, 1995, S. 70.

[133] Zur Berechnung der Zero-Bond-Zinssätze vgl. Hull, John C., Options, futures and other derivative securities, 1993, S. 84 ff., der hierzu die *bootstrap method* beschreibt.

[134] Vgl. Hull, John C., Options, futures and other derivative securities, 1993, S. 82.

Im zweiten Schritt wird der vereinbarte Zinssatz mit dem neu berechneten Forward-Zins verglichen. Sind sie gleich hoch, ist der Wert des Zinstermingeschäfts Null. Erst wenn die beiden Zinssätze nicht mehr gleich sind, ergeben sich Vorteile für den einen bzw. Nachteile für den anderen Kontrahenten. Der sich aufgrund einer solchen Zinsdifferenz ergebende Wert entspricht dem Barwert des Zinsvorteils bei Fälligkeit des Termingeschäfts.[135]

Der Wert eines Zinstermingeschäfts ergibt sich daher wie folgt:

$$V = \frac{N \cdot (r_{xy} - r_v)}{1 + r_{xy}} \qquad \text{Gl. 6}$$

$V$: Wert des Zinstermingeschäfts

$N$: Nominalbetrag

$r_{xy}$: aktueller Forward - Zinssatz

$r_v$: vereinbarter Forward - Zinssatz

Bei einem Devisentermingeschäft wird der Wert ebenfalls in zwei Schritten ermittelt. Zunächst ist der Terminkurs zu bestimmen, der sich aus den theoretischen Kosten einer fiktiven Geldaufnahme bzw. -anlage in Höhe des vereinbarten Devisenbetrags im Inland und einer entsprechenden Geldanlage bzw. -aufnahme im Ausland ergibt.

Er läßt sich mit folgender Formel berechnen:[136]

$$K_t = K_0 \frac{(1 + r_a)^t}{(1 + r_i)^t} \qquad \text{Gl. 7}$$

$K_t$: Devisenkurs zum Zeitpunkt $t$

$K_o$: aktueller Devisenkurs

$r_a$: Zinssatz im Ausland

$r_i$: Zinssatz im Inland

Ein Kontrakt mit diesem Terminkurs hat einen Wert von Null, da er den Marktkonditionen entspricht. Weicht der vereinbarte Terminkurs von diesem rechnerisch ermittelten Kurs ab, ergibt sich der Kontraktwert als Barwert der Differenz zwischen vereinbartem und marktgerechtem Terminkurs der Nominalbeträge.

Der Wert eines Devisentermingeschäfts ergibt sich in einem zweiten Schritt analog zu dem eines Zinstermingeschäfts:

$$V = \frac{N \cdot (K_v - K_t)}{1 + r_t} \qquad \text{Gl. 8}$$

[135] Vgl. Scheffler, Jan, Hedge-Accounting - Jahresabschlußrisiken in Banken, 1994, S. 48.

[136] Vgl. Müller-Möhl, Ernst, Optionen und Futures, 1995, S. 80.

$V$: Wert des Devisentermingeschäfts
$N$: Nominalbetrag
$K_v$: vereinbarter Terminkurs
$K_t$: aktueller Terminkurs
$r_t$: Zero - Bond - Zinssatz für die Laufzeit $t$

Die dargestellten Bewertungsansätze lassen sich nicht ohne weiteres auf die Bewertung von Futures übertragen. Durch die tägliche Marktbewertung der Futures auf den Margin-Konten der Vertragsparteien besteht ein zusätzlicher Zinseffekt, da die Gutschriften sofort zur Verfügung stehen bzw. Belastungen sofort ausgeglichen werden müssen. Die Transaktionskosten sind bei standardisierten Termingeschäften niedriger. Der Unterschied zwischen Futures und OTC-Termingeschäften fällt jedoch gering aus.[137]

Wie bereits dargestellt, werden bei einem Swap für einen definierten Zeitraum Zahlungsströme ausgetauscht. Um den Wert eines Swap zu ermitteln, müssen die Zahlungsströme bewertet und saldiert werden. Bei Kontraktabschluß sind die getauschten Zahlungsströme gleichwertig, der Wert des Swap ist Null. Sind die beiden Zahlungsströme bei Abschluß nicht gleichwertig, so wird dieses Ungleichgewicht durch eine Ausgleichszahlung zu Beginn der Laufzeit ausgeglichen.

Durch Zins- bzw. Wechselkursschwankungen variieren die Werte der Zahlungsströme. Der Wert des Swap kann von Null abweichen. Ein Wert ungleich Null bedeutet, eine der Vertragsparteien erhält aus dem Swap Konditionen, die günstiger sind als die derzeitigen Marktkonditionen. Die andere Partei erhält dagegen ungünstigere Konditionen.

Eine Möglichkeit, einen Swap zu bewerten ist daher die Marktbewertungsmethode. Dabei wird dem ursprünglich vereinbarten Swap ein fiktiver Gegenswap zu Marktkonditionen gegenübergestellt und die jeweiligen Zahlungsströme saldiert.

Bspw. schließt ein Marktteilnehmer ein Zinsswap mit einem Festzinssatz von 6% für 5 Jahre ab. Beträgt nach einem Jahr der marktgerechte Festsatz für den Zinssatz mit einer Laufzeit von 4 Jahren (Gegenswap) nur noch 5%, so ist der Marktwert nicht mehr gleich Null. Würde der Marktteilnehmer den Gegenswap mit einer Laufzeit für 4 Jahre abschließen, so würde er über die restliche Laufzeit jährlich einen Betrag in Höhe von 1% erhalten. Eine evtl. Marge beim variablen Zinsswap kann als Korrektur des Festsatzes interpretiert werden. Da die Differenz von 1% gerechnet auf den Nominalbetrag des Zinsswap über die restliche Laufzeit anfällt, müssen die Zahlungs-

[137] Vgl. Hull, John C., Options, futures and other derivative securities, 1993, S. 56 ff.; Benninga, Simon/Protopapadakis, Aris, Forward and Futures Prices with Markovian Interest-Rate Processes, 1994, S. 401.

ströme auf den Bewertungsstichtag abgezinst werden. Die Summe der abgezinsten Werte ist der Marktwert des Zinsswap.[138]

Sollte keine Fristenkongruenz der variablen Zinsen von Swap und Gegenswap vorliegen, so sind entsprechende Anpassungsberechnungen vorzunehmen. Der bereits determinierte variable Zinssatz ist dabei für eine exakte Bewertung bis zum nächsten Fixing als fester Zins zu interpretieren. Bei Fristenkongruenz gleichen sich die variablen Zinszahlungen automatisch aus.

Die Barwertmethode ist ein anderer Ansatz, einen Swap zu bewerten. Dabei werden die getauschten Zahlungsströme durch marktgängige Kassageschäfte repliziert. Der Wert des Swap entspricht den summierten Barwerten der Zahlungsstromdifferenzen zu den einzelnen Zahlungsterminen. Die Zahlungsströme des fixen Zinssatzes sind bekannt. Schwieriger ist es, die Zahlungsströme der variablen Zinszahlungen zu bestimmen, da diese zu bestimmten Zeitpunkten an den Markt angepaßt werden. Mit der Unterstellung arbitragefreier Märkte lassen sich die Forward-Zinssätze für zukünftige Zeitpunkte aus der aktuellen Zinsstrukturkurve ableiten.[139]

Der Wert eines Swap ergibt sich dann aus den saldierten und diskontierten variablen und fixen Zinszahlungen:[140]

$$V = \sum_{0}^{t} \frac{N \cdot (r_v - r_t)}{1 + r_t} \qquad \text{Gl. 9}$$

| | |
|---|---|
| $V$: | Wert des Swap |
| $N$: | Nominalbetrag |
| $r_v$: | vereinbarter Festzinssatz |
| $r_t$: | Zero - Bond - Zinssatz für die Laufzeit $t$ |

Bei einem Währungsswap, bei dem die Kapitalbeträge tatsächlich ausgetauscht werden, lassen sich die beiden Seiten durch entsprechende festverzinsliche Geldanlagen nachbilden. Diese Anlagen können mit ihren determinierten Zahlungsströmen abgezinst und somit bewertet werden. Für die Abzinsung müssen dabei die Zero-Bond-Zinssätze der jeweiligen Währungsgebiete verwendet werden. Der Barwert des Bonds in fremder Währung wird dann zum Kassakurs in die inländische Währung umgerechnet und die Differenz der beiden Barwerte ergibt den Wert des Währungsswap.

Bei einem Kombinierten Zins- und Währungsswap erfolgt die Bewertung in gleicher Weise. Der Wert ergibt sich aus den saldierten Barwerten Zinszahlungen einer festverzinslichen Geldanlage und einer variabel verzinslichen Anlage in den beteiligten Währungen.

Werden für Swaps Preise gestellt, die von den theoretisch ermittelten Werten abweichen, kann dies mehrere Ursachen haben. Neben den möglicherweise unterschied-

[138] Vgl. Scheffler, Jan, Hedge-Accounting - Jahresabschlußrisiken in Banken, 1994, S. 50; Scharpf, Paul/Luz, Günther, Risikomanagement, Bilanzierung und Aufsicht von Finanzderivaten, 1996, S. 407.

[139] Vgl. Gl. 5 auf S. 38.

[140] Vgl. Scheffler, Jan, Hedge-Accounting - Jahresabschlußrisiken in Banken, 1994, S. 51.

lichen Transaktionskosten sind insbesondere die mit dem Swap-Geschäft verbundenen Kreditrisiken bei der Bewertung nicht berücksichtigt worden. Bonitätsunterschiede der einzelnen Vertragsparteien werden i.d.R durch einen Risikoaufschlag auf den Zinssatz berücksichtigt.

### 2.1.4 Grundfunktionen der Marktteilnehmer beim Handel von Finanzinnovationen

Die an den Handelsplätzen tätigen Handelseinheiten werden durch vier Grundfunktionen gekennzeichnet: Handel, Vertrieb, Management und Service. Die Handelsabteilung stellt die Preise, initiiert Kauf- und Verkaufstransaktionen und legt fest, ob und wie Sicherungsgeschäfte abgeschlossen werden.[141] Die Vertriebsabteilung berät die Kunden über die Möglichkeiten, Preis-, Zins- und Fremdwährungsrisiken zu steuern. Sie verfolgt dabei das Ziel, dem Kunden Finanzinstrumente oder Waren zu verkaufen. Das Management überwacht und kontrolliert das Risiko, dem das Unternehmen ausgesetzt ist und legt Handelslimits fest. Die Serviceabteilung hat die Aufgabe, die vorgenannten Abteilungen in der Aufgabenerfüllung zu unterstützen. Dazu gehört die Entwicklung von Informationssystemen, Bonitätsanalysen der Kunden und Kontrahenten, Buchhaltung, Kontraktcontrolling sowie die Koordination der Lieferung von physischen Waren.[142]

Die Vertriebsmitarbeiter sind grundsätzlich für die Kundenkontakte zuständig. Sie können sich auf bestimmte Produkte oder Industrien spezialisieren. Sie haben dafür zu sorgen, daß die eingegangenen Kontrakte die Kundenbedürfnisse befriedigen. Die Vertriebsmitarbeiter lassen sich dazu in zwei Gruppen unterteilen: die reinen Verkäufer und die mit weitergehenden Aufgaben beschäftigten Kundenbetreuer.

Die Verkäufer initiieren neue Geschäfte mit den Kunden. Die den Abschlüssen zugrundeliegenden Preise werden vom Handel festgelegt. Die Kundenbetreuer führen die weitere Transaktionsabwicklung durch. Dazu kann z.B. die Organisation des internen Genehmigungsverfahrens zur Kredit- oder Limitgewährung gehören. Möglicherweise entwickeln sie gemeinsam mit dem Handel neue Finanzinstrumente, um sich besser der Kundenbedürfnisse annehmen zu können.[143]

Obwohl der jeweilige Händler den Preis stellt, ist der Kundenbetreuer für die Verhandlung mit dem Kunden verantwortlich, da der Händler i.d.R nicht direkt mit dem Bankkunden in Kontakt tritt.

Zu Verhandlungsbeginn erhält der Kundenbetreuer einen ungefähren Preis vom Händler genannt. Die Zuordnung des Händlers erfolgt über die Produktverantwortlichkeit. Zum Ende der Verhandlungen erhält der Betreuer den endgültigen Preis vom Händler. Der Kundenbetreuer muß den Kontrakt zu diesem oder einem besseren Preis

---

[141] Vgl. Scharpf, Paul, Derivative Finanzinstrumente im Jahresabschluß unter Prüfungsgesichtspunkten: Erfassung, Abwicklung und Bildung von Bewertungseinheiten, 1995, S. 175 f.

[142] Vgl. Fischer, Thomas, Risikomanagement im Investment Banking, 1994, S. 637.

[143] Vgl. Cramer, Jürgen, Financial Engineering durch Finanzinnovationen, 1993, S. 202.

abschließen. Die Höhe eines möglichen Aufschlags auf den Preis des Händlers hängt insbesondere vom Verhandlungsgeschick des Kundenbetreuers und den Marktkenntnissen des Kunden ab.

Der Kundenbetreuer hat abzuschätzen, bis zu welchem Preis ein Kunde noch bereit ist, den Kontrakt abzuschließen. Ein Aufschlag ist nur bei fehlender Markttransparenz möglich. Im Endkundengeschäft existiert daher kein einzelner Marktpreis. Auf dem Interbankenmarkt ist dies anders. Hier ist die Preisgestaltung durch die Markttransparenz wesentlich konsistenter, wenngleich zu jedem Zeitpunkt ein anderer Marktpreis existiert. I.d.R. können die Händler auf dem Interbankenmarkt direkt mit den anderen Marktteilnehmern verhandeln und Positionen eingehen.

Während die Kundenbetreuer nur in die Verhandlungsführung mit den Kunden involviert sind, haben die Händler zusätzlich die Aufgabe, die Risiken aus den eingegangenen Positionen zu steuern. Mit dem Eingehen eigener Positionen haben sie die Möglichkeit, Gewinne zu erwirtschaften. Dies ist mit dem Risiko verbunden, für das eigene Unternehmen Verluste zu verursachen. Auch beim Eigenhandel dürfen die Händler die vorgegebenen Handelslimits nicht überschreiten.

Die Händler können diese Aufgaben nur erfüllen, wenn die bestehenden Risiken in Handelsbüchern mit gleichartigem Risiko organisiert sind. Daher sollte bspw. ein Händler, der für Währungsrisiken bezüglich USD zuständig ist, nicht zugleich GBP in seinem Handelsbuch betreuen. Bei den Warenkontrakten und originären Wertpapieren fällt eine Einteilung in einzelne Handelsbücher leicht. So können z.B. alle Edelmetallgeschäfte in ein Buch gehandelt werden. Dieses Edelmetallbuch kann in Gold-, Silber- und Platinbücher weiter unterteilt werden.

Finanzinnovationen können verschiedene Risiken beinhalten. Sie bedürfen daher einer gesonderten Behandlung. Die Positionen sind in die einzelnen Risikokomponenten zu zerlegen und einzeln in die entsprechenden Handelsbücher aufzunehmen. Dazu können bei komplexen Finanzinnovationen mehrere Kontrakte mit den Händlern der betroffenen Handelsbücher notwendig sein. Teilweise werden in den Handelsabteilungen hierzu Händler als reine Risikosteuerer eingesetzt.

Es ist Aufgabe des Händlers, den Unternehmensgewinn durch die Risikosteuerung zu erhöhen, sobald die Risiken den entsprechenden Büchern zugeordnet sind. Der daraus generierte Unternehmenserfolg wird dem Eigenhandel zugerechnet. Der Händler hat zu entscheiden, ob und in welchem Umfang die aus allen Positionen aggregierte Risikoposition geschlossen werden soll. Bspw. kann er sich dazu entschließen, die Marktentwicklung zu beobachten und dabei das Residualrisiko ungesichert zu lassen. Er kann jedoch auch versuchen, die möglicherweise erzielten Gewinne zu sichern und dazu entsprechende Sicherungspositionen als Gegengeschäfte einzugehen, so daß für alle Positionen seines Handelsbuchs keine Risiken mehr bestehen. Mit dem Sichern des aggregierten Restrisikos in Form einer Portfoliosicherung ist es nicht mehr möglich, einzelne Transaktionen als Sicherung einer offenen Position zu identifizieren.

### 2.1.5 Risiken aus dem Handel von Finanzinnovationen

In der Verlautbarung des BAK über Mindestanforderungen an das Betreiben von Handelsgeschäften der Kreditinstitute, den Leitlinien der BIZ sowie den G-30 Empfehlungen ist der Risikobegriff nicht eindeutig definiert.[144] In der ökonomischen Literatur wird Risiko i.w.S. als die Wahrscheinlichkeitsverteilung möglicher, zukünftiger Ereignisse verstanden.[145] Unter der Berücksichtigung subjektiver Erwartungen im Sinne von ökonomischen Zielvorstellungen wird die Wahrscheinlichkeitsverteilung in die mögliche, negative Zielverfehlung, dem Risiko i.e.S., und in die mögliche positive Zielverfehlung, die Chance, unterteilt.[146] Für Händler ist das Risiko gleichbedeutend mit dem Eintritt von negativen Ereignissen, die zu einem Verlust führen können. Die positive Veränderung wird als Chance auf Gewinne begriffen. Im folgenden steht Risiko immer für eine Verlustgefahr, der aber eine entsprechende Gewinnchance gegenüberstehen kann. Das gilt auch, wenn teilweise nur die Negativkomponente expresis verbis aufgeführt wird.

Die Komplexität und Dynamik der derivativen Finanzmärkte hat die Sorge um ein erhöhtes Systemrisiko des finanziellen Sektors wachsen lassen, das es aus Sicht der Gesamtwirtschaft und der Aufsichtsbehörden zu begrenzen gilt. Das Systemrisiko ist das Risiko, daß der Zusammenbruch eines Marktteilnehmers, eines Markts oder eines Abwicklungssystems durch den Dominoeffekt zur Insolvenz anderer Unternehmen oder zum Zusammenbruch eines anderen Markts führt und dadurch das gesamte Finanzsystem geschädigt werden kann.[147]

Aus Sicht der einzelnen, am derivativen Geschäft partizipierenden Bank sind inhaltlich keine neuartigen Risiken entstanden. Es handelt sich um die gleichen Risiken, die auch im traditionellen Bankgeschäft anfallen.[148] Neuartig sind lediglich die Zusammensetzungen und Auswirkungen der Risikokomponenten in den neuen Finanzinstrumenten, die zu einer erschwerten Abschätzung und Erfassung des Risikopotentials einzelner Instrumente sowie ganzer Portfolios führen.[149] Bei Derivaten verhalten sich die anfänglich eingesetzten Geldbeträge im Gegensatz zu den traditionellen Anlageinstrumenten nicht mehr proportional zu den mit den Derivaten einhergehenden Chancen und Risiken.[150] Dem Betrachter geht die Ersichtlichkeit der Risiken verloren.

---

144 Vgl. Fischer, Thomas, Risikomanagement im Investment Banking, 1994, S. 636.

145 Vgl. Lagger, André, Risikomanagement bei Banken, 1995, S. 11.

146 Vgl. Braun, Herbert, Risikomanagement - Eine spezifische Controllingaufgabe, 1984, S. 25 ff.; Finne, Thomas, Bilanzierung von Fremdwährungsgeschäften und internationale Doppelbesteuerung, 1991, S. 39.

147 Vgl. BIZ - Group of Ten: Working Group, Recent Developments in International Interbank Relations, 1992, S. 61.

148 Vgl. Group of Thirty, Derivatives: Practices and Principles, 1993, S. 9.

149 Vgl. Andres, Martina, Zins- und Währungsswaps als innovative Finanzinstrumente, 1989, S. 297 f.

150 Vgl. Porada, Wolfgang, Risikomanagement von Derivaten, 1996, S. B3.

Die Dynamik und Komplexität der derivativen Finanzmärkte macht daher eine entsprechend angepaßte und schnellere Risikoerfassung erforderlich.

Eine Risikoerhöhung ist vor allem im derivativen OTC-Geschäft zu verzeichnen. Da bei den börsengehandelten Titeln durch die von den Terminbörsen vorgenommenen Standardisierungen, durch die vorgeschriebenen Marginzahlungen und durch das tägliche Marking-to-Market, eine sehr hohe Sicherheit gewährleistet wird, fallen hier nicht so hohe Verluste an.

Die Verluste durch Wertpapier- oder Termingeschäfte haben in den letzten Jahren zugenommen. Teilweise führten diese Verluste zu Unternehmenszusammenbrüchen. Spektakuläre Beispiele sind die Metallgesellschaft (Öltermingeschäfte, 1994), Procter & Gamble (Spekulation mit Derivaten, 1994), Orange County (Zinsderivate, extrem hoher fremdfinanzierter Fondsanteil, 1994), Barings (Indextermingeschäfte und der bisher spektakulärste Fall, 1995) und Daiwa (über zehn Jahre verschiedene Derivativgeschäfte, 1996). In diesen und anderen Fällen sind die Verluste auf mangelnde organisatorische Maßnahmen zurückzuführen, die sich in den operativen Risiken widerspiegeln.[151]

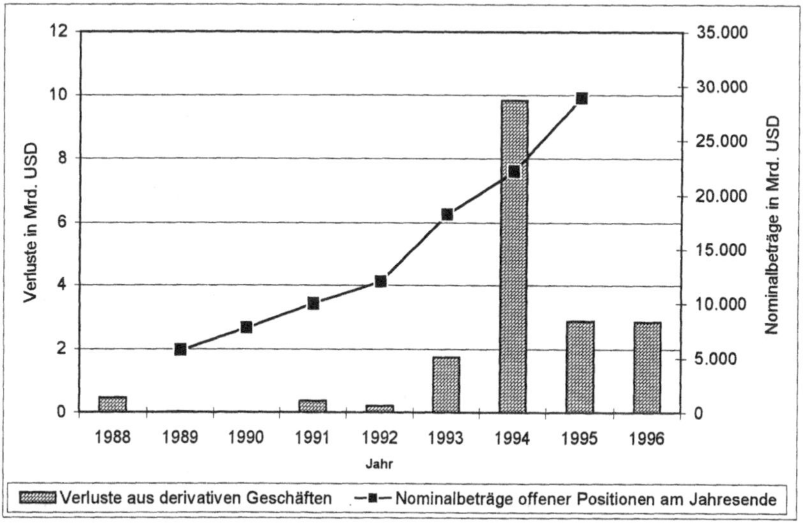


Abb. 4: Veröffentlichte Verluste aus derivativen Geschäften[152]

151 Vgl. Deutsch, Hans-Peter, Risiko, Management von High-Tech Geschäften mit High-Tech Systemen, 1996, S. 124.

152 Quellen: Verlustangaben: Capital Market Risk Advisors, 1996; Nominalbeträge: BIZ, Monetary and Economic Department, International Banking and Financial Market Developments, 1996, S. 35.

Angesichts der scheinbar unbegrenzten Einsatzmöglichkeiten derivativer Finanzinstrumente war es zu einem *overshooting* gekommen. Unterstützt durch die US-amerikanische Geldpolitik und der hieraus resultierenden steilen Zinskurve einerseits und der zunehmenden Finanzierung des Handels andererseits, ist es insbesondere in den USA zu einer intensiven Ausnutzung des Leverageeffekts gekommen. Damit lassen sich teilweise das überproportionale Anwachsen der Derivateumsätze in den letzten Jahren, vor allem aber die spektakulären Verluste bei verschiedenen Marktteilnehmern, insbesondere im Jahr 1994, erklären.[153]

Ein Zusammenhang zwischen den realisierten Verlusten und den offenen Positionen am Jahresende läßt sich nicht feststellen. Ein Grund hierfür dürfte der Fall der Barings Bank sein, der Anfang 1995 die Aufmerksamkeit aller an derivativen Geschäften Beteiligten erregt hat und somit eine besondere Wahrnehmung dieser Risikoproblematik bewirkte.

Eine nähere Verlustanalyse ergibt, daß in den Jahren 1992 bis 1994 die Verluste nahezu ausschließlich bei den Nichtbanken zu verzeichnen waren, während in den Jahren 1995 und 1996 überwiegend bei den Banken Verluste aus Geschäften in Derivaten anfielen.[154]

### 2.1.5.1 Risikomanagement

Ziel des Risikomanagements ist es, durch entsprechende Instrumente und Systeme die Risiken transparent zu machen und dadurch das Verlustrisiko zu begrenzen bzw. zu minimieren. Risikomanagement beschreibt dabei den mehrstufigen Prozeß der Identifikation, Quantifizierung, Limitierung, Steuerung und Kontrolle von Risiken. In den Phasen der Identifikation und Quantifizierung muß die aggregierte Risikoposition einer Bank bestimmt werden. Diese Position erfaßt die Risiken aller Abteilungen bzw. Unternehmenseinheiten. Die beiden Teilprozesse lassen sich unter dem Begriff des Risikocontrollings zusammenfassen. Die Risikosteuerung erfolgt auf der Grundlage der Gesamtrisikoposition sowie der von der Geschäftsleitung festgelegten Limitierung. Die Risikokontrolle überwacht den Prozeß des Risikomanagements und den Erfolg der Steuerungsmaßnahmen.

Die Anforderungen an den Prozeß des Risikomanagements können aus der Sicht der Banken und der Bankenaufsicht formuliert werden. Das BAK hat dies in den Mindestanforderungen an das Betreiben von Handelsgeschäften der Kreditinstitute getan. In den Mindestanforderungen wird als Funktion des Risikocontrollings die Messung und die Überwachung der Risikopositionen und die Analyse des mit ihnen verbundenen Verlustpotentials definiert. Lediglich die Steuerung der Risiken wird als Risikomanagement bezeichnet.

In dieser Arbeit umfaßt der Begriff des Risikomanagements den gesamten, zuvor beschriebenen Prozeß, in dem die Risikosteuerung nur einen Teilprozeß darstellt. Dem Risikocontrolling wird darüber hinaus auch die Berichterstattungsfunktion zugeordnet.

---

[153] Vgl. Röder, Thomas/Linz, Heinrich, Risiko-Management eines Derivativ-Portfolios: Chancen und Risiken für Banken und Aufsicht, 1996, S. 156.

[154] Eigene Auswertung der Verlustangaben von Capital Market Risk Advisors.

Das Risikocontrolling berichtet die Untersuchungsergebnisse in aussagefähiger Form nachweislich an die Geschäftsführung. Unter Risikocontrolling werden daher alle Maßnahmen verstanden, die der Unterstützung des Managements durch Informationen über Risiken dienen.[155]

Das Risikocontrolling ist die Zusammenfassung von Funktionen in einer organisatorischen Einheit, während Risikomanagement einen fortlaufenden Prozeß darstellt.[156]

Die Risikomessung und -steuerung erfolgt bei vielen Banken auch heute noch oft auf Basis unterschiedlicher Konzepte für die einzelnen Transaktionsrisiken. Ein einheitliches System vergleichbarer und zu einem Gesamtbankrisiko aggregierbarer Meßgrößen besteht generell nicht, auch wenn dies aufgrund der immer komplexer werdenden Risikostruktur notwendig ist.[157]

Systeme dieser Komplexität sind nicht als fertige Produkte auf dem Markt erhältlich. Ein effizientes Risikomanagement-System muß daher individuell auf die Bank und ihre Geschäftspolitik zugeschnitten werden.[158]

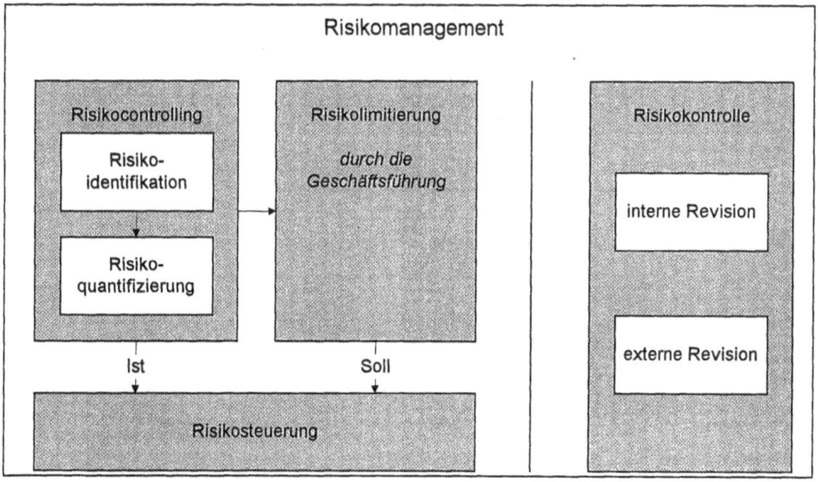


Abb. 5: Risikomanagement

155 Vgl. Hehn, Elisabeth, Derivative Instrumente im Risikomanagement, 1997, S. 423 f.

156 Vgl. Hagen, Paul/Jakobs, Wolfgang, Risikosteuerung im Eigenhandel, 1995, S. 665.

157 Vgl. Eckhard, Julif-Helmer, Prüfung der Risikosteuerung des Eigenhandels in Kreditinstituten, 1996, S. 3.

158 Vgl. Porada, Wolfgang, Risikomanagement von Derivaten, 1996, S. B3.

### 2.1.5.2 Risikoidentifikation

Zunächst ist eine sorgfältige und vollständige Erfassung und Dokumentation aller Geschäftsabschlüsse im Bereich der herkömmlichen Finanztitel und der derivativen Instrumente durchzuführen. Die Dokumentation der eingegangenen Positionen sowie der organisatorischen Abläufe und Vorgaben der Geschäftsführung dienen als Grundlage für die Identifikation und Quantifizierung der Risiken. Alle im Risikomanagement angewandten Rechenmethoden und -verfahren sind ebenso zu dokumentieren wie die Verantwortungsbereiche der verschiedenen am Derivativgeschäft beteiligten Organisationseinheiten.

Eine effiziente Risikosteuerung im Eigenhandel von Finanzinnovationen setzt zunächst eine umfassende Analyse der bestehenden sowie potentiellen Risiken voraus. Dazu sind die Handelsaktivitäten und -produkte ebenso wie deren Abwicklung und Rechnungslegung vor dem Hintergrund der organisatorischen Struktur des Kreditinstituts auf Risiken hin zu untersuchen, um alle das Risiko beeinflussenden Faktoren festzustellen. Die Identifikation der Faktoren und der davon abzuleitenden Risikoarten ist regelmäßig zu wiederholen, um so auch gegenüber neu auftretenden Risiken sensibel zu sein.[159]

Die Identifikation bzw. Aufspaltung der Risiken in Teilrisiken macht transparent, von welchen Variablen das Gesamtrisiko abhängt und welche Faktoren von der Unternehmensleitung beeinflußt werden können.[160] Grundsätzlich kann hier zwischen exogenen Risiken, den sog. Transaktionsrisiken, sowie endogenen Risiken, den sog. operativen Risiken, unterschieden werden.[161]

In der nachfolgenden Abbildung wird eine Übersicht der beiden Risikokategorien mit den zugeordneten Risikoarten dargestellt.

---

[159] Vgl. Eller, Roland, Einführung in das Management von Zinsrisiken, 1994, S. 26.

[160] Vgl. Schmoll, Anton, Risikomanagement im Kreditgeschäft - Risikokontrolle und Risikosteuerung in der Bankpraxis, 1993, S. 67.

[161] Vgl. Rudolph, Bernd, Derivative Finanzinstrumente - Entwicklung, Risikomanagement und bankaufsichtsrechtliche Regelungen, 1995, S. 25.

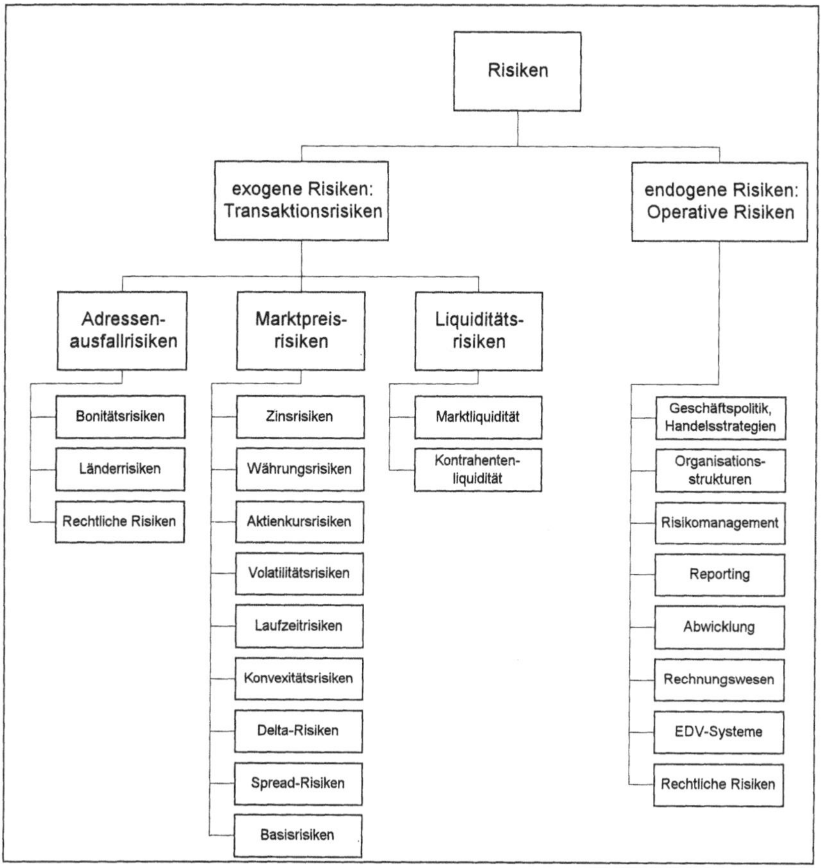


Abb. 6: Risiken des Eigenhandels von Kreditinstituten

#### 2.1.5.2.1 Exogene Risiken: Transaktionsrisiken

Die exogenen Risiken lassen sich nicht von den einzelnen Unternehmen beeinflussen. Unter die Transaktionsrisiken fallen daher die aus dem Eigenhandel resultierenden Adressenausfall-, Marktpreis- und Liquiditätsrisiken. Diese Risikoformen werden auch explizit in den neuen Anforderungen des BAK genannt.[162]

---

[162] Vgl. BAK, Verlautbarung vom 23. Oktober 1995, I 4-32-3/86, Mindestanforderungen an das Betreiben von Handelsgeschäften der Kreditinstitute, Zif. 3.2; Röder, Thomas/Linz, Heinrich, Risiko-Management eines Derivativ-Portfolios: Chancen und Risiken für Banken und Aufsicht, 1996, S. 140.

#### 2.1.5.2.1.1 Adressenausfallrisiken

Das Adressenausfall- bzw. Kreditrisiko ergibt sich aus dem Bonitätsrisiko der Kontrahenten, dem Länder- sowie dem Rechtsrisiko. Um das Ausfallrisiko aus dem Handelsgeschäft effizient steuern zu können, ist die Einrichtung von Kontrahentenlimits erforderlich. Beim Eigenhandel dürfen nur mit Kontrahenten Geschäfte abgeschlossen werden, für die von der Geschäftsführung Limits vorgegeben worden sind.

Bei börslich gehandelten Kontrakten ist das Ausfallrisiko allerdings zu vernachlässigen, da die jeweilige Clearingeinrichtung der Börse Geschäftspartner ist. Daher wird auf eine Anrechnung dieser Geschäfte im Grundsatz I gem. § 10 KWG verzichtet. Im OTC-Bereich besteht ein Kreditrisiko, da die Geschäfte direkt mit dem Kontrahenten abgeschlossen werden und somit durch den Ausfall eines Vertragspartners eine offene Marktrisikoposition entsteht, die gegebenenfalls nur zu ungünstigeren Bedingungen wieder geschlossen werden kann.[163]

Während die Ermittlung eines Risikobetrags und damit der Limitausnutzung für klassische Kassaprodukte einfach ist, treten bei den derivativen Produkten schnell Probleme bei der Bestimmung einer Kreditäquivalenz auf. Die Ausfallrisiken bei Derivaten lassen sich nicht anhand ihrer Nominalbeträge feststellen. Für die Bewertung des Adressenausfallrisikos sind die aktuellen Marktwerte sowie potentielle Eindeckungsverluste relevant. Die aktuellen Marktwerte können sich jedoch aufgrund von Marktpreisschwankungen sowie der ständig kürzeren Restlaufzeit über die Zeit erheblich verändern.

Weiterhin ist zu berücksichtigen, in welchem Umfang mit Kontrahenten Nettingvereinbarungen abgeschlossen wurden, die beim Ausfall eines Kontrahenten zur Risikominderung beitragen. Nettingvereinbarungen erlauben das gegenseitige Aufrechnen von Forderungen zwischen den Vertragspartnern. Liegen solche Vereinbarungen vor, fällt das tatsächliche Risiko um den aufzurechnenden Betrag geringer aus als ohne Nettingvereinbarung. Voraussetzung dafür ist jedoch die rechtliche Durchsetzbarkeit von Nettingvereinbarungen. Diese Problematik schlägt sich im Rechtsrisiko nieder. Die Nettingmöglichkeiten werden auch in den aktuellen Diskussionen mit der Bankenaufsicht über eine veränderte Eigenkapitalunterlegung berücksichtigt.[164]

#### 2.1.5.2.1.2 Marktpreisrisiken

Neben dem traditionellen Adressenausfallrisiko sind es insbesondere die Preisrisiken, die an Bedeutung zugenommen haben.[165] Unter dem Begriff Marktpreisrisiken wird eine Reihe von unterschiedlichen Einzelrisiken zusammengefaßt. Die Bandbreite der Marktpreisrisiken verdeutlicht, wie schwierig eine Risikosteuerung in diesem Bereich ist. Das Marktrisiko wird heute unter dem Begriff *value at risk,* auch *money at risk* genannt, als Risikokennziffer gemessen. Bei diesem Ansatz wird auf komplexe

---

[163] Vgl. Rudolph, Bernd, Derivative Finanzinstrumente - Entwicklung, Risikomanagement und bankaufsichtsrechtliche Regelungen, 1995, S. 18.

[164] Vgl. Krumnow. Jürgen, Risikosteuerung im derivativen Geschäft, 1995, S. 10; Boos, Karl-Heinz/Schulte-Mattler, Hermann, Der neue Grundsatz I: Kreditrisiken, 1997, S. 476 ff.

[165] Vgl. Lagger, André, Risikomanagement bei Banken, 1995, S. 8.

statistische Modelle zurückgegriffen, die neben der Analyse historischer Marktdaten auch die Korrelation zwischen Marktpreisen berücksichtigen.[166]

Die einzelnen Risiken ergeben sich wie folgt:

- *Zinsrisiken* resultieren aus den Veränderungen der Zinsstrukturkurve, aus der Zinsvolatilität und aus dem Zeitablauf. Die mit den Zinsinstrumenten verbundenen Cash-Flows müssen zum Zweck der exakten Barwertbestimmung, auf der Basis der Zinsstrukturkurve diskontiert werden.[167] Die Marktwertbestimmung bei Zinsoptionen greift zusätzlich auf die Volatilität zurück.
- *Währungsrisiken* umfassen das reine Kursrisiko für offene Währungspositionen sowie das Swapsatzrisiko, das auch bei geschlossenen Positionen besteht, wenn die Fristigkeiten der Liefer- und Absatzverpflichtungen nicht übereinstimmen. Das Währungsrisiko wird von der Wechselkursvolatilität, den Zinssätzen und den Zinsstrukturkurven der verschiedenen Währungen beeinflußt.[168]
- *Aktienkursrisiken* resultieren aus den Kursveränderungen und Volatilitäten einzelner Titel sowie aus Kursniveauänderungen der Aktienmärkte.
- *Volatilitätsrisiken* ergeben sich durch die Wertänderung einer Option in Abhängigkeit von den Veränderungen der Preisvolatilität des Underlying.
- *Laufzeitrisiken* entstehen durch die Wertänderung einer Option in Abhängigkeit von der Restlaufzeit.
- *Konvexitätsrisiken* resultieren aus der nichtlinearen Beziehung zwischen den Preisen des Basisprodukts und der Option.
- *Delta-Risiken* ergeben sich aus der Veränderung des Kontraktpreises in Abhängigkeit von der Veränderung des Underlyingpreises.
- *Spreadrisiken* kennzeichnen den potentiellen Verlust aus der unterschiedlichen Entwicklung nicht perfekt korrelierter marktspezifischer Preise.[169]
- *Basisrisiken* umfassen die Veränderungen des Verhältnisses zwischen den Kassa- und den Terminkursen.

Die oben genannten Risiken ergeben sich aus nicht zu antizipierenden Veränderungen einzelner Bewertungsparameter der gehandelten Instrumente. Die Risikounterscheidungen stellen verschiedene Sichten auf die Unsicherheiten dar.

---

166 Eine ausführliche Darstellung des Value-at-Risk findet sich bei Jorion, Philippe, Value at Risk: The New Benchmark for Controlling Market Risk, 1997.

167 Vgl. Brealey, Richard A./Myers, Stewart C., Principles of corporate finance, 1996, S. 645 ff.; Gruber, Walter/Raskopf, Roland, Die Behandlung von derivativen Zinsinstrumenten in der Kapitaladäquanzrichtlinie, 1996, S. 697.

168 Vgl. Scharpf, Paul/Epperlein, Joachim K., Risikomanagement derivativer Finanzinstrumente, 1995, S. 213-216.

169 Vgl. Krumnow, Jürgen, Risikosteuerung im derivativen Geschäft, 1995, S. 8.

#### *2.1.5.2.1.3 Liquiditätsrisiken*

Die Liquiditätsrisiken resultieren aus der Möglichkeit, daß bestehende Positionen nicht eingedeckt werden können, da die Markttiefe unzureichend ist oder sich die eigene Bonität bzw. die des Kontrahenten verschlechtert hat. Dies schließt auch jene Liquiditätsstörungen ein, die beim Ausfall eines wesentlichen Handelspartners oder Market-Makers auftreten können.

Je spezieller die Kontrakte auf die Anforderungen von Marktteilnehmern zugeschnitten sind, desto höher ist das Liquiditätsrisiko, da es im Bedarfsfall schwieriger wird, einen neuen Kontraktpartner zu finden. Weiterhin ist zu berücksichtigen, daß im derivativen Geschäft Marktteilnehmer möglicherweise nicht in der Lage sind, an Abwicklungsterminen oder bei der Einforderung von Einschußzahlungen ihre Zahlungsverpflichtung zu erfüllen. Bei börsengehandelten Derivaten gilt dies nicht, da hier vom Clearinghaus eine Garantiefunktion übernommen wird.

Diesen Risiken ist im Rahmen der Gesamtliquiditätssteuerung der Kreditinstitute durch Bewertung und entsprechende Limitvorgaben Rechnung zu tragen. Diese Notwendigkeit wird auch in den Mindestanforderungen des BAK hervorgehoben.[170]

### 2.1.5.2.2 Endogene Risiken: Operative Risiken

Unter den operativen Risiken sind diejenigen Risiken zu verstehen, die sich aus der Geschäftspolitik, der Organisationsstruktur, dem Risikomanagement, dem DV-Einsatz, dem Berichtswesen sowie dem Rechnungswesen und der Bewertung ergeben.[171] Hier liegen die größten Risiken im Eigenhandel. Die bereits beschriebenen Verluste der oben genannten Unternehmen lassen sich alle auf die mangelnde Beherrschung dieser Risiken zurückführen.

#### *2.1.5.2.2.1 Geschäftspolitik und Handelsstrategien*

Ein zielgerichteter und sinnvoller Einsatz unterschiedlicher Finanzinstrumente im Eigenhandel ist nur dann möglich, wenn von der Geschäftsleitung eine klare Definition des Eigenhandelumfangs gegeben wird. In dieser Definition sind die Produkte, die Märkte und die generellen Handelsstrategien festzulegen. Grundsätzlich sollten nur Geschäfte zulässig sein, für die Börsen- bzw. Marktpreise feststellbar sind oder eine Bewertung durch das Kreditinstitut selbst erfolgen kann.[172]

Durch die Festlegung der Geschäftspolitik und der Handelsstrategien wird den Händlern sowie den nachgeordneten Abwicklungs- und Bewertungseinheiten der Bewegungsraum vorgegeben, innerhalb dessen sie agieren dürfen. Nur durch diese Vorgabe kann eine Kontrolle des Eigenhandels erfolgen, um frühzeitig auf Abweichungen aufmerksam zu werden.

---

170 Vgl. BAK, Verlautbarung vom 23. Oktober 1995, I 4-32-3/86, Mindestanforderungen an das Betreiben von Handelsgeschäften der Kreditinstitute, Zif. 3.

171 Vgl. Fischer, Thomas, Risikomanagement im Investment Banking, 1994, S. 640.

172 Vgl. Eckhard, Julif-Helmer, Prüfung der Risikosteuerung des Eigenhandels in Kreditinstituten, 1996, S. 6.

#### *2.1.5.2.2.2 Organisationsstrukturen*

Insbesondere sind die hohen Verluste von Barings und Daiwa auf eine mangelhafte Organisationsstruktur zurückzuführen. In beiden Fällen wurde keine Trennung von Handel und Abwicklung bzw. Rechnungswesen vorgenommen. Einzelne Händler konnten sich selbst kontrollieren, was dazu führte, daß Verluste durch neue, risikobehaftetere Geschäfte verdeckt wurden. Gleichzeitig wurden die Kontrollinstanzen umgangen bzw. durch Betrug ausgehebelt.

Die Gestaltung der Aufbau- und Ablauforganisation hat sich an dem Ziel der Risikominimierung der Handelsaktivitäten auszurichten. Oberster Grundsatz für den Arbeitsablauf im Bereich der Handelstätigkeit ist die klare Funktionstrennung von

- Handel,
- Abwicklung und Kontrolle,
- Rechnungswesen und
- Überwachung.

Zumindest der Handel ist von den anderen Bereichen auch organisatorisch zu trennen. Die funktionale und organisatorische Trennung des Handels von den anderen Bereichen ist bis einschließlich der Geschäftsleitungsebene zu gewährleisten.[173]

Ebenso ist die Festlegung von Kompetenzen und Verantwortungsbereichen wichtig. Hierbei ist besonders auf die Vertretungsregelungen zu achten, damit nicht in Urlaubs- oder sonstigen Abwesenheitszeiten die risikogerechte Organisationsstruktur aufgeweicht wird. Schließlich ist in diesem Zusammenhang die adäquate personelle Ausstattung insbesondere in der Risikoüberwachung, Abwicklung und im Rechnungswesen zu beachten. Sowohl quantitativ als auch qualitativ sind die gestiegenen Anforderungen aus den Eigenhandelsaktivitäten zu berücksichtigen. Eine unzureichende Ausstattung dieser Abteilungen kann z.B. unterlassene oder unzureichende Kontrollen oder Risikoanalysen mit sich bringen,.[174]

#### *2.1.5.2.2.3 Organisation des Risikomanagements*

Das Risikocontrolling ist handelsnah organisiert, dabei aber vom Handel unabhängig, um das Prinzip der Funktionstrennung einzuhalten.[175] Die Mitarbeiter werden in Controllinggruppen für die Teilbereiche Marktrisiko- und Kreditrisikomanagement unterteilt und berichten direkt an die Geschäftsleitung bzw. die darunter liegende Ebene. Das Risikomanagement wird i.d.R von ehemaligen leitenden Mitarbeitern des Handels oder von Controllern geführt. Die Risikomanagementgruppen als Speziali-

[173] Vgl. BAK, Verlautbarung vom 23. Oktober 1995, I 4-32-3/86, Mindestanforderungen an das Betreiben von Handelsgeschäften der Kreditinstitute, Zif. 3.4.

[174] Vgl. Eckhard, Julif-Helmer, Prüfung der Risikosteuerung des Eigenhandels in Kreditinstituten, 1996, S. 7.

[175] Vgl. Schmoll, Anton, Risikomanagement im Kreditgeschäft - Risikokontrolle und Risikosteuerung in der Bankpraxis, 1993, S. 45.

stenteams bestehen aus einer geringen Zahl hochqualifizierter Mitarbeiter, die eine umfangreiche technische Unterstützung erhalten.[176]

###### 2.1.5.2.2.4 Berichtswesen

Für den Eigenhandelsbereich sind auf täglicher Basis, durch eine vom Handel funktional getrennte Stelle, Berichte zu erstellen, die für alle Handelsbereiche konzernweit Risiko- und Performancezahlen wiedergeben. Ebenso gehören hierzu auch in bestimmten Intervallen eingehende Analysen der Risikopositionen sowie der Marktsituation. Aktualität und Präzision sind für das Risikoreporting als wesentlicher Bestandteil eines Managementinformationssystems von überragender Bedeutung. Das ermittelte Risiko ist dabei in eine für die Geschäftsleitung verständliche Darstellung umzusetzen. Offene Positionen sind gesondert nach Geschäfts- und Risikoart zusammen mit den entsprechenden Limits aufzuzeigen. Limitüberschreitungen sind deutlich zu kennzeichnen.

Grundsätzlich ist das Berichtswesen vom Controlling bzw. vom Rechnungswesen zu erstellen. Nur durch diesen unabhängigen Berichtsweg wird dem Gedanken der Risikominimierung Rechnung getragen.

###### 2.1.5.2.2.5 Geschäftsabwicklung

Sofern keine direkte Erfassung der Geschäftsabschlüsse durch den Handel vorgenommen wird, ist sicherzustellen, daß in der Abwicklung, dem sog. *settlement*, unverzüglich eine Geschäftserfassung erfolgt, damit einerseits umgehend Kontrahentenbestätigungen bzw. Abrechnungen erstellt und versandt werden und andererseits die Berücksichtigung der Handelspositionen im Limit- und Risikosteuerungssystem sichergestellt ist. Durch den zunehmenden Einsatz der elektronischen Datenverarbeitung bei den Handelsabschlüssen, ist eine Erfassung durch das Settlement immer weniger notwendig. Besondere Regelungen sind für Handelsabschlüsse erforderlich, die nach dem Ende der üblichen Geschäftszeit oder durch besonders autorisierte Händler abends von zu Hause abgeschlossen werden. Ziel solcher Regelungen ist, die weitere Betreuung und Abwicklung der Transaktionen dem Einflußbereich der Händler zu entziehen.

Weiterhin hat die Abwicklung die Aufgabe, die eingehenden Gegenbestätigungen zu erfassen und mit den eigenen Daten abzugleichen, um Differenzen oder Unregelmäßigkeiten schnellstmöglich zu erkennen. Die Gegenbestätigungen dürfen nicht durch den Handel laufen, um Manipulationen der Händler zu vermeiden. Auch hier ist auf eine angemessene Mitarbeiterqualifikation zu achten. So können ungewöhnliche Kontraktkonstruktionen und Fehler rechtzeitig erkannt werden.

###### 2.1.5.2.2.6 Rechnungswesen

Das Rechnungswesen hat die ausgeführten Transaktionen zu bewerten und aufzubereiten. Auch diese Abteilung ist vom Handel klar zu trennen. Alle bewertungsrelevanten Marktpreise und weiteren Marktdaten sind daher vom Rechnungswesen

[176] Vgl. Eckhard, Julif-Helmer, Prüfung der Risikosteuerung des Eigenhandels in Kreditinstituten, 1996, S. 7.

unabhängig zu ermitteln. Während diese Bedingung für börslich gehandelte Produkte leicht zu erreichen ist, ergeben sich für die OTC-Instrumente zum Teil Schwierigkeiten. Die für die Bewertung dieser Instrumente benötigten Daten lassen sich jedoch über verschiedene Handelsinformationssysteme, z.B. *Reuters* oder *Telerate*, feststellen. Falls das Risikomanagement vom Handel organisatorisch eindeutig getrennt ist, kann auch dieser Bereich als Datenlieferant in Frage kommen.

Die vom Rechnungswesen angewandten Bewertungsmodelle sind unabhängig vom Handel zu erstellen. Vom Handel übernommene Modelle sind zunächst auf ihre Richtigkeit durch das Rechnungswesen oder eine unabhängige dritte Stelle zu überprüfen.

Die Zuordnung einzelner Instrumente und Transaktionen zu Bewertungseinheiten in Form von Micro-, Macro- und Portfolio-Hedges durch den Handel ist durch organisatorische Vorgaben festzulegen und durch das Rechnungswesen zu überprüfen. Insbesondere ist die Sicherungswirkung der Hedges zu kontrollieren, da sonst als gesichert gekennzeichnete Positionen nicht beachtete Risiken enthalten.

Die Bewertung aller Positionen des Eigenhandels hat möglichst zeitnah zu erfolgen, um hohe Risiken und Verluste schnell zu erkennen. Aufgrund der hohen Volatilitäten reicht eine wöchentliche Bewertung nicht aus, vielmehr muß die Bewertung täglich durchgeführt werden.[177] Das Ziel einer Echtzeitbewertung läßt sich wegen des hohen Rechenaufwands der komplexen Simulationsmodelle nur schwer verwirklichen. Eine fortlaufende Risikoermittlung, die Ermittlung des sog. *intraday risk,* läßt sich daher nur bedingt in einem modularen Bewertungssystem verwirklichen.

Die vom Rechnungswesen ermittelten Bewertungsdaten sind mit den Performancezahlen des Handels und den Ergebnissen des Risikomanagements zu vergleichen. Ergebnisabweichungen sind zu analysieren und zu erklären. Hierdurch können Bewertungsfehler erkannt und somit einer unvollständigen Positionserfassung vorgebeugt werden.

Die zeitnahe Erfassung, Bewertung und Abstimmung aller Positionen des Eigenhandels ermöglicht ein frühzeitiges Erkennen von Abweichungen und Risiken.

#### *2.1.5.2.2.7 DV-Systeme*

Die Anforderungen an das DV-System sind aus zwei Blickwinkeln zu formulieren. Zum einen sind die täglichen Arbeitsabläufe zu betrachten, die notwendig sind, um den reibungslosen Ablauf des Handelsgeschäfts und der nachgeschalteten Bereiche zu gewährleisten. Die Datenhaltung sollte konsistent und redundanzfrei erfolgen, um unnötige Doppelerfassungen zu vermeiden und die Möglichkeit einer unterschiedlichen Erfassung der gleichen Transaktionsbestandteile zu unterbinden. Gleichzeitig ist ein Eingabeprotokoll mit dem Namen des Eingebenden, Zeitpunkt und Dateneingabe bzw. -änderung zu erstellen. Dies bedingt eine Sicherung des Systemzugangs sowie die Festlegung der Zugriffsmodalitäten eines begrenzten Benutzerkreises.

Für den Einsatz neuer Software ist ein Programmfreigabeverfahren durchzuführen, um die weitere Systemstabilität zu gewährleisten und Konflikte mit bestehenden

[177] Vgl. BAK, Verlautbarung vom 23. Oktober 1995, I 4-32-3/86, Mindestanforderungen an das Betreiben von Handelsgeschäften der Kreditinstitute, Ziffer 3.2.

Programmen rechtzeitig zu erkennen. Die Software ist für eine spätere Überprüfung, Anpassung oder Weiterentwicklung zu dokumentieren.

Zum anderen sind die Risiken eines DV-Systemausfalls zu beachten. Diese Anforderungen stehen teilweise im Konflikt zu den organisatorischen Anforderungen. Für den Ausfall einzelner Systembereiche oder des gesamten DV-Systems sind Notfallpläne zu erstellen, die die unverzügliche Weiterarbeit garantieren. In regelmäßigen Abständen sind die Back-up-Strategien durch Back-up-Tests zu überprüfen und gegebenenfalls anzupassen. Dezentrale Datenbestände sind in diese Strategien zu integrieren.

Um beim Ausfall einer Systemkomponente nicht zugleich alle anderen Komponenten in Mitleidenschaft zu ziehen, sollte ein modularer Systemaufbau verwendet werden. Teilweise wird diese Modularität bereits durch die einzelnen nicht kompatiblen Handelssysteme bedingt. Die Forderung eines modularen DV-Systems läßt sich jedoch nur schwer mit der Forderung einer redundanzfreien Datenhaltung vereinbaren. Durch eine an dieser Fragestellung ausgerichteten Replikations- und Sicherungsstrategie lassen sich jedoch die Nachteile einer doppelten Datenhaltung weitgehend ausschalten.

Das Notfallkonzept darf sich nicht nur auf die einzelnen DV-Komponenten beschränken, vielmehr muß auch die Systemumwelt in Form von Bürogebäude, Strom- und Datenversorgung berücksichtigt werden. Dies kann dazu führen, daß neben einem Notstromaggregat auch zusätzliche, vom eigentlichen Gebäude getrennte Büroflächen samt DV-System vorgehalten werden, denn eine mangelnde Systemsicherheit kann trotz erfolgreicher Händler für die Bank hohe Kosten und Verluste mit sich bringen.

#### *2.1.5.2.2.8 Rechtliche Risiken*

Rechtliche Risiken können im Eigenhandel auftreten, falls im Bereich der OTC-Instrumente nicht standardisierte Vertragsentwürfe genutzt werden. Es sind daher, soweit möglich, standardisierte Verträge, z.B. ISDA-Vertragsentwürfe oder BBAIRS *terms*, zu nutzen.[178] Diese Texte wurden von unabhängigen Experten ausgearbeitet und stellen für beide Vertragsparteien einen fairen Entwurf als Verhandlungsgrundlage dar. Werden an diesen Entwürfen Änderungen vorgenommen, so ist die Rechtsabteilung des Unternehmens zu den Verhandlungen hinzuzuziehen, um die rechtliche Wirksamkeit des Vertrags zu gewährleisten. Die dadurch bedingte zeitliche Verzögerung dürfte die Händler in den meisten Fällen davon abhalten, überhaupt Änderungen am Vertragstext vorzunehmen.

Aufgrund des neuen Wertpapiergesetzes ist zu überprüfen, ob der Kontrahent gem. § 32 Abs. 1 über die notwendigen Produktkenntnisse verfügt. Dies ist nur dann erforderlich, wenn es sich bei dem Kontrahenten nicht um ein anderes Kreditinstitut oder ein Brokerhaus handelt. Die Firma *Procter & Gamble* erlitt aus den Positionen in Derivaten hohe Verluste. Daraufhin verklagte sie das eingeschaltete Brokerhaus auf

[178] Vgl. Jahn, Uwe, Internationale Rahmenverträge für Finanztermingeschäfte, 1992, S. 349 f.; Jahn, Uwe, Das 1992 ISDA Master Agreement, 1994, S. 99.

Schadenersatz. *Procter & Gamble* begründete die Klage mit der mangelhaften Beratung des Brokerhauses bei Abschluß der Kontrakte.[179]

Schließlich ist auch bei der rechtlichen Ausgestaltung der Nettingvereinbarungen die rechtlicher Wirksamkeit und die Durchsetzbarkeit zu beachten, um daraus resultierende Ausfallrisiken zu vermeiden.

### 2.1.5.3 Risikoquantifizierung

Die Risikosteuerung muß sich auf quantifizierbare Größen stützen. Daher sind neben der Identifikation und Definition der Risiken Maßzahlen zu entwickeln, die Risiken untereinander vergleichbar machen und ins Verhältnis zum Ertrag setzen. Die Risikoquantifizierung setzt die Entwicklung geeigneter Methoden und Verfahren voraus, um das Ziel der Objektivierung zu erreichen.[180] Da die Finanzinstrumente den Einflüssen einer Vielzahl von Risikoarten unterliegen, sind die Risiken nach Maßgabe der Risikoarten und nicht nach Produkten zu messen.[181]

Ausgangspunkt ist die regelmäßige Neubewertung sämtlicher abgeschlossener Geschäfte anhand veröffentlichter oder berechneter Marktwerte. Die Positionen sollten mindestens einmal pro Tag bewertet werden. Eine Echtzeitbewertung sollte zumindest angestrebt werden.[182] Sofern kein aktueller Marktpreis vorliegt, wird der theoretische Marktwert der einzelnen Positionen durch die Barwertberechnung der jeweiligen Geschäfte ermittelt. Dazu werden die Barwerte zum Bewertungszeitpunkt auf Basis der aktuellen Zinsstrukturkurven durch Abzinsen aller zukünftigen Cash-Flows der Einzelpositionen berechnet. Sind die Cash-Flows risikobehaftet oder unsicher, z.B. bei Optionen, so erfolgt die Barwertberechnung anhand weitreichender mathematischer Modelle.[183]

Darauf aufbauend wird mit Value-at-Risk ein potentieller Gewinn oder Verlust einer Position, eines Portfolios oder des gesamten Instituts berechnet. Hierzu wird ein Szenario ermittelt, für das die mit bestimmter Wahrscheinlichkeit zu erwartende negative Marktentwicklung über einen festgelegten Beobachtungszeitraum, oftmals ein Tag, definiert wird. Das Konfidenzintervall der Preisbewegung, das diesem Verfahren zugrundegelegt wird, liegt i.d.R zwischen 95% und 99%. Die Haltedauer beträgt zehn Tage. Das Modell prognostiziert mit der so bestimmten Wahrscheinlichkeit den potentiellen Verlust. In einem weiteren Schritt wird der Gewinn oder Verlust jeder

179 Vgl. o.V., Using Derivatives - What Senior Managers Must Know, 1995, S. 33 ff.

180 Vgl. Buschmann, Wolfgang F., Risiko-Controlling - Anforderungen an die Steuerung von derivativen Finanzinstrumenten, 1992, S. 724.

181 Vgl. Lagger, André, Risikomanagement bei Banken, 1995, S. 23.

182 Vgl. Fischer, Thomas, Risikomanagement im Investment Banking, 1994, S. 638.

183 Vgl. die obigen Ausführungen zur Bewertung der Finanzinstrumente in Kapitel 2.1.3 Bewertung der betrachteten Finanzinnovationen auf S. 34.

Einzelposition für die angenommenen Preisveränderungen simuliert und der potentielle Verlusthöchstbetrag als Value-at-Risk festgestellt.[184]

Der statistische Ansatz aller Risikoverfahren ist insbesondere von der Genauigkeit und Aktualität der Daten abhängig. Ein wesentlicher Aspekt für die Verläßlichkeit der Risikowerte ist die Datenqualität.

Die isolierte Betrachtung der einzelnen Risikoarten sowie deren Ergebniseinfluß allein genügt nicht, um das Gesamtrisiko einer Bank adäquat zu messen. Bei der Aggregation der einzelnen Risiken zur Risikoquantifizierung sind die einzelnen Korrelationen zwischen den Produkten zu berücksichtigen. Es kann daher keine einfache Addition der Risiken stattfinden. Die Risikokalkulation wird weiterhin durch die Unterscheidung von linearen Risiken der Futures, Swaps und FRAs und den nicht linearen Risiken von Optionen erschwert. Die Optionsportfolien erfordern sehr komplexe Simulationsmodelle, die mögliche Wertänderungen des Portfolios unter Einbeziehung der Schwankung sämtlicher wertbestimmender Parameter ermitteln. Diese Ergebnisse hängen dabei stark von den getroffenen Annahmen, insbesondere der Volatilität, ab. Diese Problematik wird im Ansatz des Value-at-Risk durch die Simulation der Einflüsse auf das Gesamtportfolio einer Bank berücksichtigt.

Im Rahmen eines effizienten Risikocontrollings sind die in den einzelnen Geschäftsbereichen und Risikoarten bestehenden Einzelpositionen mindestens einmal täglich in einer Gesamtrisikoposition zusammenzufassen, um so die aus Sicht der gesamten Bank resultierende Risiken zu erfassen. Alle Handelsgeschäfte sind unverzüglich auf die einschlägigen Limits anzurechnen, jeder Händler ist über die für ihn relevanten Limits und deren aktuelle Ausnutzung zeitnah zu informieren.

Der Value-at-Risk beinhaltet keine Information über die tatsächliche Position der gemessenen Handelseinheiten. Eine aktive Positionsführung des Handels über Value-at-Risk ist somit nicht möglich.

### 2.1.5.4 Risikolimitierung

Die Geschäftsleitung hat eine Verlustobergrenze festzulegen, bei der die Eigenkapitalausstattung und die Ertragslage des Kreditinstituts zu berücksichtigen sind.[185] Von dieser Verlustobergrenze ausgehend, ist auf der Grundlage der Analyseergebnisse des Risikocontrolling ein System risikobegrenzender Limits einzurichten, die sowohl auf die Adressenausfall- als auch auf die Marktpreisrisiken bezogen sind. Für jede Risikoart sind Globallimits festzulegen, die von der Geschäftsleitung zu genehmigen sind. Die auf Value-at-Risk basierenden Globallimits werden durch ein System von Teillimits ergänzt. Die Geschäftsführung hat bei der Limitierung die Ressourcenquali-

---

184 Vgl. Gruber, Walter/Raskopf, Roland, Die Behandlung von derivativen Zinsinstrumenten in der Kapitaladäquanzrichtlinie, 1996, S. 712; Jorion, Philippe, Value at Risk: The New Benchmark for Controlling Market Risk, 1997, S. 185 ff.

185 Vgl. EG-Kommission, Richtlinie 93/6/EWG des Rates vom 15. März 1993 über die angemessene Kapitalausstattung von Wertpapierfirmen und Kreditinstituten, 1993, S. 1-26; BAK, Verlautbarung vom 23. Oktober 1995, I 4-32-3/86, Mindestanforderungen an das Betreiben von Handelsgeschäften der Kreditinstitute.

tät, z.B. die Erfahrung des Handelsteams, die Funktionalität der Handelssysteme und die Einschätzung des Ertragspotentials in den spezifischen Märkten, zu berücksichtigen.[186]

Bei Änderungen in der Risikoeinschätzung sind die Limits unverzüglich anzupassen. Ohne vorherige Zustimmung der Geschäftsleitung oder einer von ihr autorisierten Stelle darf kein Geschäft abgeschlossen werden, für welches kein Limit existiert oder das zu einer Limitüberschreitung führen würde.[187]

### 2.1.5.5 Risikosteuerung

Ziel der Risikosteuerung ist es zum einen, risikobehaftete Positionen soweit zu begrenzen, daß mögliche Verluste hieraus ein zuvor definiertes Risikopotential, nicht überschreiten. Das Risiko muß durch entsprechend vorgehaltenes Eigenkapital gedeckt werden. Es geht somit um die Einhaltung gesamtbankpolitischer Zielsetzungen wie z.B. Dividendenfähigkeit und darüber hinaus um den Existenzschutz des Instituts.

Zum anderen gehört hierzu die Optimierung des Risikoprofils der Bank. Mit jedem Risiko korrespondiert eine Marktchance. Um diese Chance nutzen zu können, wird eine entsprechende Marktposition eingegangen. Die Risikobegrenzung bedeutet zwangsläufig eine Begrenzung der Chancen. Um Ertragsziele realisieren zu können, ist eine an die personellen, technischen und finanziellen Ressourcen der Bank angepaßte Risikobereitschaft erforderlich.[188]

Die Ausführung der Risikosteuerung obliegt dem Handel selbst. Die vom Controlling ermittelten Risikozahlen als Ist-Werte sind dazu ständig mit den von der Geschäftsführung vorgegebenen Limits (Soll-Werte) zu vergleichen. Besteht die Gefahr, die Limits zu überschreiten, so sind offene Positionen durch geeignete Gegengeschäfte zu schließen, um den Value-at-Risk und damit die Limitausnutzung zu verringern.

Die Steuerung erfolgt anhand der sich auf einzelne Produkte, Produktgruppen oder für einzelne Risikoarten vorgegebenen Limits. Daher muß jeder zum Geschäftsabschluß befugte Händler ständig über die für ihn relevanten Limits und deren aktuelle Ausnutzung informiert werden. Sind die Limits nicht ausgenutzt, können weitere Positionen eingegangen werden. Dies unterstreicht die Notwendigkeit, die Limitinanspruchnahme durch eine möglichst zeitnahe Risiko- und Positionsbewertung zu ermitteln. Die Händler erhalten damit die Möglichkeit, Risikopositionen mit geringer *performance* zu identifizieren und diese als erstes zu schließen und neue, ertragreichere Positionen einzugehen.

Risikobegrenzungen sind bei volatilen Marktpreisen nur im Ausnahmefall als reine Volumensbegrenzungen oder reine Kontraktlimits sinnvoll. Die Geschäftsleitung hat eine Verlustobergrenze pro Zeiteinheit oder alternativ die Veränderung eines

---

[186] Vgl. Hagen, Paul/Jakobs, Wolfgang, Risikosteuerung im Eigenhandel, 1995, S. 666.

[187] Vgl. BAK, Verlautbarung vom 23. Oktober 1995, I 4-32-3/86, Mindestanforderungen an das Betreiben von Handelsgeschäften der Kreditinstitute, Zif. 3.2.

[188] Vgl. Hagen, Paul/Jakobs, Wolfgang, Marktrisikosteuerung bei Trinkhaus und Burkhardt, 1996, S. 633.

Marktparameters festzulegen, z.B. die Veränderung der Volatilität oder eines Marktzinssatzes um einen definierten Betrag. Hierbei ist die Eigenkapitalausstattung sowie die Ertragslage des Unternehmens zu berücksichtigen.[189]

### 2.1.5.6 Risikokontrolle

Das oberste Verwaltungsorgan hat dafür zu sorgen, daß die Geschäftsführung ihre Aufgaben beim Risikomanagement ordnungsgemäß wahrnimmt. Im Rahmen dieser Aufgaben muß die Geschäftsleitung Entscheidungskompetenzen delegieren und die Aufbau- und Ablauforganisation des Risikomanagements gestalten. Die Risikokontrolle kann sowohl innerhalb des Unternehmens durch die interne Revision erfolgen als auch von externen Prüfern, z.B. Wirtschaftsprüfern oder Beratern, vorgenommen werden.[190]

Bei der Ergebniskontrolle werden die Risiken, die sich aus der Risikosteuerung ergeben, mit Sollvorgaben über einen bestimmten Zeitraum verglichen. Die Ergebniskontrolle ist somit eine reine Risikokontrolle. Diese Art der Kontrolle kann auch weiter gefaßt werden, indem neben den Risiken auch die Limitierung geprüft wird und die Performance der Handelsbereiche mit Vorgabewerten verglichen werden. In diesem Zusammenhang ist auch zu klären, ob eingetretene Risiken das Ergebnisziel beeinträchtigen und warum es zum Risikoeintritt kam.

Die Ergebniskontrolle kann Auslöser für eine Verfahrenskontrolle sein, wenn die Soll-Ist-Abweichung einen bestimmten Toleranzwert überschreitet. Verfahrenskontrollen sind auch dann durchzuführen, wenn Geschwindigkeit und Art der Marktentwicklung und der Finanzinstrumente bezüglich der Risikomessung dies erforderlich machen. Jeder Teilprozeß des Risikomanagements kann Gegenstand der Verfahrensüberprüfung sein. Kontrolliert wird, ob die Geschäftsvorgänge hinreichend dokumentiert sind und ob bei der Risikoberechnung mit einheitlichen Daten und Modellen gearbeitet wurde und die verwendeten Parameter, Modelle und errechneten Risiken die zukünftige Entwicklung der Realität ausreichend abbilden können.[191] Weiterhin sind die Sicherungsmaßnahmen zur Vermeidung der operativen Risiken zu überprüfen.

Im Rahmen der internen Revision sollten Unabhängigkeit und Wirksamkeit des Risikomanagements sowie die internen Kontrollen regelmäßig überprüft werden. Dies umfaßt auch die Beurteilung der Organisationsstrukturen und der angemessenen Aufgabentrennung von Handel und Risikocontrolling.

---

[189] Vgl. Scharpf, Paul/Epperlein, Joachim K., Risikomanagement derivativer Finanzinstrumente, 1995, S. 220 f.

[190] Vgl. BIZ, Group of Ten, Public Disclosure of Market and Credit Risks by Financial Intermediaries (Fischer Report), 1994, S. 19.

[191] Vgl. Rudolph, Bernd, Derivative Finanzinstrumente - Entwicklung, Risikomanagement und bankaufsichtsrechtliche Regelungen, 1995, S. 34 f.

## 2.2 Bezugsrahmen für die Bewertung von Handelsplätzen

In den nachfolgenden Abschnitten sollen die Kriterien vorgestellt werden, anhand derer die Handelsplätze Deutschland und USA betrachtet und gegenüber gestellt werden.

### 2.2.1 Marktevaluation

Zunächst wird die Entwicklung der Handelsvolumina einzelner Instrumente an den Handelsplätzen analysiert. Die der Untersuchung zugrundeliegende Datenbasis ist dem dreijährlich erscheinenden Bericht der BIZ in Basel, den Geschäftsberichten der deutschen Banken und den Quartalsberichten der US-amerikanischen Banken sowie weiteren Quellen entnommen.

Der BIZ-Bericht gibt erstmals eine detaillierte Aufstellung der Volumina des internationalen Derivatehandels. Diese Übersicht erstreckt sich neben Devisenderivaten auch auf Zins- sowie Aktien-, Index- und Rohstoffderivate. Dabei wird zwischen OTC und börsenmäßig gehandelten Derivaten unterschieden.[192]

Die Börsenumsätze geben nur bedingt eine Übersicht über das Engagement in derivativen Geschäften, da die Positionen zum Teil nur äußerst kurzfristig eingegangen werden. Sie stellen insofern nur ein Indiz für die Liquidität der gehandelten Instrumente dar.

Neben den Umsatzzahlen hat die BIZ den Nennwert der Bestände und ihren Marktwert erfaßt. Der Nennwert, auch Nominalbetrag genannt, ist von Interesse, wenn die Märkte für Finanzinnovationen mit den Kassamärkten verglichen werden. Zudem hilft der Nennwert das Risiko abzuschätzen, das sich aus den Preisänderungen ergibt. Dazu ist der Nominalbetrag der ausstehenden Kontrakte zu betrachten.

Der Marktwert hingegen gibt an, wie hoch die Zahlungsverpflichtungen der Vertragsteilnehmer sind oder welche möglichen Verluste zu erwarten sind, wenn einer der beiden Vertragspartner zahlungsunfähig werden sollte. Der Marktwert gibt daher Auskunft über das Kreditrisiko. Dabei ist zu berücksichtigen, daß das Risiko durch gegenseitiges Aufrechnen, dem sog. Netting, reduziert werden kann.[193]

### 2.2.2 Bilanzierung

Die Finanzmärkte sind effizient, wenn die Teilnehmer Zugang zu den Informationen haben, die eine zeitnahe und genaue Bewertung der Vermögenswerte erlauben. Dies gilt nicht nur für einzelne Instrumente und Finanzanlagen, sondern auch für die Beurteilung der Finanzintermediäre selbst. Damit Aktionäre, Gläubiger und Geschäftspartner auf den Finanzmärkten ihr Kapital effizient einsetzen können, müssen sie die Risiken beurteilen können, die Unternehmen eingehen. Dazu gehören insbesondere Risiken, die sich in den Aktienkursen, Finanzierungskosten und Kreditentscheidungen niederschlagen. Der Einsatz von Finanzinnovationen hat die Forderungen und Ver-

192 Vgl. BIZ, Monetary and Economic Department, Central Bank Survey of Foreign Exchange and Derivatives Market Activity 1995, 1996.

193 Vgl. Krüger, Malte, Was besagen hohe Devisenmarktumsätze?, 1997, S. 112.

bindlichkeiten sowie außerbilanziellen Verpflichtungen der Unternehmen diversifiziert und verkompliziert. Dies hat auch die Risikoanalyse erschwert. Gleichzeitig haben die derivativen Instrumente den Unternehmen neue Möglichkeiten zur Analyse, Bewertung und Steuerung des finanziellen Risikos an die Hand gegeben. Die Entwicklung von Methoden zur Risikoanalyse von Portfolios oder Handelspositionen hat die Fähigkeit der Unternehmen vergrößert, ihr Gesamtrisiko zu analysieren und zu interpretieren.

Die Entwicklung der Handels- und Risikomanagement-Praktiken ist in den letzten Jahren jedoch schneller vorangeschritten als die Offenlegung der entsprechenden Informationen durch die Finanzunternehmen. Aus diesem Grund gibt es eine Lücke zwischen der Genauigkeit, mit der die Unternehmensleitung die eigenen Risiken analysieren und anpassen kann, und der Information, die Dritten zur Beurteilung der Risiken zur Verfügung steht. Die mangelnde Transparenz bei den Handels- und Risikomanagement-Aktivitäten der Finanzintermediäre kann zu Fehlleitung von Kapitalanlagen führen und ist auch geeignet, Marktturbulenzen zu vergrößern. Sind die Risiken von Unternehmensgeschäften für Dritte nicht sichtbar, wird die marktgerechte Allokation des Kapitals nicht ihren aktuellen Risiko-Ertrags-Aussichten entsprechen.[194]

Die mangelnde Transparenz trifft die Finanzintermediäre und anderen Marktteilnehmer gleichermaßen. Zwar ist die Publizität in den letzten Jahren verbessert worden, diese Verbesserungen haben jedoch nur vereinzelt und freiwillig stattgefunden.[195] Es gibt bisher keinen Bewertungsrahmen, der es Dritten erlaubt, die Fähigkeit der Unternehmen zur Risikosteuerung zu beurteilen. Die zur Zeit gültigen nationalen Bilanzierungsregeln reichen nicht aus, die Risiken offenzulegen, die durch zunehmend verbreitetere Risikomanagement-Konzepte, z.B. Value-at-Risk und *stress test*, gemessen und gesteuert werden.

Die deutsche Bilanzierung gem. HGB und die amerikanische Bilanzierung gem. *United States - General Accepted Accounting Principles* (US-GAAP) weichen in wesentlichen Punkten voneinander ab. Daher werden zunächst die beiden nationalen Grundsätze erläutert und auf den aktuellen Stand in der Literatur hingewiesen.

### 2.2.3 Besteuerung

Einen wesentlichen Standortfaktor stellen die steuerlichen Rahmenbedingungen der Handelsplätze dar. Es werden im folgenden die vom nationalen und internationalen Handel von Finanzinnovationen betroffenen Vorschriften erläutert. Wesentliches Augenmerk wird dabei auf die Ermittlung des zu versteuernden Einkommens als Nettogewinn aus Finanzgeschäften gelegt.

---

[194] Vgl. BIZ, Group of Ten, Public Disclosure of Market and Credit Risks by Financial Intermediaries (Fischer Report), 1994, S. 9.

[195] Vgl. Deutsche Bank AG, Geschäftsbericht 1995, 1996, S. 39.

## 2.3 Nationaler Handel von Finanzinnovationen am Handelsplatz Deutschland

### 2.3.1 Gesetzliche Rahmenbedingungen für den Handel von Finanzinnovationen in Deutschland

Im folgenden werden nur die von dieser Arbeit betroffenen gesetzlichen Rahmenbedingungen berücksichtigt.

#### 2.3.1.1 Anzeigepflicht für Geschäfte mit derivativen Finanzinnovationen

Geschäfte mit derivativen Finanzinnovationen sind zwar keine Bankgeschäfte i.S.d. § 1 Abs. 1 KWG, die Aufnahme und die Einstellung von Swap-Geschäften und Geschäften mit Finanzterminkontrakten sind jedoch nach § 24 Abs. 1 Nr. 9 KWG dem BAK und der Deutschen Bundesbank anzuzeigen.[196] Dies gilt ebenfalls für Geschäfte mit FRAs und Optionen.[197] Die Anzeigepflicht bezüglich der Aufnahme dieser Geschäfte ist jedoch nur dann gegeben, wenn mit dem jeweiligen Geschäft voraussichtlich ein Jahresumsatz erzielt wird, der DEM 250.000 übersteigt.[198]

Die §§ 13 u. 14 KWG regeln die Anzeige von Groß- und Millionenkrediten. In § 19 Abs. 1 KWG wird Kredit definiert. Ausnahmen werden in § 20 KWG geregelt. Kredite sind neben den Bilanzaktiva auch Swaps, Finanztermingeschäfte und Optionsrechte sowie die dafür übernommenen Gewährleistungen und andere außerbilanzielle Geschäfte. Als Swaps, Termingeschäfte und Optionsrechte sind auch alle aus solchen Finanzinstrumenten abgeleiteten oder mit ihnen vergleichbaren Finanzprodukte anzusehen.[199] Einzelheiten der Anrechnung derivativer Finanzinstrumente im Rahmen der Kreditdefinition des § 19 Abs. 1 KWG sind in der „Verordnung nach § 22 des Gesetzes über das Kreditwesen (Kreditbestimmungsverordnung - KredBestV)" geregelt.

#### 2.3.1.2 Grundsätze über das Eigenkapital und die Liquidität der Kreditinstitute

Die Grundsätze über die Eigenmittel und die Liquidität der Kreditinstitute werden vom BAK im Einvernehmen mit der Deutschen Bundesbank aufgestellt und im Bundesanzeiger bekanntgemacht. Sie dienen dem Aufsichtsamt zur Beurteilung, ob die in den §§ 10, 10a und 11 KWG enthaltenen Vorschriften erfüllt sind.

§ 10 KWG fordert ein angemessenes, haftendes Eigenkapital der Kreditinstitute, § 10 a KWG ein angemessenes, gesamtes Eigenkapital einer Kreditinstitutsgruppe im Sinne des KWG. § 11 KWG verlangt eine ausreichende Liquidität eines Kreditinstituts. Zur Beurteilung der Angemessenheit des Eigenkapitals hat das BAK den Eigen-

---

[196] Vgl. BAK, Schreiben vom 16. September 1986, I 3-271-2/86, Anzeigepflicht nach § 24 Abs. 1 Nr. 9 KWG.

[197] Vgl. BAK, Schreiben vom 17. August 1987, I 3-271-1/87, Anzeigepflicht nach § 24 Abs. 1 Nr. 9 KWG.

[198] Vgl. § 9 Abs. 1 S. 1 BefrV.

[199] Vgl. § 19 Abs. 1 Satz 4 KWG.

kapitalgrundsatz aufgestellt: Grundsatz I. Die ausreichende Liquidität wird anhand der Liquiditätsgrundsätze beurteilt: Grundsatz II und Grundsatz III.

Die nach diesen Grundsätzen zu ermittelnden Kennziffern sind wichtiger Anhaltspunkt dafür, ob die Banken zur Erfüllung ihrer Verpflichtungen über ein angemessenes Eigenkapital verfügen und ob sie ihre Mittel so angelegt haben, daß jederzeit eine ausreichende Zahlungsbereitschaft gewährleistet ist.[200]

Der Grundsatz I ist aus den Kreditrichtsätzen der Deutschen Bundesbank hervorgegangen. Er wurde infolge der Sechsten Novelle des KWG überarbeitet und ist mit Wirkung zum 1. Oktober 1998 im Oktober 1997 bekannt gegeben worden.[201] Zugleich wurde der bisherige Grundsatz Ia in den neuen Grundsatz I einbezogen.

Während im KWG festgelegt ist, was zu den Bestandteilen der Eigenmittel zählt, ergeben sich die mit Eigenmitteln zu unterlegenden Risikopositionen und der Umfang der Unterlegung aus dem vom BAK erlassenen Grundsatz I. Er legt fest, daß das Verhältnis zwischen dem haftenden Eigenkapital und den gewichteten Risikoaktiva 8% täglich zum Geschäftsschluß nicht unterschritten werden darf. Der Grundsatz I setzt also entsprechend der Solvabilitätsrichtlinie[202] die Mindesteigenkapitalquote von 8% fest.

Als Risikoaktiva sind anzusehen:

1. Bilanzaktiva,
2. außerbilanzielle Geschäfte, soweit sie nicht unter Nr. 3 oder 4 fallen,
3. Swap-Geschäfte,
4. Termingeschäfte und Optionsrechte,

soweit diese Posten bei der Ermittlung der Anrechnungsbeträge für die Handelsbuch-Risikopositionen nicht zu berücksichtigen sind. Nicht zu berücksichtigen sind des weiteren Barrengold sowie außerdem Bilanzaktiva, die

1. in die Ermittlung der Rohwarenposition einbezogen,
2. nach § 10 Abs. 2 und 6 KWG vom haftenden Eigenkapital abgezogen oder
3. in vollem Umfang mit haftendem Eigenkapital unterlegt werden.

Infolge der Sechsten Novelle des KWG sind gem. Grundsatz I auch Zins-, Aktienkurs- und Fremdwährungsrisiken neben den zuvor schon zu berücksichtigenden Kreditrisiken aufsichtsrechtlich mit Eigenkapital zu unterlegen. Weiterhin werden auch die im Handelsbuch enthaltenen Abwicklungs- und Adressenausfallrisiken sowie Großpositionsrisiken erfaßt. Zusätzlich haben sämtliche Institute ihre Kreditrisiken des nicht zum Handelsbuch gehörenden Bestands nach den Regelungen des Grundsatz I mit Eigenkapital zu unterlegen.

---

200 Vgl. Köllhofer, Dietrich/Sprißler, Wolfgang, Informationswesen und Kontrolle im Bankbetrieb, 1993, S. 823 f.

201 Vgl. BAK, Bekanntmachung über die Änderung und Ergänzung der Grundsätze über das Eigenkapital und die Liquidität der Kreditinstitute vom 29. Oktober 1997.

202 Vgl. EG-Kommission, Richtlinie des Rates vom 18. Dezember 1989 über einen Solvabilitätskoeffizienten für Kreditinstitute (89/647/EWG), 1989, S. 14-22.

Speziell für die Positionen des Handelsbuchs führt der neue Grundsatz I zusätzliche Eigenkapitalanforderungen für Risiken ein, die durch den Ausfall eines Kontrahenten entstehen können. Schließlich werden bilaterale Nettingvereinbarungen durch das BAK anerkannt.[203]

### 2.3.1.3 Kapitaladäquanz-Richtlinie

Die EG-Kapitaladäquanz-Richtlinie (KapRL)[204] liefert den europäischen Kreditinstituten und Wertpapierhäusern als Regelwerk der Bankenaufsicht gleiche Rahmenbedingungen für den Wettbewerb untereinander. Sie legt die Eigenkapitalanforderungen für Marktpreisrisiken fest, die sich aus dem sog. *trading book* (Handelsbuch) sowie aus allen Fremdwährungsgeschäften ergeben.[205] Das Handelsbuch eines Instituts besteht demnach aus den Finanzinstrumenten des Eigenhandels, die in der Absicht des Wiederverkaufs gehalten werden bzw. vom Institut übernommen werden, um bestehende oder erwartete Unterschiede zwischen dem Kauf- und Verkaufspreis oder andere Preis- und Zinsschwankungen kurzfristig zu nutzen oder um andere Teile des Handelsbestands abzusichern.[206]

Zu den Kernbereichen gehören weiterhin: Konsolidierte Aufsicht über Marktrisiken, Mindestanfangskapital, Eigenmitteldefinition und -anforderungen für Markt-, Adressenausfall-, Abwicklungs- und Lieferrisiken sowie für Großkreditpositionen. Die Regelungen der KapRL sollen innerhalb der ersten drei Jahre nach Umsetzung in nationales Recht überprüft werden.[207]

Für die deutschen Kreditinstitute ergaben sich durch die Richtlinienumsetzung im Vergleich zum vorherigen System der Risikobegrenzung grundlegende Änderungen. Während der nun nicht mehr existente Grundsatz Ia lediglich bestimmte Obergrenzen für Preisrisiken festlegte, ist nach den Vorschriften der KapRL eine Eigenkapitalunterlegung des Fremdwährungsrisikos im Gesamtgeschäft sowie des Zinsänderungs- und Adressenausfallrisikos im Handelsbuch erforderlich. Die Richtlinie umfaßt damit auch Risiken, die bereits im Grundsatz I erfaßt sind, und ersetzt die direkte Limitierung der offenen Positionen durch eine Unterlegung mit Eigenkapital.

---

203 Vgl. Boos, Karl-Heinz/Schulte-Mattler, Hermann, Der neue Grundsatz I: Kreditrisiken, 1997, S. 476 ff.

204 Vgl. EG-Kommission, Richtlinie 93/6/EWG des Rates vom 15. März 1993 über die angemessene Kapitalausstattung von Wertpapierfirmen und Kreditinstituten, 1993, S. 1-26.

205 Eine ausführliche Darstellung der Richtlinie findet sich bei Schulte-Mattler, Hermann/Traber, Uwe, Marktrisiko und Eigenkapital, 1995, S. 99 ff; Boos, Karl-Heinz/Höfer, Birgit, Die Kapitaladäquanz-Richtlinie, Teil I und II, 1995.

206 Vgl. Art. 2 Nr. 6 KapRL.

207 Vgl. Boos, Karl-Heinz/Höfer, Birgit, Die Kapitaladäquanz-Richtlinie, Teil I u. II, 1995, S. 285 ff. u. 359 ff.; Schulte-Mattler, Hermann/Traber, Uwe, Benchmark- und Simulationsmethode zur Quantifizierung des Fremdwährungsrisikos, 1995, S. 626.

Die KapRL ist auf alle Kreditinstitute und Wertpapierhäuser anzuwenden.[208] Sie war von den Mitgliedsstaaten der EU bis zum 31.12.1995 umzusetzen.[209] In Deutschland wurde die Wertpapierdienstleistungsrichtlinie[210] und die KapRL durch die Sechste Novelle des KWG umgesetzt.

### 2.3.1.4 Baseler Ausschuß für Bankenaufsicht

Der Baseler Ausschuß für Bankenaufsicht hat Ende April 1993 Vorschläge zur Erfassung und Begrenzung von Marktpreisrisiken vorgelegt.[211] Ende April 1995 hat der Baseler Ausschuß überarbeitete und geänderte Vorschläge zur aufsichtsrechtlichen Erfassung der Marktpreisrisiken veröffentlicht.[212] Hierin haben sich zwei wesentliche Änderungen ergeben. Zum einen wurden Regelungen für die Erfassung von Warenpreisrisiken neu aufgenommen, zum anderen wurden die Verfahren zur Messung und Kapitalunterlegung von Optionspreisrisiken grundlegend überarbeitet. Für den Einsatz von sog. internen Risikomodellen wurden aus Vorsichtsgründen eine Reihe von qualitativen Anwendungsvoraussetzungen und quantitativen Parametern festgelegt.[213] Im Januar 1996 wurde die „Änderung der Eigenkapitalvereinbarung zur Einbeziehung der Marktpreisrisiken" veröffentlicht.

Zusätzlich hat der Ausschuß im Juli 1994 die „Richtlinien für das Risikomanagement im Derivativgeschäft" veröffentlicht. Die darin enthaltenen Prinzipien des internen Risikomanagements sind demnach wie folgt zusammenzufassen:[214]

---

[208] Für Kreditinstitute mit nur geringem Handelsbuch besteht allerdings eine Ausnahmeregelung gem. Art. 4 Abs. 6 KapRL. Sie stellt für die kleineren Kreditinstitute insofern eine Erleichterung dar, als sie nicht den technischen Aufwand zu tragen haben, der mit der Berechnung der Eigenkapitalanforderungen in der EG-Kapitaladäquanzrichtlinie gefordert wird.

[209] Vgl. Schulte-Mattler, Hermann/Traber, Uwe, Marktrisiko und Eigenkapital, 1995, S. 100; Boos, Karl-Heinz/Höfer, Birgit, Die Kapitaladäquanz-Richtlinie, Teil I, 1995, S. 285.

[210] Vgl. EG-Kommission, Richtlinie 93/22/EWG des Rates vom 10.5.1993 über Wertpapierdienstleistungen, 1993, S. 27-46.

[211] Vgl. Baseler Ausschuß für Bankenaufsicht, Konsultationspapiere des Baseler Ausschusses für Bankenaufsicht über Netting und Zinsänderungsrisiko als Gegenstand der Aufsicht, 1993; Schulte-Mattler, Hermann, Baseler Vorschlag zur Erfassung und Begrenzung von Marktrisiken, 1994, S. 28 ff.

[212] Vgl. Baseler Ausschuß für Bankenaufsicht und das Technical Committee of the International Organisation of Securities Commissions, Framework for supervisory information about the derivatives activities of banks and securities firms, 1995.

[213] Vgl. Scharpf, Paul, Derivative Finanzinstrumente im Jahresabschluß unter Prüfungsgesichtspunkten: Erfassung, Abwicklung und Bildung von Bewertungseinheiten, 1995, S. 170.

[214] Vgl. Fischer, Thomas, Risikomanagement im Investment Banking, 1994, S. 638.

- Angemessene Beaufsichtigung durch das oberste Verwaltungsorgan und die jeweilige Geschäftsleitung.
- Adäquate Verfahren mit laufender Messung, Überwachung und Kontrolle der Risiken.
- Genaue und zuverlässige Managementinformationssysteme mit zeitgerechten, täglichen Meldungen an die Geschäftsleitung.
- Umfassende Rechnungsprüfungs- und Revisionsverfahren.

#### 2.3.1.5 Prüfungsberichtsverordnung

Die Prüfungsberichte bei Kreditinstituten haben zwei Ziele. Zum einen dienen sie dazu, über das Ergebnis der Jahresabschlußprüfung schriftlich zu berichten sowie den gesetzlichen Vertretern vorgelegt zu werden.[215] Zum anderen sind die Prüfungsberichte vom Abschlußprüfer unverzüglich nach Prüfungsende dem BAK und der Deutschen Bundesbank einzureichen.[216] Sie bilden damit eine wesentliche Grundlage für die Beaufsichtigung der Kreditinstitute durch die Bankenaufsicht. Der Inhalt der Prüfungsberichte von Kreditinstituten wird durch die „Verordnung über den Inhalt der Prüfungsberichte zu den Jahresabschlüssen und Zwischenabschlüssen der Kreditinstitute“[217] (PrüfbV) detailliert und umfassend geregelt.[218]

#### 2.3.1.6 Mindestanforderungen an das Betreiben von Handelsgeschäften der Kreditinstitute

Das BAK veröffentlichte mit dem Schreiben vom 23. Oktober 1995 die „Mindestanforderungen an das Betreiben von Handelsgeschäften der Kreditinstitute“ (Mindestanforderungen).[219] Diese Mindestanforderungen ersetzen die „Mindestanforderungen für bankinterne Kontrollmaßnahmen bei Devisengeschäften“ sowie die „Anforderung an das Wertpapiergeschäft der Kreditinstitute“.[220] Die neue Verlautbarung des BAK enthält Anforderungen an das Betreiben von Handelsgeschäften, die von allen Kreditinstituten zu beachten sind und in internen Anweisungen berücksichtigt werden müssen.

---

215 Vgl. § 321 Abs. 1 u. 3 HGB.

216 Vgl. § 26 Abs. 1 KWG.

217 Vgl. BGBl. I 1994 S. 1829; BGBl. I 1996 S. 319.

218 Vgl. Scharpf, Paul, Derivative Finanzinstrumente im Jahresabschluß unter Prüfungsgesichtspunkten: Erfassung, Abwicklung und Bildung von Bewertungseinheiten, 1995, S. 168 f.

219 Vgl. BAK, Verlautbarung vom 23. Oktober 1995, I 4-32-3/86, Mindestanforderungen an das Betreiben von Handelsgeschäften der Kreditinstitute.

220 Vgl. BAK, Schreiben vom 24. Februar 1975, I 4-32, Mindestanforderungen für bankinterne Kontrollmaßnahmen bei Devisengeschäften - Kassa und Termin, 1975; BAK, Schreiben vom 30. Dezember 1980, V3-Gr 8/77, Anforderungen an das Wertpapierhandelsgeschäft der Kreditinstitute, 1980.

In den Mindestanforderungen wird unter Punkt 2.5 festgelegt, daß Geschäfte zu nicht marktgerechten Bedingungen grundsätzlich unzulässig sind. Die internen Kontrollstellen haben zu überwachen, daß die Geschäftsabschlüsse den zum Abschlußzeitpunkt üblichen Marktbedingungen entsprechen. Differenzen sind mittels nachvollziehbarer Zahlungsvorgänge auszugleichen. Die Prolongation von Devisengeschäften kann davon ausgenommen werden.[221] Das BAK schrieb schon 1977 die Marktgerechtigkeit der Geschäfte in einem Schreiben an die Spitzenverbände der Kreditinstitute vor.[222]

Die Überprüfung erfolgt durch die Deutsche Bundesbank, die hierüber an das BAK berichtet. Die Bundesbank hat seit 1993 die Möglichkeit, eine exakte Prüfung durchzuführen. Zuvor standen die benötigten Daten nur in Form von Listen zur Verfügung, die über acht Stunden halbstündige USD-DEM-Kurse enthielten. Ansonsten konnten nur Listen mit den Tageskursen zum Vergleich herangezogen werden.

Derzeit ist die Bundesbank in der Lage, alle fünf Minuten die Höchst-, Niedrigst- und Durchschnittskurse der Angebots- und Nachfrageseite zur Prüfung der Marktgerechtigkeit zu nutzen. Die Datenbasis wird von dem schweizerischen Datenlieferanten Olsen & Associates bezogen.[223] Die Prüfungsdaten werden monatlich ergänzt; eine Online-Verbindung mit dem Datenlieferanten ist bereits geplant. Eine weitere Detaillierung der Daten ist möglich. Da jedoch von den Kreditinstituten nicht gefordert werden kann, daß sie ebenfalls über eine annähernd genaue Datenhaltung verfügen, ist an eine weitere Verfeinerung der Überprüfungsdaten nicht gedacht.[224]

Eine Ausführungsbestimmung über den Ablauf und den Umfang der Prüfung existiert nicht. Ebenso sind keine Grenzen für die Marktgerechtigkeit festgeschrieben. Es liegt also im Ermessen des Prüfers, ob die geforderten Bedingungen eingehalten wurden. Üblicherweise werden bestimmte Zeiträume, z.B. 10 Tage willkürlich herausgegriffen, die dann vollständig mit den Referenzdaten der Deutschen Bundesbank verglichen werden. Dieser Vergleich bezieht alle Geschäfte des zu prüfenden Zeitbereichs ein. Neben den Kursdaten werden dabei auch die Volatilitäten genutzt, um die Marktdynamik berücksichtigen zu können. Bei Unregelmäßigkeiten oder zu großen Abweichungen wird zunächst ein Gespräch mit dem Händler bzw. dem Chefdevisenhändler geführt, um eine plausible Erklärung für die Abweichung zu erhalten. Das früher mögliche Argument der ungenauen Zeitzuordnung eines Geschäfts entfällt mit der digitalen Erfassung der Abschlüsse.[225]

---

221 Vgl. BAK, Verlautbarung vom 23. Oktober 1995, I 4-32-3/86, Mindestanforderungen an das Betreiben von Handelsgeschäften der Kreditinstitute, Zif. 2.5 u. 6.2.

222 Schreiben des BAK vom 30.3.1977.

223 Vgl. Prandl, Paul, Genialer Grenzgänger, 1996, S. 106.

224 Ergebnis eines Gesprächs mit Bundesbankdirektor Wolfgang Stützle am 24.4.1996.

225 Ergebnis eines Gesprächs mit Bundesbankdirektor Wolfgang Stützle am 24.4.1996.

Auch die Innenrevision des jeweiligen Kreditinstituts hat in unregelmäßigen Abständen die Einhaltung der Anforderungen zu überprüfen. Die Marktgerechtigkeit der Bedingungen wird dabei als wesentliches Prüfungsfeld angesehen.[226]

#### 2.3.1.7 Wertpapierhandelsgesetz

Das Wertpapierhandelsgesetz (WpHG)[227] regelt die Meldepflicht von Geschäften in Wertpapieren oder Derivaten durch Kreditinstitute und andere zum Börsenhandel zugelassene Unternehmen an das Bundesaufsichtsamt für den Wertpapierhandel. Zusätzlich werden die Insiderüberwachung und Ad-hoc-Publizität, Mitteilungs- und Veröffentlichungspflichten bei Veränderungen des Stimmrechtanteils an börsennotierten Gesellschaften sowie die Verhaltensregeln für Wertpapierdienstleistungsunternehmen vorgeschrieben.

### 2.3.2 Marktevaluation aus Sicht deutscher Banken

Mit den Meldungen zu den Grundsätzen I und Ia, ergänzt durch einige bankenstatistische Angaben, erhalten die Deutsche Bundesbank und das BAK einen weitreichenden Einblick über Art und Umfang dieser Geschäfte. Es fehlt aber weiterhin eine auch den Marktteilnehmern zugängliche, umfassende Statistik. Die Möglichkeit, Risikokonzentrationen bei einzelnen Instituten den Marktteilnehmern offenzulegen, wie es bspw. in den USA geschieht, wurde von Seiten der deutschen Kreditwirtschaft abgelehnt.[228]

Die deutschen Banken nahmen das Geschäft mit derivativen Instrumenten zunächst eher zögernd auf. Die Entwicklung der Nominalbeträge aller ausstehenden Off-Balance-Sheet-Kontrakte wird in der folgenden Abb. für die Jahre 1986 bis 1996 dargestellt. Dabei wurden auch die Finanz-Swaps in die Graphik aufgenommen, die sich zum am häufigsten genutzten Instrument bei den deutschen Banken entwickelt haben. 33% der ausstehenden Nominalbeträge (5,6 Bio. DEM von 17 Bio. DEM) beruhen auf Swap-Geschäften.[229] Bei 92% aller Swaps handelt es sich um Zinsswaps, 6% Kombinierte Zins- und Währungsswaps und 2% Währungsswaps. Die durch-

[226] Vgl. BAK, Verlautbarung vom 23. Oktober 1995, I 4-32-3/86, Mindestanforderungen an das Betreiben von Handelsgeschäften der Kreditinstitute, Zif. 5.

[227] Vgl. Art. 1 des Zweiten Finanzmarktförderungsgesetzes, BGBl. 1994 I, 1749 ff.

[228] Vgl. Deutsche Bundesbank, Bilanzunwirksame Geschäfte deutscher Banken, 1993, S. 49 ff.

[229] Vgl. Deutsche Bundesbank, Bilanzunwirksame Geschäfte deutscher Banken, 1993, S. 49 ff. Die von der Deutschen Bundesbank in ihrem Monatsbericht von Oktober 1993 veröffentlichte Statistik "Bilanzunwirksame Geschäfte deutscher Banken" wurde nicht fortgesetzt veröffentlicht. Die fehlenden Daten für die Jahre 1993 bis 1996 wurden durch die Antwort auf eine Anfrage an die Deutsche Bundesbank ergänzt.

schnittliche, jährliche Steigerungsrate der letzten fünf Jahre betrug ca. 37% per anno und lag damit weit über dem Wachstum des US-amerikanischen Markts (ca. 20%).[230]

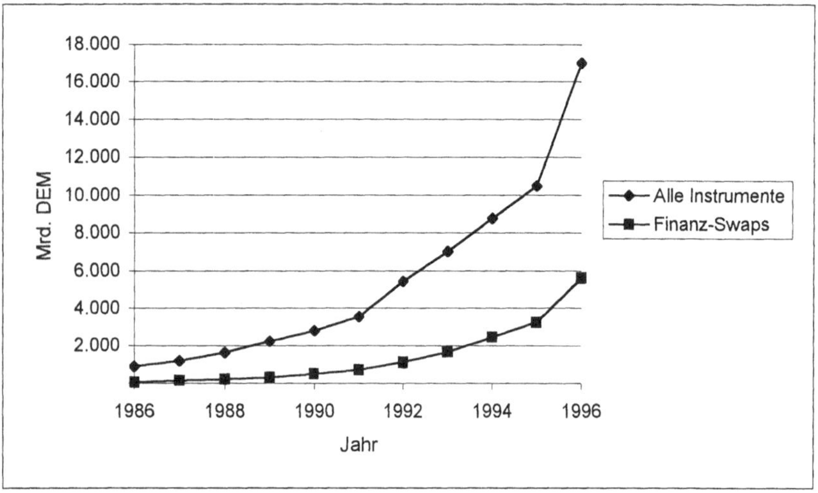


Abb. 7: Nominalbeträge ausstehender bilanzunwirksamer Geschäfte deutscher Banken[231]

Der deutsche Markt erfährt eine zunehmende Konzentration im Bereich der Finanzinnovationen. Die zehn im Handel von Finanzinnovationen aktivsten Banken deckten im April 1995 75% aller ausstehenden Nominalbeträge ab.[232] Während 1994 die drei größten deutschen Banken (Deutsche Bank, Dresdner Bank und Commerzbank) 40% aller ausstehenden Nominalbeträge auf sich vereinigten, waren es 1996 bereits 45%. Den größten Anteil hatte dabei die Deutsche Bank mit 27%, gefolgt von der Commerzbank (10%) und der Dresdner Bank (8%).[233]

---

230 Vgl. Deutsche Bundesbank, Bilanzunwirksame Geschäfte deutscher Banken, 1993, S. 65, ergänzt durch die Antwort auf eine Anfrage an die Deutsche Bundesbank; OCC, Quarterly Derivatives Fact Sheet - Fourth Quarter 1996, 1996, General Section; eigene Berechnungen.

231 Quelle: Deutsche Bundesbank, Bilanzunwirksame Geschäfte deutscher Banken, 1993, S. 49 ff.; Anfrage an die Deutsche Bundesbank zur Ergänzung der Statistik; eigene Berechnungen.

232 Vgl. BIZ, Monetary and Economic Department, Central Bank Survey of Foreign Exchange and Derivatives Market Activity 1995, 1996, S. 21.

233 Vgl. Geschäftsberichte der Deutschen Bank, Dresdner Bank und Commerzbank der Jahre 1994 bis 1996; eigene Berechnungen.

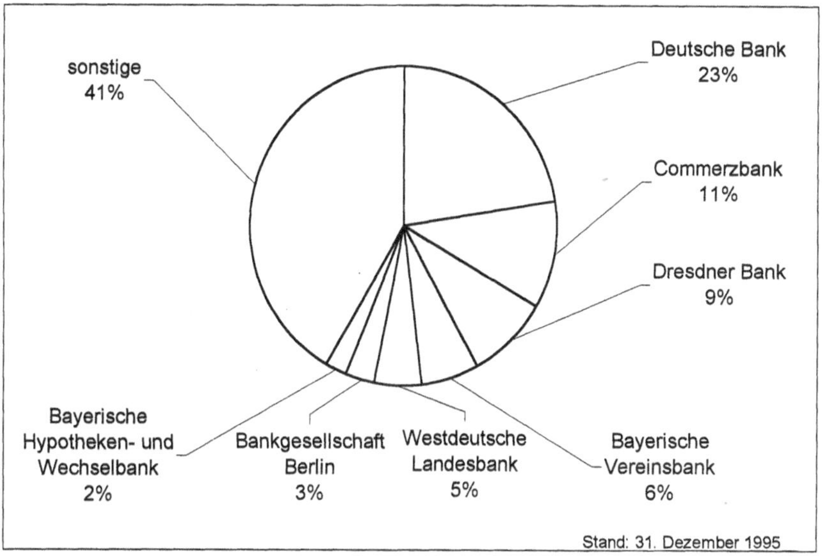


**Abb. 8: Verteilung der Nominalbeträge ausstehender, bilanzunwirksamer Geschäfte deutscher Banken[234]**

Bei der näheren Betrachtung dieser drei Banken ergibt sich folgendes Bild. Der Anteil der börsengehandelten Kontrakte ist von 9% in 1994 auf 14% in 1996 gestiegen. 86% der Geschäfte, bezogen auf das Nominalvolumen der Kontrakte, wurden 1996 OTC abgeschlossen.[235] Über die Anteilshöhe des Eigenhandels am Gesamtumsatz wurden keine Angaben veröffentlicht.

Die Verteilung der Restlaufzeit ist in den letzten Jahren nahezu unverändert geblieben. Etwa zwei Drittel (68%) laufen innerhalb eines Jahrs aus, 24% laufen innerhalb der nächsten ein bis fünf Jahre aus, 9% haben eine noch längere Restlaufzeit. Zu den kurzfristig orientierten Instrumenten gehören insbesondere die währungs- und aktien- bzw. indexbezogenen Instrumente. Über 90% dieser Kontrakte laufen innerhalb eines Jahrs aus. Anders ist die Verteilung bei den Zinsinstrumenten. Hier laufen nur etwa die Hälfte der Geschäfte (51%) kurzfristig aus. 35% der Kontrakte haben eine

---

234 Quelle: Anfrage an die Deutsche Bundesbank zur Ergänzung der Statistik: Bilanzunwirksame Geschäfte deutscher Banken; Geschäftsberichte der Deutschen Bank, Dresdner Bank und Commerzbank des Jahres 1995; International Banking Regulator, Derivatives: How Much?, S. 4; eigene Berechnungen.

235 Vgl. Geschäftsberichte der Deutschen Bank, Dresdner Bank und Commerzbank der 1994 bis 1996; eigene Berechnungen.

mittlere Laufzeit, sie laufen also länger als ein Jahr und kürzer als fünf Jahre. 14% der zinsbezogenen Kontrakte haben eine längere Restlaufzeit als fünf Jahre.[236]

Das Nettoergebnis aus Finanzgeschäften hat sich 1996 bei den drei Banken gegenläufig entwickelt. Während es bei der Deutschen Bank um 722 Mio. DEM (um 76,1%) auf 1.671 Mio. DEM sehr stark gestiegen ist und auch bei der Dresdner Bank mit 12,6% auf 667 Mio. DEM noch einen zweistelligen Zuwachs erreichen konnte, gab es bei der Commerzbank 1996 eine Stagnation bei 450 Mio. DEM gegenüber 455 Mio. DEM in 1995. Gemessen am Betriebsergebnis hat der Eigenhandel bei allen drei Großbanken eine Größenordnung von etwa einem Viertel erreicht. Während dieser Teil bei der Dresdner Bank von 29,8% auf 23,5% und bei der Commerzbank von 31,4% auf 24,2% gefallen ist, verzeichnete die Deutsche Bank einen Anstieg auf 35,0% in 1996 nach 25,7% in 1995.[237]

Lediglich die Commerzbank nahm eine Aufteilung des Betriebsergebnisses nach geographischen Märkten vor. Danach fielen 241 Mio. DEM des Nettoertrags aus Finanzgeschäften in Deutschland und 27 Mio. DEM in Amerika an.[238]

### 2.3.3 Bilanzierung

Kreditinstitute setzen innovative Finanzinstrumente zum Handel und zur Arbitrage sowie zur Sicherung und zur Steuerung von Marktrisiken in Form von Zinsänderungs-, Währungs- und sonstigen Preisrisiken ein. Eine uneingeschränkte, strenge Einzelbewertung kann bei Sicherungs- bzw. Deckungsgeschäften das tatsächliche Bild der Vermögens- und Ertragslage i.S.d. § 264 Abs. 2 HGB verfälschen. In begründeten Ausnahmefällen kann von den in § 252 Abs. 1 HGB aufgeführten Bewertungsgrundsätzen abgewichen werden.[239]

Es wird daher zunächst auf die Bilanzwirksamkeit der derivativen Finanzinstrumente eingegangen und anschließend die Bildung von Bewertungseinheiten beschrieben.

In bestimmten Fällen werden Bewertungseinheiten so gebildet, daß Grund- und Sicherungsgeschäfte als Einheit bewertet werden. Bei der Bilanzierung und Bewertung nach den Grundsätzen der Bewertungseinheit werden die aufgrund des Imparitätsprinzips zwingend zu realisierenden, drohenden Verluste aus dem Grundgeschäft mit noch nicht realisierten Gewinnen aus dem Sicherungsgeschäft verrechnet. Fraglich ist in diesem Zusammenhang, unter welchen Voraussetzungen eine Bewertungseinheit zwischen Grund- und Sicherungsgeschäft angenommen werden kann.

---

236 Vgl. Geschäftsberichte der Deutschen Bank, Dresdner Bank und Commerzbank der 1994 bis 1996; eigene Berechnungen.

237 Vgl. o.V., Commerzbank, Deutsche Bank und Dresdner Bank im Vergleich der Konzernbilanzen nach HGB, 1997, S. 435 u. 440.

238 Vgl. Geschäftsbericht der Commerzbank 1996, 1997, S. 59.

239 Vgl. § 252 Abs. 2 HGB; Adler/Düring/Schmaltz, Rechnungslegung und Prüfung der Unternehmen, 1987, § 252 HGB Rn. 110.

### 2.3.3.1 Bilanzwirksamkeit von Finanzinnovationen

Für schwebende Geschäfte gibt es keine Legaldefinition. Sie sind zweiseitig verpflichtende Verträge, die auf einen Leistungsaustausch gerichtet sind und von dem, der zu leisten hat, noch nicht erfüllt wurden.[240] Dauerschuldverhältnisse sind ebenfalls schwebende Geschäfte, wenn beide Seiten weiterhin verpflichtet sind, zukünftig Leistungen zu erbringen.[241]

Derivative Finanzinstrumente sind schwebende Geschäfte, wenn sie im Interesse des Bilanzierenden durchgeführt werden. Es handelt sich daher um bilanzunwirksame (sog. Off-Balance-Sheet-) Geschäfte. Sie unterliegen den gleichen Bilanzierungsgrundsätzen wie die übrigen schwebenden Geschäfte. Zu bilanzieren sind grundsätzlich nur Prämien- und Marginzahlungen sowie Abgrenzungsbeträge und Rückstellungen für drohende Verluste aus schwebenden Geschäften.[242]

Der Schwebezustand beginnt mit Vertragsabschluß und endet mit der Erfüllung.[243] Die Verpflichtung aus einem schwebenden Geschäft ist genauso zu beurteilen wie jede andere als Verbindlichkeit oder Rückstellung zu passivierende Verpflichtung.[244] Eine Verpflichtung besteht im bilanziellen Sinne dann, wenn diese in abgelaufenen Geschäftsjahren rechtlich entstanden oder zumindest wirtschaftlich verursacht wurde.[245]

So wie es keine Legaldefinition schwebender Geschäfte gibt, ermangelt es ebenfalls einer direkten gesetzlichen Bestimmung zur bilanziellen Behandlung dieser Geschäfte. Ansprüche und Verpflichtungen aus schwebenden Geschäften sind nach

---

240 Vgl. Bieg, Hartmut, Schwebende Geschäfte in Handels- und Steuerbilanz, 1977, S. 25; Menninger, Jutta, Financial Futures und deren bilanzielle Behandlung, 1993, S. 115 m.w.N.; Budde/Clemm/Ellrott/Förtschle/Schnicke, Beck'scher Bilanz-Kommentar, Der Jahresabschluß nach Handels- und Steuerrecht, 1995, § 249 HGB Rn. 51; Scharpf, Paul, Derivative Finanzinstrumente im Jahresabschluß unter Prüfungsgesichtspunkten: Erfassung, Abwicklung und Bildung von Bewertungseinheiten, 1995, S. 182.

241 Vgl. Küting, Karlheinz/Weber Claus-Peter (Hrsg.), Handbuch der Rechnungslegung, Kommentar zur Bilanzierung und Prüfung, 1995, § 249 HGB Rn. 62; Adler/Düring/ Schmaltz, Rechnungslegung und Prüfung der Unternehmen, 1987, § 249 HGB Rn. 103.

242 Vgl. Krumnow et al., Rechnungslegung der Kreditinstitute: Kommentar zum Bankbilanzrichtlinie-Gesetz und zur RechKredV, 1994, § 340e HGB Rn. 301.

243 Vgl. Küting, Karlheinz/Weber Claus-Peter (Hrsg.), Handbuch der Rechnungslegung, Kommentar zur Bilanzierung und Prüfung, 1995, § 246 HGB Rn. 11 mit einer Übersicht der unterschiedlichen Definitionen von Beginn und Ende des Schwebezustands.

244 Vgl. BFH-Urteil vom 16. November 1982 VIII R 95/81, BStBl. II 1983, S. 361.

245 Vgl. Budde/Clemm/Ellrott/Förtschle/Schnicke, Beck'scher Bilanz-Kommentar, Der Jahresabschluß nach Handels- und Steuerrecht, 1995, § 249 HGB Rn. 34 ff.

den GoB grundsätzlich nicht zu bilanzieren. Für die Nichtbilanzierung wird insbesondere auf das Zusammenwirken von Realisations- und Imparitätsprinzip verwiesen.[246]

Das Realisationsprinzip ist in § 252 Abs. 1 HGB kodifiziert. Danach sind Gewinne bei der Bilanzierung nur zu berücksichtigen, wenn sie am Abschlußstichtag realisiert sind. Dazu muß der zur Lieferung oder Leistung verpflichtete Vertragspartner die Verpflichtung erfüllt haben.

Das Imparitätsprinzip ist in § 252 Abs. 1 Nr. 4, 2. Halbsatz HGB kodifiziert. Danach sind alle vorhersehbaren Risiken und Verluste, die bis zum Abschlußstichtag entstanden sind, bilanziell zu berücksichtigen, selbst wenn diese erst zwischen dem Abschlußstichtag und dem Tag der Jahresabschlußaufstellung bekannt geworden sind. Dieses Prinzip bestimmt, daß zukünftige negative und positive Erfolgsbeiträge bei der Bewertung ungleich (imparitätisch) zu behandeln sind.

Rückstellungen für drohende Verluste aus schwebenden Geschäften sind dann zu bilden, wenn ein solcher Verlust mit einiger Wahrscheinlichkeit erwartet werden muß, z.B. aufgrund früherer Erfahrungen.[247] Bei der Beurteilung, ob Drohverlustrückstellungen zu bilden sind, genügt nach Auffassung des BFH das Abwägen, ob mehr Gründe für als gegen das Be- oder Entstehen einer Verbindlichkeit bzw. eines drohenden Verlusts und eine künftige Inanspruchnahme sprechen.[248]

Drohverlustrückstellungen sind in Höhe des Betrags anzusetzen, der nach vernünftiger kaufmännischer Beurteilung notwendig ist.[249] Dies gilt auch für drohende Verluste aus schwebenden Geschäften. Maßgebend für die Rückstellungsbemessung ist der Zustand am Bilanzstichtag. Eine bis zur Bilanzaufstellung gewonnene, bessere Erkenntnis über den am Bilanzstichtag bereits vorliegenden Zustand ist zu berücksichtigen (Wertaufhellung).

Entscheidend für die Ermittlung der Verlusthöhe ist, ob zwischen verschiedenen Geschäften bzw. zwischen schwebenden Geschäften und bilanzierten Aktiva und Passiva eine Bewertungseinheit besteht. Das Prinzip der Einzelbewertung in der Bilanz ist in § 252 Abs. 1 Nr. 3 HGB gesetzlich verankert. Danach sind Vermögensgegenstände und Schulden zum Abschlußstichtag einzeln zu bewerten. Dies gilt auch für schwebende Geschäfte.[250]

Die strenge Einzelbewertung und die Anwendung des Imparitätsprinzips führen dazu, daß nicht realisierte Verluste durch die Bildung von Rückstellungen oder durch Abwertung antizipiert werden. Gleichzeitig dürfen nicht realisierte Gewinne aus anderen Geschäften nicht berücksichtigt werden. Handelt es sich dabei um Geschäfte,

---

[246] Vgl. Menninger, Jutta, Financial Futures und deren bilanzielle Behandlung, 1993, S. 115 f.; Bieg, Hartmut, Schwebende Geschäfte in Handels- und Steuerbilanz, 1977, S. 31 ff.

[247] Vgl. Budde, Wolfgang D. et al., WP-Handbuch, 1992, Bd. I, Abschnitt E, Tz. 81.

[248] Vgl. BFH-Urteil vom 1. August 1984 I R 88/80, BStBl. II 1985, S. 44; BFH-Urteil vom 2. Oktober 1992 III R 54/91, DB 1993, S. 204.

[249] Vgl. § 253 Abs. 1 HGB.

[250] Vgl. Menninger, Jutta, Financial Futures und deren bilanzielle Behandlung, 1993, S. 120 m.w.N.

die durch ein derivatives Finanzinstrument gegen Zins- oder Währungsrisiken gesichert sind, führt die strenge Einzelbewertung zu einer nicht zutreffenden Darstellung der Vermögens-, Finanz- und Ertragslage. Durch die Bildung einer Bewertungseinheit zwischen zwei oder mehreren Geschäften wird dieser unerwünschte und wirtschaftlich nicht eintretende Effekt vermieden. Eine Rückstellung für drohende Verluste aus schwebenden Geschäften wird entsprechend niedriger gebildet oder entfällt ganz.

### 2.3.3.2 Notwendigkeit der Bildung von Bewertungseinheiten

Vorrangiges Ziel der Einzelbewertung ist es, die Verrechnung von Wertminderungen mit Werterhöhungen unterschiedlicher Bewertungsobjekts zu verhindern. Dies setzt die Abgrenzung der Bewertungsobjekte voraus. Die Ansichten, nach denen die Objekte abzugrenzen sind, haben sich in den letzten Jahren gewandelt.[251]

Die strenge Anwendung der Einzelbewertung kann dazu führen, daß ein Verlust ausgewiesen wird, obwohl dieser wirtschaftlich nicht oder nicht in entsprechender Höhe entsteht. Bei der Bilanzierung der Basis- und Sicherungsgeschäfte kommt es bei strenger Einzelbewertung regelmäßig dazu, daß unabhängig von der künftigen Zins- und Kursentwicklung stets ein Verlust auszuweisen ist. Ein risikoabsicherndes Unternehmen würde damit für seine Vorsicht in der Form bestraft, daß es im Gegensatz zum nicht absichernden Unternehmen stets einen höheren Verlust auszuweisen hätte.[252] Besonders deutlich wird dieser Konflikt bei den Handelsaktivitäten von Kreditinstituten beim Einsatz von Derivaten zu Sicherungszwecken. Hier steht eine einzelgeschäftsbezogene, imparitätische Gewinnermittlung im Gegensatz zum wirtschaftlich Gewollten.[253] Eine am Gesetzeswortlaut hängende bilanzielle Betrachtung führt nicht zwangsläufig zu einer den Informationsbedürfnissen adäquaten Betrachtung. Dies mag zwar für die steuerliche Behandlung der Geschäfte interessant erscheinen, widerspricht aber dem Zweck der Bilanzierung.[254]

Zur Lösung dieser Problematik wird daher zwischen Grund- und Sicherungsgeschäft eine „Bewertungseinheit" gebildet. Miteinander in Beziehung stehende Aktiva und Passiva sowie schwebende Geschäfte werden dabei zu einer Bewertungseinheit zusammengefaßt. Die Form der Beziehung ist näher zu definieren.

Durch die Bildung von Bewertungseinheiten wird der oben beschriebene, unerwünschte und wirtschaftlich nicht vertretbare Verlustausweis weitgehend vermieden. Der nicht realisierte Verlust des einen Geschäfts wird mit dem nicht realisierten Gewinn des anderen Geschäfts bis zur Höhe des Verlusts verrechnet. Eine bilanzielle

---

251 Vgl. Benne, Jürgen, Einzelbewertung und Bewertungseinheit, 1991, S. 2601 u. 2610.

252 Vgl. Jüttner, Uwe, GoB-System, Einzelbewertungsgrundsatz und Imparitätsprinzip, 1993, S. 280.

253 Vgl. Benne, Jürgen, Einzelbewertung und Bewertungseinheit, 1991, S. 2604; Prahl, Reinhard/Naumann, Thomas K., Geheimniskrämerei um Bewertung ist nicht mehr zeitgemäß, 1994, S. B9.

254 Vgl. Finne, Thomas, Bilanzierung von Fremdwährungsgeschäften und internationale Doppelbesteuerung, 1991, S. 177.

Verlustberücksichtigung erfolgt daher nur insoweit, als ein Verlust nicht durch einen sicheren und quasi realisierten Gewinn kompensiert wird.

Die Zusammenfassung von Einzelgeschäften zu einer Bewertungseinheit birgt die Gefahr in sich, daß potentielle Verluste mit potentiellen Gewinnen verrechnet werden, die in keinem oder nur in losem wirtschaftlichen Zusammenhang stehen.[255] Damit Mißbrauch und Willkür ausgeschlossen sind, kann die Bildung von Bewertungseinheiten nur unter Beachtung festgelegter Voraussetzungen vorgenommen werden, die den wirtschaftlichen Zusammenhang von Basis- und Sicherungsgeschäft hinreichend bedingen. Ebenso ist zu berücksichtigen, ob in diesem Zusammenhang von einem Wahlrecht oder einer Pflicht zur Bewertungseinheitenbildung gesprochen werden muß.

In der BFA-Stellungnahme zur Bilanzierung von Optionsgeschäften von 1987[256] wird noch von einem Wahlrecht bei der Bildung von Bewertungseinheiten ausgegangen. Nach der Stellungnahme zur Bilanzierung und Prüfung von Financial Futures und Forward Rate Agreements[257] von 1993 ist dann zwingend eine kompensierende Bewertung vorzunehmen, wenn Futures und FRAs nachweislich der Absicherung von Finanzposten dienen.[258] Gem. der BFA-Stellungnahme 2/1995 zur Bilanzierung von Optionsgeschäften[259] sind Bewertungsgewinne bis zur Höhe der ihnen gegenüberstehenden Bewertungsverluste erfolgswirksam zu verrechnen, wenn Optionsrechte nachweislich der Absicherung von Bilanzposten oder schwebenden Geschäften dienen. Dies gilt auch für Stillhalteverpflichtungen, die sich auf einen vorhandenen oder fest kontrahierten Bestand an Basisobjekten beziehen. Damit wird nun auch hier eine Pflicht zur kompensatorischen Bewertung angenommen. Werden Optionen dagegen im Rahmen von Handelsaktivitäten oder in der Risikosteuerung eingesetzt, besteht nach Ansicht des BFA ein Kompensationswahlrecht.[260]

Nach der geltenden gesetzlichen Regelung für Kreditinstitute besteht gem. § 340h Abs. 2 HGB ein Wahlrecht zur Bildung von Bewertungseinheiten bei Posten gleicher Währung mit Ausnahme der Wirtschaftsgüter, die wie Anlagegüter behandelt wer-

---

255 Vgl. Burkhardt, Dietrich, Grundsätze ordnungsgemäßer Bilanzierung für Fremdwährungsgeschäfte, 1988, S. 124.

256 Vgl. Institut der Wirtschaftsprüfer, Bankenfachausschuß, Stellungnahme BFA 2/1987: Zur bilanziellen Behandlung von Optionsgeschäften, 1987, S. 683 f.

257 Vgl. Institut der Wirtschaftsprüfer, Bankenfachausschuß, Stellungnahme BFA 2/1993: Bilanzierung und Prüfung von Financial Futures und Forward Rate Agreements, 1993, S. 517 f.

258 Diese Meinung wurde zuvor schon von Finne, Thomas, Bilanzierung von Fremdwährungsgeschäften und internationale Doppelbesteuerung, 1991, S. 207 vertreten.

259 Vgl. Institut der Wirtschaftsprüfer, Bankenfachausschuß, Stellungnahme BFA 2/1995: Bilanzierung von Optionsgeschäften, 1995, S. 421 f.

260 Vgl. Windmöller, Rolf/Brecker, Norbert, Bilanzierung von Optionsgeschäften, 1995, S. 400.

den.[261] In der überwiegenden Zahl der Fälle kann sich der Bilanzierende damit auf den unsaldierten vorläufigen Verlustausweis beschränken, ohne die bei der Währungsumrechnung entstehenden Kursgewinne zu berücksichtigen. Besteht jedoch eine „besondere“ Deckung der Posten, wird erstmals die Bildung von Bewertungseinheiten zur Pflicht. Gewinne und Verluste sind gleichermaßen in voller Höhe als realisiert zu behandeln.[262]

Für eine Pflicht zur Bildung von Bewertungseinheiten spricht auch folgende Überlegung: Bei der Bewertung von derivativen Finanzinstrumenten geht es primär um die Bildung von Drohverlustrückstellungen nach § 249 HGB. Gem. § 253 Abs. 1 HGB sind Rückstellungen „in der Höhe des Betrags anzusetzen, der nach vernünftiger kaufmännischer Beurteilung notwendig ist“. Die Bildung von Bewertungseinheiten führt beim Ansatz von Drohverlustrückstellungen im Ergebnis möglicherweise dazu, daß die Rückstellung nach „vernünftiger kaufmännischer Beurteilung“ niedriger zu bemessen ist. Da es für die vernünftige kaufmännische Beurteilung kein Wahlrecht bezüglich der Berücksichtigung bestimmter Tatbestände gibt, müßte dies auch für die Berücksichtigung von nicht realisierten Gewinnen im Rahmen von Drohverlustrückstellungen und damit für die Bildung von Bewertungseinheiten gelten.

Mehrere Autoren haben sich dazu geäußert, welche Kriterien für die Bildung von Bewertungseinheiten anzulegen sind.[263] Als herrschende Meinung kristallisiert sich zunehmend heraus, daß unter der Voraussetzung, daß ein zukünftiges Risiko mit Sicherheit ausgeschlossen werden kann, eine imparitätische Berücksichtigung von nicht zusammengefaßten Einheiten nicht sinnvoll erscheint. Dabei sind allem die Sicherungsstrategie, die Qualität des hausinternen Risikomanagements, die Möglichkeit der Ermittlung von Marktwerten sowie die Marktliquidität entscheidend.

### 2.3.3.3 Kriterien zur Bildung von Bewertungseinheiten

Um die Aussagekraft und Sicherheit der Rechnungslegung zu gewährleisten, werden für die Bildung von Bewertungseinheiten objektivierbare Kriterien benötigt, die eine willkürfreie Bildung sicherstellen:[264]

---

261 Vgl. Krumnow et al., Rechnungslegung der Kreditinstitute: Kommentar zum Bankbilanzrichtlinie-Gesetz und zur RechKredV, 1994, § 340h HGB Rn. 33 u. 35.

262 Vgl. Benne, Jürgen, Einzelbewertung und Bewertungseinheit, 1991, S. 2605.

263 Vgl. Burkhardt, Dietrich, Grundsätze ordnungsgemäßer Bilanzierung für Fremdwährungsgeschäfte, 1988, S. 143 ff.; Wlecke, Ulrich, Währungsumrechnung und Gewinnbesteuerung bei international tätigen deutschen Unternehmen, 1989, S. 180 ff.; Grünewald, Andreas, Finanzterminkontrakte im handelsrechtlichen Jahresabschluß, 1993, S. 214 ff. m.w.N.; Treuberg, Hubert Graf von/Angermayer, Birgit, Jahresabschluß von Versicherungsunternehmen, 1995, S. 571 ff.; Scharpf, Paul, Derivative Finanzinstrumente im Jahresabschluß unter Prüfungsgesichtspunkten: Erfassung, Abwicklung und Bildung von Bewertungseinheiten, 1995, S. 190 ff. m.w.N.

264 Vgl. Burkhardt, Dietrich, Grundsätze ordnungsgemäßer Bilanzierung für Fremdwährungsgeschäfte, 1988, S. 144; Scharpf, Paul/Luz, Günther, Risikomanagement, Bilanzierung und Aufsicht von Finanzderivaten, 1996, S. 205 ff; Scharpf, Paul/Epperlein, Joachim K., Rech-

1. Quantifizierbarkeit von zukünftigen Gewinnen und Verlusten

Voraussetzung für die kompensierende Bewertung ist zunächst, daß die nicht realisierten Gewinne und Verluste quantifiziert werden können. Kann eine solche Quantifizierung nicht mit Sicherheit durchgeführt werden, so kann eine kompensierende Zusammenfassung nicht auf gesicherter Basis stattfinden. Die Bildung einer Bewertungseinheit wäre somit nicht zulässig.

2. Bestehen eines Zins-, Währungs- oder sonstigen Preisrisikos

Die abzusichernde Position muß einem Marktrisiko in Form eines Zins-, Währungs- oder sonstigen Preisänderungsrisikos ausgesetzt sein, für das ein Sicherungsbedarf besteht.[265] Dabei darf dieses Risiko nicht durch andere, bereits bestehende Aktiva, Passiva oder schwebende Geschäfte des Unternehmens kompensiert werden. Die Risikoermittlung hat im Regelfall für das gesamte Unternehmen und für jede Risikoart gesondert zu erfolgen. Dies gilt insbesondere, wenn derivative Finanzinstrumente durch mehrere Basisrisiken beeinflußt werden, wie z.B. beim Kombinierten Zins- und Währungsswap. Hierzu ist regelmäßig ein mehr oder weniger aufwendiges Risikomanagement erforderlich, das sämtliche Einzelrisiken erfaßt, quantifiziert und so eine gezielte Positionsabsicherung erlaubt. Ist es einem Unternehmen nicht möglich, das einzelne abzusichernde Risiko für das Gesamtunternehmen zu ermitteln, kann die Risikobestimmung auch nur auf bestimmte Unternehmensteile bezogen werden, z.B. auf die Handelseinheiten in Kreditinstituten.

3. Bestehen eines wirtschaftlichen Zusammenhangs zwischen Basis- und Sicherungsgeschäft

Die Bilanzierung von Derivaten richtet sich nach dem Zweck eines abgeschlossenen Geschäfts (Spekulation, globale Absicherung, Einzelsicherung oder Handel). Voraussetzung für den wirtschaftlichen Zusammenhang und somit für die kompensierende Bewertung ist, daß die einzelnen Geschäfte nachvollziehbar zum Zwecke des Zusammenwirkens abgeschlossen wurden.[266]

Hierzu muß das bilanzierende Unternehmen eine Sicherungsstrategie entwickeln und beabsichtigen, diese für einen wirtschaftlich sinnvollen Zeitraum durchzuhalten. Die Festlegung der zu berücksichtigen Geschäftsarten stellt einen wesentlichen Bestandteil der Sicherungsstrategie dar. Der Sicherungszusammenhang soll aufgrund der Strategievorgaben für die beabsichtigte und wirtschaftlich sinnvolle Zeitspanne durchgehalten werden. Hierfür muß eine ausreichend hohe Wahrscheinlichkeit vor-

---

nungslegung und interne Kontrolle von derivativen Finanzinstrumenten, 1995, S. 136 f.; Scharpf, Paul, Derivative Finanzinstrumente im Jahresabschluß unter Prüfungsgesichtspunkten: Erfassung, Abwicklung und Bildung von Bewertungseinheiten, 1995, S. 190 ff.

265 Vgl. Schmekel, Helmut, Die Bilanzierung von Terminkontrakten in den USA, 1985, S. 1495.

266 Vgl. Burkhardt, Dietrich, Grundsätze ordnungsgemäßer Bilanzierung für Fremdwährungsgeschäfte, 1988, S. 144; Häuselmann, Holger/Wiesenbart, Thomas, Fragen zur bilanzsteuerlichen Behandlung von Geschäften an der deutschen Terminbörse, 1990, S. 644; Finne, Thomas, Bilanzierung von Fremdwährungsgeschäften und internationale Doppelbesteuerung, 1991, S. 215.

liegen. Insbesondere darf in bezug auf die Strategieanwendung kein widersprüchliches Verhalten in der Vergangenheit festzustellen sein. Eine kompensatorische Bewertung kommt daher nicht in Betracht, wenn lediglich geplante, noch nicht vertraglich vereinbarte Transaktionen abgesichert werden.[267] Derartige antizipative Hedges werden in den USA teilweise für zulässig gehalten.[268]

Hat das Unternehmen in der Vergangenheit wiederholt Sicherungsgeschäfte in ähnlicher Weise vorgenommen und eine Absicherung entsprechend aufrechterhalten, so ist davon auszugehen, daß das Unternehmen auch weiterhin in dieser Absicht verfährt.[269] Hat das Unternehmen hingegen zuvor Geschäfte vermehrt in wirtschaftlich nicht ersichtlicher Art aufgebrochen und somit die Strategievorgaben willkürlich verletzt, so ist von einer geringeren Durchhaltewahrscheinlichkeit auszugehen. Die Bildung von Bewertungseinheiten ist daher nach dem Grundsatz der Vorsicht[270] abzulehnen. Die als willkürlich anzusehende Zuordnung nach dem Bilanzstichtag ist ebenfalls abzulehnen.

Grund- und Sicherungsgeschäft müssen grundsätzlich bei Abschluß oder bei der Qualifizierung zum Hedge als solche bestimmt werden, indem das Sicherungsgeschäft dem Grundgeschäft gewidmet wird. Dies kann durch Einzelzuordnung erfolgen oder bei Portfolios aufgrund der darin enthalten Absichtsvermutung der Sicherung konkludent erfolgen. Der wirtschaftliche Zusammenhang der Geschäfte muß von einem Sachverständigen jederzeit nachvollziehbar sein, und erfordert eine entsprechende Dokumentation.[271]

4. Hinreichende Konkretisierung der Gewinnchance

Unter Wahrung einer angemessen großen Sorgfalt muß der Bilanzierende die für jede Bewertungseinheit gedanklich zu unterstellende Vermutung der künftigen Reinvermögensminderung so gut wie sicher entkräften.[272] Dazu muß die Wirksamkeit der Bewertungseinheit, und damit das Bestehen rechtlicher Beziehungen, konkret nachgewiesen werden.

Die Forderung der hinreichenden Konkretisierung der Gewinnchance kann als erfüllt angesehen werden, wenn die in einer Bewertungseinheit zusammenzufassenden

---

267 Vgl. Windmöller, Rolf/Brecker, Norbert, Bilanzierung von Optionsgeschäften, 1995, S. 398.

268 Vgl. FAS No. 80 Accounting for Futures Contracts.

269 Vgl. Groh, Manfred, Zur Bilanzierung von Fremdwährungsgeschäften, 1986, S. 873 f.

270 Vgl. § 252 Abs. 1 Nr. 4 HGB.

271 Vgl. Finne, Thomas, Bilanzierung von Fremdwährungsgeschäften und internationale Doppelbesteuerung, 1991, S. 215 f.; Scharpf, Paul, Derivative Finanzinstrumente im Jahresabschluß unter Prüfungsgesichtspunkten: Erfassung, Abwicklung und Bildung von Bewertungseinheiten, 1995, S. 192.

272 Vgl. Naumann, Thomas K., Bewertungseinheiten im Gewinnermittlungsrecht der Banken, 1995, S. 66.

Geschäfte rechtsverbindlich mit Dritten abgeschlossen worden sind.[273] Antizipative Hedge-Geschäfte sind somit nicht zulässig.[274]

5. Homogene Beeinflussung von Gewinnchance und Verlustrisiko

Das Kriterium der homogenen Beeinflussung verlangt, daß dieselben Faktoren auf das Verlustrisiko und die Gewinnchance einwirken müssen.[275] Die Einflußfaktoren, die zu einer Wertveränderung führen, müssen sich demnach sowohl auf die Gewinnchance als auch auf das Verlustrisiko gleichermaßen auswirken. Sollten die Gewinnchancen aus dem Sicherungsgeschäft auf andere Ursachen zurückzuführen sein als die Verlustrisiken, scheidet eine Kompensation durch die Bildung einer Bewertungseinheit aus.

Da die Wertveränderungen der einzelnen Währungen insbesondere von den unterschiedlichen politischen und wirtschaftlichen Einflüssen des jeweiligen Währungsgebiets abhängen, ist das Postulat der homogenen Beeinflussung von Gewinnchance und Verlustrisiko bereits dann gewahrt, wenn die Währungspositionen separat für jede einzelne Währung gebildet werden (Währungsidentität). Bei der Fremdwährungsumrechnung macht die Forderung nach Währungsidentität zunächst keine größeren Probleme, da auch § 340h HGB Währungsidentität verlangt. Durch die Verwendung von nur einer Währung läßt sich gleichzeitig auch eine vollständige negative Korrelation erzielen.[276]

Außerhalb des Devisenbereichs, insbesondere im Zinsbereich, wird die Identität des Basiswerts verlangt. Die Identität des Underlying ist nicht eindeutig geklärt. Eine Basiswertidentität im engeren Sinne, bei der das Sicherungsgeschäft aus einem mit dem zu sichernden Grundgeschäft identischen Finanzinstrument besteht, muß nicht in jedem Fall gegeben sein.[277] Es reicht aus, eine Basiswertidentität im weiteren Sinne zu erreichen, indem es sich bei dem Sicherungsinstrument bezogen auf die Risikoart um ein gleichartiges Instrument handelt. Dabei ist eine kontinuierlich vorzunehmende Überwachung, die eine weitgehende Wertkompensation gewährleistet, sicherzustel-

---

[273] Vgl. Burkhardt, Dietrich, Grundsätze ordnungsgemäßer Bilanzierung für Fremdwährungsgeschäfte, 1988, S. 147.

[274] Vgl. Scharpf, Paul, Derivative Finanzinstrumente im Jahresabschluß unter Prüfungsgesichtspunkten: Erfassung, Abwicklung und Bildung von Bewertungseinheiten, 1995, S. 193.

[275] Vgl. Burkhardt, Dietrich, Grundsätze ordnungsgemäßer Bilanzierung für Fremdwährungsgeschäfte, 1988, S.147; Finne, Thomas, Bilanzierung von Fremdwährungsgeschäften und internationale Doppelbesteuerung, 1991, S. 211.

[276] Vgl. Finne, Thomas, Bilanzierung von Fremdwährungsgeschäften und internationale Doppelbesteuerung, 1991, S. 212.

[277] Vgl. Göttgens, Michael/Prahl, Reinhard, Bilanzierung und Prüfung von Financial Futures und Forward Rate Agreements, 1993, S. 508.

len.[278] Eine absolute Basiswertidentität erscheint unter diesen Nebenbedingungen auch nach den GoB nicht zwingend.[279] Dennoch müssen Basis- und Sicherungsgeschäfte grundsätzlich aus derselben Zinsstrukturkurve abgeleitet sein. Hierdurch werden die Marktwerte von Grund- und Sicherungsgeschäften weitgehend von denselben Einflußfaktoren bestimmt.[280]

Weiterhin müssen beide Geschäfte eine annähernd gleiche Restlaufzeit haben.[281] Dies ist erforderlich, da die Zinsstrukturkurve sich nicht zwingend parallel verschiebt. Fristengleichheit ist jedoch nicht zwingend erforderlich, wenn Fristenunterschiede durch Anschlußsicherungsgeschäfte überbrückt werden können.[282] Dies bedingt einen ausreichend liquiden Markt für die Sicherungsinstrumente und ein entsprechend ausgerichtetes Risikomanagement des bilanzierenden Unternehmens.[283]

6. Negative Korrelation

Diese Forderung hängt eng mit dem Prinzip der homogenen Beeinflussung von Gewinnchance und Verlustrisiko zusammen. Es wird verlangt, daß die Risikoeinwirkung auf Grund- und Deckungsgeschäft gegenläufig sein muß.[284] Die beiden Geschäfte müssen daher so aufeinander abgestimmt sein, daß bei einer Veränderung eines Einflußfaktors eine zwingende Risikokompensation durch das gegenläufige Geschäft erfolgt.

Die vollständig negative Korrelation läßt sich in dieser absoluten Form nur für Devisenkassa- und Devisentermingeschäfte fordern, da aufgrund der verlangten Währungsidentität eine vollständig entgegengesetzte Wertentwicklung von Basis- und Hedge-Geschäft stets erreicht werden kann.

---

278 Vgl. Prahl, Reinhard/Naumann, Thomas K., Die Bewertungseinheit am Bilanzstichtag - und was dann?, 1994, S. 2 f.; Windmöller, R./Brecker, N., Bilanzierung von Optionsgeschäften, 1995, S. 398.

279 Vgl. Scheffler, Jan, Hedge-Accounting - Jahresabschlußrisiken in Banken, 1994, S. 166.

280 Prahl/Naumann gehen an dieser Stelle noch weiter und verweisen darauf, daß es nach der ursprünglichen Intention um eine Risikokompensation ging, heute aber aus betriebswirtschaftlicher Sicht mehr eine Wertkompensation im Vordergrund steht. Vgl. Prahl, Reinhard/Naumann, Thomas K., Die Bewertungseinheit am Bilanzstichtag - und was dann?, 1994, S. 2.

281 Vgl. Finne, Thomas, Bilanzierung von Fremdwährungsgeschäften und internationale Doppelbesteuerung, 1991, S. 213 f.; Scharpf, Paul, Derivative Finanzinstrumente im Jahresabschluß unter Prüfungsgesichtspunkten: Erfassung, Abwicklung und Bildung von Bewertungseinheiten, 1995, S. 194.

282 Vgl. Institut der Wirtschaftsprüfer, Hauptfachausschuß, Geänderter Entwurf einer Verlautbarung zur Währungsumrechnung im Jahres- und Konzernabschluß, 1986, S. 665.

283 Im Bereich der Portfoliobildung sind andere Vorgehensweisen möglich. Vgl. Kapitel 2.3.3.4.3 Portfolio-Hedge auf S. 86 f.

284 Vgl. Burkhardt, Dietrich, Grundsätze ordnungsgemäßer Bilanzierung für Fremdwährungsgeschäfte, 1988, S. 148.

Die Forderung nach vollständig negativer Korrelation im Zinsbereich erscheint durchaus sinnvoll. Eine 100%ige Absicherung ist im Zinsbereich aber selbst bei absoluter Basiswertidentität nicht immer gewährleistet. Ein perfekter Micro-Hedge als theoretischer Optimalfall einer vollständigen Risikokompensation wird bspw. mit börsengehandelten Instrumenten bereits aufgrund des Basisrisikos nicht bei allen Transaktionen gelingen. Die Hedge-Positionen müssen daher so gewählt werden, daß eine möglichst hohe negative Korrelation erreicht wird. Bei gegenläufigen Geschäften muß eine parallele Veränderung der Bewertungsergebnisse erwartet werden können.[285]

Wie hoch die Korrelation sein muß, läßt sich nicht allgemeingültig festlegen. Als Indikator könnte der Korrelationsgrad dienen. Zwar läßt sich eine hohe negative Korrelation der Vergangenheit nicht zwangsläufig auch zukünftig erreichen, doch sollte dies für die Zwecke der Bilanzierung akzeptiert werden.[286] Ausgehend von den tatsächlich erreichten Werten kann ein realistischer Mindestwert angegeben werden. Je effizienter die Risiken auf operativer und strategischer Basis gesteuert werden, desto liberaler können die Anforderungen an die Korrelation sein. Dies setzt wiederum ausreichend liquide Märkte für die Sicherungsinstrumente voraus.[287]

7. Vollständige Kompensation

Dieses Kriterium baut auf der negativen Korrelation auf und besagt, daß eine Bewertungseinheit nur soweit wirken kann, wie ein Wertausgleich des fiktiven Verlusts durch unrealisierte Gewinne erfolgt. Die unrealisierten Verluste können dabei nur bis zur Höhe der unrealisierten Gewinne ausgeglichen werden. Kann ein fiktiver Verlust nicht in voller Höhe durch unrealisierte Gewinne ausgeglichen werden, ist der übersteigende Betrag durch die Abwertung des Aktivums, der Aufwertung eines Passivums oder durch Bildung einer Rückstellung für drohende Verluste aufwandswirksam zu berücksichtigen. Ein Gewinnüberhang darf wegen des Imparitätsprinzips dagegen nicht berücksichtigt werden.

Soweit es sich nicht um einen perfekten Micro-Hedge handelt, ist im Rahmen eines Risikomanagements sicherzustellen, daß stets ein weitgehender Wertausgleich gewährleistet wird.

8. Relativierung durch Restrisiken

Die Geschäfte müssen hinsichtlich des Erfüllungsrisikos „quasi sicher“ sein. Dabei ist es nicht entscheidend, ob die Grundgeschäfte risikokompensierend, z.B. durch eine Bürgschaft, oder wertkompensierend, z.B. durch ein Gegengeschäft, für die Folgen eines negativen Erfolgsbeitrags abgesichert wurden. Es dürfen allenfalls noch latente Bonitätsrisiken bestehen, wie dies bei schwebenden Geschäften immanent

---

285 Vgl. Institut der Wirtschaftsprüfer, Bankenfachausschuß, Stellungnahme BFA 2/1993: Bilanzierung und Prüfung von Financial Futures und Forward Rate Agreements, 1993, S. 517 f.

286 Vgl. Schwarze, Armin, Ausweis und Bewertung neuer Finanzierungsinstrumente in der Bankbilanz, 1989, S. 107.

287 Vgl. Scharpf, Paul/Luz, Günther, Risikomanagement, Bilanzierung und Aufsicht von Finanzderivaten, 1996, S. 219 f.

ist.[288] Posten, die jedoch einem hinreichend konkretisierten Bonitätsrisiko ausgesetzt sind, kommen für eine Kompensation nicht ohne weiteres in Betracht.[289]

Die erwarteten Zahlungen aus Grund- und Sicherungsgeschäft dürfen nicht wesentlich durch andere Risiken beeinflußt werden.

#### 2.3.3.4 Hedging als Strategie zur Bildung von Bewertungseinheiten

Hedging ist eine Form der Risikobegrenzung durch Risikokompensation. Dazu wird einem vorhandenen Geschäft, dem ein Verlustrisiko anhaftet, ein entsprechendes Sicherungsgeschäft entgegengesetzt, um so die Risikoposition zu schließen. Das gesicherte Geschäft wird als gehedgte Position, das Sicherungsgeschäft als Hedge-Position oder Hedge-Geschäft bezeichnet. Das Hedge-Instrument wird so ausgewählt, daß sich Verluste und Gewinne aus beiden Geschäften bei Marktpreisänderungen kompensieren.[290] Dem Basisgeschäft, bei dem ein Wertsenkungsrisiko besteht, wird eine entsprechende Position mit gleicher Wertsteigerungschance gegenübergestellt.[291] Ansprüche und Verpflichtungen aus dem Sicherungsgeschäft sind denen aus dem Grundgeschäft stets entgegengesetzt. Ziel ist es, durch das Eingehen einer Gegenposition positive Barwerte und damit zukünftige Gewinne zu sichern bzw. zukünftig zu erwartende Verluste zu begrenzen.

Das Hedgen ist sowohl mit Kassa- als auch mit Termingeschäften möglich. Durch das Absichern einer offenen Position werden neben dem Verlustrisiko zum Teil auch die Gewinnchancen beschränkt oder ganz ausgeschlossen. Der Aufbau einer Hedge-Position setzt daher eine detaillierte Analyse des Risikos und der Marktentwicklung voraus.

Da die Hedge-Positionen einerseits Risiken kompensieren sollen, jedoch andererseits selbst mit Risiken behaftet sind, ist eine Identifizierung und Quantifizierung jedes einzelnen Risikos erforderlich. Weiterhin sind die Sicherungsgeschäfte nach einer von der Unternehmensleitung aufgestellten Hedge-Strategie vorzunehmen. Hierzu sind als organisatorische Sicherungsmaßnahmen verbindliche Anweisungen erforderlich, in denen die Hedge-Strategien festgelegt werden.[292] Sie bestimmen Umfang, Zeitpunkt und Ablauf eines Hedges.[293]

---

288 Vgl. Krumnow et al., Rechnungslegung der Kreditinstitute: Kommentar zum Bankbilanzrichtlinie-Gesetz und zur RechKredV, 1994, § 340e HGB Rn. 109.

289 Vgl. Burkhardt, Dietrich, Grundsätze ordnungsgemäßer Bilanzierung für Fremdwährungsgeschäfte, 1988, S. 212; Krumnow et al., Rechnungslegung der Kreditinstitute: Kommentar zum Bankbilanzrichtlinie-Gesetz und zur RechKredV, 1994, § 340h HGB Rn.45 u. 57.

290 Vgl. Scheffler, Jan, Hedge-Accounting - Jahresabschlußrisiken in Banken, 1994, S. 56; Menninger, Jutta, Financial Futures und deren bilanzielle Behandlung, 1993, S. 58.

291 Vgl. Beckmann, Reinhard, Termingeschäfte und Jahresabschluß, 1993, S. 72 f.

292 Vgl. Grünewald, Andreas, Finanzterminkontrakte im handelsrechtlichen Jahresabschluß, 1993, S. 81.

293 Vgl. Scheffler, Jan, Hedge-Accounting - Jahresabschlußrisiken in Banken, 1994, S. 56 ff.

Bei der Bildung von Bewertungseinheiten ist zum Abschlußstichtag festzustellen, ob die unrealisierten Marktwertänderungen aus dem Grund- und Sicherungsgeschäft sich ausgleichen. Falls per Saldo ein unrealisierter Gewinn besteht, ist kein Handlungsbedarf gegeben, da der Gewinnüberhang aufgrund des Realisationsprinzips in der Gewinn- und Verlustrechnung unberücksichtigt bleibt.

Wird am Bilanzstichtag festgestellt, daß die unrealisierten Gewinne nicht ausreichen, um die ebenfalls noch nicht realisierten Verluste einer Bewertungseinheit zu kompensieren, muß der Verlust antizipiert werden.[294] Gem. § 249 HGB ist eine Rückstellung für drohende Verluste zu bilden, deren Höhe gem. § 253 Abs. 1 Satz 2 HGB nach vernünftiger kaufmännischer Beurteilung zu ermitteln ist.

#### 2.3.3.4.1 Micro-Hedge

Sollen einzelne bestehende oder geplante Geschäfte abgesichert werden, wird von einem Micro-Hedge gesprochen.[295] Es handelt sich dabei um eine konkrete Verknüpfung von zwei oder mehreren Grund- und Sicherungsgeschäften zum Zweck der Absicherung von Zins-, Währungs-, und sonstigen Risiken.[296] Basis- und Sicherungsgeschäft müssen hierbei einander eindeutig zugeordnet werden. Das Risiko der offenen Position läßt sich eindeutig feststellen und wird durch ein hierauf exakt angepaßtes Hedge-Instrument kompensiert. Möglicherweise entstehen durch diese einzelne Absicherung höhere Sicherungskosten als durch eine unternehmensweite Absicherung.

Damit von einem Micro-Hedge gesprochen werden kann, muß es sich bei den einzubeziehenden Geschäften um einzeln identifizierbare Positionen oder um eine identifizierbare Gruppe von gleichartigen oder annähernd gleichwertigen Positionen handeln. Im Idealfall, dem perfekten Micro-Hedge, besteht eine Kongruenz zwischen Underlying, Betrag und Fälligkeit bei dem Basis- und Sicherungsgeschäft oder die Möglichkeit der gleichzeitigen Realisation der Erfolgsbeträge aus dem Grund- und Hedge-Geschäft.[297] Es ist nicht notwendig, daß die beiden Geschäfte zur gleichen Zeit kontrahiert werden, um eine Bewertungseinheit zu bilden. Vielmehr ist es üblich, daß

---

294 Vgl. Prahl, Reinhard/Naumann, Thomas K., Die Bewertungseinheit am Bilanzstichtag - und was dann?, 1994, S. 4; Brackert, Gerhard/Prahl, Reinhard/Naumann, Thomas, Neue Verfahren der Risikosteuerung und ihre Auswirkungen auf die handelsrechtliche Gewinnermittlung, 1995, S. 552.

295 Vgl. Häuselmann, Holger/Wiesenbart, Thomas, Fragen zur bilanzsteuerlichen Behandlung von Geschäften an der deutschen Terminbörse, 1990, S. 642.

296 Vgl. Treuberg, Hubert Graf von/Angermayer, Birgit, Jahresabschluß von Versicherungsunternehmen, 1995, S. 576.

297 Vgl. Küting, Karlheinz/Weber Claus-Peter (Hrsg.), Handbuch der Rechnungslegung, Kommentar zur Bilanzierung und Prüfung, 1995, I, Rn. 857.

die Absicherung der offenen Position erst nach dem Abschluß des Grundgeschäfts erfolgt.[298]

Bewertungseinheiten in Form von Micro-Hedges sind dann unproblematisch, wenn dem Sicherungsgeschäft eine eindeutige risikokompensierende Sicherungswirkung zukommt, identische Faktoren auf Verlustrisiko und Gewinnchance wirken und die Korrelation nahezu -1 beträgt.

Dies ist bspw. im Fremdwährungsbereich dann der Fall, wenn Währungsforderungen durch betrags-, währungs- und fristenkongruente Devisenterminverkäufe gesichert werden. Im Zinsbereich gilt dies z.B., wenn ein festverzinsliches Wertpapier durch einen auf die Zahlungsströme des Wertpapiers abgestimmten Zinsswap mit identischer Restlaufzeit in ein variabel verzinsliches Wertpapier umgewandelt wird.[299]

Die Institutionalisierung des Risikomanagements ist in der Lage, auch imperfekte Micro-Hedges zu einer Bewertungseinheit zusammenzufassen, da die Zulässigkeit einer kompensierenden Bewertung auch an den praktischen Auswirkungen auf den Gläubigerschutz zu messen ist.[300] Voraussetzung hierfür ist eine ausreichend häufige Anpassung der Absicherung durch das Risikomanagement aufgrund einer detaillierten Risiko- und Marktanalyse.[301]

#### 2.3.3.4.2 Macro-Hedge

Werden die Risiken mehrerer Geschäfte unter Berücksichtigung der risikomindernden Positionen eines Unternehmens gleichzeitig abgesichert, handelt es sich um einen Macro-Hedge. Die einzelnen Geschäfte lassen sich nicht mehr einander zuordnen, da sich die im Macro-Hedge zusammengefaßten Positionen gegenseitig absichern.[302] Diese Form der Absicherung wird zum *cash management* oder zum *assets and liability management* eingesetzt.[303]

Banken nehmen eine Absicherung des Zinsrisikos auf unternehmensweiter Basis vor, da aufgrund der Vielzahl der Transaktionen und den damit verbundenen Kosten die Absicherung von einzelnen Positionen über Micro-Hedges zu aufwendig wäre. Da es nach der derzeit geltenden Bilanzierungsauffassung für die allgemeinen Zinsrisiken bei Banken keine Einzelbewertung mit den entsprechenden bilanziellen Konsequenzen

298 Vgl. Küting, Karlheinz/Weber Claus-Peter (Hrsg.), Handbuch der Rechnungslegung, Kommentar zur Bilanzierung und Prüfung, 1995, I, Rn. 865.

299 Vgl. Brackert, Gerhard/Prahl, Reinhard/Naumann, Thomas, Neue Verfahren der Risikosteuerung und ihre Auswirkungen auf die handelsrechtliche Gewinnermittlung, 1995, S. 549.

300 Vgl. Scharpf, Paul/Luz, Günther, Risikomanagement, Bilanzierung und Aufsicht von Finanzderivaten, 1996, S. 229.

301 Vgl. Prahl, Reinhard/Naumann, Thomas K., Die Bewertungseinheit am Bilanzstichtag - und was dann?, 1994, S. 3.

302 Vgl. Scheffler, Jan, Hedge-Accounting - Jahresabschlußrisiken in Banken, 1994, S. 57.

303 Vgl. Schmekel, Helmut, Rechnungslegung von Zinstermingeschäften für Banken und Industrieunternehmen, 1983, S. 895.

in Form von Drohverlustrückstellungen gibt, kann dies auch nicht für die im Rahmen des Assets und Liability Management eines Kreditinstituts eingesetzten Derivate ohne weiteres gefordert werden. Voraussetzungen für die Bildung von Bewertungseinheiten sind die Dokumentation der gewählten Sicherungsstrategie, die Abbildung der Derivate in der Zinsrisikosteuerung und die Einbeziehung der Finanzinstrumente in das Risikomanagement.[304]

Eine Berücksichtigung kompensatorischer Wertentwicklungen im Sinne eines Macro-Hedge im Eigenhandel der Banken kommt lediglich dann in Betracht, wenn nur solche Handelsbestände einbezogen werden, die durch ein institutionalisiertes Risikomanagement und eine enge Limitierung offener Positionen fortwährend gesichert und nur hinreichend diversifiziert sind.[305]

### 2.3.3.4.3 Portfolio-Hedge

Bei den Handelsaktivitäten von Kreditinstituten in derivativen Instrumenten werden umfangreiche Positionsbestände gehalten. Die Risikosteuerung konzentriert sich nicht mehr auf die einzelnen Positionen, sondern betrachtet die sich aus der aggregierten Position ergebenden Risiken. Für die Kreditinstitute geht es nicht mehr primär um das Vorhalten von Beständen, sondern um die Möglichkeit, die Risiken zu steuern. Die Wertkompensation tritt dabei zunehmend vor die Risikokompensation. Nicht das laufzeitspezifische Zinsänderungsrisiko soll eliminiert werden, sondern die Bewertungsergebnisse sollen sich innerhalb eines Handelsbuchs dem Wert nach ausgleichen.[306]

Diese Sichtweise wird in der Organisationsform von Risikoportfolios reflektiert.[307] Beim Portfolio-Hedge werden Geschäfte mit gleichartigem Risiko in Gruppen zusammengefaßt und unter Berücksichtigung gegenseitiger Wert- und Risikokompensationen gemeinsam abgesichert. Es werden nicht mehr einzelne Positionen betrachtet, sondern nur noch das Portfolio als Ganzes. Die Zuordnung der Positionen in die Portfolios als Bewertungseinheiten ist institutionalisiert. Eine direkte Zuordnung von Basis- und Hedge-Geschäft innerhalb des Portfolios ist nicht möglich.

Im Gegensatz zum Micro-Hedge wird beim Portfolioansatz die individuelle Zuordnungsentscheidung durch organisatorische Regelungen in Form von Hedge-Strate-

---

304 Vgl. Scharpf, Paul/Epperlein, Joachim K., Rechnungslegung und interne Kontrolle von derivativen Finanzinstrumenten, 1995, S. 141 f.

305 Vgl. Prahl, Reinhard/Naumann, Thomas K., Die Bewertungseinheit am Bilanzstichtag - und was dann?, 1994, S. 6.

306 Vgl. Treuberg, Hubert Graf von/Angermayer, Birgit, Jahresabschluß von Versicherungsunternehmen, 1995, S. 581 f.

307 Vgl. Schuhmacher, Andreas, Kompensatorische Bewertung bei der Sicherung von Bilanzpositionen durch Finanztermingeschäfte in Handels- und Steuerbilanz, 1995, S. 1474.

gien und Risikomanagement ersetzt.[308] Die wirtschaftliche Bewertungseinheit wird beim Abgang oder Zugang von Positionen grundsätzlich nicht aufgelöst, sondern immer nur in sich umgeschichtet. Portfolio-Hedges finden bislang nur bei den Handelsaktivitäten der Kreditinstitute Anwendung.[309] Gerade Banken sind aufgrund des Umfangs der Kontrakte oftmals nicht in der Lage, individuelle Kompensationsgeschäfte abzuschließen.[310]

Die oben angeführten Kriterien für die Bildung von Bewertungseinheiten werden für den hier genannten Bereich teilweise modifiziert und weniger eng ausgelegt. Voraussetzungen für die Bildung von Bewertungseinheiten auf diesem hoch aggregierten Niveau sind:[311]

- Die Handelstätigkeiten werden regelmäßig in aufbauorganisatorisch selbständigen Einheiten geführt, die als Profit Center mit konkreter Ergebnis- und Risikoverantwortung organisiert sind.
- Die Geschäftsleitung hat hierzu Limits vorzugeben.
- Die Zusammensetzung des Portfolios ist eindeutig zu definieren.
- Die abgebildeten Märkte haben eine ausreichend hohe Liquidität aufzuweisen, um auf Risikoveränderungen reagieren zu können.
- Die Finanzinstrumente sind mindestens täglich mit Marktpreisen zu bewerten.
- Die in das Portfolio eingestellten Instrumente haben einem einheitlichen Risiko zu unterliegen. Die Zuordnungsvorschriften sind zu dokumentieren.
- Die Händler sind mindestens täglich über das Risikoprofil der in den Portfolios zusammengefaßten Instrumente zu informieren.
- Die Bildung von Bewertungseinheiten innerhalb des Portfolios kommt nicht in Betracht.

Bei der Portfoliobewertung für die Bilanzierung wird für sämtliche Portfoliopositionen der individuelle Marktwert ermittelt. Dies geschieht allerdings mit der Besonderheit, daß anders als beim Macro-Hedge nicht mehr einzelne Instrumente bewertet

308 Vgl. Prahl, Reinhard/Naumann, Thomas K., Zur Bilanzierung von portfolio-orientierten Handelsaktivitäten der Kreditinstitute, 1991, S. 735.

309 Vgl. Treuberg, Hubert Graf von/Angermayer, Birgit, Jahresabschluß von Versicherungsunternehmen, 1995, S. 581.

310 Vgl. Burkhardt, Dietrich, Grundsätze ordnungsgemäßer Bilanzierung für Fremdwährungsgeschäfte, 1988, S. 206.

311 Vgl. Prahl, Reinhard/Naumann, Thomas K., Zur Bilanzierung von portfolio-orientierten Handelsaktivitäten der Kreditinstitute, 1991, S. 732 f.; Prahl, Reinhard/Naumann, Thomas K., Moderne Finanzinstrumente im Spannungsfeld zu traditionellen Rechnungslegungsvorschriften: Barwertansatz, Hedge-Accounting und Portfolio-Approach, 1992, S. 718 f.; Naumann, Thomas K., Bewertungseinheiten im Gewinnermittlungsrecht der Banken, 1995, S. 188; Treuberg, Hubert Graf von/Angermayer, Birgit, Jahresabschluß von Versicherungsunternehmen, 1995, S. 583 f.; Bertsch, Andreas/Kärcher, Ralph, Derivative Instrumente im Jahresabschluß und in der Steuerbilanz, 1996, S. 661.

werden, sondern der Barwert aller aus dem Handelsbuch zu erwartenden Zahlungen ermittelt wird. Dazu werden die aktuellen Zinsstrukturkurven genutzt. Positive und negative Bewertungsergebnisse der einzelnen Zahlungsströme werden miteinander verrechnet.[312]

Gegenstand der imparitätischen Bewertung ist somit das gesamte Portfolio. Besteht nach der Verrechnung aller Marktwerte ein Verlustüberhang, so ist hierfür eine Drohverlustrückstellung zu bilden. Ein Gewinnüberhang wird wegen des Realisationsprinzips nicht berücksichtigt.[313] Es handelt sich insofern um eine eingeschränkte Form der US-amerikanischen Mark-to-Market Bewertung.[314]

Der Portfolio-Hedge kann somit als ein institutionalisierter Macro-Hedge für bestimmte Handelsaktivitäten bei Kreditinstituten bezeichnet werden.[315] Die Einschränkung der nur hinreichenden Risikodiversifikation der Macro-Hedges entfällt. Es werden nicht mehr einzelne Produkte, sondern lediglich die zukünftig zu erwartenden Nettozahlungen wie Einzelpositionen mittels der Diskontierung bewertet. Anschließend wird eine spezifische Periodisierung der Handelserfolge vorgenommen.[316] Diese Portfoliobewertung, die bspw. von der Deutschen Bank praktiziert wird, ist nicht unumstritten.[317]

### 2.3.3.5 Bilanzierung einzelner Finanzinnovationen

Zum Verständnis der oben angeführten Hedge-Methoden wird nachfolgend die Bilanzierung einzelner derivativer Finanzinstrumente dargestellt. Dabei wird auch auf die Bilanzierung von Bewertungseinheiten eingegangen.

---

312 Vgl. Bertsch, Andreas/Kärcher, Ralph, Derivative Instrumente im Jahresabschluß und in der Steuerbilanz, 1996, S. 660 f.

313 Vgl. Scharpf, Paul/Epperlein, Joachim K., Rechnungslegung und interne Kontrolle von derivativen Finanzinstrumenten, 1995, S. 143.

314 Vgl. Treuberg, Hubert Graf von/Angermayer, Birgit, Jahresabschluß von Versicherungsunternehmen, 1995, S. 584.

315 Vgl. Prahl, Reinhard/Naumann, Thomas K., Zur Bilanzierung von portfolio-orientierten Handelsaktivitäten der Kreditinstitute, 1991, S. 735.

316 Vgl. Prahl, Reinhard/Naumann, Thomas K., Moderne Finanzinstrumente im Spannungsfeld zu traditionellen Rechnungslegungsvorschriften: Barwertansatz, Hedge-Accounting und Portfolio-Approach, 1992, S. 715 f., die sogar soweit gehen, den Portfolio-Hedge § 252 HGB Abs. 1 zuzuordnen; Prahl, Reinhard/Naumann, Thomas K., Die Bewertungseinheit am Bilanzstichtag - und was dann?, 1994, S. 9.

317 Vgl. Bertsch, Andreas/Kärcher, Ralph, Derivative Instrumente im Jahresabschluß und in der Steuerbilanz, 1996, S. 661.

#### 2.3.3.5.1 Optionen

Optionsgeschäfte sind wie alle anderen derivativen Finanzgeschäfte in einer Nebenbuchhaltung zu erfassen.[318] Für den Käufer und den Verkäufer einer Option ergeben sich unterschiedliche Bilanzierungen, wie im folgenden weiter ausgeführt wird.

##### *2.3.3.5.1.1 Bilanzierung von Optionen beim Optionskäufer*

Erworbene Optionsrechte (Long-Put und Long-Call) sind im Erwerbszeitpunkt als nicht abnutzbare Vermögensgegenstände mit Anschaffungskosten in Höhe der zu leistenden Optionsprämie zu aktivieren. Dazu gehören auch die Anschaffungsnebenkosten, deren sofortige Aufwandbuchung aber aus Gründen der Unwesentlichkeit und Praktikabilität als zulässig angesehen wird.[319]

Am Bilanzstichtag sind die Optionsrechte als Umlaufvermögen nach dem strengen Niederstwertprinzip zu bewerten.[320] Eine Bewertung gem. den für das Anlagevermögen geltenden Vorschriften[321] kann nur in Ausnahmefällen in Betracht kommen, z.B. bei Optionen zum Erwerb von im Anlagevermögen auszuweisenden Vermögensgegenständen.

Liegen keine öffentlichen Marktpreise vor, so ist der Wert anhand von Optionspreismodellen zu errechnen. Eine Bewertung lediglich aufgrund des inneren Werts einer Option scheidet grundsätzlich aus. Hiervon können Optionen mit extrem kurzer Restlaufzeit von wenigen Tagen ausgenommen werden.[322]

Wird bei einem Long-Call durch die Ausübung ein Vermögensgegenstand erworben, ist der Buchwert der Optionsprämie Bestandteil der Anschaffungskosten dieses Vermögensgegenstands. Führt dagegen die Optionsausübung zum Verkauf eines Vermögensgegenstands (Long-Put), ist die Optionsprämie mit dem Verkaufserlös zu verrechnen. Wird im Rahmen der Ausübung weder ein Vermögensgegenstand erworben noch verkauft, sondern ist die Option lediglich auf den Barausgleich gerichtet, so ist der Buchwert des Optionsrechts aufwandswirksam zu erfassen. Die teilweise in der Praxis angewandte Übung, den Buchwert des Optionsrechts bei Ausübung generell als Aufwand auszubuchen, ist nur dann nicht zu beanstanden, wenn der Grundsatz der Wesentlichkeit nicht verletzt wird.[323]

---

318 Vgl. Adler/Düring/Schmaltz, Rechnungslegung und Prüfung der Unternehmen, 1987, § 249 HGB Rn. 101; Finne, Thomas, Bilanzierung von Fremdwährungsgeschäften und internationale Doppelbesteuerung, 1991, S. 215 ff.

319 Vgl. Müller-Möhl, Ernst, Optionen und Futures, 1995, S. 301.

320 Vgl. § 253 Abs. 3 HGB.

321 Vgl. § 253 Abs. 2 HGB.

322 Vgl. Scharpf, Paul/Epperlein, Joachim K., Rechnungslegung und interne Kontrolle von derivativen Finanzinstrumenten, 1995, S. 149.

323 Vgl. Institut der Wirtschaftsprüfer, Bankenfachausschuß, Stellungnahme BFA 2/1995: Bilanzierung von Optionsgeschäften, 1995, S. 421.

Läßt der Optionsinhaber sein erworbenes Recht verfallen, ist der Buchwert der Option aufwandswirksam auszubuchen. Wird das Optionsrecht glattgestellt oder verkauft, ist die Differenz zwischen dem Glattstellungs- oder Verkaufserlös und dem Buchwert erfolgswirksam zu erfassen. Die saldierte Erfassung in der GuV wird damit begründet, daß die Glattstellung einer Option wirtschaftlich mit deren Verkauf gleichzusetzen ist.

#### *2.3.3.5.1.2 Bilanzierung von Optionen beim Optionsverkäufer*

Der Stillhalter eines Optionsrechts erhält für die eingegangene Verpflichtung, zu einem späteren Zeitpunkt oder innerhalb eines definierten Zeitraums den Basiswert der Option zum Basispreis zu liefern (Short-Call) oder abzunehmen (Short-Put), die Optionsprämie. Diese Verpflichtung besteht für den Verkäufer eines Optionsrechts bis zum Ausübungszeitpunkt durch den Optionsberechtigten bzw. bis zum Zeitpunkt des Verfalls oder der Glattstellung der Option. Daher scheidet eine sofortige Vereinnahmung der Option aus, da dies dem Realisationsprinzip gem. § 252 Abs. 1 HGB widerspräche. Der Stillhalter hat deshalb die Optionsprämie als sonstige Verbindlichkeit zu passivieren, solange die Leistung für diese Prämie noch geschuldet wird.[324]

Am Bilanzstichtag sind die Verpflichtungen aus eingegangenen Stillhalterpositionen zu bewerten. Dazu sind zu jedem Bilanzstichtag die Verpflichtungen aus Stillhaltergeschäften daraufhin zu untersuchen, ob aus ihnen Verluste drohen, für die gem. § 249 Abs. 1 HGB Rückstellungen zu bilden sind. Verluste können drohen, wenn Kurs- oder Preisveränderungen des Basiswerts die Optionsausübung wahrscheinlich werden lassen. Für die Rückstellungsbemessung gibt es grundsätzlich zwei alternative Vorgehensweisen: Die Ausübungsfiktion und die Glattstellungsfiktion.

*Ausübungsfiktion:*

Bei einem ungedeckten Short-Call geht der Stillhalter das Risiko ein, daß er bei steigendem Underlyingpreis die bei einer Optionsausübung zu liefernden Basiswerte am Markt nur zu einem Preis erwerben kann, der über dem Basispreis liegt, zu dem er die Basiswerte liefern muß. Eine Rückstellung wäre hier in Höhe des Betrags zu bilden, um den der aktuelle Underlyingpreis den Betrag von Basispreis zuzüglich der beim Optionsverkauf erhaltenen Prämie übersteigt:

$$\text{Verlust} = \text{Marktpreis} - (\text{Basispreis} + \text{Prämie}) \qquad \text{Gl. 10}$$

Handelt es sich um einen Short-Put, entsteht dann die Notwendigkeit der Bildung einer Drohverlustrückstellung, wenn der Marktpreis der möglicherweise abzunehmenden Basiswerte unter den Wert aus Basispreis abzüglich der erhaltenen Prämie sinkt:

$$\text{Verlust} = (\text{Basispreis} - \text{Prämie}) - \text{Marktpreis} \qquad \text{Gl. 11}$$

---

[324] Vgl. Institut der Wirtschaftsprüfer, Bankenfachausschuß, Stellungnahme BFA 2/1995: Bilanzierung von Optionsgeschäften, 1995, S. 422; Windmöller, R./Brecker, N., Bilanzierung von Optionsgeschäften, 1995, S. 395.

Diese Methode zur Ermittlung der Drohverlustrückstellung eignet sich insbesondere bei OTC-Optionen, bei denen keine Optionspreise veröffentlicht werden bzw. Marktpreise nicht ermittelt werden können.[325]

*Glattstellungsfiktion:*

Bei dieser Methode wird unterstellt, daß die Option am Bilanzstichtag nicht ausgeübt, sondern durch ein Gegengeschäft glattgestellt wird. Verluste können jedoch auch dann drohen, wenn die für ein potentielles Gegengeschäft zur Glattstellung aufzuwendende Optionsprämie höher ist als die beim Optionsverkauf erhaltene und passivierte Prämie. Eine Rückstellung wäre also insoweit über die schon erhaltene und passivierte Optionsprämie zu bilden, als der Wert der Option am Abschlußstichtag über dem der bereits passivierten Optionsprämie liegt. Diese Methode berücksichtigt neben dem inneren Wert auch den Zeitwert der Option.

Diese Rückstellungsermittlung wird vom Bankenfachausschuß empfohlen.[326] Die Vorgehensweise ist insbesondere dann sachgerecht, wenn es sich um eine börsengehandelte Option handelt oder wenn bei einer außerbörslich gehandelten Option Marktpreise veröffentlicht werden oder ermittelt werden können.[327]

Die möglicherweise zu leistenden Sicherheiten können grundsätzlich in Geld oder durch die Hinterlegung von Wertpapieren erbracht werden. Die zur Sicherung hinterlegten Wertpapiere sind weiterhin beim Sicherungsgeber, dem Stillhalter, als dem rechtlichen und wirtschaftlichen Eigentümer zu bilanzieren.[328] Handelt es sich dagegen um Bareinlagen, sind diese in die Bilanz des Sicherungsnehmers aufzunehmen.[329] Der Sicherungsgeber hat in diesem Fall eine Forderung gegen den Sicherungsnehmer als Aktivtausch zu erfassen, die i.d.R unter dem Posten „sonstigen Vermögensgegenständen“ auszuweisen ist.

Erwirbt der Stillhalter bei Ausübung der Option einen Vermögensgegenstand, so vermindert die bereits erhaltene und passivierte Optionsprämie den vom Stillhalter zu zahlenden Anschaffungspreis des Vermögensgegenstands. Am nächsten Bilanzstichtag nach dem Erwerb ist eine möglicherweise gebildete Rückstellung aufzulösen, soweit sie nicht dazu verwendet wurde, den Buchwert des erworbenen Vermögensgegenstands auf den Niederstwert zurückzuführen.[330]

Führt eine Optionsausübung zum Verkauf eines Vermögensgegenstands, ist die Optionsprämie dem Verkaufserlös zuzuschlagen. Eine evtl. gebildete Rückstellung ist

325 Vgl. Windmöller, R./Brecker, N., Bilanzierung von Optionsgeschäften, 1995, S. 396.

326 Vgl. Institut der Wirtschaftsprüfer, Bankenfachausschuß, Stellungnahme BFA 2/1995: Bilanzierung von Optionsgeschäften, 1995, S. 422.

327 Vgl. Scharpf, Paul/Epperlein, Joachim K., Rechnungslegung und interne Kontrolle von derivativen Finanzinstrumenten, 1995, S. 151.

328 Vgl. § 246 Abs. 1 Satz 2 HGB.

329 Vgl. § 246 Abs. 1 Satz 3 HGB.

330 Vgl. Treuberg, Hubert Graf von/Scharpf, Paul, DTB-Aktienoptionen und deren Abbildung im Jahresabschluß von Industrieunternehmen, 1991, S. 667.

erfolgswirksam aufzulösen. Muß der Stillhalter bei der Optionsausübung durch den Käufer weder einen Vermögensgegenstand abnehmen noch liefern, da die Option auf einen Barausgleich ausgerichtet ist, ist die Prämie als Ertrag zu vereinnahmen. In der Praxis wird die erhaltene Prämie bei Ausübung generell ertragswirksam vereinnahmt. Dies ist dann nicht zu beanstanden, wenn der Grundsatz der Wesentlichkeit nicht verletzt wird.

Ein aufgrund der Ausübung eingetretener Verlust ist zunächst mit der vorhandenen Rückstellung zu verrechnen. Ein nicht verbrauchter Rückstellungsbetrag ist erfolgswirksam aufzulösen.[331]

Läßt der Optionsberechtigte sein erworbenes Recht verfallen, hat der Stillhalter die passivierte Optionsprämie sowie eine evtl. zuvor gebildete Rückstellung als Ertrag zu vereinnahmen. Geht die Stillhalterposition durch Glattstellung unter, ist die Differenz zwischen der Ausbuchung der passivierten Prämie und dem Glattstellungsaufwand in Form der Optionsprämie für die Gegenposition entsprechend der Vorgehensweise beim Kauf einer Option erfolgswirksam.

###### *2.3.3.5.1.3 Bilanzierung von Bewertungseinheiten*

*Micro-Hedge eines Bestands an Basiswerten durch einen Long-Put:*

Mit dem Kauf einer Verkaufsoption kann ein vorhandener Bestand an Basiswerten gegen sinkende Kurse durch einen Micro-Hedge gesichert werden. Das Verlustrisiko ist begrenzt, da bei Ausübung des Long-Put ein Verkauf der Basiswerte zum Ausübungspreis möglich ist.

Sind die oben angeführten Voraussetzungen für die Bildung von Bewertungseinheiten gegeben, so sind bei sinkendem Underlyingpreis der Bestand an Basiswerten und die erworbene Verkaufsoption als Einheit zu bewerten. Dabei sind Bewertungsgewinne bis zur Höhe der ihnen gegenüberstehenden Bewertungsverluste erfolgswirksam zu verrechnen. Bei der Bewertung der Basiswerte gilt der Basispreis als Wertuntergrenze, weil die Basiswerte über den Long-Put während oder am Ende der Optionslaufzeit zu diesem Preis verkauft werden könnten. Da die aktivierte Optionsprämie bei einer Ausübung des Long-Put aufwandswirksam auszubuchen wäre, ist es gerechtfertigt, die zuvor genannte Wertuntergrenze unter dem Gesichtspunkt der verlustfreien Bewertung um den Buchwert der aktivierten Optionsprämie zu vermindern.

Bei steigendem Marktpreis des Basiswerts kann zwischen Long-Put und dem Bestand des Underlying keine Bewertungseinheit gebildet werden. Eine Verrechnung der Optionsprämie mit unrealisierten Gewinnen aus dem Bestand an Basiswerten würde voraussetzen, daß der Bestand an Basiswerten zeitgleich veräußert wird. Zugleich würde dies gegen das strenge Niederstwertprinzip verstoßen.

*Micro-Hedge eines Short-Call durch einen Bestand an Basiswerten:*

Hat der Stillhalter die Basiswerte im Bestand, kann grundsätzlich auf die Bildung einer Drohverlustrückstellung verzichtet werden, da das Risiko des Short-Call durch

[331] Vgl. Institut der Wirtschaftsprüfer, Bankenfachausschuß, Stellungnahme BFA 2/1995: Bilanzierung von Optionsgeschäften, 1995, S. 422.

den Bestand an Basiswerten abgesichert ist.[332] Wenn der Underlyingpreis zwischen dem Zeitpunkt des Vertragsabschlusses und dem Bilanzstichtag über den Wert aus Basispreis zuzüglich erhaltener Optionsprämie steigt, ist bei einem ungedeckten Short-Call grundsätzlich eine Drohverlustrückstellung zu bilden.[333]

Ein Verlust droht bei einem gedeckten Short-Call jedoch dann, wenn der Marktwert des Underlying über dem Wert aus Basispreis zuzüglich der erhaltenen Optionsprämie liegt. Dies liegt daran, daß der Stillhalter im Falle der Ausübung das Underlying zum Basispreis liefern muß, der unter dem Marktwert liegt. Andererseits ist zu berücksichtigen, daß er die Optionsprämie schon vereinnahmt hat. In Höhe des drohenden Verlusts[334] ist eine Rückstellung für drohende Verluste aus schwebenden Geschäften zu bilden. Bei sinkendem Underlyingpreis kann die notwendige Abschreibung durch Gegenrechnung der passivierten Optionsprämie vermindert werden. Die Bewertungsuntergrenze bildet der Marktpreis zuzüglich der erhaltenen Optionsprämie. Alternativ kann der Bestand an Basiswerten auf den Wert aus Basispreis zuzüglich erhaltener Optionsprämie abgeschrieben werden.[335]

*Portfolio-Hedge:*

Über die beiden zuvor dargestellten Möglichkeiten hinaus ist eine Verrechnung von Bewertungsergebnissen auch ohne einen Absicherungsnachweis bestimmter Bilanzposten oder schwebender Geschäfte in der Form von Micro-Hedges zulässig. Dazu müssen die Optionen über denselben Basiswert, aber mit unterschiedlichen sonstigen Ausstattungsmerkmalen von einem Kreditinstitut im Rahmen seiner Handelsaktivitäten und der Risikosteuerung zusammengefaßt werden.[336]

Bestände von Optionen über identische Basiswerte können in einer Portfoliobewertung zusammengefaßt werden, wenn die Voraussetzungen erfüllt sind, die an die Bildung von Bewertungseinheiten in Portfolios geknüpft werden.[337]

#### 2.3.3.5.2 Futures

Da es sich bei Futures um schwebende Geschäfte handelt, die noch von keiner Seite erfüllt wurden, sind sie nicht in die Bilanz aufzunehmen. Lediglich die Zahlun-

---

332 Ein sog. gedeckter Short Call.

333 Vgl. Institut der Wirtschaftsprüfer, Bankenfachausschuß, Stellungnahme BFA 2/1995: Bilanzierung von Optionsgeschäften, 1995, S. 422.

334 Siehe Gl. 10, S. 90.

335 Vgl. Bundesverband deutscher Banken, Kommission für Bilanzierungsfragen, Behandlung von DTB-Aktienoptionen im Jahresabschluß von Banken, 1990, S. 215.

336 Vgl. Institut der Wirtschaftsprüfer, Bankenfachausschuß, Stellungnahme BFA 2/1995: Bilanzierung von Optionsgeschäften, 1995, S. 422.

337 Vgl. Bundesverband deutscher Banken, Kommission für Bilanzierungsfragen, Behandlung von DTB-Aktienoptionen im Jahresabschluß von Banken, 1990, S. 213. Die Voraussetzungen sind in Kapitel 2.3.3.4.3 Portfolio-Hedge, S. 86 ff. dargestellt.

gen des Initial Margin und der Variation Margins und evtl. erforderlich werdende Drohverlustrückstellungen werden bilanzwirksam.[338]

Soweit der Initial Margin als Bareinlage geleistet wird, ist er in die Bilanz des Sicherungsnehmers aufzunehmen.[339] Der Sicherungsgeber (Käufer bzw. Verkäufer des Future) hat seine Forderung gegen den Sicherungsnehmer im Regelfall unter „sonstigen Vermögensgegenständen" auszuweisen. Wird die Sicherungsleistung durch die Verpfändung von Wertpapieren erbracht, sind diese weiterhin beim Sicherungsgeber als dem rechtlichen und wirtschaftlichen Eigentümer auszuweisen.[340]

Neben der Einschußzahlung erfolgt eine tägliche Abrechnung der aufgelaufenen Gewinne und Verluste in Form der Variation Margins anhand des täglichen Abrechnungspreises. Durch die Variation Margin erfolgt ein täglicher Barausgleich, mit dem eine Angleichung des kontrahierten Preises an den aktuellen Marktpreis des Future erreicht wird. Kursgewinne bzw. -verluste werden gutgeschrieben bzw. belastet und liquiditätsmäßig ausgeglichen.

Vorläufige Gewinne und Verluste sind ungeachtet des in entsprechender Höhe stattfindenden Liquiditätsausgleichs zunächst als unrealisiert anzusehen. Geleistete und erhaltene Ausgleichszahlungen sind daher zweckmäßigerweise auf einem gesonderten Abgrenzungskonto gegenzubuchen. Erst bei der Glattstellung bzw. Erfüllung der Position darf der dann realisierte Gewinn oder Verlust erfaßt werden.

Transaktionskosten können aktiviert werden, wenn eine Kontrakterfüllung beabsichtigt ist. I.d.R werden diese Kosten jedoch als sofort abzugsfähiger Aufwand zu behandeln sein, da zum einen eine Erfüllung der Kontrakte normalerweise nicht beabsichtigt ist, zum anderen die Transaktionskosten im Verhältnis zum Kontraktwert unwesentlich sind.[341]

Am Bilanzstichtag ist die Initial Margin als Sicherheitsleistung grundsätzlich in unveränderter Höhe auszuweisen. Nur in Einzelfällen kann eine Einzelwertberichtigung notwendig sein.

Die Kontrakte sind am Abschlußstichtag einzeln zu bewerten. Dabei ist bei Financial Futures vom letzten verfügbaren Börsenkurs zum Abschlußstichtag auszugehen. Bewertungsgrundlage ist jeweils die tägliche Gewinn- und Verlustermittlung durch die Terminbörse über die saldierten Variation Margins. Das Bewertungsergebnis repräsentiert dabei die Auswirkungen der Veränderungen von Devisenkursen, Indizes oder Zinssätzen zum Bilanzstichtag gegenüber den jeweiligen Kontraktkonditionen zum Abschlußzeitpunkt.[342]

---

338 Vgl. Menninger, Jutta, Financial Futures und deren bilanzielle Behandlung, 1993, S. 115 ff.

339 Vgl. § 246 Abs. 1 Satz 3 HGB.

340 Vgl. § 246 Abs. 1 Satz 2 HGB.

341 Vgl. Deutsche Terminbörse, Grundsätze der Rechnungslegung für Kreditinstitute - Futures, 1991, S. 21.

342 Vgl. Göttgens, Michael/Prahl, Reinhard, Bilanzierung und Prüfung von Financial Futures und Forward Rate Agreements, 1993, S. 505.

Eine Rückstellung für drohende Verluste eines Future-Kontrakts ist vom Käufer bzw. Verkäufer dann zu bilden, wenn der Börsenkurs des Kontrakts am Bilanzstichtag unter bzw. über dem vereinbarten Kurs liegt. In diesen Fällen weist das Abgrenzungskonto für den Variation Margin einen Aktivsaldo auf. Es handelt sich dabei um den bis zum Bilanzstichtag aufgelaufenen und liquiditätsmäßig bereits ausgeglichenen Nettoverlust aus den kontrahierten Future-Positionen. Dieser Aktivsaldo ist zunächst unter „sonstigen Vermögensgegenständen" auszuweisen.

In der Höhe dieses Betrags droht dem bilanzierenden Unternehmen ein Verlust. Die Berücksichtigung dieses Verlusts sollte grundsätzlich durch die Bildung einer Drohverlustrückstellung erfolgen.[343] Es ist auch eine Abschreibung des Sollsaldos als Ausbuchung bzw. Wertberichtigung der Variation Margin möglich. Ein Nettogewinn in Form eines Habensaldos auf dem Abgrenzungskonto darf aufgrund des Imparitätsprinzips nicht berücksichtigt werden.[344]

Werden Futures glattgestellt, entfallen die gegenseitigen Rechte und Pflichten. Die erhaltenen und gezahlten Variation Margins werden daher grundsätzlich zum Zeitpunkt der Glattstellung in voller Höhe erfolgswirksam.[345] In der Literatur wird teilweise die Auffassung vertreten, die Bildung eines Rechnungsabgrenzungspostens zur zeitraumbezogenen Verteilung dieser realisierten Erfolgsbeiträge müßte in den Fällen zulässig sein, in denen die Futures als Absicherungsinstrument mit zeitraumbezogener Sicherungswirkung genutzt wurden.[346] Dieser Auffassung folgt der BFA in seiner Stellungnahme 2/1993 nicht.

Wird ein Future-Kontrakt erfüllt, sind die Basiswerte zum Erfüllungszeitpunkt zu liefern bzw. abzunehmen. Werden aus dem Kontrakt die Basiswerte geliefert, so bestimmen sich die Anschaffungskosten nach dem Kontraktpreis zuzüglich dem Nettowert der Variation Margins.[347] Bei einem gekauften Future erhöhen sich die Anschaffungsauszahlungen, soweit das Abgrenzungskonto durch einen zwischenzeitlichen noch nicht realisierten Verlust einen Aktivsaldo aufweist. Entsprechend vermindern sich die Anschaffungsauszahlungen bei einem Passivsaldo auf dem Abgrenzungskonto. Spiegelbildliche Auswirkungen ergeben sich für den Inhaber der Short-Position. Davon unabhängig sind die erworbenen Basiswerte am Bilanzstichtag zu bewerten.

---

343 Vgl. Institut der Wirtschaftsprüfer, Bankenfachausschuß, Stellungnahme BFA 2/1993: Bilanzierung und Prüfung von Financial Futures und Forward Rate Agreements, 1993, S. 517.

344 Vgl. Göttgens, Michael/Prahl, Reinhard, Bilanzierung und Prüfung von Financial Futures und Forward Rate Agreements, 1993, S. 509 f.

345 Vgl. Institut der Wirtschaftsprüfer, Bankenfachausschuß, Stellungnahme BFA 2/1993: Bilanzierung und Prüfung von Financial Futures und Forward Rate Agreements, 1993, S. 518.

346 Krumnow et al., Rechnungslegung der Kreditinstitute: Kommentar zum Bankbilanzrichtlinie-Gesetz und zur RechKredV, 1994, § 340e HGB, Rn. 390 m.w.N.

347 Vgl. Institut der Wirtschaftsprüfer, Bankenfachausschuß, Stellungnahme BFA 2/1993: Bilanzierung und Prüfung von Financial Futures und Forward Rate Agreements, 1993, S. 518.

Darüber hinaus können Variation Margins ausnahmsweise als Teil der Anschaffungskosten oder deren Minderung für Anschlußsicherungsgeschäfte angesehen werden, wenn diese Geschäfte zum Abwicklungszeitpunkt der Futures abgeschlossen werden und sie die Sicherungsabsicht in Bezug auf Laufzeit und Betrag erfüllen. Werden die realisierten Gewinne oder Verluste aus der ursprünglichen Sicherung als Teil der Anschaffungskosten des Anschlußsicherungsgeschäfts betrachtet, entspricht dies einer Verlagerung der Erfolgswirksamkeit. Bei Abschluß des ursprünglichen Sicherungsgeschäfts muß die Absicht der revolvierenden Sicherung dokumentiert werden, z.B. im Rahmen der Sicherungsstrategie.[348]

*Bilanzierung von Bewertungseinheiten:*

Dienen Futures nachweislich der Bilanzpostenabsicherung, so sind sie mit diesen zusammengefaßt zu bewerten. Dazu kann eine Bewertung des Bilanzpostens mit dem Preis des Sicherungsgeschäfts oder ein Verzicht auf eine Rückstellungsbildung für das Sicherungsgeschäft vorgenommen werden. Dies gilt entsprechend, wenn Futures zur Absicherung von nicht bilanzwirksamen Geschäften abgeschlossen werden.[349]

Bewertungsgewinne sind bis zu der Höhe der ihnen gegenüberstehenden Bewertungsverluste erfolgswirksam zu verrechnen, soweit durch gleichartige Gegenstände Zinsänderungsrisiken ausgeschlossen sind. Soweit Zinsänderungsrisiken zwar nicht ausgeschlossen sind, aber bei gegenläufigen Geschäften eine parallele Veränderung der Bewertungsergebnisse erwartet werden kann, ist eine derartige Verrechnung zulässig.[350]

#### 2.3.3.5.3 FRAs

Für FRAs gelten grundsätzlich die gleichen Bilanzierungsrichtlinien wie bei den Futures. Daher wird auf die Ausführungen zur Bilanzierung der Futures verwiesen. Nachfolgend werden nur die von der Bilanzierung von Futures abweichenden Bereiche angesprochen.

FRAs sind zum Bilanzstichtag grundsätzlich einzeln zu bewerten. Dabei kann i.d.R von den Marktquotierungen für die FRA-Zinssätze ausgegangen werden, soweit sich diese aus einem ausreichend liquiden Markt ergeben. Da Marktpreise nicht in der Form von unmittelbaren Kursen vorhanden sind, ist der Marktwert eines FRA über den Vergleich von vereinbartem FRA-Zinssatz mit dem am Abschlußstichtag geltenden FRA-Zinssatz eines entsprechenden FRA zu berechnen.

Der Marktpreis eines FRA ist mit dem Betrag identisch, zu dem der Bilanzierende seine Risikoposition am Bewertungsstichtag durch ein Gegengeschäft glattstellen

---

348 Vgl. Göttgens, Michael/Prahl, Reinhard, Bilanzierung und Prüfung von Financial Futures und Forward Rate Agreements, 1993, S. 511 f.

349 Bundesverband deutscher Banken, Bilanzielle Behandlung von DTB-Futures, 1991, S. 107; Krumnow et al., Rechnungslegung der Kreditinstitute: Kommentar zum Bankbilanzrichtlinie-Gesetz und zur RechKredV, 1994, § 340e HGB, Rn. 378 ff.

350 Vgl. Institut der Wirtschaftsprüfer, Bankenfachausschuß, Stellungnahme BFA 2/1993: Bilanzierung und Prüfung von Financial Futures und Forward Rate Agreements, 1993, S. 518.

könnte.[351] Ein Verlust aus einem FRA droht demnach dann, wenn aufgrund der Konditionen am Bilanzstichtag der Marktwert des FRA negativ ist. Um die Position zu schließen, wäre vom Bilanzierenden eine Ausgleichszahlung an den FRA-Vertragspartner zu leisten. In der Höhe dieser Zahlung ist eine Drohverlustrückstellung zu bilden.

Wird ein FRA am Abrechnungstag abgerechnet, werden dadurch gegenseitige Rechte und Pflichten erfüllt. Daher werden die erhaltenen und gezahlten Ausgleichszahlungen bei FRAs zu diesem Zeitpunkt in voller Höhe erfolgswirksam.[352] Wie bei den Futures gibt es von der sofortigen Erfolgswirksamkeit eine Ausnahme. Die Ausgleichszahlungen können unter den gleichen Voraussetzungen wie bei den Futures ausnahmsweise als Teil der Anschaffungskosten von Anschlußsicherungsgeschäften angesehen werden.

Entgegen der Entwurfsfassung der Stellungnahme 2/1993[353] spricht die endgültige Fassung nicht mehr davon, realisierte FRA-Gewinne bei Absicherungsgeschäften über eine bestimmte Zeit nach dem Absicherungszeitpunkt verteilt zu vereinnahmen. Ungeachtet dessen wird es in der Literatur als möglich angesehen, die Ausgleichszahlung abzugrenzen und als Minderung oder Erhöhung des Zinsaufwands bzw. Zinsertrags auf die Restlaufzeit des Grundgeschäfts bzw. über den beabsichtigten Sicherungszeitraum zu verteilen, falls ein FRA zur Absicherung einer geplanten Geldaufnahme oder -anlage eingegangen wurde.[354]

Da FRAs im Gegensatz zu Futures keinen konkreten Basiswert haben, z.B. in Form eines Wertpapiers, kann es keine Erfüllung durch physische Lieferung geben. Die Erfüllung findet deshalb immer im Wege der Ausgleichszahlung statt.

#### 2.3.3.5.4 Swaps

Swaps sind grundsätzlich als schwebende Geschäfte zu qualifizieren und damit nicht bilanzwirksam. Sämtliche Swap-Transaktionen sind in einer Nebenbuchhaltung zu erfassen. Beim Abschluß des Swap-Geschäfts stehen sich Ansprüche und Verpflichtungen ausgeglichen gegenüber, sofern die Konditionen marktgerecht sind. Der Marktwert des Swap ist im Zeitpunkt des Vertragsabschlusses somit gleich Null. Soweit aus dem Swap aufgrund veränderter Marktkonditionen Verluste drohen, ist eine Rückstellung für drohende Verluste aus schwebenden Geschäften zu bilden.

---

[351] Vgl. Göttgens, Michael/Prahl, Reinhard, Bilanzierung und Prüfung von Financial Futures und Forward Rate Agreements, 1993, S. 506.

[352] Vgl. Institut der Wirtschaftsprüfer, Bankenfachausschuß, Stellungnahme BFA 2/1993: Bilanzierung und Prüfung von Financial Futures und Forward Rate Agreements, 1993, S. 518.

[353] Vgl. Institut der Wirtschaftsprüfer, Bankenfachausschuß, Stellungnahme BFA 2/1993: Bilanzierung und Prüfung von Financial Futures und Forward Rate Agreements (Entwurf), 1993, S. 183.

[354] Vgl. Krumnow et al., Rechnungslegung der Kreditinstitute: Kommentar zum Bankbilanzrichtlinie-Gesetz und zur RechKredV, 1994, § 340e HGB, Rn. 401.

Die aus Swap-Geschäften resultierenden Zinszahlungsströme sind entsprechend der jeweils vereinbarten Zinsberechnungsmethoden für fixe und variable Zinsen, unter dem Gesichtspunkt der periodengerechten Erfolgsermittlung laufzeitbezogen abzugrenzen und zu bilanzieren. Am Bilanzstichtag fällige, aber noch nicht geleistete Zinsen sind deshalb in der Bilanz als Forderungen bzw. Verbindlichkeiten einzustellen. Dies gilt auch für die auf den Berichtszeitraum anteilig entfallenden, zukünftig fälligen Zinsen. Einmalige Zinszahlungen, als *up front* Zahlung oder nachträgliche Zinszahlung, sind auf der Grundlage des vereinbarten Effektivzinses über die Laufzeit des Swap aktiv bzw. passiv abzugrenzen.[355]

Es empfiehlt sich, die abzugrenzenden Zinsen je Swap-Vertrag miteinander zu verrechnen und lediglich den Nettobetrag je Swap-Vertrag in der Bilanz bzw. in der GuV auszuweisen. Hierfür spricht, daß die Zinsen im Regelfall *genettet* werden und bei Fristenkongruenz nur der Nettobetrag zwischen den Kontrahenten ausgetauscht wird. Ein Bruttoausweis würde die GuV nur unnötig verlängern. Für Kreditinstitute empfiehlt sich, die aus jedem Geschäft resultierenden Zinsaufwendungen und -erträge unsaldiert auf gesonderten Konten zu erfassen.[356]

Bei Swap-Kontrakten sind beide Partner bis zum Vertragsende zu Leistungen verpflichtet. Beim Zinsswap sind dies die Zinszahlungen auf einen fiktiven Kapitalbetrag, der nicht ausgetauscht wird. Da weder zu Beginn noch am Ende eines Zinsswap Kapitalbeträge geleistet werden, ist festzustellen, ob aus den getauschten Zinszahlungen ein Verlust droht, für den eine Drohverlustrückstellung zu bilden wäre. Dazu müssen die Barwerte der beiden Zahlungsströme ermittelt und saldiert werden. Ein Wert ungleich Null bedeutet, daß eine der Vertragsparteien im Bewertungszeitpunkt günstigere Konditionen am Markt erhalten würde, als bei Vertragsabschluß tatsächlich vereinbart wurden.

Ein Verlust droht, wenn das Swap-Geschäft einen negativen Marktwert hat. Dem kontrahierten Swap kann hierzu wie bereits ausgeführt ein Swap-Geschäft mit gleicher Restlaufzeit, aber mit anderen, aktuellen Konditionen gegenüber gestellt werden. Der sich ergebende Marktwert ist negativ, wenn das bilanzierende Unternehmen für eine fiktive Kontraktauflösung einen bestimmten Betrag an den Kontrahenten zu zahlen hätte. Dieser Betrag stellt die zu bildende Rückstellung dar.

Bei der Marktwertermittlung werden alle determinierten Zahlungsströme auf den Bewertungsstichtag diskontiert. Dies geschieht unabhängig davon, ob die Zinsen bis zum Bewertungsstichtag bereits verdient sind oder ob sie auf die Periode zwischen dem Bewertungsstichtag und dem nächsten Zinszahlungstag entfallen. Aus diesem Grund ist der Marktwert gegebenenfalls um den Barwert der auf den Zeitraum vom

---

355 Vgl. Scharpf, Paul/Epperlein, Joachim K., Rechnungslegung und interne Kontrolle von derivativen Finanzinstrumenten, 1995, S. 146.

356 Vgl. Bundesverband deutscher Banken, Kommission für Bilanzierungsfragen, Zur Rechnungslegung von Swapgeschäften, 1988, S. 160.

letzten Fixing bis zum Bewertungsstichtag entfallenden anteiligen Zinsen zu korrigieren.[357]

Auch beim Devisen-, Währungs- und kombinierten Zins- und Währungsswap handelt es sich um schwebende Geschäfte. Bei diesen Transaktionen findet jedoch ein Austausch der zugrundeliegenden Kapitalbeträge in Form eines Aktivtauschs statt. Hinsichtlich der weiteren zukünftigen Leistungsverpflichtungen liegen schwebende Geschäfte vor. Die Rückzahlungsverpflichtung ist ein unbedingtes Termingeschäft. Das Währungsrisiko dieser Swaps kann in die Steuerung des gesamten Währungsrisikos einbezogen werden.

Bei der Bildung von Bewertungseinheiten wird das dem Swap als Sicherungsgeschäft zugrundeliegende Basisgeschäft, z.B. ein festverzinsliches Wertpapier, zusammen mit dem Swap-Geschäft für die Zwecke der Bewertung als eine Einheit betrachtet. Die Kombination beider Geschäfte wird dann ihrerseits imparitätisch bewertet.

Bei Kreditinstituten ist die jeweils gegenüber einem Kontrahenten aus einem Swap-Geschäft bestehende Nettozinsforderung bzw. -verbindlichkeit als „Forderung an Kunden", „Forderungen an Kreditinstitute" bzw. als „Verbindlichkeiten gegenüber Kreditinstituten" oder „Verbindlichkeiten gegenüber Kunden" auszuweisen.[358] Dabei sollten die Swap-Geschäfte nicht saldiert werden.[359] Provisionszahlungen, die ein Kreditinstitut als Arrangeur dafür erhält, daß es zwei Swap-Parteien zusammengeführt hat, sind als „Provisionserträge" auszuweisen.

Werden Swaps im Macro-Hedge zur Absicherung des allgemeinen Zinsänderungsrisikos eingesetzt, können die Zinserträge bzw. -aufwendungen aus dem Swap-Geschäft als Regulativ der Finanzierungskosten betrachtet werden. In diesem Fall kommt ein Ausweis im Posten „Zinsaufwendungen" in Betracht. Dies geschieht unabhängig davon, ob es sich um Nettozinserträge oder -aufwendungen handelt.[360]

#### 2.3.3.5.5 Angaben über Finanzinnovationen im Anhang

Gem. § 36 der Verordnung über die Rechnungslegung der Kreditinstitute vom 10. Februar 1992 (RechKredV)[361] ist in den Anhang eine Aufstellung über die Arten von am Bilanzstichtag noch nicht abgewickelten fremdwährungs-, zinsabhängigen und sonstigen Termingeschäften aufzunehmen.[362] Zu den aufzunehmenden Geschäften

---

[357] Vgl. Scharpf, Paul/Luz, Günther, Risikomanagement, Bilanzierung und Aufsicht von Finanzderivaten, 1996, S. 425.

[358] Vgl. § 11 RechKredV.

[359] Vgl. Bundesverband deutscher Banken, Kommission für Bilanzierungsfragen, Zur Rechnungslegung von Swapgeschäften, 1988, S. 159.

[360] Vgl. § 29 RechKredV; Bundesverband deutscher Banken, Kommission für Bilanzierungsfragen, Zur Rechnungslegung von Swapgeschäften, 1988, S. 160.

[361] Vgl. BGBl. I 1992, S. 203-222.

[362] Vgl. Gebhardt, Günther, Berichterstattung deutscher Unternehmen über den Einsatz derivativer Finanzinstrumente, 1995, S. 609 ff.

gehören die Positionen, die ein Erfüllungsrisiko sowie Währungs-, Zins-, oder sonstige Marktpreisrisiken beinhalten. Betragsangaben sind dabei nicht erforderlich. Es ist lediglich anzugeben, ob ein wesentlicher Teil davon zur Deckung von Risiken abgeschlossen wurde und ob ein wesentlicher Teil davon auf Handelsgeschäfte entfällt. Was unter den Begriff „wesentlicher Teil" fällt, wird in der RechKredV nicht geregelt.[363]

## 2.3.4 Besteuerung

Die Ermittlung des zu versteuernden Einkommens als Nettoergebnis aus Finanzgeschäften erfolgt in Deutschland aufgrund des Maßgeblichkeitsprinzips. Dieses Prinzip besagt, daß die Handelsbilanz maßgeblich für die Steuerbilanz ist. Demnach hat ein Kaufmann zunächst eine Handelsbilanz zu erstellen, aus der er die Steuerbilanz ableitet.[364]

Die steuerbilanzielle Behandlung von Bewertungseinheiten gewinnt ihre Bedeutung daraus, daß an sie effektive Steuerbelastungen anknüpfen. So hätte ein Verzicht auf die Bildung von Bewertungseinheiten bei vorliegenden Sicherungsgeschäften eine entsprechend geringere Steuerlast zur Folge. In den Bewertungsvorschriften des § 6 EStG findet sich keine Spezialvorschrift für Fremdwährungsgeschäfte. Ebensowenig ist festgelegt, wann gegebenenfalls auf eine Teilwertabschreibung bei kursgesicherten Geschäften verzichtet werden kann. Daher ist eine handelsrechtlich vorzunehmende Kompensation auch uneingeschränkt maßgeblich für die Steuerbilanz.[365]

Der handelsbilanzielle Wertansatz von Finanzinnovationen ist steuerrechtlich zulässig. Daher ist ein von der Handelsbilanz abweichender Bilanzansatz in der Steuerbilanz nicht möglich.[366]

Durch das Mißbrauchsbekämpfungs- und Steuerbereinigungsgesetz[367] sind unter anderem die §§ 20 Abs. 1 Nr. 7, Abs. 2 Nr. 2-4; 43; 43a EStG zu einer vollständigeren Erfassung von Vermögenszuwächsen aus Finanzinnovationen neu gefaßt worden. Daneben wurde auch § 23 EStG, in dem die Steuerpflicht von Erträgen aus Spekulationsgeschäften geregelt ist, modifiziert. Daraus ergibt sich für die im Rahmen dieser

---

363 Vgl. Scharpf, Paul/Sohler, Armin, Leitfaden zum Jahresabschluß nach dem Bankbilanzrichtlinie-Gesetz - Bilanz, GuV und Anhang, 1992, S. 282 f.

364 Vgl. § 5 Abs. 1 EStG.

365 Vgl. Finne, Thomas, Bilanzierung von Fremdwährungsgeschäften und internationale Doppelbesteuerung, 1991, S. 209 f. m.w.N.; a.A. Schuhmacher, Andreas, Kompensatorische Bewertung bei der Sicherung von Bilanzpositionen durch Finanztermingeschäfte in Handels- und Steuerbilanz, 1995, S. 1478.

366 Vgl. Bertsch, Andreas/Kärcher, Ralph, Derivative Instrumente im Jahresabschluß und in der Steuerbilanz, 1996, S. 686.

367 Vgl. BGBl. II 1993, 2310 ff.; BStBl. I 1994, 50 ff.

Arbeit betrachteten Finanzinstrumente keine Kapitalertragssteuern. Mangels steuerpflichtigem Kapitalertrag stellt sich die Frage des Zinsabschlags nicht.[368]

Umfangreiche Steuerbefreiungen im Bereich der Finanzgeschäfte führen dazu, daß der hier betrachtete Handel von Finanzinnovationen keine Mehrwertsteuer auslöst.[369]

## 2.4 Nationaler Handel von Finanzinnovationen am Handelsplatz USA

In diesem Abschnitt wird zunächst auf das Bankwesen in den USA eingegangen, das sich von dem in Deutschland bekannten Universalbankensystem unterscheidet. Zugleich werden die Anforderungen an ausländische Banken, die in den USA operieren wollen, aufgezeigt und die möglichen Gesellschaftsformen beschrieben.

Es können im Rahmen dieser Arbeit keine umfangreichen Ausführungen zu dieser Thematik gegeben werden. Es ist jedoch notwendig, die Handlungsalternativen ausländischer Banken in den USA aufzuzeigen, da der internationale Handel von Finanzinnovationen zwischen Deutschland und den USA aus Sicht deutscher Banken nur durch eine Unternehmenseinheit in den USA gewährleistet werden kann.

Anschließend wird die Marktentwicklung in den USA und die dortige Bilanzierung dargestellt. Da sich in den USA aufgrund eines anderen Zielverständnisses der Bilanzierung die Besteuerung der Unternehmen nicht wie in Deutschland von der Bilanzierung ableitet, wird anschließend auf die Ermittlung des zu versteuernden Unternehmenserfolgs eingegangen.

### 2.4.1 Gesetzliche Rahmenbedingungen für ausländische Banken in den USA

Die Geldinstitute unterliegen entweder dem Bundesrecht oder dem Recht der einzelnen Bundesstaaten. Um ihre Tätigkeit aufzunehmen, müssen neu zu gründende Banken eine Bundes- oder eine Staatslizenz (*federal charter* oder *state charter*) erhalten.[370] Die Wahl zwischen diesen beiden Rechten hat zwei parallele Bankenaufsichtssysteme entstehen lassen. Etwa 3.300 Banken, die sog. nationalen Banken, sind unter Bundesrecht gechartert, 7.900 Geschäftsbanken unterliegen der staatlichen Kontrolle. Obgleich die Anzahl der nationalen Banken weit unter der Anzahl der staatlichen Banken liegt, ist die Summe ihrer Bilanzsummen wesentlich größer. Abgesehen von einigen in New York gecharterten Banken sind alle überregionalen Banken nationale Banken.[371]

---

[368] Vgl. Dahm, Joachim/Hamacher, Rolfjosef, Neues Einkommensteuerrecht für moderne Finanzinstrumente, 1994, S. 1, 14 u. 18 f.

[369] Vgl. Müller-Möhl, Ernst, Optionen und Futures, 1995, S. 302 f.

[370] Vgl. Kaufman, George G., The U.S. Financial System - Money, Markets and Institutions, 1986, S. 166.

[371] Vgl. Welsh, Gary, A Regulatory Guide for Foreign Banks in the United States - 1996 Edition, 1996, S. 12 f.

Aufgrund des 1991 erlassenen *Foreign Bank Supervision Enhancement Act* (FBSE Act) wurde die Aufsicht der ausländischen Banken den Bundesbehörden unterstellt. Auf Bundesebene ist die Aufsicht auf drei unabhängige Behörden verteilt: Das *Office of the Comptroller of the Currency* (OCC) seit 1863, die *Federal Reserve* seit 1913[372] sowie die *Federal Deposit Insurance Corporation* (FDIC) seit 1933.[373]

Der *Securities Act* von 1933, der infolge des Marktzusammenbruchs von 1929 erlassen wurde, bestimmt die Informationspflichten für die Ausgabe von Aktien. Das darauf aufbauende Gesetz *Securities Exchange Act* von 1934 regelt den Sekundärmarkt für Aktien. Hierdurch wurde die *Securities and Exchange Commission* (SEC) als eigenständige und unabhängige Aufsichtsbehörde für den Wertpapierhandel eingesetzt. 1938 wurde das Tätigkeitsfeld der SEC durch den *Maloney Act* auch auf den Handel von OTC-Produkten ausgedehnt.[374] Ziel ist es, die Funktionsfähigkeit und Effizienz des Kapitalmarkts zu sichern. Die Sicherung konzentriert sich vor allem in der Beachtung und im Schutz der Investoreninteressen, insbesondere der Kleinaktionäre.[375]

Jede Tätigkeit, die von einem Institut ausgeübt werden soll, ist durch die Aufsichtsbehörden zu genehmigen.[376]

Einen neuen Weg, die Zulassungsbestimmungen der US-Behörden zu umgehen, haben Morgan Stanley und Funds Distributor, Inc. gefunden, indem sie WEBS[377] über das World Wide Web im Internet vertreiben. Die Analyse- und Handelssoftware wird Interessenten kostenlos zu Verfügung gestellt.[378] Dies ist ein Beispiel für die neuen Entwicklungen im Finanzwesen, die erst durch die Internet-Anbindung möglich wurden.

Es ist US-Banken nicht gestattet, sich an Industrie- oder Dienstleistungsunternehmen zu beteiligen. Ebenso ist die Übernahme von Banken durch Banken nicht ohne weiteres gestattet.[379] Alle Banken sind verpflichtet, ihre Einlagen bei der Bundesver-

---

372 Für eine ausführliche Darstellung des Federal Reserve Systems vgl. Saint Phalle, Thibaut de, The Federal Reserve - An Intentional Mystery, 1985.

373 Vgl. White, Lawrence J., US Banking Regulation, 1994, S. 17f.

374 Vgl. Bronfman, Corinne/Lehn, Kenneth/Schwartz, Robert A., US Securities Market Regulation: Regulatory Structure, 1994, S. 41 f; Dufey, Gunter, Finanzinnovationen heute - Bestandsaufnahme und Ausblick, 1989, S. 20.

375 Vgl. Haller, Axel, Wesentliche Ziele und Merkmale US-amerikanischer Rechnungslegung, 1996, S. 6.

376 Eine ausführliche Liste dieser Tätigkeiten findet sich bei Kaufman, George G., The U.S. Financial System - Money, Markets and Institutions, 1986, S. 170 f.

377 WEBS: World Equity Benchmark Series, eine Zusammenstellung verschiedener Aktien von 17 verschiedenen Börsen aus aller Welt.

378 Vgl. Jeclicka, John, Funds Open Global Equities Market, 1996, S. 1.

379 Vgl. Bank Holding Company Act (BHC Act) von 1958; White, Lawrence J., US Banking Regulation, 1994, S. 19.

sicherung *Federal Deposit Insurance Corporation* (FDIC) zu versichern. Hiervon sind einige Gesellschaftsformen ausländischer Banken befreit.[380]

### 2.4.1.1 Gesellschaftsformen von Banken in den USA

Anders als im Deutschen Universalbankensystem werden in den USA aufgrund des 1933 erlassenen Glass-Steagal Act und dem darin verankerten Trennbankensystem verschiedene Arten von Geldinstituten unterschieden.[381]

#### 2.4.1.1.1 Geschäftsbanken (*Commercial Banks*)

Gegenüber anderen öffentlichen Geldinstituten, z.B. Spar- und Darlehenskassen (*savings associations* und *credit unions*), haben die Geschäftsbanken in den USA wesentlich weiterreichende Möglichkeiten. Ihr Geschäftsfeld erstreckt sich von gewöhnlichen Sparkonten, Scheckbuchkonten, kurz- und langfristigen Termingeldkonten und Fremdwährungsgeschäften über den Wertpapierhandel für Kundendepots bis hin zu treuhänderischen Tätigkeiten.

Die Commercial Banks konzentrieren sich als Depositenbanken auf gewerbliche Finanzierungen, kurzfristig durch Kredite, mittel- und langfristig über den organisierten Kapitalmarkt.[382]

Die Einlagen dieser Banken werden durch eine bundesweit einheitliche Versicherung, den *Bank Insurance Fund*, einem Mitglied der FDIC, bis zu einer Höhe von USD 100.000 je Kunde der versicherten Bank geschützt.

#### 2.4.1.1.2 Andere Einlageninstitute (*Other Depository Institutions*)

In den USA gibt es zahlreiche Geldinstitute, die nicht im Bereich der Geschäftsbanken tätig sind. Zu den spezialisierten Banken gehören die Sparkassen und die Darlehenskassen.[383]

- Die Saving Associations engagieren sich im wesentlichen in der Kreditvergabe des örtlichen Immobiliengeschäfts sowie im Sparbuchbereich.
- Die Credit Unions stellen hauptsächlich denen Kredite zur Verfügung, die einen festen Anstellungsvertrag haben und bei ihnen zuvor Sparguthaben hielten. Sie sind mit den deutschen Bausparkassen zu vergleichen.

Die Einlagen sind ebenfalls bis zu einer Höhe von USD 100.000 über den *Savings Association Insurance Fund* und die *National Credit Union Administration* versichert. Beide Versicherungen gehören ebenfalls zur FDIC.[384]

---

[380] Siehe hierzu 2.4.1.2 Gesellschaftsformen ausländischer Banken in den USA auf S. 104.

[381] Vgl. Hütz, Gerhard, Die Bankenaufsicht in der Bundesrepublik Deutschland und in den USA, 1990, S. 35; White, Lawrence J., US Banking Regulation, 1994, S. 20; Welsh, Gary, A Regulatory Guide for Foreign Banks in the United States - 1996 Edition, 1996, S. 9 f.

[382] Vgl. Hein, Manfred, Marktwirtschaftliche Bankensysteme außerhalb der Bundesrepublik Deutschland, 1993, S. 292.

[383] Vgl. Litan, Robert E., What Should Banks Do, 1987, S. 12.

#### 2.4.1.1.3 Finanzintermediäre ohne Einlagen (Non-Depository Financial Intermediaries)

Das Effektengeschäft wurde 1933 aus dem Geschäftsbereich der Commercial Banks herausgenommen und speziellen Wertpapierhäusern, den *investment banks* und *securities houses* zugeordnet. Sie übernehmen als *underwriter* die Emission von Effekten vor. Weiterhin betreiben sie sowohl für ihre Kunden als auch auf eigene Rechnung den Wertpapierhandel und sind im Fondsgeschäft tätig. Diese Finanzintermediäre unterliegen nicht den für Banken gültigen Gesetzen und sind auch nicht zur Versicherung verpflichtet. Beaufsichtigt werden sie von der SEC. Zusätzlich kontrolliert und reguliert sie ihr Verband, die *National Association of Securities Dealers* (NASD).[385]

### 2.4.1.2 Gesellschaftsformen ausländischer Banken in den USA

Ausländische Banken in den USA genossen lange Zeit Wettbewerbsvorteile gegenüber den US-amerikanischen Banken, da sie zum einen nicht durch die Bundesaufsichtsbehörden, sondern nur durch die Bankenaufsichtsbehörden der einzelnen Bundesstaaten überwacht wurden, und zum anderen den meisten Restriktionen bezüglich der Geschäftstätigkeit der US-amerikanischen Banken nicht unterlagen. Insbesondere zur Gleichstellung der Auslandsbanken mit den US-Banken erließ der amerikanische Kongreß 1978 den *International Banking Act.*[386]

Es gibt sechs Gesellschaftsformen, durch die ausländische Geldinstitute unterschiedliche Banktätigkeiten aufnehmen können:

- Repräsentanzen
- Agenturen
- Zweigstellen
- Niederlassungen
- Edge Act[387] und Agreement Corporations
- Kapitalvermittlungsgesellschaften

Während Repräsentanzen keinen Restriktionen bezüglich Nichtbank-Aktivitäten unterworfen sind, dürfen sich alle anderen Gesellschaftsformen gem. BHC Act nicht in dieser Form engagieren.

Die Federal Reserve diskriminiert nicht das Herkunftsland der beantragenden Auslandsbank, jedoch setzt sie voraus, daß die Bank im Heimatstaat einer ausreichenden staatlichen Aufsicht unterliegt. Die hierzu veröffentlichte Referenzliste (*list of*

---

384 Vgl. Kane, Edward J., The Gathering Crisis in Federal Deposit Insurance, 1985, S. 15.

385 Vgl. Hein, Manfred, Marktwirtschaftliche Bankensysteme außerhalb der Bundesrepublik Deutschland, 1993, S. 297.

386 Vgl. Levi, Maurice D., International Finance - The Markets and Financial Management of Multinational Business, 1990, S. 275.; Hütz, Gerhard, Die Bankenaufsicht in der Bundesrepublik Deutschland und in den USA, 1990, S. 97.

387 Edge Act von 1919.

*consolidated, comprehensive supervision*) beinhaltet all jene Staaten, die eine genügend strenge Bankenaufsicht praktizieren. Für Deutschland dient die West Merchant Bank als Tochter zweier Landesbanken als Referenz.[388]

1. Repräsentanzen
   Repräsentanzen können in jedem Staat unter Bundes- oder Staatsrecht gegründet werden. Sie stellen die einfachste Gesellschaftsform für ausländische Banken dar, sie sind jedoch in ihrem Tätigkeitsspektrum sehr eingeschränkt, da sie nur repräsentative und administrative Aufgaben für die Muttergesellschaft übernehmen dürfen. Insbesondere ist es ihnen untersagt, Geschäftsentscheidungen zu treffen. Damit können Repräsentanzen im wesentlichen nur Marketingtätigkeiten wahrnehmen, um den Kontakt zwischen Kunden und Zentrale herzustellen bzw. auszubauen und Akquisition für die Mutterbank zu betreiben.
   Aufgrund des eingeschränkten Tätigkeitsfelds unterliegen Repräsentanzen nur geringen gesetzlichen Anforderungen. Diese Form wird meistens zum Einstieg in den amerikanischen Markt gewählt, um international tätige Kunden auch in den USA vor Ort beraten zu können.

2. Agenturen
   Agenturen sind i.S.d. US-Rechts keine eigenständige Unternehmenseinheit, sondern eine Außenstelle der ausländischen Muttergesellschaft. Ihre vorrangige Aufgabe ist es, Geschäftskunden Darlehen zu geben und internationale Transaktionen zu finanzieren. Sie haben nicht das Recht, Einlagen entgegenzunehmen, können aber zur Durchführung ihrer Tätigkeiten Verrechnungskonten für ihre Kunden einrichten. Mitte 1995 operierten 9% aller ausländischen Banken unter dieser Gesellschaftsform.[389]

3. Zweigstellen
   Sie stellen im juristischen Sinne ebenfalls keine eigenständige Gesellschaften dar, sondern werden auch als Außenstellen der ausländischen Bank betrachtet. Eine Zweigstelle kann sämtliche Bankgeschäfte einschließlich Handel, Großkundengeschäft und Treuhändertätigkeiten ausüben.
   Zweigstellen sind jedoch zum Teil bezüglich der Einlagenhöhe Restriktionen ausgesetzt. Einlagen von mehr als USD 100.000 unterliegen keinerlei Restriktion. Einlagen unter 100.000 USD dürfen nur von Groß- und Auslandskunden entgegengenommen werden. Die Einlagen bei Zweigstellen ausländischer Banken sind aufgrund des FBSE Act nicht in der FDIC versichert. Hiervon sind nur jene Gesellschaften ausgenommen, die schon vor dem Inkrafttreten des FBSE Act vom

---

388 Vgl. International Banking Regulator, The CCS List, 1996, S. 3.

389 Vgl. Welsh, Gary, A Regulatory Guide for Foreign Banks in the United States - 1996 Edition, 1996, S. 24 zu den Bilanzsummen der Gesellschaftsformen ausländischer Banken in den USA.

19. Dezember 1991 bei der FDIC versichert waren. Einlagen dieser Zweigstellen sind auch weiterhin bis zu USD 100.000 versichert.[390]
Für die Einrichtung einer Zweigstelle statt einer Niederlassung sprechen die geringeren Kosten, da kein Stammkapital benötigt wird und keine separate Rechnungslegung zu erfolgen hat. Es sind jedoch kapitalersetzende Einlagen zu erbringen. Zusätzlich ist das gesetzliche Limit der Kreditvergabe wesentlich höher als bei Niederlassungen, da sich die Berechnung des maximalen Kreditrahmens auf das Eigenkapital der Muttergesellschaft bezieht.
75% aller ausländischen Banken haben Mitte 1995 unter dieser Gesellschaftsform operiert.[391]

4. Niederlassungen
Niederlassungen sind juristisch eigenständige Kapitalgesellschaften, die in den USA gegründet werden. Sie haben die gleichen Rechte und Pflichten wie die örtlichen Banken, können Einlagen entgegennehmen und sind verpflichtet, diese bei der FDIC zu versichern.
Der Vorstand hat sich mehrheitlich aus amerikanischen Staatsbürgern zusammenzusetzen.
Da die Niederlassungen juristisch eigenständige Gesellschaften darstellen, müssen sie über ausreichend Eigenkapital verfügen, das nicht im Zusammenhang mit dem Eigenkapital der Muttergesellschaft steht. Die Höhe des Eigenkapitals dient als Bemessungsgrundlage verschiedener Restriktionen für die Bankaktivitäten, z.B. wird das maximale Kreditvergabelimit hierüber bestimmt.

5. Edge Act und Agreement Gesellschaften
Falls eine US- oder eine Auslandsbank Anteile an einer Niederlassung erwerben will, kann dies nach Bundesrecht gem. Edge Act oder nach Staatsrecht als Agreement Gesellschaft erfolgen.[392] Edge Act und Agreement Gesellschaften können in jedem US-Bundesstaat unabhängig vom Heimatstaat der Muttergesellschaft der beteiligenden Bank gegründet werden. Es bedarf zur Beteiligung der Zustimmung des Vorstands. US-Banken haben sich dieser Gesellschaftsform bedient, um ein intrastaatliches Filialnetz aufzubauen.[393] Dies wurde ihnen jedoch durch den *Glass-*

---

390 Vgl. Kaufman, George G., The U.S. Financial System - Money, Markets and Institutions, 1986, S. 176.

391 Vgl. Welsh, Gary, A Regulatory Guide for Foreign Banks in the United States - 1996 Edition, 1996, S. 18.

392 Eine Beteiligung ausländischer Banken an Edge Act Gesellschaften ist erst seit dem International Banking Act von 1978 möglich geworden.

393 Vgl. Levi, Maurice D., International Finance - The Markets and Financial Management of Multinational Business, 1990, S. 276 f.

*Steagal Act* von 1993 untersagt.[394] Weiterhin wird den amerikanischen Banken hierdurch die internationale Tätigkeit ermöglicht.[395]

6. Kapitalvermittlungsgesellschaften
   Diese Gesellschaften können nur unter Staatsrecht, insbesondere New Yorker Staatsrecht, gegründet werden. Sie sind auf die Kapitalvermittlung spezialisiert und dürfen keine Einlagen entgegennehmen.

Deutsche Banken halten gemessen an ihren Bilanzsummen von insgesamt 57,1 Mrd. USD den sechst größten Anteil ausländischer Banken in den USA.

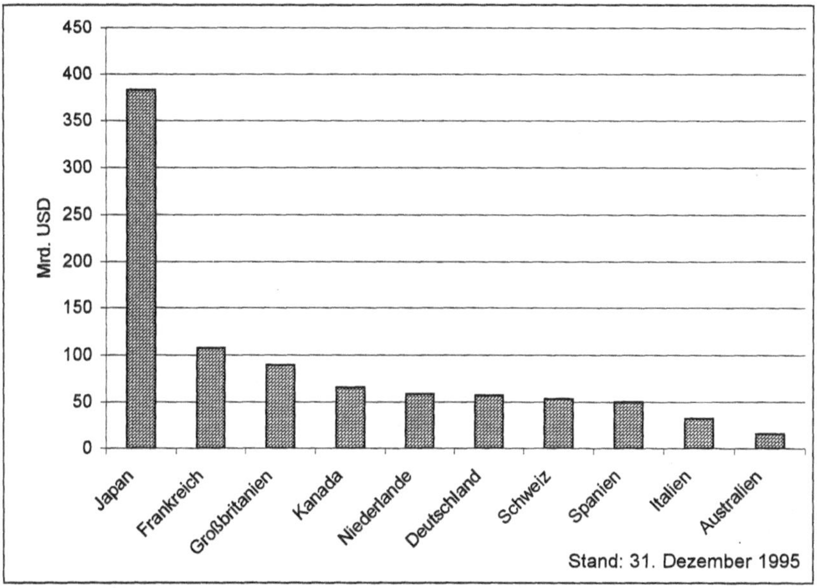


Abb. 9: Die zehn größten Länderbilanzsummen ausländischer Geschäftsbanken in den USA[396]

Die größte Bilanzsumme unter den deutschen Instituten weist die Bayerische Landesbank Girozentrale mit 12,1 Mrd. USD auf, gefolgt von der Deutschen Bank mit 11,3 Mrd. USD und der Commerzbank mit 8,5 Mrd. USD. Siehe hierzu die nachfol-

394 Vgl. Kaufman, George G., The U.S. Financial System - Money, Markets and Institutions, 1986, S. 175.

395 Vgl. Wang, Lawrence K., International Financial and Banking Systems, 1990, S. 145 f.

396 Vgl. Webb, Craig L., Total U.S. Assets of Foreign Banks as of December 1995, 1996, S. 2.

gende Tabelle zur Verteilung der Bilanzsummen und zu den gewählten Gesellschaftsformen deutscher Banken in den USA.

Tab. 5: Bilanzsummen und Gesellschaftsformen deutscher Institute in den USA am 31. Dezember 1995[397]

| **Institut** | **Bilanzsumme in Mrd. USD** | **Repräsentanz** | **Agentur** | **Zweigstelle/ Niederlassung** |
|---|---|---|---|---|
| Bayerische Landesbank Girozentrale | 12,187 | | | x |
| Deutsche Bank | 11,308 | x | | x |
| Commerzbank | 8,495 | | x | x |
| Westdeutsche Landesbank Girozentrale | 6,838 | x | x | x |
| Dresdner Bank | 6,660 | x | x | x |
| Bayerische Vereinsbank | 3,389 | x | x | x |
| Bayerische Hypotheken und Wechsel Bank | 3,140 | | | x |
| Landesbank Hessen-Thüringen Girozentrale | 1,818 | | | x |
| Norddeutsche Landesbank Girozentrale | 1,510 | | | x |
| Deutsche Genossenschaftsbank | 0,879 | | x | x |
| Berliner Handels- und Frankfurter Bank | 0,877 | x | | x |
| Landesgirokasse | - | x | | |
| M.M. Warburg & Co. | - | x | | |
| Südwestdeutsche Landesbank | - | x | | |

Während 1983 nur ca. 48% aller ausländischen Banken in den USA die Gesellschaftsform der Zweigstelle wählten,[398] bevorzugten 1995 ca. 75% diese Gesellschaftsform. Die Form der Niederlassung wird heute von ca. 16% gewählt, ca. 9% unterhalten lediglich Agenturen.[399] Die Gesellschaftsformen der deutschen Banken in den USA verteilen sich ähnlich:

[397] Quelle: Webb, Craig L., Total U.S. Assets of Foreign Banks as of December 1995, 1996, S. 10.

[398] Vgl. Kaufman, George G., The U.S. Financial System - Money, Markets and Institutions, 1986, S. 176.

[399] Vgl. Welsh, Gary, A Regulatory Guide for Foreign Banks in the United States - 1996 Edition, 1996, S. 24. Die Zurechnung erfolgt über die Bilanzsummen der einzelnen Gesellschaftsformen.

Tab. 6: Verteilung der Gesellschaftsformen deutscher Banken in den USA nach Bilanzsummen der Gesellschaftsform, Stand 31. Dezember 1995[400]

| Gesellschaftsform | Bilanzsumme in Mrd. USD | in % |
|---|---|---|
| Zweigstelle / Niederlassung | 53,142 | 93% |
| Agentur | 3,241 | 6% |
| Zweigstelle mit eingeschränkten Geschäftstätigkeiten | 0,717 | 1% |
| Summe: | 57,101 | 100% |

### 2.4.1.3 Geographische Restriktionen

Jeder Staat der USA reguliert das sich Niederlassen von Geschäftsbanken innerhalb seiner Staatsgrenzen. Die meisten Staaten, darunter New York, Kalifornien und Florida, gestatten den Geschäftsbanken, Zweigstellen im gesamten Staatsgebiet einzurichten. Zehn Staaten schränken die Banken ein, weitere Geschäftsstellen zu unterhalten. Sparkassen sind jedoch traditionell weniger stark geographisch reglementiert als die Geschäftsbanken.[401]

Der 1994 vom Kongreß erlassene *Riegle-Neal Interstate Banking and Branching Efficiency Act* ermöglicht Bank Holding Gesellschaften durch die Übernahme von Banken in anderen Staaten die Ausdehnung des Geschäftsgebiets auf weitere Staaten.[402] Die meisten ausländischen Banken bevorzugen New York als Heimatstaat für ihre US-Tochtergesellschaft, gefolgt von Kalifornien und Illinois.[403]

400 Quelle: Quelle: Webb, Craig L., Total U.S. Assets of Foreign Banks as of December 1995, 1996, S. 10; eigene Berechnungen.

401 Vgl. Kaufman, George G., The U.S. Financial System - Money, Markets and Institutions, 1986, S. 168.

402 Der *Riegle-Neal Interstate Banking and Branching Efficiency Act* tritt ab 1. Juni 1997 in Kraft. Jeder US-Staat hat bis dahin die Gelegenheit, sich gegen diese Regelung auszusprechen. Texas ist bisher der einzige Staat, der gegen Staatsgrenzen überschreitende Banken optiert hat.

403 Vgl. International Banking Regulator, Where (Most of) the Money Is ..., 1996, S. 5.

Tab. 7: Geographische Zuordnung der Gesellschaften und Bilanzsummen ausländischer Geschäftsbanken in den USA, Stand 31. Dezember 1995[404]

| Sitz der Gesellschaft | Anzahl der Gesellschaften | Verteilung | Bilanzsumme in Mrd. USD | Verteilung |
|---|---|---|---|---|
| New York | 423 | 50% | 656,7 | 71% |
| Miami | 81 | 10% | 16,9 | 2% |
| Atlanta | 24 | 3% | 9,6 | 1% |
| Chikago | 97 | 11% | 102,4 | 11% |
| Texas | 45 | 5% | 10,5 | 1% |
| Los Angeles | 114 | 13% | 62,6 | 7% |
| San Francisco | 47 | 6% | 54,9 | 6% |
| Seattle und Portland | 16 | 2% | 7,1 | 1% |
| Summe: | 847 | 100% | 920,7 | 100% |

Die deutschen Banken folgen dem Trend, ihren Hauptsitz in New York zu unterhalten. An den anderen Orten finden sich zumeist nur Agenturen oder Repräsentanzen. Dies schlägt sich in den Bilanzsummen entsprechend nieder. Über 90% des bilanzierten Kapitals ist den in New York ansässigen Gesellschaften zuzuordnen. Siehe hierzu auch die nachfolgende Tabelle.

Tab. 8: Geographische Zuordnung der Gesellschaften und Bilanzsummen deutscher Geschäftsbanken in den USA, Stand 31. Dezember 1995[405]

| Sitz der Gesellschaft | Anzahl der Gesellschaften | Verteilung | Bilanzsumme in Mrd. USD | Verteilung |
|---|---|---|---|---|
| New York | 19 | 53% | 52,298 | 92% |
| Los Angeles | 7 | 19% | 0,973 | 2% |
| Chikago | 6 | 17% | 0,862 | 2% |
| Miami | 2 | 6% | 2,203 | 4% |
| Atlanta | 2 | 6% | 0,764 | 1% |
| Summe: | 36 | 100% | 57,100 | 100% |

[404] Quelle: International Banking Regulator, Where (Most of) the Money Is ..., 1996, S. 5.

[405] Quelle: Webb, Craig L., Total U.S. Assets of Foreign Banks as of December 1995, 1996, S. 10; eigene Berechnungen.

## 2.4.2 Marktevaluation aus Sicht US-amerikanischer Banken

Die frühe Entwicklung des US-Markts für Futures spiegelt sich in der Anzahl der Terminbörsen wider. Von den 1980 weltweit existierenden fünf Terminbörsen befanden sich vier in den USA. Mitte der achtziger Jahre zogen andere Länder mit der Einrichtung von Terminbörsen nach. 1985 wurden an insgesamt 12 Börsen Terminkontrakte gehandelt, davon waren sechs Handelsplätze in den USA lokalisiert. Bis 1990 wurden außerhalb der USA weitere 10 Börsenplätze für Termingeschäfte gegründet.[406]

Tab. 9: Anzahl der Terminbörsen in den USA und der Welt.[407]

| **Jahr** | **1980** | **1985** | **1990** |
|---|---|---|---|
| USA | 4 | 6 | 6 |
| Weltweit | 5 | 12 | 22 |

Die Evaluation des US-amerikanischen Markts beruht auf den Daten der vierteljährlichen Berichte *"Call reports, schedule RC-L"* der 483 Geschäftsbanken und Treuhandgesellschaften an das *Office of the Comptroller of the Currency* (OCC) mit den vorläufigen Daten vom 31. Dezember 1996. Danach wuchs das Volumen derivativer Instrumente, gemessen an den Nominalbeträgen der Portfolios amerikanischer Geschäftsbanken, 1996 auf 20 Bio. USD. Die durchschnittliche Steigerungsrate der letzten sechs Jahre betrug für den US-amerikanischen Markt ca. 19,7% per anno[408] gegenüber 35% für den deutschen Markt.[409] Siehe hierzu auch die nachfolgende Abb. 10.

Am 31. Dezember 1996 umfaßten ca. 67% der Nominalbeträge dieser Finanzinnovationen Zinskontrakte, weitere 31% setzten sich aus Fremdwährungsgeschäften zusammen. Die verbleibenden 2% bestanden aus Waren- und Aktienkontrakten. Die Zusammensetzung der Kontrakte hat sich seit 1991 im wesentlichen nicht geändert. 87% der Geschäfte, bezogen auf das Nominalvolumen der Kontrakte, wurden OTC

406 Vgl. Miller, Merton, Financial Innovations and Market Volatility, 1991, S. 194.

407 Quelle: Research Division Chicago Mercantile Exchange; eigene Berechnungen.

408 Vgl. OCC, Quarterly Derivatives Fact Sheet - Fourth Quarter 1996, 1996, General Section; eigene Berechnungen. Die Daten für die Jahre 1990 bis 1994 schließen die Fremdwährungskassageschäfte mit ein. Ab 1995 werden diese Geschäfte nicht mehr berücksichtigt.

409 Vgl. Deutsche Bundesbank, Bilanzunwirksame Geschäfte deutscher Banken, 1993, S. 65, ergänzt durch die Antwort auf eine Anfrage an die Deutsche Bundesbank; eigene Berechnungen.

abgeschlossen, bei den restlichen 13% handelte es sich um börsengehandelte Positionen.[410]

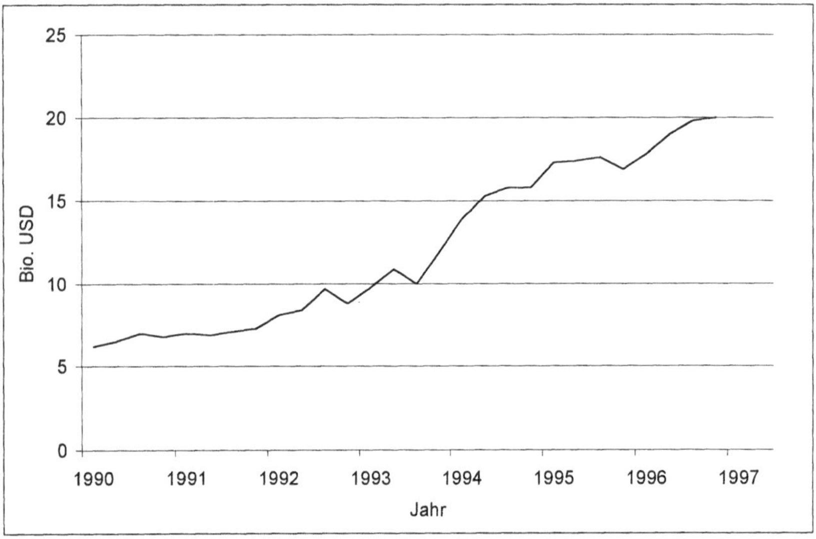


Abb. 10: Nominalbeträge derivativer Instrumente US-amerikanischer Geschäftsbanken[411]

Die Restlaufzeiten der Kontrakte waren vorwiegend kurzfristig. Sehr kurzfristige Kontrakte mit einer Restlaufzeit von bis zu 14 Tagen umfaßten 28% der Nominalvolumina. Knapp die Hälfte aller Positionen (47%) liefen innerhalb eines Jahres aus. 18% hatten noch eine mittelfristige Laufzeit, sie liefen in mehr als einem Jahr und innerhalb von fünf Jahren aus. Bei den verbleibenden 7% handelte es sich um langfristige Kontrakte mit einer Restlaufzeit von mehr als fünf Jahren.

Der Markt der Off-Balance-Sheet Instrumente erfährt weiterhin eine starke Konzentration. Die acht Geschäftsbanken mit den höchsten Engagements in diesem Markt waren für 94% aller Nominalvolumina verantwortlich, die 25 engagiertesten Geschäftsbanken umfaßten 98% aller Kontrakte.[412]

Unter der Berücksichtigung bilateraler Nettingvereinbarungen belief sich das Marktrisiko auf 252 Mrd. USD. Das Adressenausfallrisiko ist mit 37 Mio. USD nur in

[410] Vgl. OCC, Quarterly Derivatives Fact Sheet - Fourth Quarter 1996, 1996, General Section, Table 3 und Graph 3.

[411] Quelle: OCC, Quarterly Derivatives Fact Sheet - Fourth Quarter 1996, 1996, General Section, Graph 1.

[412] Vgl. OCC, Quarterly Derivatives Fact Sheet - Fourth Quarter 1996, 1996, General Section, Table 3 und Graph 4.

sehr geringem Umfang eingetreten. Die Kontraktbuchwerte, die nach mehr als 30 Tagen noch immer nicht bedient waren, belief sich auf 3 Mio. USD, weniger als 0,002% des gesamten Marktrisikos.[413] Diese Zahlen reflektieren die hohe Kreditwürdigkeit der Kontrahenten, mit denen die Geschäftsbanken in diesem Markt Kontrakte abschließen.

Die 25 Banken mit den größten Nominalvolumina an Derivate-Portfolios hielten 93,7% ihrer Kontrakte aus Gründen des Eigenhandels, während lediglich die verbleibenden 6,3% zum eigenen Risikomanagement genutzt wurden. Diese Eigenhandelskontrakte repräsentierten 91,8% der gesamten Nominalvolumina derivativer Instrumente der Geschäftsbanken. Im Gegensatz dazu hielten die nicht zu den Top 25 Banken des Handels mit Finanzinnovationen gehörenden Banken 72,3% ihrer Kontrakte aus anderen Gründen als den des Eigenhandels. Die Bruttomarktwerte, unterschieden in positive und negative Werte, hielten sich mit 244 Mrd. USD und 245 Mrd. USD positiver und negativer Bruttomarktwerte etwa die Waage.[414]

Die Berichte an das OCC enthalten auch Daten über die erwirtschafteten Gewinne der Banken. Danach konnten die aus den Off-Balance-Sheet Instrumenten generierten Gewinne 1996 um 22% auf 7,49 Mrd. USD gesteigert werden. 81% davon entfielen auf die engagiertesten acht Banken. Den größten Gewinnanteil hatten die Zinsinstrumente mit ca. 4 Mrd. USD, gefolgt von den Fremdwährungsgeschäften mit rund 2,6 Mrd. USD. Durch Geschäfte mit Aktienderivaten wurden etwa 0,4 Mrd. USD generiert, etwas mehr Gewinn als sich aus Warentermingeschäften mit ebenfalls rund 0,4 Mrd. USD ergab.[415]

Die steigende Bedeutung der derivativen Instrumente zeigt sich neben der Ausdehnung der Handelsvolumina auch in der sich weiter verbreitenden Anwendung der Finanzinnovationen bei immer mehr amerikanischen Unternehmen. Eine Studie der Canadian Imperial Bank of Commerce ergab, daß 41% der befragten Unternehmen 1995 Derivate nutzten, gegenüber 35% in 1994. 91% dieser Firmen nutzten diese Produkte um die Volatilität zu steuern. Auf das *cash-management* konzentrierten sich 49% der Unternehmen; 42% versuchten durch den Einsatz der Derivate die Profite zu erhöhen.[416]

Die Bedeutung des US-Markts für ausländische Banken zeigt sich darin, daß Mitte 1995 der Anteil der ausländischen Banken 21,8% aller Geschäftsbanken ausmachte. Sie finanzierten dabei 33,6% aller Unternehmensdarlehen.[417]

413 Vgl. OCC, Quarterly Derivatives Fact Sheet - Fourth Quarter 1996, 1996, Risk Section.

414 Vgl. OCC, Quarterly Derivatives Fact Sheet - Fourth Quarter 1996, 1996, Risk Section, Table 5 und 6.

415 Vgl. OCC, Quarterly Derivatives Fact Sheet - Fourth Quarter 1996, 1996, Revenue Section, Table 7 und Graph 6a.

416 Vgl. o.V., CIBC Unit's Survey On Derivatives Reveals Modest Gain in Use, 1996, S. 5.

417 Vgl. Welsh, Gary, A Regulatory Guide for Foreign Banks in the United States - 1996 Edition, 1996, S. 1 f.

### 2.4.3 Bilanzierung

Die nationalen Rechnungslegungskonzeptionen und die sich daraus ergebenden Grundsätze, Prinzipien und Vorschriften stellen Lösungen auf länderspezifische Bedürfnisse dar. Ihr Verständnis und ihre korrekte Interpretation ist nur möglich, wenn die historischen Entstehungshintergründe, die Rahmenbedingungen und die relevanten Einflußfaktoren bekannt sind, die die Rechnungslegungssysteme gestaltet haben. Als zentrale Einflußparameter für die Rechnungslegung in den USA erweisen sich insbesondere das Rechtssystem der richterlichen Entscheidungen sowie die große Bedeutung des Kapitalmarkts bei der Unternehmensfinanzierung. Diese sind natürlich ihrerseits auf die historische Entwicklung der sozialen und ökonomischen Strukturen der nordamerikanischen Gesellschaft zurückzuführen.[418]

Im Gegensatz zu Deutschland gibt es in den USA keine einheitliche, das Gebiet der Rechnungslegung betreffende, kodifizierte Rechtsquelle. Statt dessen richtet sich die genaue Ausgestaltung der Rechnungslegung vor allem nach Normen, die von privaten Institutionen erlassen wurden, sowie nach einzelvertraglichen Vereinbarungen. Um die Funktionsfähigkeit des Kapitalmarkts in bezug auf die Unternehmensberichterstattung möglichst optimal erreichen zu können, hat die SEC ihre Normensetzungsbefugnis hinsichtlich der materiellen Rechnungslegung auf eine private Organisation übertragen, mit der sie eng zusammenarbeitet.

Seit 1973 ist das *Financial Accounting Standard Board* (FASB) die Institution, die für die Verabschiedung von Rechnungslegungsnormen zuständig ist. Die Normen werden als *Financial Accounting Standard Board Statements* (FAS) veröffentlicht.[419]

Neben dem FASB wird die *Emerging Issues Task Force* (EITF) des FASB mit in die Beratungen über die bilanzielle Behandlung von neuen Finanzprodukten einbezogen. Die EITF wurde im Juni 1984 gegründet, um neu auftretende Bilanzierungsfragen kurzfristig zu beantworten. Es ist bemerkenswert, daß über die Hälfte der Themen, mit denen sich die EITF befaßt hat, neue Finanzinstrumente, Derivate sowie die synthetische Replizierung solcher Instrumente beinhalteten. Dies zeigt den großen Handlungsbedarf dieses gesamten Fragenkomplexes.[420]

#### 2.4.3.1 Zielsetzung der amerikanischen Rechnungslegung

Das *conceptual framework* des FASB, in dem die Zielsetzung der US-amerikanischen Rechnungslegung niedergelegt ist, wurde nicht zu einem Zeitpunkt entwickelt, sondern aus mehreren aufeinander aufbauenden und logisch zusammenhängenden Einzelblöcken sukzessiv zusammengefügt. Es stellt die nachvollzogene Entwicklung der Rechnungslegungsgrundsätze dar. Im *Statement of Financial Accounting Concepts*

---

418 Vgl. Haller, Axel, Wesentliche Ziele und Merkmale US-amerikanischer Rechnungslegung, 1996, S. 4.

419 Die bereits bekanntgegebenen Statements und Konzepte des FASB finden sich in: FASB, Original Pronouncements 1996/97 Edition - Accounting Standards as of June 1996, 1996.

420 Vgl. Herz, Robert H., Accounting, Financial Reporting, and Disclosure for Derivatives and Synthetics, 1996, S. 356.

(SFAC) *No.* 1 wird als Zielsetzung des *financial reporting* der Beitrag zu einer effizienten Funktionsweise des Kapitalmarkts und damit zu einer adäquaten Allokation knapper Ressourcen formuliert. Die Rechnungslegungsfunktion unterliegt somit einer makroökonomischen Auslegung. Um das Ziel zu erreichen, sollte die gesamte Unternehmensberichterstattung und damit auch der Jahresabschluß für wirtschaftliche Entscheidungen relevante Informationen liefern.[421]

Als Adressaten werden vor allem die bisherigen und die potentiellen zukünftigen Eigen- und Fremdkapitalgeber gesehen, die selbst nicht die wirtschaftliche Macht besitzen, von den Unternehmen die entscheidungsrelevanten Informationen einzufordern. Da gem. FASB alle Interessenten den Unternehmen Einkommenserwartungen entgegenbringen, sollten durch die Rechnungslegung vor allem Informationen gewährt werden, die eine fundierte Analyse der Unternehmenssituation ermöglichen. Aufgrund der Informationen sollen die Interessenten die Möglichkeit erhalten, die Beträge, die Zeitpunkte und die Wahrscheinlichkeit zukünftiger Zahlungsströme an das Unternehmen, und damit einhergehend an die Kapitalgeber, bestimmen zu können.[422]

Der im Geschäftsjahr erwirtschaftete Gewinn wird als bester Indikator des zu erwartenden *cash flow* gewertet. Deshalb liegt das Ziel der Rechnungslegung vornehmlich darin, Informationen über Geschäftstätigkeit und -erfolg zu liefern. Die Gewinnermittlung ist also nicht Finalziel der US-amerikanischen Rechnungslegung, sondern Instrumentalziel in bezug auf die Erfüllung der Informationsfunktion des Jahresabschlusses. Die Gewinnermittlung unter der Prämisse der Kapitalerhaltung in den Vordergrund der Rechnungslegung zu stellen, ist in den USA unüblich. Wichtiger ist dagegen eine adäquate Informationsvermittlung über die Zusammensetzung des Unternehmensergebnisses in Form einer konsequenten Erfolgsspaltung in der GuV-Rechnung.[423] Um eine verläßliche Abschätzung der zukünftigen Zahlungsströme zu gewährleisten, sollten neben der GuV-Rechnung im Jahresabschluß mit Hilfe anderer Rechnungslegungsinstrumente über die Unternehmensressourcen, -verpflichtungen und das Eigenkapital sowie über die Finanzmittelzu- und -abflüsse berichtet werden.[424]

Diese zentrale Stellung der Informationsgewährung begründet einerseits das Fehlen einer Ausschüttungsbemessungsfunktion amerikanischer Jahresabschlüsse sowie die strikte Trennung von finanzieller und steuerrechtlicher Gewinnermittlung. Ein Maßgeblichkeitsprinzip und dessen Umkehrung existiert in der US-Rechnungslegung nicht, da zwischen beiden Gewinnermittlungsarten ein Zieldissens vorliegt.[425]

Es werden daher zunächst kurz die Grundsätze der Rechnungslegung und die die Bilanzierung der Finanzinnovationen betreffenden Statements des FASB vorgestellt.

---

421 Vgl. FASB, SFAC No. 1, Abs. 33: „*decision usefulness*".

422 Vgl. FASB, SFAC No. 1, Abs. 37 u. 41.

423 Vgl. FASB, SFAC No. 1, Abs. 40-54.

424 Vgl. Haller, Axel, Wesentliche Ziele und Merkmale US-amerikanischer Rechnungslegung, 1996, S. 10.

425 Vgl. Haller, Axel, Das Verhältnis von steuerlicher und „handelsrechtlicher" Rechnungslegung in den USA, 1988, S. 725.

Die Grundsätze sind die tragenden Elemente des Normengebildes der externen Rechnungslegung in den USA, den *Generally Accepted Accounting Principles* (GAAP).[426] Daran anschließend wird auf die Erfolgsermittlung aus steuerrechtlicher Sicht eingegangen, um einen Vergleich zur deutschen Gewinnermittlung zu ermöglichen.

Die Entscheidungsrelevanz der gegebenen Information ist der oberste Grundsatz der Rechnungslegung, d.h. die Information muß den Adressaten aufklären.[427] Dazu muß die Bilanzierung durch ihre Vorhersagekraft die zukünftige Unternehmensentwicklung ersichtlich machen und zugleich ausreichend schnell zugänglich gemacht werden.[428] Daher ist das 10-K Formular innerhalb von 90 Tagen nach Ablauf des Geschäftsjahres beim zuständigen Finanzamt einzureichen. Um die Entscheidungsfindung anhand der Bilanz zu ermöglichen, muß zusätzlich eine Bewertung und gegebenenfalls eine Revidierung bereits getroffener Entscheidungen erfolgen.[429]

Ebenso ist der Grundsatz der Zuverlässigkeit der Bilanzierung in der amerikanischen Rechnungslegung bedeutend, da ohne ihn eine glaubwürdige und sinnvolle Informationsgewährung nicht möglich wäre.[430] Dazu müssen die in der Abrechnungsperiode aufgetretenen wirtschaftlichen Sachverhalte vollständig im Jahresbericht enthalten und entsprechend den Rechnungslegungsmethoden nachvollziehbar und überprüfbar sein.[431] Darüber hinaus sollte bei der Informationserstellung von den Sachverhalten ausgegangen werden und nicht die zu erwartenden wirtschaftlichen Konsequenzen einbezogen werden.[432] Diese Grundsätze stimmen im wesentlichen mit den deutschen Prinzipien Richtigkeit, Willkürfreiheit, Klarheit und Vollständigkeit überein.

Die beiden zentralen Grundsätze werden häufig unter dem Begriff der *fair presentation* zusammengefaßt. Die wahrheitsgemäße Darstellung der wirtschaftlichen Lage des berichtenden Unternehmens ist das alles überragende Prinzip, die Generalnorm der US-Rechnungslegung. Die Fair Presentation steht über der Forderung nach Einhaltung der GAAP.

Als weitere Folge der Relevanz und Verläßlichkeit haben sich weitere Grundsätze herausgebildet: Das Prinzip der zwischenbetrieblichen Vergleichbarkeit der Daten sowie der Grundsatz der Stetigkeit in den Datenerhebungsmethoden zur chronologischen Vergleichbarkeit.[433]

---

[426] Vgl. FASB, SFAC No. 2.

[427] *Relevance*: Vgl. FASB, SFAC No. 2, Abs. 46-57.

[428] *Predictive value* und *timeliness*: Vgl. FASB, SFAC No. 2, Abs. 53-55 und 56-57.

[429] *Feedback value*: Vgl. FASB, SFAC No. 2, Abs. 51-52.

[430] *Reliability*: Vgl. FASB, SFAC No. 2, Abs. 58-97.

[431] *Verifiability*: Vgl. FASB, SFAC No. 2, Abs. 81-89.

[432] *Neutrality*: Vgl. FASB, SFAC No. 2, Abs. 98-110.

[433] *Comparability* und *consistency*: Vgl. FASB, SFAC No. 2, Abs. 111-122 und 120-122.

Das Unternehmensergebnis sollte durch die Zuordnung von Erträgen und Aufwendungen im jeweiligen Geschäftsjahr und nicht durch Verrechnung von Ein- und Auszahlungen ermittelt werden. Wie in Deutschland besteht das Prinzip der periodengerechten Erfolgsermittlung aus den beiden Unterprinzipien Realisationsprinzip und Prinzip der sachlichen Abgrenzung.[434] Da jedoch auch hier der Entscheidungsnutzen im Vordergrund steht, erfahren diese beiden Grundsätze eine andere Interpretation als in Deutschland.

Eine erfolgswirksame Erlösverbuchung erfolgt in den USA ebenfalls erst nach Abschluß der Transaktion. Es gibt allerdings auch einige Vorgänge, die nach deutschem Verständnis zu einer Verbuchung unrealisierter Gewinne führen können. So sind bspw. bestimmte Gegenstände des Umlaufvermögens schon nach Beendigung des Herstellungsprozesses zu Marktpreisen erfolgswirksam zu verbuchen, z.B. Edelmetalle, Mineralien und landwirtschaftliche Güter. Unter der Beachtung des Informationsgedankens der amerikanischen Rechnungslegung sind daher auch noch nicht realisierte Geschäfte mit Finanzinnovationen in der Erfolgsrechnung zu berücksichtigen. Die ist in Deutschland so nicht möglich.

Auch bei der Bilanzbewertung steht der Gedanke des Entscheidungsnutzen der Information über dem Vorsichtsprinzip. Daher wird das Niederstwertprinzip auf der Aktivseite im Vergleich zu Deutschland wesentlich restriktiver ausgelegt, während ein Höchstwertprinzip auf der Passivseite fehlt. Verbindlichkeiten werden grundsätzlich zum Barwert bewertet. Darüber hinaus ist in einigen Bereichen, vor allem bei bestimmten Finanzinstrumenten und Wertpapieren, eine Bewertung zu Zeitwerten möglich. Das generell gültige Prinzip der Bewertung zu historischen Kosten wird somit durchbrochen.

Schließlich gibt es bei den US-GAAP wesentlich weniger Bewertungswahlrechte als bei den GoB. Diese Eingrenzung des bilanzpolitischen Spielraums, stille Reserven zu bilden, läßt sich als Folge der Grundsätze der Verläßlichkeit, Relevanz und Vergleichbarkeit werten.[435]

Der Jahresabschluß hat folgende Elemente zu enthalten:[436]

- Aktiva und Passiva in der Bilanz
- GuV-Rechnung
- Kapitalflußrechnung
- Entwicklung des Eigenkapitals
- Anhang

Im Anhang, den sog. *notes*, werden die in den verschiedenen Elementen des Jahresabschlusses gemachten Angaben erläutert und ihre Ermittlung dargelegt. Die dort

---

[434] *Accrual principle: Realization* und *matching*: Vgl. FASB, SFAC No. 6, Abs. 143 und 144-152.

[435] Vgl. Haller, Axel, Wesentliche Ziele und Merkmale US-amerikanischer Rechnungslegung, 1996, S. 18.

[436] Vgl. FASB, SFAC No. 6, Abs. 1-8.

gemachten Angaben ermöglichen es dem bilanzierenden Unternehmen, die immer komplexer werdenden Unternehmensabläufe den Informationsadressaten zu erklären, und über die quantitativen Angaben hinaus weitere Informationen zu gewähren. Im Anhang werden ebenfalls Informationen über die Off-Balance-Sheet Instrumente veröffentlicht.

### 2.4.3.2 Die amerikanische Rechnungslegung von Finanzinstrumenten

Das FASB beschäftigt sich seit Mai 1986 mit der Bilanzierung von Off-Balance-Sheet Finanzinstrumenten. Aufgrund der Komplexität dieses Themenbereichs und der Notwendigkeit, Informationen über den Einsatz von nicht zu bilanzierenden Finanzinstrumenten zu veröffentlichen, hat sich das FASB dazu entschlossen, zwischenzeitlich verschiedene Statements abzugeben, die schrittweise die Bilanzierung dieser Instrumente festlegen.

Bei der Bilanzierung derivativer Finanzinstrumente baut das FASB auf dem zuvor im Dezember 1981 veröffentlichten FAS No. 52 *Foreign Currency Translation* und dem im August 1984 veröffentlichten FAS No. 82 *Accounting for Futures Contracts* auf. Das erste Statement, das sich mit der Veröffentlichung von Informationen über Off-Balance-Sheet Finanzinstrumenten beschäftigt, ist das im März 1990 bekanntgegebene FAS No. 105 *Disclosure of Information about Financial Instruments with Off-Balance-Sheet Risk and Financial Instruments with Concentrations of Credit Risk*. Im Dezember 1991 wurde das FAS No. 107 *Disclosures about Fair Value of Financial Instruments* veröffentlicht. Schließlich folgte im Oktober 1994 das FAS No. 119 *Disclosure about Derivative Financial Instruments and Fair Value of Financial Instruments*, in dem mehrere Änderungen der FAS No. 105 und No. 107 enthalten sind.

Die geforderten Angaben sind von allen Unternehmen branchenunabhängig zu erbringen, damit die Jahresabschlüsse untereinander vergleichbar sind. Obgleich sich die FAS auf die Bilanzierung von Finanzinstrumenten bei Unternehmen jeder Branche erstrecken, sind die Kreditinstitute am stärksten davon betroffen.[437]

Im Juni 1996 wurden Vorschläge für weitere Bilanzierungsrichtlinien veröffentlicht: *Proposed Statement of Financial Accounting Standards* (PFAS) *Accounting for Derivative and Similar Financial Instruments and for Hedging Activities*. Im Juli 1997 wurde eine veränderte Fassung veröffentlicht. Trotz des vorläufigen Charakters dieser Vorschläge, sollen sie dennoch wegen der zu erwartenden Gültigkeit kurz dargestellt werden.

#### 2.4.3.2.1 FAS No. 52: Foreign Currency Translation

Der Jahresabschluß hat Informationen über die Geschäftstätigkeit, die finanzielle Lage sowie die Zahlungsströme unter Verwendung von Finanzdaten bereit zu stellen. Sind verschiedene Unternehmenseinheiten im Ausland tätig, so sind deren Ergebnisse

[437] Vgl. Gebhardt, Günther, Berichterstattung deutscher Unternehmen über den Einsatz derivativer Finanzinstrumente, 1995, S. 609 ff; Pfeffer, Andreas, Publizitätspflichten für derivative Finanzinstrumente nach US-GAAP, 1995, S. 412 ff.

im Jahresabschluß der Muttergesellschaft zu berücksichtigen. Dazu sind die verschiedenen Währungen in die Währung des berichtenden Unternehmens zu transformieren.[438]

Unter Femdwährungstransaktionen werden gem. FAS No. 52 Geschäftsvorfälle verstanden, die in einer vom Jahresabschluß unterschiedlichen Währung abgewickelt werden. Zum Erfassungszeitpunkt des Geschäftsvorfalls in der Buchführung erfolgt die Umrechnung mit dem Stichtagskurs.[439] Sind am Bilanzstichtag noch Forderungen oder Zahlungsverpflichtungen in fremder Währung offen, so werden diese Fremdwährungspositionen mit dem entsprechenden Wechselkurs des Bilanzstichtags umgerechnet.[440] Die resultierenden Wertänderungen sind mit Ausnahme von Wertänderungen bei Fremdwährungspositionen, die als Sicherungsgeschäft oder gesicherte Position deklariert sind, erfolgswirksam. Der Zusammenhang zwischen Grund- und Sicherungsgeschäft macht die ausdrückliche Widmung durch den Steuerzahler am Tage des Geschäftsabschlusses als notwendige formale Voraussetzung erforderlich.[441]

Begründet wird diese Vorgehensweise damit, daß Auslöser für den Währungsgewinn oder -verlust die Wechselkursänderung im abgelaufenen Geschäftsjahr und nicht die spätere Erfüllung der Zahlungsverpflichtung ist. Entsprechend wird der Ausweis des Währungsgewinns oder -verlusts in der GuV des Geschäftsjahres gefordert, in dem die Wechselkursänderung aufgetreten ist.[442]

Mit dieser Regelung sollen dem Adressaten der Rechnungslegung Informationen geliefert werden, die die zu erwartenden wirtschaftlichen Auswirkungen einer Wechselkursänderung auf Cash Flow und Eigenkapital eines Unternehmens verdeutlichen.[443]

Die Behandlung von Devisentermingeschäften bei der Umrechnung hängt vom Typ des jeweiligen Geschäfts ab. Folgende Unterscheidungen werden getroffen:

- Absicherung des Erwerbs einer Beteiligung an einer ausländischen Gesellschaft
- Absicherung einer bestimmten Währungsverbindlichkeit
- Absicherung anderer Fremdwährungsaktiva und -passiva
- Devisentermingeschäfte mit spekulativem Charakter

Das rechnerische Ergebnis ergibt sich aus der Differenz zwischen dem Wechselkurs am Bilanzstichtag und dem Tageskurs, an dem der Kontrakt abgeschlossen wurde bzw. dem letzten Bilanzstichtag. Bei den ersten drei Typen ist davon gesondert der

438 Vgl. FAS No. 52, Abs. 4 u. 5.

439 Vgl. FAS No. 52, Abs. 17 ff.

440 Vgl. FAS No. 52, Abs. 15 f.

441 Vgl. Finne, Thomas, Bilanzierung von Fremdwährungsgeschäften und internationale Doppelbesteuerung, 1991, S. 215.

442 Vgl. FAS No. 52, Abs. 122-124.

443 Vgl. Lanegnbucher, Günther, Die Umrechnung von Jahresabschlüssen, 1982, S. 392.

Auf- bzw. Abschlag aus der Differenz zwischen dem Kassa- und dem Terminkurs zu ermitteln und in der GuV verteilt über die Laufzeit auszuweisen.

Währungsgewinne oder –verluste aus einem Devisentermingeschäft, das zur Absicherung einer Währungsverpflichtung eingegangen wurde, sind unter Beachtung des Niederstwertprinzips zusammen mit dem Grundgeschäft als Hedge zu erfassen, sofern sowohl der Koppelungscharakter als auch die Währungsverpflichtung eindeutig gegeben sind. Ein möglicher Auf- oder Abschlag kann wahlweise in der GuV oder mit dem Grundgeschäft erfaßt werden.[444]

#### 2.4.3.2.2 FAS No. 80: Accounting for Futures Contracts

Dieses im August 1984 veröffentlichte Statement legt die Bilanzierungsgrundsätze für börsengehandelte Futures mit Ausnahme von Fremdwährungskontrakten fest.[445] Forwards werden im Statement No. 80 nicht erfaßt. Diese Geschäfte werden aufgrund ihres individuellen Charakters als zu unterschiedlich zu den Futures angesehen, insbesondere da die Forwards zu großem Teil durch Erfüllung beendet werden. Dennoch bedeutet die Nichteinbeziehung der Forwards und der Devisentermingeschäfte[446] nicht, daß die hier beschriebenen Grundsätze nicht auch für diese Kontrakte angewandt werden können.[447]

Das FASB versucht festzulegen, unter welchen Voraussetzungen ein Hedge vorliegt. Die Realisierung von Gewinnen oder Verlusten muß bei anerkannten Hedges nicht zum Bilanzstichtag erfolgen, sondern kann auf den tatsächlichen Abwicklungszeitpunkt hinausgeschoben werden. Dazu muß eine Verknüpfung zwischen Grund- und Sicherungsgeschäft eindeutig erkennbar sein.[448]

In FAS No. 80 wird vorgeschrieben, daß die zwischenzeitlichen Marktpreisveränderungen von offenen Future-Kontrakten als Gewinn und Verlust bei der Bilanzierung zu berücksichtigen sind. Die Einschußzahlung ist in der Bilanz als Forderung an das Clearinghaus auszuweisen. Die Vermögenswerte oder Verpflichtungen, die den einzelnen Kontrakten zugrunde liegen, sind nicht in der Bilanz auszuweisen. Sie werden nur im Falle der Erfüllung erfaßt.

Die Kontrakte sind mit ihren Marktpreisen zu bewerten. Die Forderungen an das Clearinghaus sind entsprechend den Marktpreisveränderungen erfolgswirksam zu erhöhen oder zu vermindern. Eine Bewertung nach dem Niederstwertprinzip wird abgelehnt, da durch die laufenden Ausgleichszahlungen Gewinne und Verluste als

[444] Vgl. FAS No. 52, Abs. 20 f.

[445] Vgl. FAS No. 80, Abs. 1.

[446] Die Bilanzierung von Devisentermingeschäften wurde bereits in FAS No. 52 geregelt.

[447] Vgl. FAS No. 80, Abs. 34; Herz, Robert H., Accounting, Financial Reporting, and Disclosure for Derivatives and Synthetics, 1996, S. 386 f.

[448] Vgl. Niehus, Rudolf J., Grundsätze ordnungsgemäßer Bilanzierung von Wertpapier- und Warentermingeschäften in den USA, 1985, S. 235 f.

realisiert gewertet werden können. Das Schließen einer offenen Position ist für die Ertragsrealisierung daher nicht entscheidend.[449]

Sicherungsgeschäfte werden anders behandelt. Zur Anerkennung als Hedge muß die abzusichernde Position ein Preisänderungs- oder ein Zinsänderungsrisiko für das Unternehmen beinhalten, das nicht durch andere Aktiva, Passiva oder zukünftige Transaktionen kompensiert wird. Das Sicherungsgeschäft muß als Hedge identifiziert werden und eine hohe Korrelation zwischen der Wertveränderung des Grundgeschäfts und der des Sicherungsgeschäfts aufweisen. Dabei wird vorausgesetzt, daß es sich bei dem Grundgeschäft um eine einzelne Position oder eine identifizierbare Gruppe von im wesentlichen ähnlichen Geschäften handelt. Es werden somit nur Micro-Hedges für die Bilanzierung als Sicherungsgeschäft zugelassen.[450]

Falls die abgesicherte Positionen zum Marktwert bilanziert werden, ist auch der entsprechende Terminkontrakt zum Marktwert zu bilanzieren. Entsprechend sind Marktpreisänderungen des Kontrakts erfolgswirksam zu erfassen.

Werden die Grundgeschäfte zu historischen Anschaffungskosten oder zum Niederstwert bewertet, dann sind Gewinne und Verluste aus dem Terminkontrakt als Buchwertkorrektur der abgesicherten Position zu erfassen. Dies bedeutet, daß das Ergebnis aus dem Sicherungskontrakt den Wert des abgesicherten Aktivums oder Passivums erhöhen oder vermindern. Die Marktwertveränderungen von Futures, die als Hedge einer festen Verpflichtung abgeschlossen wurden, sind bei der Bewertung der Transaktion, die mit Erfüllung dieser Verpflichtung zusammenhängt, zu berücksichtigen.

Bei antizipativen Hedges sind Gewinne und Verluste aus dem Future erfolgsneutral abzugrenzen und bei der Bewertung der zugehörigen zukünftigen Transaktion zu berücksichtigen. Sollte die Terminposition beendet werden, bevor die zukünftige Transaktion stattfindet, so ist das Ergebnis des Termingeschäfts weiterhin abgegrenzt zu halten. Erst bei der Durchführung des Grundgeschäfts und dessen Bilanzierung ist es zu berücksichtigen. Das abgegrenzte Terminergebnis ist ab dem Zugang des geplanten Aktivums oder Passivums erfolgswirksam als Korrektur des Aufwands oder Ertrags über die Restlaufzeit aufzulösen.[451]

Die Abgrenzung des Terminkontrakts ist solange zulässig, wie das zugrundeliegende Risiko durch diese Position mit entsprechend hoher Korrelation reduziert wird. Dies bedeutet, daß die Sicherungsvoraussetzungen regelmäßig während der gesamten Laufzeit des Sicherungsgeschäfts überprüft werden müssen. Werden die Bedingungen nicht mehr erfüllt, so ist der Terminkontrakt ab diesem Zeitpunkt zu Marktpreisen zu bewerten. Der Überschuß des Gewinns oder Verlusts über den aufgelaufenen unberücksichtigten Verlust oder Gewinn, der der abgesicherten Position zuzurechnen ist, muß sofort erfolgswirksam erfaßt werden.[452]

---

[449] Vgl. Schmekel, Helmut, Die Bilanzierung von Terminkontrakten in den USA, 1985, S. 1495.

[450] Vgl. FAS No. 80, Abs. 5.

[451] Vgl. FAS No. 80, Abs. 9.

[452] Vgl. FAS No. 80, Abs. 11.

#### 2.4.3.2.3 FAS No. 105: Disclosure of Information about Financial Instruments with Off-Balance-Sheet Risk and Financial Instruments with Concentrations of Credit Risk

In diesem Statement werden branchenunabhängig für alle Unternehmen die Pflichtangaben bezüglich der Off-Balance-Sheet-Risiken für bestimmte Finanzgeschäfte sowie die Angabepflicht bezüglich der Konzentration von Kreditrisiken aus sämtlichen bilanzwirksamen und bilanzunwirksamen Finanzinstrumenten geregelt. Die Angabepflicht entfällt, sofern bereits Angaben im Rahmen anderer Statements gemacht werden.[453]

Für jede Gruppe von Finanzinstrumenten mit Off-Balance-Sheet-Risiko muß der Nominalwert (*face, contract* oder *notional amount*) angegeben werden. Darüber hinaus müssen die Art und die Bedingungen der Finanzinstrumente angegeben werden. Außerdem muß eine Kredit- und Marktrisikoanalyse für diese Instrumente sowie eine Darstellung der Zahlungsströme erfolgen. Weiterhin wird die Angabe des Verlustpotentials und der Sicherheiten sowie der Geschäftspolitik hinsichtlich der Sicherungsanforderungen verlangt.[454]

Während die Angabepflichten zum Off-Balance-Sheet-Risiko nur für bestimmte Finanzgeschäfte bestehen, können die Angabepflichten zur Konzentration von Kreditrisiken für sämtliche Finanzinstrumente relevant sein. Hinsichtlich der Kreditrisiken muß eine Risikokonzentration vorliegen. FAS No. 105 gibt keine abschließende Aufzählung an, unter welchen Umständen eine angabepflichtige Konzentration vorliegt. Sie kann bspw. vorliegen, wenn mehrere Kontrahenten aus einer Region oder Branche stammen.

Kommt das Management des bilanzierenden Unternehmens zu dem Ergebnis, daß eine Konzentration des Kreditrisikos vorliegt, so sind der Grund, das Ausfallpotential, die erhaltenen Sicherheiten und die Bewertungsmethoden dieser Sicherheiten offenzulegen. Die Angaben sind um eine Beschreibung der Sicherheiten und eine Analyse der Verwertbarkeit dieser Sicherheiten zu ergänzen.

Die Angabepflichten sind in der nachfolgenden Tabelle zusammengefaßt.

---

[453] Vgl. Gut, Alexander, Buchführung und Ausweis von derivativen Finanzinstrumenten im internationalen Vergleich, 1995, S. 965.

[454] Vgl. FAS No. 105, Appendix B.

Tab. 10: Angabepflichten zu Finanzinstrumenten gem. FAS No. 105

| **Off-Balance-Sheet-Risiken** | **Konzentration von Kreditrisiken** |
|---|---|
| • Nominal- oder Gesamtkontraktwert<br>• Art und Konditionen der Geschäfte<br>• Analyse des Kredit- und Marktrisikos<br>• Zahlungsströme aus den Geschäften<br>• Verlustpotential<br>• Besicherung der Geschäfte<br>• Geschäftspolitik hinsichtlich der Beschaffung von Sicherheiten | • Grund des Ausfallpotentials, z.B. regionale Konzentration der Kontrahenten<br>• Ausfallpotential<br>• Beschreibung der Sicherheiten<br>• Bewertung der erhaltenen Sicherheiten<br>• Analyse der Verwertbarkeit der Sicherheiten |

#### 2.4.3.2.4 FAS No. 107: Disclosures about Fair Value of Financial Instruments

FAS No. 107 schreibt vor, daß der *fair value* (Marktwert) sämtlicher Finanzinstrumente anzugeben ist, wenn eine Schätzung dieses Werts durchführbar ist. Es werden dann Schätzungen als durchführbar eingestuft, wenn für das Unternehmen kein unangemessen hoher Aufwand entsteht. Führt die Ermittlung des Fair Value eines Instruments oder einer bestimmten Gruppe von Instrumenten zu unverhältnismäßig hohen Kosten, kann auf diese Angabe verzichtet werden, dies ist jedoch zu begründen. Gleichzeitig muß der Buchwert, der Zinssatz und die Fälligkeit des Finanzinstruments genannt werden.[455]

Der Fair Value ist der Marktpreis eines Finanzinstruments ohne Berücksichtigung besonderer Situationen, d.h. der Preis, zu dem das Instrument in einer laufenden Transaktion zwischen zwei Partnern frei gehandelt werden kann. Bei börsengehandelten Finanzinstrumenten ist dies der Börsenpreis. Werden Marktpreise in verschiedenen Märkten notiert, sollte der Börsenpreis des liquidesten Markts verwendet werden.[456]

Der Fair Value von OTC-Produkten ist finanzmathematisch mittels geeigneter Preismodelle zu ermitteln. Dazu werden verschiedene Möglichkeiten zur Wahl gestellt:[457]

- Der Börsenpreis für ein vergleichbares Instrument dient als Bewertungsbasis. Für abweichende Kontraktspezifikationen werden Korrekturen vorgenommen.
- Anwendung von Optionspreismodellen für Aktien-, Index-, Währungs- und Zinsoptionen.
- Für Finanzinnovationen ohne Optionscharakter kann ferner die Barwertmethode zur Anwendung kommen.

---

455 Vgl. FAS No. 107, Abs. 10 u. 14 f.

456 Vgl. FAS No. 107, Abs. 5 u. 6.

457 Vgl. FAS No. 107, Abs. 11.

Bei der Anwendung von Preismodellen ist entscheidend, daß das „richtige“ Modell eingesetzt wird. Darüber hinaus sind stets die einbezogenen Parameter (z.B. Volatilität, Zinssatz oder Zinsstrukturkurve) anzugeben und das angewandte Modell ist zusammen mit den zugrundeliegenden Prämissen zu erläutern.[458]

FAS No. 107 sieht neben der Angabe des Fair Value auf der Grundlage einer Einzelbetrachtung auch vor, daß für Finanzinstrumente Portfolios gebildet und die Angabepflichten pro Portfolio erfüllt werden können. Diese Gruppenbildung kann bspw. nach Laufzeiten oder Risiken vorgenommen werden. Es ist dann der Marktwert eines jeden Portfolios und dessen Ermittlungsmethode anzugeben.[459]

#### 2.4.3.2.5 FAS No. 119: Disclosure about Financial Instruments and Fair Value of Financial Instruments

Das Statement No. 119 baut auf den FAS No. 105 und FAS No. 107 auf und ändert deren Bestimmungen in einzelnen Bereichen.[460] FAS No. 119 zergliedert sich in drei wesentliche Teile. Zunächst wird die Offenlegung aller derivativer Finanzinstrumente gefordert. Damit sind auch die Derivate ohne Off-Balance-Sheet-Risiko von den Angabepflichten betroffen.[461] Weiterhin wird zwischen Handelspositionen und Nicht-Handelspositionen unterschieden[462] und schließlich werden die FAS No. 105 und FAS No. 107 dahin gehend geändert, daß Nominal- bzw. Gesamtkontraktwerte, Zahlungsströme, Grundstruktur der Instrumente und deren Markt- und Kreditrisiko auch für Instrumente ohne Off-Balance-Sheet-Risiken anzugeben sind.[463]

Dient der Einsatz der Derivate nicht dem Handel, sondern anderen Zwecken, so verlangt FAS No. 119 eine Berichterstattung über die Ziele, eine Darstellung des zum Verständnis der Ziele notwendigen Kontexts und der verfolgten Strategien zur Zielerreichung. Die Darstellung soll dabei auch eine Auflistung der eingesetzten Derivate beinhalten.[464]

Darüber hinaus empfiehlt FAS No. 119 freiwillige Angaben. Es handelt sich dabei um Informationen hinsichtlich Zinssätze, Wechselkurse, Warenpreise und andere Marktrisikofaktoren sowie um die Angabe von Sensitivitätskennzahlen, Gap- oder

---

[458] Vgl. Pfeffer, Andreas, Publizitätspflichten für derivative Finanzinstrumente nach US-GAAP, 1995, S. 413.

[459] Vgl. FAS No. 107, Abs. 15.

[460] Die durch FAS No. 119 vorgenommenen Änderungen der zuvor beschriebenen FAS No. 105 und FAS No. 107 wurde in den obigen Ausführungen bereits berücksichtigt.

[461] Vgl. FAS No. 119, Abs. 8.

[462] Vgl. FAS No. 119, Abs. 9.

[463] Vgl. FAS No. 119, Abs. 14 ff.; Gut, Alexander, Buchführung und Ausweis von derivativen Finanzinstrumenten im internationalen Vergleich, 1995, S. 965.

[464] Vgl. FAS No. 119, Abs. 10; Gebhardt, Günther, Berichterstattung deutscher Unternehmen über den Einsatz derivativer Finanzinstrumente, 1995, S. 612.

Szenarioanalysen und um Value-at-Risk-Werte (Jahresendwert und Jahresdurchschnittswert).[465]

Die einzelnen angabepflichtigen Informationen sind in der nachfolgenden Tabelle zusammengefaßt.

Tab. 11: Angabepflichten zu Finanzinstrumenten gem. FAS No. 119

| **Handelspositionen** | **Nicht-Handelspositionen** |
|---|---|
| • Durchschnittlicher Fair Value für die während des Berichtszeitraums gehaltenen Positionen zusammen mit dem am Bilanzstichtag geltenden Fair Value.<br>• Erzielter Nettogewinn bzw. -verlust des Berichtszeitraums aus Handelsaktivitäten, aufgeteilt auf die verschiedenen Gruppen von derivativen Finanzinstrumenten.<br>• Erläuterung, wo in der Gewinn- und Verlustrechnung das Handelsergebnis ausgewiesen wird. | • Beschreibung der Ziele und Strategien für den Einsatz derivativer Finanzinstrumente außerhalb des Handelsbereichs.<br>• Ausführungen über die jeweiligen Gruppen von Finanzinstrumenten hinsichtlich des Zeitpunkts ihrer Bilanz- und Erfolgswirksamkeit und ihres Ausweises in den einzelnen Posten des Jahresabschlusses.<br>• Angabe, ob die Instrumente zu Sicherungszwecken gehalten werden.<br>• Handelt es sich um Finanzinstrumente im Zusammenhang mit antizipativen Hedges, sind der voraussichtliche Zeitpunkt für den Abschluß der Grundgeschäfte sowie die abgesicherten Risiken zu beschreiben und die aufgelaufenen Erfolgsbeiträge aus den Absicherungstransaktionen anzugeben. |

#### 2.4.3.2.6 Bilanzierung von Sicherungsgeschäften (*Hedge Accounting*)

Ziel des Hedge Accounting ist, die Erfolgswirkungen aus der bilanziellen Bewertung von Grund und Sicherungsgeschäften während des jeweiligen gesamten Sicherungszeitraums in der GuV zu kompensieren. Mit der Bewertung zu Marktpreisen tritt beim Hedge Accounting die Wertkompensation vor die Risikokompensation. Streng genommen handelt es sich nur dann um ein Verfahren des Hedge Accounting, wenn eine Bewertung von Grund- oder Sicherungsgeschäft zu Marktpreisen ansonsten nicht zulässig ist.[466]

---

465 Vgl. FAS No. 119, Abs. 12 u. 13.

466 Vgl. Scheffler, Jan, Hedge-Accounting - Jahresabschlußrisiken in Banken, 1994, S. 127;Göttgens, Michael, Hedge Accounting, 1995, S. 151.

Für die Bilanzierung von Grund- und Sicherungsgeschäften wurden vom FASB Grundsätze entwickelt, nach denen unter bestimmten Voraussetzungen eine gemeinsame Bewertung zugelassen wird. Hierdurch kommt es entweder zur Saldierung von Gewinnen und Verlusten aus beiden Geschäften oder zum Ausweis unrealisierter Gewinne bzw. Verluste beim Sicherungsgeschäft.

Die Bilanzierung von Hedges ist in der US-Rechnungslegung nicht gesondert und daher nicht einheitlich geregelt. Die Bilanzierungsgrundsätze von Sicherungsgeschäften bei Währungsrisiken sind zusammen mit den Regelungen zur Währungsumrechnung veröffentlicht worden.[467] Die Grundsätze für die Bilanzierung von Sicherungsgeschäften gegen Preis- und Zinsänderungsrisiken wurden zusammen mit den Rechnungslegungsgrundsätzen für die Bilanzierung von Terminkontrakten entwickelt.[468] Entsprechend unterscheiden sich auch die Voraussetzungen in einigen Punkten, die für die Bildung von Bewertungseinheiten vorgeschrieben sind.

Für die Bildung von Bewertungseinheiten müssen folgende Voraussetzungen erfüllt sein:[469]

- Die zu sichernde Position muß einem der genannten Risiken unterliegen. Die Regelungen für Sicherungsgeschäfte gelten nur für einzeln identifizierbare Risiken bei der zu sichernden Position. Die angesprochenen Rechnungslegungsgrundsätze lassen sich nicht auf Macro-Hedges anwenden.[470] Darüber hinaus gilt für die Sicherung von Preis- und Zinsänderungsrisiken, daß die Rechnungslegungsgrundsätze für Hedge-Geschäfte dann nicht angewendet werden dürfen, wenn die Risiken der zu sichernden Positionen bereits durch andere Vermögensgegenstände oder Transaktionen des Unternehmens gesichert werden.
- Handelt es sich bei dem Grundgeschäft um zukünftige Leistungsverpflichtungen, so müssen bei Fremdwährungsverpflichtungen diese der Höhe nach feststehen, um bilanziert werden zu können. Für die übrigen Verpflichtungen gilt, daß darüber hinaus auch zukünftige Geschäftsvorfälle, die identifizierbar und wahrscheinlich sind, gesichert werden können. Identifizierbar heißt dabei, daß das voraussichtliche Datum, die Art des betroffenen Vermögensgegenstands oder des Finanzinstruments und der zu erwartende Geschäftsumfang bekannt sind oder geschätzt werden können. Ein antizipativer Hedge ist somit anders als in Deutschland möglich.
- Der Kontrakt ist als Hedge für das zu sichernde Geschäft oder die antizipierte Verpflichtung zu deklarieren.
- Das Sicherungsgeschäft muß eine Risikominderung bewirken. Hinsichtlich der Form ergeben sich unterschiedliche Voraussetzungen:

---

467 Vgl. FAS No. 52.

468 Vgl. FAS No. 80.

469 Vgl. FAS No. 52, Abs. 20 f.; FAS No. 80, Abs. 4 u. 9; Herz, Robert H., Accounting, Financial Reporting, and Disclosure for Derivatives and Synthetics, 1996, S. 366 ff.

470 Vgl. Herz, Robert H./Beier, Gregory C., Will the FASB Clip the Hedges?, 1993, S. 41.

- Zur Sicherung von Währungsrisiken wird gefordert, daß das Sicherungsgeschäft wirkungsvoll ist. Dies muß anhand der formalen Ausgestaltung des Sicherungsinstruments erklärbar sein.
- Zur Sicherung von Preis- und Zinsänderungsrisiken muß der eingesetzte Terminkontrakt das betrachtete Risiko vermindern. Dabei wird die Risikoreduktion schon dann angenommen, wenn die Wertentwicklung des Terminkontrakts eine hohe negative Korrelation mit der Wertentwicklung des Grundgeschäfts aufweist. Eine derartige Korrelation ist zumindest für die vergangenen Perioden nachzuweisen.

Die Kriterien für die Bildung von Bewertungseinheiten sind in den USA zwar wesentlich direkter dokumentiert als in der deutschen Rechnungslegung, jedoch sind die darin enthaltenen Anforderungen weniger restriktiv gestaltet. Hiervon ausgenommen sind die Macro-Hedges.

Werden diese Voraussetzungen eingehalten, so erfolgt die Bildung einer Bewertungseinheit zwischen Basis- und Hedge-Geschäft. Dazu werden Gewinne und Verluste am Abschlußstichtag aus Sicherungsgeschäften, die vorhandene Vermögensgegenstände oder Verpflichtungen sichern, bei deren Bewertung entsprechend hinzugerechnet oder abgezogen.[471]

Am Bilanzstichtag werden Gewinne und Verluste aus Sicherungsgeschäften, die zukünftige Leistungsverpflichtungen sichern, erfolgsneutral abgegrenzt und bei der zukünftigen Bewertung der Geschäfte berücksichtigt. Bei der Sicherung von Währungsrisiken darf die erfolgsneutrale Abgrenzung von Verlusten nur insofern erfolgen, als dadurch keine Verluste in der Zukunft entstehen.[472] Verluste des Sicherungsgeschäfts, die die Gewinne aus der zukünftigen Transaktion übersteigen, müssen am Bilanzstichtag antizipiert und ausgewiesen werden.

Für die Realisierung von Gewinnen gilt für die US-Rechnungslegung wie für die deutsche, handelsrechtliche Rechnungslegung, daß sie grundsätzlich zum Zeitpunkt der Leistungserbringung erfolgt. Eine Durchbrechung dieses Grundsatzes erfolgt dann, wenn nicht realisierte Gewinne dem abgelaufenen Geschäftsjahr aufgrund übergeordneter Grundsätze zugeordnet werden sollen. Dies geschieht bei der Bewertung von Hedge-Geschäften oder der Währungsumrechnung.[473]

#### 2.4.3.2.7 PFAS Accounting for Derivative and Similar Financial Instruments and for Hedging Activities

Die Kommentierungsfrist für die im Juni 1996 veröffentlichten Vorschläge zur Bilanzierung von Derivaten und Hedges endete im Oktober 1996. Die in diesen PFAS enthaltenen Regelungen sollen die bisherigen Standards völlig ersetzen.[474]

---

[471] Vgl. FAS No. 80, Abs. 6.

[472] Vgl. FAS No. 52, Abs. 21; FAS No. 80, Abs. 6 u. 9.

[473] Vgl. Göbel, Stefan, Die Bilanzierung von Tageswerten und die Saldierung von Gewinnen und Verlusten, 1996, S. 180 f.

[474] Vgl. o.V., FASB Offers Compromise on Derivatives, 1996, S. 18-19.

Die Vorschläge und die im Juli 1997 veröffentlichten Änderungen der PFAS[475] führen dazu, daß die US-amerikanischen Unternehmen spätestens ab 1999 ihre Derivativgeschäfte zu Marktpreisen in der GuV berücksichtigen müssen. Hierdurch können unrealisierte Gewinne und Verluste ausgewiesen werden, da Gewinne und Verluste aus Grund- und Sicherungsgeschäften saldiert werden müssen. Durch diese Neuerung sollen im Interesse der Investoren mehr Informationen für Investitionsentscheide veröffentlicht werden.

Dieser veränderte Vorschlag ist jedoch umstritten und wird von der amerikanischen Wirtschaft abgelehnt.[476] Diese Ansicht vertritt auch der amerikanische Notenbankchef Alan Greenspan.[477] Es ist daher fraglich, ob diese neue Regelung tatsächlich entsprechend den neusten Änderungen bereits für Geschäftsjahre, die nach dem 15. Dezember 1998 beginnen, anzuwenden sein wird.

### 2.4.4 Besteuerung

Es kann nur bedingt von einem Maßgeblichkeitsprinzip in der amerikanischen Besteuerung ausgegangen werden, da vor allem große Unterschiede in der zeitlichen Erfolgszuordnung bestehen.[478] Die handels- steuerrechtlichen Rechnungslegungen sind in den USA grundsätzlich von einander unabhängig.[479] Daher wird im nachfolgenden kurz die Besteuerung von Kapitalgesellschaften in den USA eingegangen. Anschließend wird ausführlicher die steuerliche Behandlung der betrachteten Finanzinstrumente erörtert.

Das Gesellschaftsrecht liegt in der Gesetzgebungskompetenz der verschiedenen Staaten, während das Steuerrecht Bundesrecht ist. Um zu verhindern, daß Bundesrecht durch eigenständige Gesetze der Staaten erodiert, löst sich der *United States Internal Revenue Code*[480] (IRC) vom Recht der Staaten. Für die steuerliche Einordnung einer Gesellschaft kommt es daher nicht auf die gesellschaftsrechtliche Form an.[481] Zusätzlich können die Bundesstaaten und Kommunen eigenständig Einkommensteuern erheben.

---

[475] Vgl. FASB, Accounting for Derivatives and Hedging - Summary of Board Decisions Made at the January 8 - July 16, 1997 Board Meetings, 1997.

[476] Vgl. Greenberg, M.R. et al., Brief an die Vorsitzenden der SEC und des FASB vom 31. Juli 1997.

[477] Vgl. C.K., Neue Buchführungsstandards für Derivate, 1997, S. 19.

[478] Vgl. Haller, Axel, Das Verhältnis von steuerlicher und „handelsrechtlicher" Rechnungslegung in den USA, 1988, S. 726; Connors, Peter J./Harter, L.G. "Chip", Taxation of Hedging Transactions, 1996, S. 461.

[479] Vgl. Small, David G., Die US-Gewinnermittlung - eine bilanzsteuerrechtliche Übersicht, Teil I, 1995, S. 156.

[480] Steuerrecht der USA.

[481] Vgl. Schreiber, Ulrich, Die Bedeutung der US-amerikanischen Rechnungslegung für die Besteuerung von Gewinnen und Ausschüttungen, 1996, S. 51 f.

In den USA unterliegen natürliche Personen und Gesellschafter von Personengesellschaften mit ihren Gewinnanteilen der Einkommensteuer.[482] Kapitalgesellschaften sind mit ihrem Einkommen selbständig steuerpflichtig.[483] Ihre Gesellschafter müssen die empfangenen Ausschüttungen der Einkommenssteuer unterwerfen.[484] Die vorgeschlagene Reg. Sec. 301.7701-2(b)(8) bestimmt, daß ausländische Kapitalgesellschaften, somit auch die deutschen Aktiengesellschaften, zwingend als Kapitalgesellschaften zu gelten haben.[485]

Die Bemessungsgrundlage der Einkommensteuer ist das Einkommen. Darunter wird der Gewinn aus Kapitaleinsatz, Arbeitseinsatz oder einer Kombination von beiden verstanden. Dies beinhaltet auch den Verkauf von Vermögensgegenständen.[486]

Das zu versteuernde Einkommen umfaßt grundsätzlich sämtliche Vermögensmehrungen, die der Steuerpflichtige in einer Periode erwirtschaftet. Dabei wird zwischen gewöhnlichem Einkommen und Einkommen aus Veränderungen des Kapitalvermögens unterschieden. Kapitalgewinne oder -verluste entstehen, wenn Anlagevermögen veräußert wird. Für diese Gewinne gelten besondere Tarifvorschriften und Verlustausgleichsregeln. Die Unterscheidung hat dazu geführt, daß der Gesetzgeber für einige Transaktionen die begünstigende Einordnung als Kapitalgewinn gewährt. Da es keine klare und allgemein anerkannte Auffassung über die Kriterien einer Begünstigung gibt, herrscht Kasuistik vor. Der Gesetzgeber unterscheidet einmalige oder wiederkehrende Gewinne sowie zwischen Investitionen und Spekulationen. Gewinne und Verluste aus dem Verkauf des Umlaufvermögens werden dem gewöhnlichen Einkommen zugeordnet. Genauso werden Gewinne aus früheren Abschreibungen des Anlagevermögens dem gewöhnlichen Ergebnis zugerechnet.[487]

Der IRC verlangt von der Methode der Einkommensermittlung, daß sie das Einkommen klar wiedergibt.[488] Die Finanzverwaltung hat dabei weitreichende Freiheit bei der Beurteilung einer Ermittlungsmethode.[489] Die steuerliche Gewinnermittlung, die entsprechend den US-GAAP gestaltet ist, wird von der Finanzverwaltung als Methode

---

482 Vgl. § 701 und § 702 IRC.

483 Vgl. § 11 (a) IRC.

484 Vgl. § 301 (a) - (c) IRC.

485 Vgl. Small, David G., USA: Das neue Wahlrecht zur Klassifizierung von Kapital und Personengesellschaften, 1996, S. 280 f.

486 Vgl. § 61 (a) IRC.

487 Vgl. Shereff, Henry D., Itroduction to the Taxation of Financial Instruments: Federal Income Taxation of Capital Transactions in Securities, Straddles, Options and Futures, 1990, S. 5 ff.

488 Vgl. § 446 (b) IRC.

489 Vgl. McDaniel, Paul R./Ault, Hugh J., Introduction to United States International Taxation, 1989, S. 35 f.; Small, David G., Die US-Gewinnermittlung - eine bilanzsteuerrechtliche Übersicht, Teil I, 1995, S. 156.

akzeptiert.[490] Die Konsistenz über die Zeit ist die Voraussetzung für die steuerliche Anerkennung. Die Einhaltung dieser Bedingung erleichtert dem Steuerpflichtigen den Nachweis, daß die verwendete Methode das Einkommen klar wiedergibt. Beim Einsatz derivativer Finanzinstrumente ist jedoch eine andere Betrachtung notwendig, da die im Jahresabschluß gemachten Angaben nicht mit der steuerrechtlichen Auslegung der Gewinnermittlung übereinstimmen.[491]

Obgleich die Transaktionen bei der Sicherung wirtschaftlicher Risiken aus betriebswirtschaftlicher oder bilanzieller Sicht zufriedenstellende Ergebnisse erzeugen können, muß dies bei der Besteuerung nicht zwangsläufig zum gleichen Resultat führen. Die bei der Besteuerung von Derivaten und den zugrundeliegenden Basisinstrumenten anzuwendenden Besteuerungsregeln sind sehr komplex. Die Gesetzgebung ist wenig auf Sicherungsgeschäfte zugeschnitten, um bestimmte steuerlich motivierte Strategien zu verhindern. Diese Barrieren können jedoch umgangen werden, indem die Instrumente synthetisch abgebildet werden. Aus steuerlicher Sicht sind daher andere Aspekte zu beachten als aus der finanzwirtschaftlichen und bilanziellen Sicht.

Die zeitliche Zuordnung von Gewinnen und Verlusten erfolgt bei der US-amerikanischen Einkommensbesteuerung grundsätzlich erst mit deren Realisation. Gewinne aus einer Schuldverschreibung werden bspw. erst mit der Rückzahlung angerechnet. Dies gilt ebenso für das Halten von Aktien. Zu dieser Regel existieren verschiedene Ausnahmen:

1. Die sog. Sec. 1256 Kontrakte, sie unterliegen einer stichtagsbezogenen Marktbewertung.[492]
2. Optionsprämien, die bis zur Realisierung des Optionskontrakts vorgetragen werden können.
3. Instrumente, die der *wash-sale rule* unterliegen, können zu einem Verlustvortrag führen.[493]
4. Instrumente, die der *straddle rule* unterliegen, können ebenfalls zu einem Verlustvortrag führen.[494]

In § 1256 IRC sind gesonderte Regeln für die Ergebniszurechnung der in dieser Sec. erfaßten Kontrakte festgelegt. Um die Ergebnisse zu ermitteln, werden die

[490] Vgl. Reg. Sec. 1.446-1 (a)(2) IRC.

[491] Vgl. Connors, Peter J./Harter, L.G. "Chip", Taxation of Hedging Transactions, 1996, S. 461.

[492] Vgl. § 1256 IRC.

[493] Vgl. § 1091 IRC.

[494] Vgl. § 1092 IRC.

Kontrakte am Ende des Steuerjahres fiktiv zu marktüblichen Konditionen verkauft Es erfolgt somit eine stichtagsbezogene Bewertung zu Marktpreisen (Mark-to-Market).[495]

Entsprechend der Wash-Sale Regel kommt es zu einem Aufschub der Verlustanerkennung, falls zu einer Position nahezu identische Wertpapiere innerhalb eines Zeitraums von 30 Tagen vor oder nach dem Verkauf oder dem Schließen dieser Position gekauft werden.[496]

Auch die Straddle Regel führt zu einem Verlustvortrag. Ein Straddle ist eine Kombination aus mehreren Geschäften, die sich bei Wertveränderungen von Basisgeschäften und Derivaten gegenseitig im Wert beeinflussen.[497] Für den Fall, daß der Steuerpflichtige zwei oder mehr Positionen als Straddle führt, können Verluste in dem Ausmaß vorgetragen werden, indem sie Gewinne aus diesen Positionen ausgleichen.[498] Die Straddle Regel wird auch bei jenen Positionen angewendet, die auslaufende oder verkaufte Kontrakte ersetzen, wenn sie innerhalb von 30 Tagen eingegangen werden. Sind Straddle und Wash-Sale Regel anzuwenden, so hat die Straddle Regel die höhere Priorität.

Das amerikanische Steuerrecht unterscheidet die Gewinne und Verluste in Ergebnisse aus Investitionen, die sog. Kapitalgewinne und -verluste, und gewöhnliche Gewinne und Verluste. Die beiden Kategorien unterliegen teilweise unterschiedlichen Steuersätzen. Dies ist davon abhängig, ob es sich beim Steuerpflichtigen um eine Einzelperson oder ein Unternehmen handelt.

Bei Einzelpersonen werden die Nettokapitalgewinne niedriger besteuert als die gewöhnlichen Nettogewinne. Nettokapitalverluste können bis zu einem Betrag von 3.000 USD von den gewöhnlichen Nettogewinnen abgezogen werden. Im Gegensatz dazu unterliegen bei Unternehmen beide Ergebniskategorien durch den *Tax Reform Act* von 1986 dem gleichen Steuersatz. Die Gewinne und Verluste können jedoch nur innerhalb der gleichen Kategorie miteinander verrechnet werden. Nettokapitalverluste können von Unternehmen bis zu drei Jahren zurück und bis zu fünf Jahren vorgetragen werden.

Die aus dem Einsatz von Finanzinstrumenten resultierenden Ergebnisse werden zwar grundsätzlich als Kapitalergebnis eingestuft, jedoch ergeben sich hierfür mehrere Ausnahmen. Zu diesen anders zu behandelnden Transaktionen gehören die Fremdwährungstransaktionen gem. § 988 IRC. Die Gewinne und Verluste dieser Instrumente werden grundsätzlich als gewöhnliches Ergebnis eingestuft. Dem Steuerpflichtigen wird jedoch ein Wahlrecht eingeräumt.[499] Weitere Ausnahmen für Hedges finden sich in § 1256 IRC.[500]

---

495 Vgl. § 1256 (a)(1) IRC.

496 Vgl. § 1091 (a) IRC.

497 Vgl. § 1092 (c) IRC.

498 Vgl. § 1092 (a)(2)(A)(ii) IRC.

499 Vgl. § 988 (a)(1)(B) IRC.

500 Vgl. § 1256 (f)(3)(B) IRC.

Während grundsätzlich zwischen der Besteuerung von Individuen und Unternehmen unterschieden wird, ergibt sich für Wertpapierhändler eine gesonderte Regelung in Bezug auf deren Handelsgeschäfte und den daraus resultierenden Positionen.[501] Ein Wertpapierhändler ist in diesem Zusammenhang ein Steuerpflichtiger, der im Rahmen seiner gewöhnlichen Geschäftstätigkeit Wertpapiere von Kunden kauft oder an Kunden verkauft oder hierzu regelmäßig anbietet, Wertpapierpositionen einzugehen, auszugleichen oder zu schließen.[502]

Da die Tätigkeiten der Banken beim internationalen Handel von Finanzinnovationen in die Kategorie der Wertpapierhändler fällt,[503] wird im folgenden näher auf die steuerliche Behandlung des Wertpapierhandels eingegangen.

Vor dem *Revenue Reconciliation Act* von 1993 existierten für den Wertpapierhandel drei Möglichkeiten, den Handelsbestand zur Einkommensbestimmung zu bewerten:[504]

1. Das Einstandspreisprinzip: Unrealisierte Gewinne und Verluste werden bei der Einkommensermittlung nicht berücksichtigt.
2. Das Niederstwertprinzip: Es wird der niedrigere Wert von Einstandspreis und stichtagsbezogenem Marktwert angesetzt. Bei diesem Ansatz werden zwar unrealisierte Verluste, nicht aber unrealisierte Gewinne berücksichtigt.
3. Die Marktpreisbewertung: Sowohl unrealisierte Gewinne als auch unrealisierte Verluste werden bei der Einkommensermittlung berücksichtigt.

Da die ersten beiden Methoden den wirtschaftlichen Erfolg i.d.R nur unzureichend darstellen, wurde mit dem Revenue Reconciliation Act die Bewertung zu Marktpreisen als verbindlicher Bewertungsansatz vorgeschrieben. In diesen Ansatz sind die Hedge-Positionen der Wertpapierhändler mit einbezogen. Die amerikanischen Finanzbehörden gehen dabei davon aus, daß die Wertpapierbestände relativ leicht am Jahresende bewertet werden können, da die Handelsabteilungen ohnehin schon die Handelsbestände auf täglicher Basis bewerten. Es ist jedoch zu überprüfen, inwiefern eine interne Positionsbewertung durch die Händler oder durch unternehmensinterne, unabhängige Abteilungen die tatsächlichen Marktpreise reflektieren.

Die in § 475 IRC festgelegte Mark-to-Market Bewertung ist auf bestimmte vom Wertpapierhändler gehaltene Positionen anzuwenden. Zu diesen Wertpapieren gehören Aktien, Verschuldungspapiere, Zins-, Währungs- und Warenkontrakte oder sich auf diese Wertpapiere bzw. Währungen beziehende Finanzderivate. Weiterhin werden Finanzinstrumente in § 475 IRC erfaßt, die nicht zu den oben aufgeführten Instrumenten gehören, wenn es sich dabei um Sicherungsgeschäfte zu den zu berücksichtigen

[501] § 475 IRC: *Mark to Market accounting method for dealers in securities.*

[502] Vgl. § 475 (c)(1) IRC.

[503] Vgl. die in den Ausführungsbestimmungen beschriebenen Beispiele: Sec. 1.475 (c)-1(a)(2) IRC.

[504] Vgl. United States Tax Reporter, Committee Reports IRC § 475, S. 38189.

Wertpapieren handelt und diese Sicherungsabsicht noch am Handelstag dokumentiert wird.[505]

Im Gegensatz zum deutschen Hedging-Begriff, der aus dem Blickwinkel der Bilanzierung für alle Unternehmen in gleicher Weise gilt, wird in den USA für die Wertpapierhändler ein spezieller, weitergefaßter Hedging-Begriff zugrunde gelegt. Zu den Sicherungsgeschäften gehören die Positionen, die das Zins-, Währungs- bzw. Preisrisiko des Händlers reduzieren. Eingeschlossen sind die Positionen, von denen sich rational erwarten läßt, daß sie innerhalb von 60 Tagen nach Eingehen der Position zu einem Hedge werden.[506]

Alle zum Handelsbestand gehörenden Wertpapiere, werden zu Marktpreisen bewertet im Bestand geführt.[507] Die Positionen, die vom Händler eingegangen werden und nicht zum Handelsbestand gehören, sind am Ende des Geschäftsjahres in der Gewinn- und Verlustermittlung ebenfalls zu Marktpreisen zu bewerten.[508] Hierzu wird für jede Position der Wert angesetzt, der sich bei einem fiktiven Verkauf der Position am letzten Geschäftstag des Steuerjahres erzielen ließe.

Die sich aus den Marktpreisveränderungen ergebenden Gewinne und Verluste gehen in die Ermittlung des Bruttoeinkommens ein. Die aus der Bewertung abgeleiteten Erfolge der Handelstätigkeit werden grundsätzlich als gewöhnliches Ergebnis eingestuft.[509]

Werden die Positionen zu einem späteren Zeitpunkt verkauft oder auf andere Weise aufgelöst, so sind die Ergebnisse unter Berücksichtigung der zuvor vorgenommenen Wertanpassung zu ermitteln. Die Wash-Sale Regel wird daher ebensowenig angewendet wie die Straddle Regel. § 475 IRC beeinflußt nicht die Berechnung der Haltedauer der Positionen und wirkt sich nicht auf die Erfolgsermittlung anderer aus, die als Kontrahenten an den einzelnen Positionen beteiligt sind.

Bei der Bewertung zu Marktpreisen existieren mehrere Ausnahmen:[510]

- Diejenigen Wertpapiere sind ausgenommen, die vom Händler als Investment gekennzeichnet werden. Sie gehören zur Kategorie der Kapitalgeschäfte.[511] Für Derivate besteht diese Möglichkeit jedoch nicht. Sie sind immer den gewöhnlichen Geschäftstätigkeiten zuzuordnen.

---

505 Vgl. § 475 (c)(2)(A) – (F) IRC. Die Finanzbehörden haben die Möglichkeit, andere Fristen festzulegen.

506 Vgl. § 475 (c)(3) IRC.

507 Vgl. § 475 (a)(1) IRC.

508 Vgl. § 475 (a)(2) IRC.

509 Vgl. § 475 (d)(3)(A)(i) IRC.

510 Vgl. § 475 (b) IRC.

511 Eine ausführliche Darstellung der als Investment zu kennzeichnenden Positionen findet sich in den Ausführungsbestimmungen zu § 475 IRC: Sec. 1.475 (b)-1(b) IRC.

- Vom Steuerpflichtigen emittierte, selbstbezogene Anleihen oder erworbene Verschuldungspapiere, die nicht zum Zwecke des Handels gehalten werden. Sie gelten für den bezogenen Händler nicht als Wertpapier.
- Wertpapierpositionen, die als Sicherungsgeschäft zu einer offenen Position gehalten werden und bei denen die offene Position nicht unter die Mark-to-Market Regel fällt, bspw. die als Investment gekennzeichneten Positionen.
- Wertpapierpositionen, die als Sicherungsgeschäft zu einer offenen Position gehalten werden und bei denen die offene Position aus Sicht des Steuerpflichtigen kein Wertpapier darstellt, bspw. vom Steuerpflichtigen emittierte, selbstbezogene Anleihen.

Die Bilanzierung dieser Kontrakte hat keinen Einfluß auf die Bewertungsmethode der Positionen. Lediglich die Einstufung einer Position als Investment oder als nicht zum Handelsbestand gehörend bestimmt, ob die Mark-to-Market Regel nicht angewendet wird. Um einen Kontrakt unter eine dieser Ausnahmen fallen zu lassen, muß die Position am Handelstag entsprechend in den Handelsunterlagen bzw. Handelsbüchern gekennzeichnet werden. Hier ist auch eine inverse Kennzeichnung möglich, indem die Positionen des Handelsbestands identifiziert werden. Eine Positionskennzeichnung kann sich auch aus der Einordnung in die verschiedenen Handelsbücher bzw. Portfolios ergeben. Damit ist eine indirekte Zuordnung zur Mark-to-Market Regel ohne zusätzlichen Aufwand möglich.[512]

Sollten Geschäfte, die nicht unter die Mark-to-Market Bewertung fallen, vom Händler als Mark-to-Market Kontrakt gekennzeichnet werden oder eine notwendige Positionskennzeichnung unterlassen werden, findet die Regelung gem. § 475 IRC dennoch Anwendung. Die entsprechende Bewertungsmethode ist ab dem ersten Tag nach Ablauf der Kennzeichnungsfrist zu nutzen.[513]

---

512 Vgl. Sec. 1.475 (b)-2 IRC.

513 Vgl. § 475 (b)(3) IRC; Sec. 1.475 (b)-1(b)(4)(B) IRC.

# 3 Internationalisierung des Handels von Finanzinnovationen

Die deutschen Universalbanken können Finanzinnovationen im Rahmen der ihnen überlassenen Dispositionsfreiräume sowohl zur Absicherung als auch zur gewollten Positionierung im Bereich von Zins-, Währungs- und sonstigen Preisrisiken sowie zum Zwecke des Eigenhandels einsetzen. Die risikobegrenzenden Mechanismen der Eigenkapitalunterlegung für Adressenausfallrisiken und der Limitierung risikobehafteter offener Positionen in Zinsen, Währungen sowie Edelmetallen und sonstigen Preisrisiken gelten auch für Finanzinnovationen und entfalten eine geschäftsbegrenzende Wirkung. Mit der erfolgten Umsetzung der EG-Kapitaladäquanz-Richtlinie in das deutsche Bankenaufsichtsrecht im Rahmen der Sechsten Novelle des KWG sind auch offene Positionen in Schuldverschreibungen und Aktien einschließlich der dazugehörenden derivativen Instrumente des Handelsbestands sowie offene Fremdwährungspositionen der Gesamtbank mit Eigenkapital zu unterlegen.[514]

Für die Banken ergeben sich aus zweierlei Gründen Anreize, international tätig zu werden. Zum einen sind die nationalen Kunden durch die zunehmende Internationalisierung der Güter- und Dienstleistungsmärkte in anderen Ländern aktiv und bedürfen einer Betreuung vor Ort. Zum anderen haben sich die Kapitalmärkte durch die Liberalisierung und den technischen Fortschritt internationalisiert. Den Banken wurde damit die Möglichkeit gegeben, sich auch auf internationaler Ebene am Handel von Finanzinnovationen zu beteiligen. Mit der gleichzeitig einhergehenden Zielsetzung, als Global Player aufzutreten, sehen sich die Banken daher gefordert, nicht nur in den Heimatmärkten präsent zu sein. Die Attraktivität des US-Markts und des Handels von Finanzinnovationen wird in der Marktevaluation aufgezeigt.

Die Umsetzung des internationalen Handels kann mittels einer Vielzahl von Organisationsstrukturen vorgenommen werden. Es stehen drei grundlegende Ansätze zur Verfügung. Zwei bereits praktizierte, traditionelle Ansätze:

- Der internationale Handel mittels separater Gesellschaften - die Präsenz und der Handel vor Ort und
- das zentralisierte Produktmanagement - der 24-Stunden Handel von einem Standort aus

sowie ein neuer Ansatz:

- der integrierte Handel - der Handel in das Globale Buch.

Diese Strukturen können auf einem Kontinuum abgebildet werden, daß auf der einen Seite durch den internationale Handel mittels separater Gesellschaften und auf der anderen Seite durch den integrierten Handel begrenzt ist.. Das zentralisierte Produktmanagement befindet sich zwischen diesen beiden Ansätzen in der Mitte des Kontinuums. Die Banken können für verschiedene Finanzinstrumente unterschiedliche Organisationsfomen nutzen. Oftmals läßt sich die gewählte Organisationsstruktur nicht einem bestimmten Ansatz eindeutig zuordnen.

---

514 Vgl. Brackert, Gerhard/Prahl, Reinhard/Randerath, Michael/Naumann, Thomas, Financial Instruments, 1995, S. 27 f.

Im Anschluß an die Marktevaluation werden die beiden bereits praktizierten, traditionellen Ansätze beschrieben und ihre Vor- und Nachteile aufgezeigt. Danach wird das Modell des Globalen Buchs beschrieben und die mit dessen Einführung auftretende Steuerproblematik der Gewinnzurechnung erläutert und gelöst.

## 3.1 Marktevaluation

Obgleich Währungsfutures schon lange bekannt waren, entwickelte sich erst Anfang der siebziger Jahre ein eigenständiger Markt für diese Instrumente. Da der Abschluß eines Termingeschäfts auch indirekt eine Kreditvergabe beinhaltet, entstand der Futures-Markt vornehmlich im Interbankenhandel. Viele Unternehmen, die einem Währungsrisiko ausgesetzt waren, hatten keinen Zugang zu diesen für sie hilfreichen Absicherungsinstrumenten. Die Finanzmärkte reagierten auf diese Bedürfnisse und stellten entsprechende Instrumente zur Verfügung.

Im Mai 1972 wurde im *International Monetary Market* (IMM) der *Chicago Mercantile Exchange* (CME) mit dem Handel von Terminkontrakten, basierend auf GBP, CAD, DEM, JPY und CHF, begonnen. Es folgten FRF 1974, XEU 1986 und AUD 1987. Anfang der 80er Jahre wurde der Handel von Swaps aufgenommen. Der Zeitpunkt wird insbesondere durch den Aufmerksamkeit erregenden Swap zwischen IBM und der Weltbank im August 1981 markiert. Anschließend kamen auch Fremdwährungsoptionen hinzu. Die ersten Kontrakte wurden im Dezember 1982 an der *Philadelphia Stock Exchange* auf die Währung GBP abgeschlossen. Im Januar und Februar 1983 folgten dann Optionen auf DEM, JPY und CHF. Die CME zog mit dem Optionshandel auf Terminkontrakte dieser Währungen in den Jahren 1984 bis 1986 nach.[515]

Die Handelsentwicklung der OTC-Kontrakte läßt sich aufgrund ihres individuellen Charakters nicht an einzelnen Zeitpunkten festmachen.

Die Bank für Internationalen Zahlungsausgleich (BIZ) in Basel führt seit 1989 alle drei Jahre eine Untersuchung über die Entwicklung der Devisenmärkte durch. An der letzten Untersuchung im April 1995 nahmen über 2.400 Banken und Wertpapierhäuser aus 26 Staaten teil.[516] Die Veröffentlichungen der BIZ sowie der *International Swaps and Derivatives Association* (ISDA) stellen die wesentlichen Datenquellen über die Entwicklung der Devisen- und OTC-Märkte dar.

1. Devisenmärkte

Der weltweite Umsatz aller traditionellen Devisenmarktsegmente (Kassageschäfte, *outright forwards*[517] und Devisenswaps) erreichten im April 1995 einen durchschnittlichen Tagesumsatz von ca. 1,26 Bil. USD. Im Vergleich zum April 1992 ist dieser Markt in den drei dazwischen liegenden Jahren um 45% gewachsen. Unter

[515] Vgl. Rawls, S. Waite III/Smithson, Charles W., The Evolution of Risk Management Products, 1990, S. 7.

[516] Vgl. BIZ, Monetary and Economic Department, Central Bank Survey of Foreign Exchange and Derivatives Market Activity 1995, 1996, S. 37.

[517] Outright Forwards sind reine Kassageschäfte, denen keine Termingeschäfte gegenüberstehen und die individuell vereinbart werden.

Eliminierung der Wechselkursveränderungen gegenüber 1992 ergibt sich ein Wachstum von 30%. Die Umsatzsteigerung fiel damit zwar höher als zunächst erwartet aus, doch dürfte hierfür im wesentlichen die USD-Schwäche verantwortlich sein. In DEM gerechnet nahmen die Umsätze nur um 20% zu.[518] In diesem Maße entwickelte sich der Markt auch von 1989 bis 1992.

Die Umsätze der Kassageschäfte stiegen von 1992 bis 1995 um 30% gegenüber einem Wachstum von 15% in den drei Jahren zuvor. Die Kassageschäfte hatten 1995 einen durchschnittlichen Anteil von ca. 45% am täglichen Umsatz der Devisenmärkte.[519]

Die Organisationsform der Devisenmärkte führt zu einer Aufblähung der Umsätze. Angebot und Nachfrage werden nicht mittels eines walrasianischen Auktionators in Übereinstimmung gebracht. Statt dessen werden Market-Maker zwischengeschaltet. Allein hierdurch ergibt sich im Vergleich zu einer Auktions- oder Maklerlösung eine Umsatzverdoppelung. Ebenso führt die Verwendung einer Vehikelwährung in dem Maße zu einer Umsatzvergrößerung, in dem zwei Währungen nicht direkt, sondern mittels einer Dritten gehandelt werden.[520]

Eine Übersicht über die Devisenmarkttransaktionen zeigt, daß der Handel zwischen Devisenhändlern mit 64% aller Umsätze klar dominiert. Das Transaktionsvolumen mit Dritten ist demgegenüber gering. Allerdings hat der Anteil dieser Transaktionen merklich zugenommen. Der Handel mit Nichtdevisenhändlern steigerte sich von 30% (1992) auf 36% (1995) des gesamten Handelsvolumens. Dabei hat vor allem der Anteil der „anderen Finanzinstitutionen“ zugenommen.[521]

2. Derivativmärkte

Die an der Untersuchung teilnehmenden Banken und Wertpapierhäuser gaben Ende März 1995 ausstehende Nominalbeträge in Höhe von 40,7 Bil. USD an. Der geschätzte Nominalbetrag der weltweit ausstehenden derivativen OTC-Kontrakte betrug ca. 47,5 Bil. USD. Davon entfielen 61% auf Zinsinstrumente und 37% auf Fremdwährungsinstrumente. 1,25% der Derivate hatten Aktien oder Indizes als Underlying, die restlichen 0,75% betrafen Warenkontrakte.[522] Bei den börsengehandelten Kontrakten geht die Studie der BIZ davon aus, daß hier Nominalbeträge von

[518] Vgl. Krüger, Malte, Was besagen hohe Devisenmarktumsätze?, 1997, S. 109.

[519] Vgl. BIZ, Monetary and Economic Department, Central Bank Survey of Foreign Exchange and Derivatives Market Activity 1995, 1996, S. 6, Tab. F-2.

[520] Vgl. Krüger, Malte, Was besagen hohe Devisenmarktumsätze?, 1997, S. 113.

[521] Vgl. BIZ, Monetary and Economic Department, Central Bank Survey of Foreign Exchange and Derivatives Market Activity 1995, 1996, S. 12, Tab. F-6. Die Daten sind um lokale Doppelzählungen und Interhändlerdoppelzählungen bereinigt.

[522] Vgl. BIZ, Monetary and Economic Department, Central Bank Survey of Foreign Exchange and Derivatives Market Activity 1995, 1996, S. 25, Tab. D-4.

mindestens 8 Bil. USD Ende März 1995 ausstanden.[523] Es handelte sich dabei fast ausschließlich um Zinsinstrumente (95%).[524]

Nach den Statistiken der BIZ und der ISDA haben sich die Nominalbeträge ausstehender derivativer Finanzinstrumente in Mrd. USD seit 1989 weltweit wie folgt entwickelt:[525]

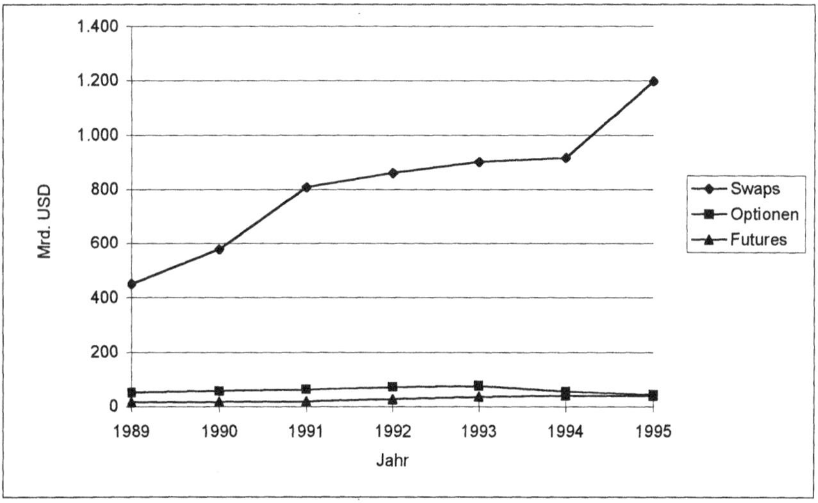


Abb. 11: Nominalbeträge ausstehender Fremdwährungsinstrumente[526]

---

[523] Da nicht festgestellt werden konnte, in welchem Ausmaß es zu Doppelerfassungen kam, wurde bei der Ermittlung des ausstehenden Nominalbetrags von dem Extremfall einer vollständigen Doppelerfassung der Kontrakte ausgegangen.

[524] Vgl. BIZ, Monetary and Economic Department, Central Bank Survey of Foreign Exchange and Derivatives Market Activity 1995, 1996, S. 34, Tab. D-10.

[525] Vgl. BIZ, Monetary and Economic Department, International Banking and Financial Market Developments, 1989-1997.

[526] Quellen: BIZ und ISDA.

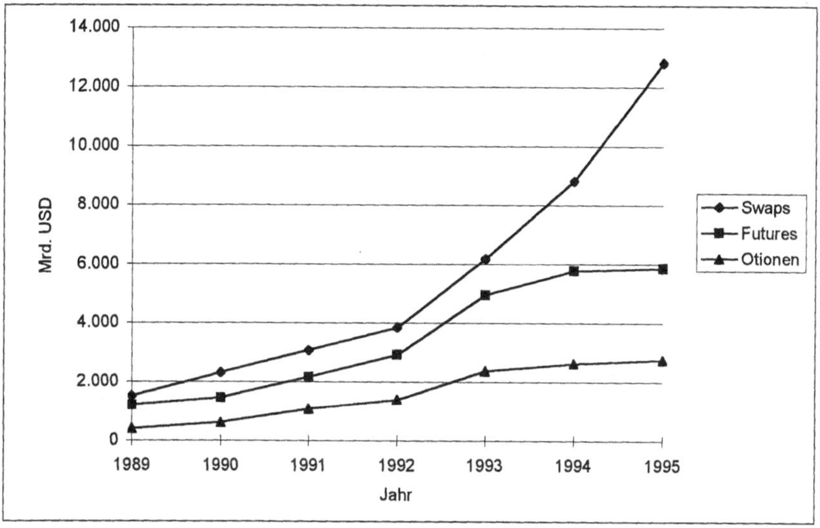


Abb. 12: Nominalbeträge ausstehender Zinsinstrumente[527]

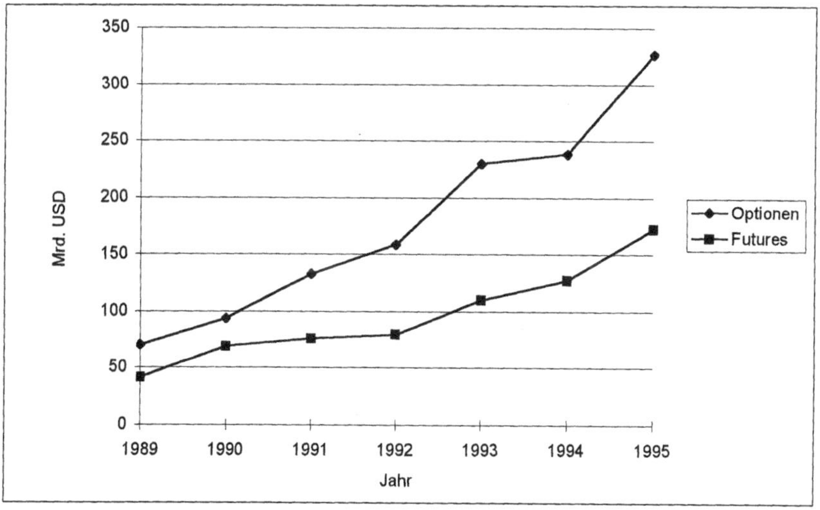


Abb. 13: Nominalbeträge ausstehender Aktien- und Indexinstrumente[528]

527 Quellen: BIZ und ISDA.

Die Kenngröße „ausstehende Nominalbeträge" gibt nur bedingt Auskunft über die wirtschaftliche Bedeutung des Markts für Finanzinnovationen und ist allenfalls ein Indiz für die Marktliquidität.[529] Einen besseren Beurteilungsmaßstab findet sich im *gross market value*, dem Bruttomarktwert. Diese Größe gibt an, in welchem Umfang Preis- und Zinsrisiken in die derivativen Instrumente transferiert wurden. Der Bruttomarktwert wird ermittelt, indem die Summe der Wiederbeschaffungskosten der noch offenen Instrumente zu Marktpreisen errechnet wird.[530]

Der Bruttomarktwert der ausstehenden OTC-Instrumente wurde für Ende März 1995 auf ca. 2,2 Bil. USD geschätzt. Dieser Wert wurde aufgrund der gemeldeten Kontrakte mit einem Wiederbeschaffungswert von 1,7 Bil. USD hochgerechnet.[531] Gegenüber den Nominalbeträgen ergibt sich bei den Bruttomarktwerten für die Fremdwährungskontrakte ein Anteil von 59%, die Zinsinstrumente umfassen 36,5%. Aktien- und Indexinstrumente haben einen Anteil von 3% und die Warenkontrakte von 1,5%.[532]

Bei den Volumina der Währungsderivate hat der USD den größten Anteil. Er ist Ende März 1995 dem Volumen nach in 82% aller Kontrakte vertreten. Zweitwichtigste Währung ist der JPY. Er hat einen Anteil von 32% aller Kontraktvolumina. An dritter Stelle rangiert die DEM mit 25%. 64% dieser DEM-Kontrakte bestehen aus der Währungskombination USD und DEM, das sind 16% aller Fremdwährungsgeschäfte. Zusammengefaßt sind die drei Währungen in mindestens 94% aller Devisenkontrakte enthalten.[533] Siehe hierzu auch die nachfolgende Abbildung.

Ein ähnliches Bild ergibt sich bei den Zinsinstrumenten. 28% aller Kontrakte beziehen sich auf den USD, 26% auf den JPY und 8% auf die DEM.[534]

---

528 Quellen: BIZ und ISDA.

529 Vgl. Krüger, Malte, Was besagen hohe Devisenmarktumsätze?, 1997, S. 112 f.

530 Quelle: BIZ, Monetary and Economic Department, Central Bank Survey of Foreign Exchange and Derivatives Market Activity 1995, 1996, S. 39.

531 Quelle: BIZ, Monetary and Economic Department, Central Bank Survey of Foreign Exchange and Derivatives Market Activity 1995, 1996, S. 1 u. S. 25, Tab. D-4.

532 Quelle: BIZ, Monetary and Economic Department, Central Bank Survey of Foreign Exchange and Derivatives Market Activity 1995, 1996, S. 23, Tab. D-3 u. S. 25, Tab. D-4.

533 Vgl. BIZ, Monetary and Economic Department, Central Bank Survey of Foreign Exchange and Derivatives Market Activity 1995, 1996, S. 26, Tab. D-5; eigene Berechnungen. Die Zahlen basieren auf den Nominalbeträgen der offenen OTC-Kontrakte. Die in Großbritannien abgeschlossenen Geschäfte sind nicht berücksichtigt.

534 Vgl. BIZ, Monetary and Economic Department, Central Bank Survey of Foreign Exchange and Derivatives Market Activity 1995, 1996, S. 26, Tab. D-5. Die Zahlen basieren auf den Bruttomarktwerten der Zinskontrakte. Teilweise wurden die Daten von der BIZ geschätzt.

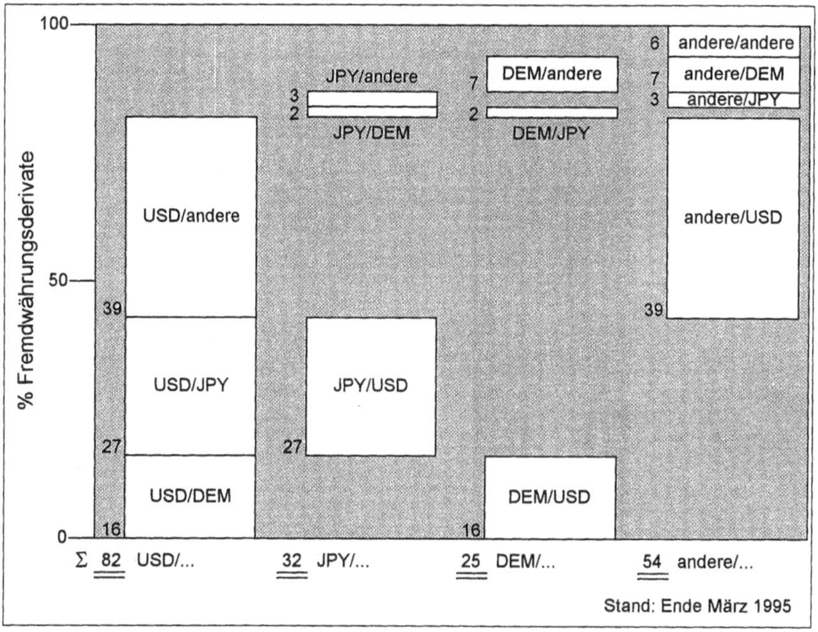


Abb. 14: Verteilung der Nominalbeträge ausstehender Fremdwährungsderivate auf Währungskombinationen[535]

## 3.2 Traditionelle Ansätze zur Realisierung des internationalen Handels von Finanzinnovationen

Der Handel von USD und USD-basierten Finanzinnovationen findet rund um die Uhr statt. Die deutsche Banken sehen sich daher gefordert, sich als Geschäftspartner anzubieten und an diesem Handel aktiv teilzunehmen. Um den internationalen Handel der in dieser Arbeit betrachteten Instrumente zu realisieren, existieren zwei traditionelle Ansätze. Die Banken können durch separate Gesellschaften in den am Handel beteiligten Staaten vertreten sein oder sie können von einem einzigen Standort aus rund um die Uhr am Handel beteiligt sein.

[535] Quelle: BIZ, Monetary and Economic Department, Central Bank Survey of Foreign Exchange and Derivatives Market Activity 1995, 1996, S. 26, Tab. D-5; eigene Berechnungen.

### 3.2.1 Präsenz an den Handelsplätzen Deutschland und USA

Zur Teilnahme am Handel der börsengehandelten Instrumente muß der Marktteilnehmer an der jeweiligen Börse als Marktteilnehmer zugelassen sein. Dies bedingt regelmäßig die Gründung einer Gesellschaft in dem Staat, in dem auch die Börse ihren Sitz hat.

Für den OTC-Handel gilt diese Voraussetzung nicht. Da es sich hierbei um individuell ausgehandelte Kontrakte handelt, ist es jedoch sinnvoll, Präsenz vor Ort zu zeigen, um sich als möglicher Geschäftspartner anzubieten und um als Ansprechpartner während der Verhandlungen verfügbar zu sein.

Der Handel von Finanzinnovationen in Deutschland und den USA läßt sich somit aus Sicht deutscher Banken durch die Gründung einer eigenständigen, ausländischen Tochtergesellschaft als Niederlassung oder mittels einer Zweigstelle in den USA als organisatorische Voraussetzung verwirklichen. Die Bilanzierung der US-Positionen erfolgt nach den US-GAAP, die Besteuerung wird entsprechend der zuvor beschriebenen Mark-to-Market Methode gem. § 475 IRC vorgenommen. Die in Deutschland gehandelten Positionen werden nach den deutschen Grundsätzen bilanziert und besteuert.

Die Handelsplätze, ob Niederlassung oder Zweigstelle, operieren wie eigenständige Profitcenter mit eigener Handels- und Vertriebsabteilung. Jeder Standort handelt tagsüber in das eigene lokale Handelsbuch und betreut nur die eigenen Positionen. Die Handelsplätze können unterschiedliche Handelsstrategien verfolgen und dabei auch Kontrakte mit anderen, zum eigenen Unternehmen gehörenden Einheiten abschließen. Dementsprechend können verschiedene Handelsplätze einer Bank entgegengesetzte Positionen eingehen.

Zur Realisierung des Risikomanagementsystems auf Gesamtbankebene ist es notwendig, die eingegangenen Kontrakte in einem System abzubilden. Dazu können alle Kontrakte unter Kennzeichnung ihrer Herkunft (Deutschland bzw. USA) in einem System erfaßt, verwaltet und bewertet werden. Das System dient als Datengrundlage für das darauf aufbauende Risikomanagement.

Durch die Unterlegung der offenen Positionen mit Eigenkapital erfährt die Bank eine geschäftsbegrenzende Wirkung beim Handel von Finanzinnovationen. In dem Maße, in dem die Geschäfte mit Eigenkapital zu unterlegen sind, kann dieses Kapital nicht für andere Investitionen bzw. Abschlüsse genutzt werden. Die Banken reagieren auf diese Anforderungen durch die Risikolimitierung. Das Ausmaß des eingegangenen Risikos wird anhand der Kennzahl Value-at-Risk gemessen. Das Limit begrenzt den Teil des Gesamtbankrisikos, der durch den Handel von Finanzinnovationen erzeugt wird.

Das Potential einer Handelslokation wird insbesondere von den Fähigkeiten der Händler, dem Handlungs- bzw. Handelsspielraum in Form von unausgenutzten Limits und entsprechender Liquidität sowie einer ausreichenden Volatilität determiniert. Daher hat das Risikomanagement neben der Limiteinhaltung das Ziel, den einzelnen Handelsstandorten ein möglichst hohes und nicht ausgenutztes Limit zur Verfügung zu stellen. Werden die Limits eingehalten, nimmt das Risikomanagement keinen Einfluß auf die Händler.

Risikopositionen führen zu einer Limitausnutzung. Können diese Kontrakte nicht weiter betreut werden, z.B. über Nacht, während des Wochenendes oder an Feiertagen, sind die Positionen zu schließen. Dies führt dazu, daß die Standorte am Ende des Tags die offenen Positionen, die zu Beginn der Handelstätigkeit eingegangen wurden, durch entsprechende Gegengeschäfte als Micro-, Macro- oder Portfolio-Hedge wieder geschlossen werden und somit der Value-at-Risk wieder verringert wird. Dem zeitlich nachfolgenden Handelsplatz wird dadurch ausreichend Limitkapazität zur Verfügung gestellt, um am Handel teilnehmen zu können.

Nachteil dieses Limitmanagements sind die erhöhten Transaktionskosten durch die zusätzlichen, das Risiko verringernden Geschäftsabschlüsse. Diese Transaktionskostenproblematik wird dadurch verstärkt, daß aussichtsreiche Positionen am Handelsende eines Handelsplatzes geschlossen werden, da sie dort nicht weiter betreut werden können. Die gleichen Positionen werden aber wegen ihres Potentials am nachfolgenden Handelsplatz erneut aufgebaut. Die mit dem Schließen und dem erneuten Öffnen der Positionen anfallenden Transaktionskosten wirken sich nachteilig auf die Performance des Eigenhandels aus.

In Höhe des *overnight limit* können Positionen über Nacht „stehengelassen" werden. Eine mögliche Begrenzung des damit verbundenen Risikos ist möglich, indem die offenen Positionen mit Kauf- bzw. Verkaufsordern für bestimmte Marktsituationen an die zeitlich nachfolgenden Handelsplätze weitergemeldet werden. Von den dortigen Händlern werden die Aufträge bei Eintritt der zuvor definierten Marktentwicklung ausgeführt. Es ist jedoch wichtig, eigenverantwortliches Handeln an der nächsten Handelslokation zu vermeiden, da sonst von den Händlern des Standorts zu vergütende Leistungen erbracht werden, die keinerlei Abbildung im Rechnungswesen erfahren. Es sollte also nur zu einer mechanischen Orderausführung kommen.

Wird für die nicht geschlossenen Positionen die Verantwortung bzw. der Handelsspielraum an andere Handelsplätze weitergegeben und resultiert dies in Positionsveränderungen, so gehen die Steuerbehörden davon aus, daß es durch die weitergereichten Positionen zu Gewinnverschiebungen kommt.

Die Finanzbehörden fordern nach der Jahresabschlußprüfung bei Gewinnverschiebungen aufgrund der durch den beauftragenden Standort nicht vergüteten Leistungen entsprechende Ausgleichszahlungen. Dies wird dadurch begründet, daß der nachfolgende Standort durch die Positionsbetreuung und durch die eigenverantwortlichen Tätigkeiten Leistungen erbringt, die nicht dem zeitlich vorgelagerten Handelsplatz in Rechnung gestellt werden. Dabei ist es problematisch, die Höhe der zu leistenden Ausgleichszahlung zu bestimmen. Es kommt zu Transferpreiskonflikten, da die Steuerbehörden davon ausgehen, daß ein nicht dokumentierter Transfer der offenen Positionen zu Marktpreisen stattgefunden haben muß. Mit dem Transfer der Kontrakte geht nach Meinung der Steuerbehörden eine Gewinnverschiebung einher.

Ein weiterer Nachteil ist, daß kein gleichzeitiger Zugriff auf alle Positionen des Handelsbestands gewährleistet wird. Eine Ausdehnung der Handelszeit ist nur durch die Anwesenheit der Händler über die eigentliche Arbeits- und Handelszeit hinaus in Form von Überstunden möglich. Dies dürfte jedoch nicht regelmäßig durchführbar sein.

Tab. 12: Vor- und Nachteile des internationalen Handels durch die Präsenz am Handelsplatz

| Vorteile | Nachteile |
|---|---|
| • Kundenbetreuung vor Ort ist möglich<br>• Verfügbarkeit von Händlern mit hohem Know-how | • Zusätzliche Transaktionskosten durch das Limitmanagement<br>• Keine Möglichkeit des ständigen Zugriffs auf alle Positionen des Handelsbestands<br>• Mögliche Transferpreiskonflikte aus dem Weiterreichen von Positionen |

### 3.2.2 24-Stunden Handel an einem Handelsplatz

Durch die zunehmende Vernetzung der Handelssysteme kann jedoch auch von Deutschland oder den USA aus an den Terminbörsen DTB, *Marché à Terme des Instruments Financières de Paris* (Matif), *London International Financial Futures Exchange* (Liffe) oder *Chicago Board of Trade* (CBoT) gehandelt werden. Für den OTC-Handel ist lediglich die Verfügbarkeit der Händler zur Handelszeit notwendig. Dies kann auch ausschließlich von einem Handelsplatz aus erfolgen.

Beim 24-Stunden Handel wird von einem zentralen Handelsplatz aus ganztägig im Schichtbetrieb gehandelt. Es existieren nicht mehrere lokale Handelsbücher, sondern nur noch ein lokales Buch, in das alle Geschäftsabschlüsse gehandelt werden und das am Handelsplatz geführt wird. Eine standortspezifische Positionskennzeichnung entfällt daher. Die gesamten Risiken der gehandelten Finanzinstrumente werden am Handelsplatz zentral gemanagt. Das Risikocontrolling kann direkt auf das Handelssystem zugreifen, die Positionen sind nicht mehr abzustimmen bzw. abzugleichen.

Das Handelsbuch für US-Schatzbriefe kann bspw. in den USA geführt werden, während Bundesschatzbriefe in Deutschland gehandelt werden. Die Entscheidung, wo ein Finanzinstrument zentral gemanagt wird, hängt von mehreren Einflußgrößen ab. Die Marktliquidität, der Wettbewerb, die Hedgemöglichkeiten, die Unternehmensstrategien, die Kunden und die Möglichkeiten der Personalrekrutierung sind die bedeutenden Einflußfaktoren. Der Standort und die Organisationsform können daher mit den Veränderungen dieser Größen wechseln. Dabei muß sich der Handelsplatz nicht am Ort des Primärmarkts befinden.

Ein Vorteil dieses Ansatzes begründet sich darin, daß keine zusätzlichen Transaktionskosten durch das Eingehen von Positionen zum Limitmanagement anfallen. Das Gesamtbankrisiko und die Ausnutzung der Handelslimits spiegelt sich im lokalen Handelsbuch wider.

Ein anderer Vorteil ergibt sich aus der Möglichkeit, ständig Zugriff auf alle Positionen des Handelsbestands zu haben. Dies wirkt sich insbesondere in Krisenzeiten, die durch hohe Volatilitäten gekennzeichnet sind, aus. Die Händler, die zum kritischen Zeitpunkt die Handelstätigkeiten wahrnehmen, können notfalls alle Positionen schließen und somit weitere Wertveränderungen des Handelsbestands verhindern.

Da der Handel im Drei- bis Vier-Schichtbetrieb organisiert ist, müssen einige Händler trotz flexibler Arbeitszeitgestaltung die Nachtschicht übernehmen. Diese Bedingung stellt einen wesentlichen Nachteil für den 24-Stundenbetrieb dar. Die Händler, die die höchste Performance im Eigenhandel erzielen, haben aufgrund ihrer Fähigkeiten und ihrer geringen Anzahl einen entsprechend hohen Wert auf dem Arbeitsmarkt. Sie können es sich daher leisten, nur tagsüber tätig werden zu wollen. Für die verbleibenden Handelsstunden sind daher nur weniger gute Händler einzusetzen, so daß die Qualität und damit die Performance des Eigenhandels zwischenzeitlich immer wieder herabgesetzt wird. Hinzu kommt, daß die Nachtarbeit mit entsprechenden Zuschlägen zu vergüten ist. Dies führt zu erhöhten Personalkosten gegenüber der Präsenz an den Handelsplätzen.

Außer den höheren Kosten ist die Händlermotivation ein weiterer Nachteil, da es aufgrund des Schichtbetriebs schwieriger wird, die Händler zu guten Leistungen anzuregen. Dadurch wird es erschwert, Händler mit ausreichendem Know-how für den 24-Stunden Handel einzustellen.

Obgleich die Geschäfte zu einem wesentlichen Teil nur über die Terminals der Handelssysteme abgeschlossen werden, ist dennoch der persönliche Kontakt zwischen den Händlern ein wichtiger Wettbewerbsfaktor. Für die in der Nachtschicht tätigen Händler ist es jedoch kaum möglich, diese Kontakte zu den Händlern anderer Marktteilnehmer aufzubauen und zu unterhalten.

Neben den Kontakten zu den Händlerkollegen sind auch die persönlichen Kontakte zu den Kunden zu gewährleisten. Dies kann jedoch beim reinen Ansatz des 24-Stunden Handels an einem Handelsplatz nicht ermöglicht werden. Um die insbesondere für den OTC-Bereich wichtigen Kontakte aufbauen zu können, sind zumindest Repräsentanzen oder Agenturen in den zu betreuenden Ländern zu unterhalten. An den Handelsplätzen, an denen ein Produkt nicht zentral geführt wird, schließen die Vertriebsmitarbeiter dieser Außenstellen Kontrakte mit den Kunden ab, ohne selbst Preise zu stellen oder in Preisverhandlungen einzutreten. Nach Geschäftsabschluß wird die eingegangene Position automatisch durch ein Spiegelgeschäft in Form eines internen Kontrakts an den zentralen Handelsplatz zu den selben Konditionen transferiert. Die Verkäufer erhalten eine angemessene Provision.

Es ergeben sich daher Kostenunterschiede aus der Verringerung der Präsenz am Handelsplatz von einer Niederlassung oder Zweigstelle zu einer Agentur oder Repräsentanz.

Tab. 13: Vor- und Nachteile des internationalen Handels durch den 24-Stunden Handel

| Vorteile | Nachteile |
|---|---|
| • Keine zusätzlichen Transaktionskosten durch das Limitmanagement<br>• Ständiger Zugriff auf alle Positionen des Handelsbestands<br>• Geringere Kosten durch den Unterhalt einer Agentur oder Repräsentanz statt einer Niederlassung oder Zweigstelle | • Eingeschränkte Verfügbarkeit von Händlern mit hohem Know-how<br>• Schwierigkeiten, die Händler für den Schichtbetrieb zu motivieren<br>• Erhöhte Kosten durch den Schichtbetrieb des Handels<br>• Ohne Agenturen oder Repräsentanzen ist keine Kundenbetreuung vor Ort möglich |

Im Bereich des Devisenhandels folgt die Dresdner Bank teilweise diesem Ansatz. Sie schloß Mitte 1997 einen Teil ihres Devisenhandels in New York und London, um den gesamten Interbankenhandel im Devisenbereich von Frankfurt aus zu führen. In New York und London werden nur noch Kundengeschäfte abgewickelt.[536]

## 3.3 Verwendung des Globalen Buchs als neuer Ansatz zur Realisierung des internationalen Handels von Finanzinnovationen

Keiner der beiden traditionellen Ansätze gewährleistet den internationalen Handel von Finanzinnovationen ohne dabei gravierende Nachteile zu beinhalten. Es gilt daher einen Ansatz zu entwickeln, der die Nachteile der traditionellen Ansätze möglichst ausschließt, die Vorteile jedoch weiterhin nutzt. Für einen neuen Ansatz zur Realisierung des internationalen Handels von Finanzinnovationen ergibt sich somit folgender Anforderungskatalog:

- Durch die Präsenz der Händler und Kundenbetreuer am Handelsplatz sollte der Kontakt zu den Händlern anderer Unternehmen und eine Kundenbetreuung vor Ort gewährleistet werden können.
- Die uneingeschränkte Beschäftigung von Händlern mit hohem Know-how ist zu ermöglichen.
- Es entstehen keine zusätzlichen Transaktionskosten durch ein Limitmanagement.
- Der ständige Zugriff auf alle Positionen des Handelsbestands wird ermöglicht.
- Es sollte kein Schichtbetrieb notwendig sein.

### 3.3.1 Verfahrensbeschreibung

Diese Anforderungen können durch die Einrichtung des Globalen Buchs erfüllt werden. Die Vorteile des 24-Stunden Handels ergeben sich aus der Verwendung von nur einem Handelsbuch. Hierdurch wird der Zugriff auf alle Positionen des Handels-

[536] Vgl. ctg., Dresdner Bank schließt Devisenhandel in Amerika, 1997, S. 17.

bestands ermöglicht, zugleich fallen keine zusätzlichen Transaktionskosten durch das Limitmanagement an. Diese Vorteile können beim Globalen Buch übernommen werden. Wie beim 24-Stunden Handel existiert bei der Verwendung des Globalen Buchs nur noch ein Handelsbuch, in das alle Positionen gehandelt werden. Gegenüber dem lokalen Charakter des 24-Stunden Ansatzes weist dieses Handelsbuch jedoch einen globalen Charakter auf, da alle Positionen von einem Handelsplatz zum nächsten weitergereicht werden. Die 24 Stunden sind in zwei bzw. drei Handelszeitzonen zu unterteilen: Die europäische und die amerikanische sowie möglicherweise zusätzlich die asiatische Handelszeitzone.[537]

Die Händler der beiden Zeitzonen stellen Preise und handeln während der aktiven Handelszeit Positionen eines Portfolios in das Globale Buch. Während der europäischen Handelszeit wird von Deutschland aus gehandelt und dabei ein Zeitbereich von 12 Stunden abgedeckt. Im Anschluß an die europäische Handelszeit wird das Buch mit allen Positionen an den Handelsplatz USA weitergereicht. Mit den Positionen geht auch die Verantwortung für die offenen Positionen an die dortigen Händler sowie das dortige Risikomanagement über. Am Ende der amerikanischen Handelszeit wird das Globale Buch nach Deutschland zurück- bzw. weitergereicht, um dort weiter betreut zu werden. Der Kreis schließt sich. Die offenen Positionen stellen für die nachfolgende Handelslokation den Ausgangspunkt dar. Die dortigen Händler können offene Positionen schließen oder, solange die Limits eingehalten werden, neue Positionen eingehen.

Die weltweit tätigen Finanzintermediäre haben diese Funktionen unterschiedlich stark in ihre Abläufe integriert. Die vollständige Funktionsintegration spiegelt sich in einem dezentralisierten Risiko- und Personalmanagement wider. Die Geschäfte werden vom Risikomanagement als eine zentral geführte, weltweite und aggregierte Position betrachtet. Es existieren keine lokal an den einzelnen Handelsplätzen geführten Handelsbücher, vielmehr wird die Verantwortung dieses Globalen Buchs von Handelsplatz zu Handelsplatz weitergereicht. Um das Risikomanagement zu unterstützen, überwacht eine zentrale Kreditabteilung das Adressenausfallrisiko aller Kontrakte. Die dabei gewonnenen Informationen werden zur Einrichtung von Kundenkreditlinien genutzt, die von allen Händlern zu berücksichtigen sind. Die Unternehmensführung setzt die globalen Handelslimits fest. Die unabhängigen Handelseinheiten werden jedoch nicht zentral gemanagt. Jeder Handelsplatz hat einen Chefhändler, der die Limiteinhaltung überwacht.

Die dem Globalen Buch untergeordneten Bücher für die einzelnen Produkte bzw. Produktgruppen werden von einem Haupthändler oder Buchmanager betreut, der den einzelnen Handelsplätzen Limits zuordnet und Richtlinien für das Handeln der entsprechenden Produkte festlegt. Der Haupthändler ist für das wirtschaftliche Ergebnis seines Buchs verantwortlich. Er muß daher mit allen Händlern des Buchs ständig in Kontakt bleiben und ist deren Vorgesetzter.

Aufgrund der vollständigen Integration des Globalen Buchs kann jede Handelsabteilung die Funktion einer anderen Handelsabteilung übernehmen. Die Limits,

---

[537] Im Rahmen dieser Arbeit wird nur die Realisierung des internationalen Handels zwischen Deutschland und den USA und somit der Handel zwischen den ersten beiden Zeitzonen entwickelt. Es erfolgt daher eine Zweiteilung des Handelstags.

Abläufe und Richtlinien, die von der Heimatabteilung festgelegt wurden, sind dabei zu beachten. Es ist bspw. üblich, daß eine Abteilung einen Verkäufer einer Finanzinnovation und eine andere Abteilung einen Käufer findet, während eine von beiden oder eine dritte Abteilung ein Sicherungsgeschäft abschließt. Alle involvierten Abteilungen tragen zu dem Gesamtergebnis des Globalen Buchs bei.

Das Eigentum an den Positionen verbleibt stets bei der Muttergesellschaft. Das Globale Buch wird daher bei der Muttergesellschaft bilanziert bzw. geht in die konsolidierte Konzernbilanz ein.

### 3.3.2 Kritische Würdigung des Verfahrens

Die Ausdehnung auf weitere Handelsplätze in anderen Staaten der gleichen Handelszeitzone stellt kein Problem dar. Die in anderen Staaten ansässigen Niederlassungen und Zweigstellen können als Agenten des zentralen Handelsplatzes der Handelszeitzone auftreten und die Geschäfte in dessen Namen eingehen. Zugleich können sie ihre Kunden vor Ort beraten und betreuen. Die Entlohnung der als Agenten handelnden Handelsplätze richtet sich nach den üblichen Provisionssätzen für Maklertätigkeiten im Bereich der Finanzinstrumente.

Die von anderen Handelsplätzen eingegangenen Positionen werden direkt in das Globale Buch übernommen. Damit geht auch die Verantwortung für die in diesen Positionen enthaltenen Risiken an den zentralen Handelsplatz der aktuellen Handelszeitzone über. Ein gesondertes Limit- und Risikomanagement der in der gleichen Zeitzone tätigen, anderen Handelsplätze ist daher nicht notwendig. Ebenso entfällt die mögliche Transferpreisproblematik, da die Positionen sofort zu Marktpreisen beim Eingehen der Kontrakte in das Globale Buch gespiegelt werden, ohne daß die nicht am zentralen Handelsplatz tätigen Handelsabteilungen Verantwortung übernehmen. Eine zusätzliche Anbindung anderer Handelszeitzonen an einen zeitzonenzentralen Handelsplatz enthielte die immanenten Nachteile des 24-Stunden Ansatzes.

Da nur zu den an den Handelsplätzen üblichen Zeiten gehandelt wird, entfällt das Problem des Schichtbetriebs. Händler mit hohem Know-how sind im üblichen Rahmen verfügbar. Die Kundenbetreuung vor Ort ist gewährleistet. Somit können die Vorteile der Präsenz am Handelsplatz genutzt werden, ohne die damit einhergehenden Nachteile hinnehmen zu müssen.

Lediglich die möglichen Transferpreiskonflikte aus dem Transfer der im Globalen Buch enthaltenen Positionen sind zu beachten. Hierzu ist ein Lösungsansatz zu entwickeln. Daher werden zunächst die im Rahmen von Doppelbesteuerungsabkommen gegebenen Möglichkeiten zur Lösung der Problematik untersucht.

Kann die Transferpreisproblematik nicht mit Hilfe des Doppelbesteuerungsabkommens gelöst werden, so werden alle Positionen der amerikanischen Besteuerung unterworfen.[538] Die Gewinne unterliegen dann der Doppelbesteuerung.

---

[538] Vgl. Regulation 1.864-6(b)(ii) zu § 864 IRC. Der IRS betrachtet die Geschäfte in Derivaten, an denen eine amerikanischen Unternehmenseinheit beteiligt ist, als mit den USA *„effectively connected"* und leitet daraus das Recht ab, die resultierenden Gewinne zu besteuern.

### 3.3.3 Doppelbesteuerungsabkommen zwischen Deutschland und den USA als allgemeines Verfahrensmodell zur Lösung der Transferpreisproblematik

Das Doppelbesteuerungsabkommen stellt ein zwischenstaatliches Regelungsinstrument dar. Schon seit Ende des 19. Jahrhunderts sind Staaten zur Vermeidung von Doppelbesteuerungen dazu übergegangen, zweiseitige Abkommen zu vereinbaren.[539]

Allgemein lassen sich DBA als bilaterale völkerrechtlich Verträge mit steuerlichem Inhalt charakterisieren. Sie werden von den beteiligten Staaten in ihrer Eigenschaft als Subjekte des Völkerrechts abgeschlossen und beinhalten eine Willenseinigung, deren Gegenstand die Begründung oder Änderung völkerrechtlicher Rechte und Pflichten ist.

Ziel der Abkommen ist, die internationale Doppelbesteuerung von Steuerpflichtigen durch die Abkommensstaaten zu vermeiden. Da mit der Festlegung bestimmter Transferpreismethoden auch die Allokation des zu besteuernden Einkommens zwischen den Steuerhoheiten erfolgt, müssen die Methoden von allen einbezogenen Steuerhoheiten akzeptiert werden. Weiteres Ziel ist die gegenseitige Unterstützung der Steuerbehörden, um Steuerhinterziehung und Umgehung der Besteuerung zu vermeiden. Schließlich soll eine einheitliche Auslegung der abgeschlossenen Abkommen gewährleistet werden.[540] Die Umsetzung soll dem Steuerpflichtigen ein Maß an Sicherheit über die zu erwartende Besteuerung der internationalen, unternehmensinternen Transaktionen geben.

Im Gegensatz zu den Grundsätzen des Internationalen Privatrechts[541] normiert ein DBA keinesfalls, welches Recht der beteiligten Staaten ausschließlich anwendbar ist. Bestimmend sind vielmehr die nationalen steuerrechtlichen Vorschriften der jeweiligen Vertragspartner. Insofern sind solche Abkommen lediglich als Grenznormen zu interpretieren, die einen nach dem autonomen Steuerrecht des Landes bestehenden Besteuerungsanspruch inhaltlich einschränken und somit das Steuergut zwischen den vertragschließenden Staaten aufteilen.[542] Infolge seines nur begrenzenden Charakters kann ein DBA auch keinen über das innerstaatliche Recht hinausgehenden Steueranspruch begründen. Allgemeines Ziel der Abkommen ist daher die gegenseitige Abstimmung des innerstaatlichen Rechts. Hierfür ergänzen und verändern die in den Abkommen definierten Tatbestandsmerkmale und Rechtsfolgen das nationale Steuerrecht. Dies geschieht bspw. indem die Abkommen für bestimmte Fälle entweder eine bestehende Steuerpflicht vollständig aufheben oder dadurch beschränken, daß sich die Staaten gegenseitig verpflichten, Abgaben des jeweils anderen Vertragspartners auf die

539 Vgl. Vogel, Klaus, Doppelbesteuerungsabkommen und ihre Auslegung I, 1982, S. 113.

540 Vgl. Art. 31 des Wiener Übereinkommen über das Recht der Verträge vom 23.5.1969.

541 Vgl. Kropholler, Jan, Internationales Privatrecht, 1994, S. 1 f., der das Internationale Privatrecht im engeren, technischen Sinn als ein Recht über Rechten definiert.

542 Vgl. Vogel, Klaus, Doppelbesteuerungsabkommen in der Bundesrepublik Deutschland auf dem Gebiet der Steuern von Einkommen und Vermögen: Kommentar auf der Grundlage der Musterabkommen, 1996, Einleitung, Rn. 26.

eigenen Steuern anzurechnen. Dieser Verzicht knüpft jedoch i.d.R nicht daran an, ob der nach dem DBA berechtigte Staat seinen Besteuerungsanspruch tatsächlich umsetzt. Die Unterscheidung zwischen innerstaatlicher Anwendbarkeit und völkerrechtlicher Bindung führt dazu, daß ein späteres Gesetz das DBA mit innerstaatlicher, nicht jedoch völkerrechtlicher, Wirksamkeit einschränken oder außer Kraft setzen kann.

Die OECD veröffentlichte 1963 ein Musterabkommen zur Doppelbesteuerung, das 1977 von Grund auf überarbeitet wurde und in den Report der OECD über Verrechnungspreise aus dem Jahr 1979 mündete.[543] Darin wird den Mitgliedsstaaten der OECD ein Regelwerk mittels Transferpreismethoden vorgestellt, das die Besteuerung der internationalen Transaktionen von multinationalen Unternehmen festlegen soll. Ergänzt wurde das Musterabkommen durch weitere Veröffentlichungen der OECD.[544] Auf diese Weise war die Verrechnungspreismaterie im Bereich der OECD relativ unübersichtlich geregelt.

Zur Lösung der Transferpreisproblematik wurde der Fremdverhaltensgrundsatz entwickelt. Dieser Grundsatz besagt, daß bezüglich der Transferpreise eine Transaktion zwischen wirtschaftlich oder finanziell verbundenen Unternehmen genau so vorzunehmen sei, wie zwei unabhängige Parteien unter den gleichen Umständen handelten. Sollten aufgrund einer anders gewählten Transferpreismethode Gewinne nicht anfallen, die abhängig von dieser Methode bei einem Unternehmen angefallen wären, so dürfen diese Gewinne dem Unternehmen zugerechnet und entsprechend besteuert werden.

Das Sekretariat der OECD unternahm daher im Sommer 1993 den Versuch, einen *Consolidated Report on Transfer Pricing* zu erstellen, der eine inhaltlich geordnete Zusammenstellung der bisherigen OECD-Regelungen zu Verrechnungspreisen im Sinne einer Fortschreibung darstellte. Parallel dazu befaßte sich eine personell verstärkte Task Force der OECD[545] mit der völligen Neufassung der OECD-Richtlinien. Der grundsätzlich neue Entwurf wurde von Francis Horner, einem früheren Mitglied der US-Finanzverwaltung, erstellt.

Dieser Entwurf vom 24.5.1993 ging weit über die traditionelle und bis dahin allgemein anerkannte Auslegung des Fremdverhaltensgrundsatzes hinaus. Der Entwurf besagt, daß der Fremdverhaltensgrundsatz des Art. 9 OECD-MA (*arm's length principle*[546]) nicht nur einem Vergleich der Tranksaktionsbedingungen bezüglich der Preise wie unter fremden Dritten, sondern auch einen Vergleich des Gewinns aus der betreffenden Transaktion erfordere. Auch der transaktionsbezogene Gewinn müsse dem Fremdvergleich standhalten. Daher seien Transferpreismethoden, die auf einen Gewinnvergleich basieren im Sinne des Art. 9 OECD-MA fremdverhaltenskonform.

543 OECD, Model Tax Convention on Income and on Capital, 1992.

544 OECD, Transfer Pricing and Multinational Enterprises, 1979; OECD, Transfer Pricing and Multinational Enterprises: Three Taxation Issues, 1984.

545 Working Party No. 6.

546 Der Name *arm's length* für dieses Prinzip soll zum Ausdruck bringen, daß alle Kontrahenten mit der gleichen Armeslänge bzw. über die gleiche Elle zu messen sind.

Der Entwurf übernahm damit im Ergebnis die umstrittene Transferpreismethodik der US-Regulations zu Sec. 482 IRC.[547]

Die grundlegende Wendung, die der Entwurf vom 24.5.1993 einleitet, liegt in der Aufgabe des bis zu diesem Zeitpunkt ausschließlich preisvergleichsbezogenen OECD-Ansatzes und der Öffnung in Richtung einer gewinnvergleichsorientierten Betrachtungsweise, die sich in den *profit methods* niederschlägt.[548] Im Juli 1995 wurden nach zweijähriger Diskussion die neuen Guidelines mit den leicht modifizierten neuen Gewinnvergleichsansätzen angenommen. In der weiteren Diskussion sollen die von den Mitgliedsstaaten gemachten Erfahrungen in der Anwendung dieser neuen Ansätze aufgegriffen werden.[549]

Die Entwicklung des DBA zwischen den Vereinigten Staaten von Amerika und der Bundesrepublik Deutschland findet ihren Ursprung im Abkommen vom 22. Juli 1954. Der nach Kriegsende einsetzende Wirtschaftsaufschwung zwischen den USA und der Bundesrepublik drängte schon bald auf einen völkerrechtlich abgesicherten, umfassenden Doppelbesteuerungsschutz zwischen den beiden Ländern. Ergebnis war das parallel zu einem Freundschafts-, Handels- und Schiffahrtsvertrag abgeschlossene Abkommen.[550] Um die zwischenstaatlichen Abgrenzungen des Abkommens zu verfeinern und enger an die inzwischen hervorgetretenen Entwicklungstendenzen des internationalen Steuerrechts anzupassen, kam es zur Abkommensrevision durch das Änderungsprotokoll vom 17. September 1965. Es hielt am Rahmen des Abkommens fest und fügte lediglich Änderungen in den Abkommenstext ein. Das jüngste Abkommen wurde am 29. August 1989 unterzeichnet. Es trägt den Titel: „Abkommen zwischen den Vereinigten Staaten von Amerika und der Bundesrepublik Deutschland zur Vermeidung der Doppelbesteuerung und zur Verhinderung der Steuerverkürzung auf dem Gebiet der Steuern vom Einkommen und vom Vermögen und einiger anderer Steuern“ (DBA USA/D). Das Abkommen wurde zu einer umfassenden Reform der gesamten steuervertraglichen Beziehungen zwischen beiden Ländern genutzt. Besonderes Ziel war dabei, steuersparende Arrangements, die unter dem alten DBA möglich waren, z.B. *treaty shopping*[551] oder die Nutzung von Qualifikationskonflikten, zu begegnen. Dies signalisiert auch der Abkommenstitel, in dem die Verhinderung der Steuerkürzung ausdrücklich genannt wird.[552]

---

547 Vgl. o.V., Foreign Firms' Income in U.S. is Understated, 1993.

548 Vgl. Eggers, Winfried, Die neuen OECD-Guidelines zu den internationalen Verrechnungspreisen - Entstehungsgeschichte und Hintergründe, 1996, S. 393f.

549 Vgl. OECD - Committee on Fiscal Affairs, Transfer pricing guidelines for multinational enterprises and tax administrations, 1995, S. P-5.

550 Vgl. Debatin, Helmut/Endres, Dieter, Das neue Doppelbesteuerungsabkommen USA/Bundesrepublik Deutschland, 1990, S. 142.

551 Vgl. Scherer, Thomas B., Doppelbesteuerung und Europäisches Recht, 1995, S. 140.

552 Vgl. Debatin, Helmut/Endres, Dieter, Das neue Doppelbesteuerungsabkommen USA/Bundesrepublik Deutschland, 1990, S. 144.

Bei der Anwendung des Abkommens durch einen Vertragsstaat hat gem. Art. 3 Abs. 2 DBA USA/D jeder nicht im Abkommen definierter Ausdruck die Bedeutung, die ihm nach dem Recht dieses Staats über die Steuern zukommt, für die das Abkommen gilt. Durch die Trennung vom unilateral gültigen Steuerrecht verkörpert das DBA einen in sich geschlossenen Rechtskreis. Es verbietet sich daher, die Abkommensnormen ausschließlich im Sinne des nationalen Steuerrechts auszulegen. Es sind vielmehr die Prinzipien der innerstaatlichen Gesetzesauslegung mit völkerrechtlichen Interpretationsregeln sinnvoll zu kombinieren.

Zur Interpretation dienen in Deutschland die *Grundsätze für die Prüfung der Einkunftsabgrenzung bei international verbundenen Unternehmen (Verwaltungsgrundsätze)*[553], in den USA die *regulations* (Reg.) zu § 482 IRC: *Allocation of income and deductions among taxpayers*.

Bei dem Unternehmen des einen Staats und dem Unternehmen des anderen Staats handelt es sich um verbundene Unternehmen, wenn

- ein Unternehmen unmittelbar oder mittelbar an der Geschäftsleitung, der Kontrolle oder dem Kapital des anderen Unternehmens beteiligt ist[554] oder wenn
- dieselben Personen unmittelbar oder mittelbar an der Geschäftsleitung, der Kontrolle oder dem Kapital beider Unternehmen beteiligt sind[555].

Als Interpretationshilfe für Wortlaut und Parteiwillen können zu den nationalen Verwaltungsgrundsätzen auch die Kommentierungen der Musterabkommen hinzugezogen werden. Auch wenn ihnen kein rechtsverbindlicher Charakter zugesprochen werden kann, ist davon auszugehen, daß durch die wörtliche Übernahme der OECD-Empfehlung in ein DBA eine Übereinstimmung mit der Bedeutung dokumentiert wird, die diesen Vertragspassagen nach den Kommentierungen beigelegt wird.[556] Dies gilt für das sich sehr nah an das OECD-MA lehnende DBA USA/D.[557]

### 3.3.3.1 Verrechnungspreismethoden und Transferpreismethoden

Das Wachstum und die Konzentration von Unternehmen haben oftmals zu einer Dezentralisierung der Unternehmenseinheiten geführt. Einhergehend mit der dadurch erreichten Komplexitätsreduktion wurden neue Controllingansätze entwickelt, um dem

---

553 Vgl. BMF, Schreiben IV C 5-S 1341-4/83 vom 23. Februar 1983, Grundsätze für die Prüfung der Einkunftsabgrenzung bei international verbundenen Unternehmen (Verwaltungsgrundsätze), BStBl 1983 I, S. 218-233.

554 Vgl. Art. 9 Abs. 1 a) DBA USA/D.

555 Vgl. Art. 9 Abs. 1 b) DBA USA/D

556 Vgl. Hemmelrath, Alexander, Die Ermittlung des Betriebsstättengewinns im internationalen Steuerrecht: Eine Untersuchung zur "Selbständigkeit" der Betriebsstätte gemäß Art. 7 Abs. 2 OECD-Musterabkommen, 1982, S. 137.

557 Vgl. Jacob, Friedhelm et al., Handbook oh the 1989 Double Taxation Convention Between the Federal Republic of Germany and the United States of America, 1990, Comparison, S. 10 ff. u. 26 ff.

Management Informationen zur Unternehmenssteuerung zur Verfügung zu stellen. Wesentlicher Bestandteil dieser Informationsinstrumente ist die Erfolgszurechnung einzelner Unternehmenseinheiten.

Neben der Divisionalisierung der Einheiten erfolgt auch eine Einteilung von Untereinheiten in Profitcenter, deren Erfolge als Teile des Unternehmenserfolgs gewertet werden. Aufgrund des internen Leistungsaustauschs wird eine Verrechnung der erbrachten Leistungen notwendig. Diese Tatsache wird durch die Auswahl einer entsprechenden Verrechnungspreismethode berücksichtigt.

Die Nutzung von Verrechnungspreisen wurde zunächst für den Leistungsaustausch von Zwischengütern oder internen Dienstleistungen angewendet. In diesen Fällen kann durch die richtige Anwendung der Verrechnungspreise eine effiziente Ressourcenallokation zwischen den einzelnen Unternehmenseinheiten erreicht werden. Die Erfolgsbeiträge werden den Einheiten entsprechend ihrem Beitrag zum Unternehmenserfolg zugeordnet. Erst im Rahmen von international tätigen Unternehmen, bei denen interner Leistungsaustausch zu internationalem Handel führt, erhalten Verrechnungspreise als Transferpreise neben der Lenkungs- und Zurechnungsfunktion weitere Zielfunktionen.[558] Transferpreise können auf internationaler Ebene zur Verringerung der Zölle und Steuern genutzt werden.[559] Die ursprünglichen Zielsetzungen werden hierbei jedoch völlig vernachlässigt, falls nicht für jede Funktion ein eigener Transferpreismechanismus Anwendung findet.[560]

Die wissenschaftliche Auseinandersetzung mit dem Themenkomplex der Verrechnungspreise hat für die Betriebswirtschaftslehre eine sehr lange Tradition. Schmalenbach diskutierte schon 1903 in seiner Habilitationsschrift das Problem der zutreffenden Preise für Lieferungen und Leistungen zwischen verschiedenen Bereichen innerhalb eines Unternehmens. Es handelt sich hierbei nach wie vor um eine aktuelle betriebswirtschaftliche Fragestellung. Während die Thematik lange Zeit analytisch angegangen wurde, rücken nun organisatorische und psychologische Elemente in den Vordergrund.[561]

558 Eine ausführliche Diskussion der Literatur findet sich bei Tang, Roger Y.W., Transfer Pricing in the 1990s - Tax and Management Perspectives, 1993.

559 Gem. § 1059A IRC existiert eine Verbindung zwischen dem zur Verzollung angegebenen Wert und dem internen Transferpreis. Der Transferpreis darf demnach nicht höher als der für die Verzollung angegebene Wert sein.

560 Für eine ausführliche Darstellung des Zielsystems vgl. Brean, Donald J.S., Financial Dimensions of Transfer Pricing, 1985, S. 149, 151 f.; Abdallah, Wagdy M., International Transfer Pricing Policies - Decision Making Guidelines for Multinational Companies, 1989, S. 29 ff.

561 Vgl. Coenenberg, Adolf G., Kostenrechnung und Kostenanalyse, 1993, S. 423.

#### 3.3.3.1.1 Verrechnungspreismethoden

Verrechnungspreise sind dann anzusetzen, wenn unternehmensinterne Lieferungen und Leistungen transferiert werden. Dabei können drei Fälle auftreten:[562]

- Lieferungen und Leistungen zwischen einzelnen Kostenstellen,
- Lieferungen und Leistungen zwischen in sich abgeschlossenen Werken, Bereichen oder Geschäftseinheiten und
- Lieferungen und Leistungen zwischen rechtlich selbständigen Konzernunternehmen.

Beim dritten Fall handelt es sich um Konzernverrechnungspreise, deren zivilrechtliche und steuerrechtliche Relevanz sich darin äußert, daß sie tatsächlich zwischen zwei Unternehmen zu Forderungen und Verbindlichkeiten führen, die beglichen werden müssen. Für Verrechnungspreise ergibt sich folgende Definition:

> Ein Verrechnungspreis ist ein Wert, der bei der internen Erfassung für den Transfer von Gütern oder Dienstleistungen bzw. die Nutzung gemeinsamer Ressourcen zwischen wirtschaftlich selbständigen Bereichen innerhalb eines Unternehmens angesetzt wird.[563]

Die Verrechnungspreismethoden beschäftigen sich entsprechend mit den Ansätzen zur Ermittlung der Verrechnungspreishöhe. Für die Bestimmung der Verrechnungspreise werden vier Zielsetzungen unterschieden.

Die Abrechnungsfunktion hat zum Ziel, die Inventurwerte für die handelsrechtliche und steuerrechtliche Bilanzierung zur Verfügung zu stellen. Diese Aufgabe wird i.d.R von den Kostenrechnungssystemen erledigt. Um die Planungsfunktion zu erfüllen, müssen Verrechnungspreise Informationen für die Kostenkalkulation der betrieblichen Leistungen liefern sowie Entscheidungsgrundlagen für die Wahl zwischen Fremdbezug und Eigenfertigung bereitstellen. Die Lenkungsfunktion soll den Marktmechanismus auf die Unternehmenseinheiten einzelner Unternehmen übertragen werden, um so ein unternehmensweites Gesamtoptimum zu erreichen, das vom Ziel der Gewinnmaximierung abgeleitet wird. Dabei sollen die selbständigen Teilbereiche im Hinblick auf das Gesamtunternehmensziel gesteuert werden. (Pretiale Lenkung nach Schmalenbach.)[564]

Neben der Lenkungsfunktion stellt die Erfolgszuweisungsfunktion die wesentliche Aufgabe der Verrechnungspreise dar. Innerhalb des organisatorischen Rahmens, der durch die selbständigen Teilbereiche gekennzeichnet wird, soll durch die Wahl einer geeigneten Verrechnungspreismethode die Erfolgszuweisung, d.h. die Zergliederung des Gesamtunternehmenserfolgs in einzelne Teilergebnisse, gewährleistet wer-

---

562 Vgl. Brezing, Klaus, Konzernverrechnungspreise in betriebswirtschaftlicher, aktienrechtlicher und steuerrechtlicher Sicht, 1975, S. 225.

563 Vgl. Coenenberg, Adolf G., Kostenrechnung und Kostenanalyse, 1993, S. 424.

564 Vgl. Coenenberg, Adolf G., Verrechnungspreise zur Steuerung divisionalisierter Unternehmen, 1973, S. 374 ff.

den. Diese Zuordnung der Teilerfolge soll die Selbständigkeit der einzelnen Bereiche fördern und zu höherer Motivation aufgrund größerer Einflußmöglichkeiten führen.

Ziel der Lenkungsfunktion ist die Erreichung eines Gesamtoptimums für das Unternehmen. Die Erfolgszuweisungsfunktion führt über die Möglichkeit eigener, dezentraler Entscheidungen durch die Teilbereiche zu Teiloptima. Bestehen zwischen den Bereichen Abhängigkeiten, kann dies durchaus zu Zielkonflikten führen. Die Wahl der Verrechnungspreismethode ist daher von der Aufgabenstellung abhängig.

###### 3.3.3.1.2 Transferpreismethoden

Mit der Internationalisierung großer, dezentral strukturierter Unternehmen wurde es notwendig, die durch den unternehmensinternen, internationalen Leistungsaustausch erwirtschafteten Erfolge auch international zuzuordnen. Die Notwendigkeit der Gewinnabgrenzung zwischen den Einheiten einer multinationalen Unternehmung ergibt sich aus dem Bestehen mehrerer unabhängiger Steuerhoheiten. Die Zuordnung des Gesamtgewinns auf die Unternehmenseinheiten folgt aus der Überlegung, daß die beteiligten Staaten einen Anspruch auf die Besteuerung der auf ihrem Territorium tätigen Gesellschaften haben. Nach dem Ursprungsprinzip kann der Gewinn aus unternehmerischer Tätigkeit dort zur Steuer herangezogen werden, wo er entstanden ist. Bei der Lokalisierung der Gewinnentstehung treten Schwierigkeiten auf, die mit dem Problembestand der Festlegung von Verrechnungspreisen identisch ist.[565]

Die vornehmlich aus der Lenkungsfunktion bestehende Zielsetzung der Verrechnungspreise wird insbesondere zur optimalen Allokation der betrieblichen Ressourcen eingesetzt, ohne unbedingt eine gerechte Erfolgszuordnung zu verfolgen. Diese Zielsetzung wird durch den internationalen Blickwinkel um eine nicht unbedingt zielkonforme, neue Funktion erweitert, die internationale Erfolgszuordnung. Die Gewinnallokation wird in der differenzierten Zielsetzung der Verrechnungspreise nicht berücksichtigt. Dies kann zu Gewinnverschiebungen zwischen den international lokalisierten Unternehmensteilen führen.

Bedenken bezüglich der Verrechnungspreismethoden ergeben sich aus der Tatsache, daß assoziierte Unternehmen, die in unterschiedlichen Steuerhoheiten operieren, einen Anreiz haben, so die Summe der zu tragenden Steuerlast zu verringern. Dazu werden die Einnahmen und Ausgaben durch Preismanipulationen aus dem Gebiet der einen Steuerhoheit in das Gebiet einer anderen Steuerhoheit verschoben.

Auf internationaler Ebene sind daher, wie bei den schon zuvor erwähnten Konzernverrechnungspreisen, vergleichbare Kriterien anzusetzen, um die daraus resultierenden Forderungen und Verbindlichkeiten richtig abzubilden. Um eine Abgrenzung gegenüber den national ausgerichteten Verrechnungspreismethoden vorzunehmen, wird nachfolgend im Zusammenhang mit dem internationalen Güter- und Dienstleistungstransfer innerhalb verbundener Unternehmen die Definition der Verrechnungs-

565 Vgl. Rieger, Horst, Prinzipien des internationalen Steuerrechts als Problem der Steuerplanung in der internationalen Unternehmung, 1978, S. 274 f.

preise auf internationale Transfers bezogen und von Transferpreisen und Transferpreismethoden gesprochen.[566]

Um Gewinnverschiebungen durch entsprechend ausgestaltete Transferpreismethoden auszuschließen, haben sich die OECD-Staaten auf das Prinzip Arm's Length Principle geeinigt.

Die OECD schlägt folgende Methoden zur Bestimmung der korrekten Transferpreise vor:

- Traditionelle Methoden:
  - *Comparable uncontrolled price method* (Marktpreismethode)
  - *Resale price method* (Wiederverkaufspreismethode)
  - *Cost plus method* (Kostenaufschlagsmethode)
- Andere Methoden:
  - *Transactional profit methods* (Transaktionsbezogene Gewinnmethoden):
    - *Profit split method* (Gewinnteilungsmethode)
    - *Transactional net margin method* (Transaktionsbezogene Nettogewinnspannenmethode)
  - *Global formulary apportionment* (Globale formelbasierte Gewinnverteilung)

### *3.3.3.1.2.1 Traditionelle Transferpreismethoden*

#### 3.3.3.1.2.1.1 Marktpreismethode

Die Marktpreismethode vergleicht den für die transferierten Güter oder Dienstleistungen in Rechnung gestellten Preis zwischen verbundenen Unternehmenseinheiten (kontrollierte Transaktion) mit dem für ein vergleichbares Geschäft berechneten Preis zwischen unabhängigen Unternehmen (unkontrollierte Transaktion). Eine Differenz zwischen diesen Preisen deutet darauf hin, daß die realwirtschaftlichen und finanziellen Beziehungen innerhalb des multinationalen Unternehmens den Fremdverhaltensgrundsatz nicht einhalten. Der Preis der unkontrollierten Transaktion hat dann den Preis der kontrollierten Transaktion zu substituieren.[567]

Voraussetzung dafür ist, daß die unkontrollierte und die kontrollierte Transaktion im Sinne der Marktpreismethode vergleichbar sind. Hierzu ist eine der nachfolgenden Bedingungen einzuhalten:

1. Die Unterschiede zwischen den beiden Transaktionen können den Marktpreis nicht beeinflussen.
2. Durch angemessene Preisanpassungen können die Auswirkungen eventueller Unterschiede ausgeschlossen werden.

---

566 Vgl. Engel, Clemens L., Konzerntransferpreise im internationalen Steuerrecht, 1986, S. 13.

567 Vgl. Abdallah, Wagdy M., International Transfer Pricing Policies - Decision Making Guidelines for Multinational Companies, 1989, S. 84.

In den Fällen, in denen es möglich ist, unkontrollierte Transaktionen als Referenz heranzuziehen, ist die Marktpreismethode der verläßlichste und direkteste Weg, um die Einhaltung des Arm's Length Principle nachzuweisen. Dementsprechend ist die Marktpreismethode in diesen Fällen allen anderen Methoden vorzuziehen.

Es kann jedoch problematisch sein, eine Transaktion zwischen unabhängigen Unternehmen zu finden, die einer kontrollierten Transaktion ähnlich genug ist, so daß die Unterschiede keine Auswirkung auf den Preis haben. Das Ausmaß und die Angemessenheit der vorzunehmenden Anpassungen wirken sich entsprechend auf die Verläßlichkeit der Marktpreismethode aus. Die Schwierigkeiten, die bei dem Versuch auftreten, akkurate Anpassungen vorzunehmen, sollten aber die mögliche Anwendung der Methode nicht von vornherein ausschließen.[568]

### 3.3.3.1.2.1.2 Wiederverkaufspreismethode

Die Wiederverkaufspreismethode, auch Absatzpreismethode genannt, geht von dem Preis aus, zu dem ein Produkt von einem verbundenen Unternehmen an ein unabhängiges Unternehmen verkauft wird. Dabei wird der Absatzpreis um eine angemessene Bruttogewinnspanne reduziert. Diese Spanne stellt den Deckungsbeitrag dar, von dem der Wiederverkäufer seine Einstandskosten, weitere Kosten unter Berücksichtigung des eingebrachten Aufwands und des eingegangenen Risikos sowie einen angemessenen Gewinn realisieren kann.[569] Der so reduzierte Preis kann nach Abzug eventueller weiterer Aufwendungen, z.B. Zölle, als Arm's Length Principle einhaltender Preis angesehen werden. Diese Methode ist besonders zweckmäßig bei verbundenen Produktions- und Handelsunternehmen.[570]

Zur Festlegung der Bruttogewinnspanne des Wiederverkäufers der kontrollierten Transaktion kann sich an der Bruttogewinnspanne desselben Wiederverkäufers orientiert werden, die er bei einer vergleichbaren unkontrollierten Transaktion erzielt. Ebenso kann die Bruttogewinnspanne eines unabhängigen Wiederverkäufers für eine vergleichbare Transaktion als Anhaltspunkt dienen. Erfüllt der Wiederverkäufer lediglich die Funktion eines Maklers, so kann sich die Spanne als Maklercourtage berechnen, die sich als Prozentsatz auf den Verkaufspreis bezieht.[571]

Bei der Anwendung der Absatzpreismethode gelten die gleichen Voraussetzungen, die bereits bei der Marktpreismethode für die Vergleichbarkeit zwischen unkontrollierter und kontrollierter Transaktion dargestellt wurden. Gegenüber der Marktpreismethode dürften sich bei der Absatzpreismethode weniger Anpassungen als

---

[568] Vgl. OECD - Committee on Fiscal Affairs, Transfer pricing guidelines for multinational enterprises and tax administrations, 1995, S. II-3.

[569] Vgl. Abdallah, Wagdy M., International Transfer Pricing Policies - Decision Making Guidelines for Multinational Companies, 1989, S. 86.

[570] Vgl. Business International Corporation/Ernst & Young, International Transfer Pricing, 1991, S. 77.

[571] Vgl. OECD - Committee on Fiscal Affairs, Transfer pricing guidelines for multinational enterprises and tax administrations, 1995, S. II-5; Sec. 1.482-2(e)(3)(iv) IRC.

notwendig herausstellen, da sich Produktunterschiede weniger stark auf die Spanne, die i.d.R als Prozentsatz des Preises ausgedrückt ist, als auf die Preise selbst auswirken. Insofern ist die Vergleichbarkeit des Produkts zwischen der kontrollierten und der unkontrollierten Transaktion nicht so ausschlaggebend wie die Vergleichbarkeit der ausgeübten Funktion des Wiederverkäufers und die Umstände, unter denen die Geschäfte abgeschlossen werden. Dennoch führt die Referenz eines gleichen Produkts zu genaueren Ergebnissen.

Erfolgt durch den Wiederverkäufer über die bloße Handelstätigkeit hinaus eine Wertschöpfung an dem Produkt, so ist die Vergleichbarkeit mittels der Absatzpreismethode wesentlich erschwert. Insbesondere sind dann die unterschiedlichen Kostenstrukturen der zu vergleichenden Wiederverkäufer durch entsprechende Anpassungen zu berücksichtigen.

Für die Einhaltung des Fremdverhaltensgrundsatzes stellt die Absatzpreismethode bei unterschiedlichen Produkten und reiner Handelstätigkeit einen verläßlicheren Standard als die Marktpreismethode dar.

### 3.3.3.1.2.1.3 Kostenaufschlagsmethode

Die Kostenaufschlagsmethode geht von den Kosten des Lieferanten eines Produkts oder einer Dienstleistung für den Transfer des Guts an den Abnehmer bei einer kontrollierten Transaktion aus. Zu diesen Kosten wird ein angemessener Kostenaufschlag als Gewinnspanne addiert, um dem Lieferanten einen angemessenen Gewinn für die erbrachten Leistungen unter den geltenden Marktgegebenheiten zu ermöglichen. Das Ergebnis wird als Einhaltung des Arm's Length Principle angesehen. Diese Methode ist besonders nützlich bei Halbfertigerzeugnissen, die zwischen multinationalen Unternehmen gehandelt werden. Der Kostenaufschlag des Lieferanten einer kontrollierten Transaktion sollte sich an dem Aufschlag orientieren, den der Lieferant in vergleichbaren unkontrollierten Transaktionen erzielen kann. Einen Anhaltspunkt kann auch der Kostenaufschlag eines unabhängigen dritten Lieferanten bieten.[572]

Für die Anwendung der Kostenaufschlagsmethode gelten die gleichen Voraussetzungen, die bereits bei den oben genannten Transferpreismethoden für die Vergleichbarkeit genannt wurden. Des weiteren kommen die Vorteile der Absatzpreismethode auch für die Kostenaufschlagsmethode zum Tragen. Dementsprechend sind auch hier weniger Anpassungen notwendig, um den Produktunterschieden gerecht zu werden. Statt dessen haben Faktoren wie die Kostenstruktur des Produzenten bzw. Lieferanten, die mit dem Transfer verbundenen Dienstleistungen oder die am Produkt vorgenommenen Wertsteigerungen wesentlich größeren Einfluß auf den Kostenaufschlag.

Bei der Anwendung der Kostenaufschlagsmethode ergeben sich Schwierigkeiten bei der Bestimmung der Lieferantenkosten. Dies ergibt sich insbesondere aus der Fragestellung, in welchem Umfang die Gemeinkosten zu berücksichtigen sind und inwiefern diese Kosten dem einzelnen Produkt zugerechnet werden können. Bei der Kostenberechnung lassen sich aus Sicht der OECD drei Kostenarten unterscheiden:

1. Direkt zurechenbare Herstellkosten, z.B. Materialeinzelkosten.

[572] Vgl. OECD - Committee on Fiscal Affairs, Transfer pricing guidelines for multinational enterprises and tax administrations, 1995, S. II-11.

2. Indirekt zurechenbare Herstellkosten, z.B. Materialgemeinkosten.
3. Gemeinkosten des Unternehmens, z.B. Verwaltungskosten.

Je nach Umfang der berücksichtigten Kostenarten wird die Gewinnspanne in Nettogewinnspanne (alle drei Kostenarten) und Bruttogewinnspanne (nur die direkten und indirekten Kosten der Herstellung) unterschieden. Die Zurechnung der Kosten auf das Produkt hat in angemessener Weise zu erfolgen.

Mehrere in den achtziger und neunziger Jahren durchgeführte Studien zeigen, daß Unternehmen in den USA sich hauptsächlich mit Transferpreismethoden beschäftigen, die auf Marktpreisen beruhenden (70%). Es erfolgt hierdurch keine unternehmensinterne Subvention einzelner Unternehmenseinheiten, da jeweils ein Marktvergleich erfolgen kann.[573] Die Kostenaufschlagsmethode wurde am häufigsten von diesen Unternehmen verwendet (44%). Als oberstes Ziel wurde hierfür die Erfolgsmessung der Unternehmenseinheiten angegeben.[574] Dadurch wird besonders die strategische Bedeutung der Transferpreise für die Unternehmensführung deutlich. Als Einflußfaktoren für die Festlegung einer Transferpreismethode wurden weiterhin die Marktkonditionen und der Wettbewerb im Ausland, ein angemessener Gewinn für die ausländische Unternehmenseinheit und die US-Besteuerung angegeben.[575]

Der 1991 von *Business International Corporation* und *Ernst & Young* durchgeführten Studie werden interne und externe Faktoren identifiziert. Die Organisationsstruktur und die Unternehmensstrategie stellen die internen Einflußfaktoren dar, während die Veränderungen der steuer- und bilanzierungsrechtlichen Vorschriften sowie der Wettbewerbsdruck von außen auf die Auswahl der Transferpreismethode wirken.[576]

#### *3.3.3.1.2.2 Andere Methoden*

Diese Methoden untersuchen die Gewinne, die sich aus bestimmten, kontrollierten Transaktionen ergeben. Sie finden dann Anwendung, wenn die traditionellen Methoden aufgrund der hohen Komplexität der Geschäftsabläufe nicht umsetzbar sind. Sie dürfen jedoch nicht nur angewandt werden, weil die Datenbeschaffung für die traditionellen Methoden mit Schwierigkeiten verbunden ist. Vielmehr ist bei der Auswahl die Verläßlichkeit der Methode als Maßstab heranzuziehen. Hierbei muß die ausgewählte Methode in Übereinstimmung mit Art. 9 OECD-MA und der darin geforderten Vergleichbarkeit bestehen. Nur die Gewinne, die sich nicht eindeutig

---

573 Vgl. Benke, Ralph L., Jr./Edwards, James D., Transfer Pricing: Techniques and Uses, 1980.

574 Vgl. Price Waterhouse, Transfer Pricing Practices of American Industry, 1984.

575 Vgl. Burns, Jane O., Transfer Pricing Decisions in U.S. Multinational Corporations, 1980, S. 23 ff.

576 Vgl. Business International Corporation/Ernst & Young, International Transfer Pricing, 1991, S. i.

zuordnen oder gem. den traditionellen Methoden mit Transferpreisen bewerten lassen, werden unter Verwendung dieser Methoden geteilt.

### 3.3.3.1.2.2.1 Gewinnteilungsmethode

In Fällen, in denen die Transaktionen einen hohen Verknüpfungsgrad aufweisen, können die Transaktionen nicht separat mit Preisen bewertet werden. Unter solchen Umständen würden unabhängige Unternehmen sich dazu entschließen, eine Form der Partnerschaft einzugehen und darin eine Gewinnteilung vorzunehmen. Die Gewinnteilungsmethode nutzt diesen Ansatz und identifiziert zunächst die von dieser Methode zu erfassenden Gewinne der so verbundenen Transaktionen.

Im Anschluß daran werden die Gewinne zwischen den verbundenen Unternehmen auf einer ökonomisch begründeten Basis so geteilt, wie unabhängige dritte Unternehmen eine Teilung in dieser Situation vornehmen würden. Der Grundsatz des Fremdvergleichs wird dabei von der Preisgestaltung auf die Gewinnteilung übertragen.[577]

Diese Methode hängt nicht in dem Maße wie die traditionellen Methoden von der direkten Vergleichbarkeit der Transaktionen ab. Sie kann daher eingesetzt werden, wenn sich vergleichbare Transaktionen nicht identifizieren lassen. Die Gewinnallokation basiert auf der Funktionsteilung zwischen den verbundenen Unternehmen. Vergleichsdaten von unabhängigen dritten Unternehmen sind daher nur insofern notwendig, als sie einen Ansatz bieten, den Beitrag eines an den Transaktionen beteiligten Unternehmens zu bewerten. Gleichzeitig bietet dieser Ansatz den Vorteil, daß keine der beteiligten Parteien ein extrem ungerechtfertigtes Ergebnis erwirtschaftet.

Hierin liegt zugleich eine Schwäche des Ansatzes. Je weniger die Vergleichstransaktionen Ähnlichkeit mit den zu betrachtenden Geschäftsvorfällen besitzen, desto subjektiver wird das Ergebnis der Gewinnteilung. Zugleich kann es schwierig sein, die Erlöse und Kosten der involvierten, verbundenen Unternehmen zu ermitteln bzw. abzugrenzen, um diese Werte bei der Festsetzung der Gewinnanteile zu berücksichtigen.

### 3.3.3.1.2.2.2 Transaktionsbezogene Nettogewinnspannenmethode

Diese Methode untersucht die relative Nettogewinnspanne auf Basis der Kosten oder des Umsatzes, die der Steuerpflichtige in einer kontrollierten Transaktion realisiert. Insofern arbeitet dieser Ansatz in ähnlicher Weise wie die Kostenaufschlags- und die Wiederverkaufspreismethode. Im Gegensatz zur Profit Split Methode, die als Bruttoverfahren nur das saldierte Ergebnis teilt, erfolgt hier eine transaktionsbezogene Betrachtung der Geschäftsvorfälle.

Um die Methode verläßlich anwenden zu können, müssen die gleichen Voraussetzungen erfüllt werden, die schon zuvor bei der Kostenaufschlags- und der Wiederverkaufspreismethode angeführt wurden. Die Nettogewinnspanne einer kontrollierten Transaktion des Steuerpflichtigen orientiert sich an der Spanne, die derselbe Steuer-

---

[577] Vgl. OECD - Committee on Fiscal Affairs, Transfer pricing guidelines for multinational enterprises and tax administrations, 1995, S. III-2 f.

pflichtige in vergleichbaren, unkontrollierten Geschäftsvorfällen erwirtschaftet. Ist dies nicht möglich, kann sich die Nettogewinnspanne an vergleichbaren Transaktionen eines unabhängigen Unternehmens orientieren.

Um die Vergleichbarkeit zwischen kontrollierter und unkontrollierter Transaktion bzw. zwischen verbundenen und unabhängigen Unternehmen zu gewährleisten, sind die durch die beteiligten Unternehmen ausgeführten Tätigkeiten und Funktionen zu vergleichen und entsprechende Übereinstimmungen festzustellen. Eventuell ist es notwendig, angemessene Berichtigungen vorzunehmen, um verläßliche Ergebnisse zu erhalten.[578]

Eine Stärke des Ansatzes liegt darin, daß die Nettogewinnspanne weniger anfällig gegenüber Transaktionsunterschieden ist, als die Marktpreismethode. Ebenso verhält sich der Ansatz bei den funktionalen Unterschieden zwischen kontrollierten und unkontrollierten Transaktionen. Weiterhin ermöglicht es diese Methode, nur die von einem Unternehmen erbrachten Leistungen zu berücksichtigen, ohne die an den Geschäftsvorfällen beteiligten verbundenen ausländischen Unternehmen mit einbeziehen zu müssen.

Problematisch erscheint die transaktionsbezogene Nettogewinnspannenmethode insofern, als bei der Spannenermittlung für den Steuerpflichtigen Manipulationsmöglichkeiten bestehen, die sich bei den Transferpreismethoden nicht ergeben. Sollten keine vergleichbaren Transaktionen des betrachteten Unternehmens identifizierbar sein, sind vergleichbare Geschäftsvorfälle eines unabhängigen dritten Unternehmens als Referenz heranzuziehen. Es dürften sich für den Steuerpflichtigen jedoch bei der Beschaffung der Vergleichsdaten Schwierigkeiten ergeben.

#### 3.3.3.1.2.2.3 Globale formelbasierte Gewinnverteilung

Die formelbasierte Gewinnverteilung wurde ursprünglich in der regionalen Zuordnung der Steuersubstanz auf nationaler Ebene eingesetzt. Sie bietet eine Alternative zum Grundsatz des Fremdverhaltens, wurde aber bis zur Veröffentlichung in den *Transfer pricing guidelines for multinational enterprises and tax administrations* der OECD, 1995, nicht auf internationaler Ebene angewendet.

Bei der globalen formelbasierten Gewinnverteilung werden die weltweit erwirtschafteten Gewinne einer internationalen Unternehmensgruppe anhand einer zuvor festgelegten, mathematisch definierten Formel auf die beteiligten Staaten verteilt. Ihre Anwendung setzt drei Komponenten voraus. Zum einen die Identifikation der zu besteuernden Unternehmen, die dieser globalen Zuordnung unterliegen, zum anderen die Festlegung der zuzurechnenden Gewinne, und zum dritten die Formeldefinition zur Verteilung der Gewinne. Die Formel dürfte sich auf Umsatz, Löhne und Gehälter sowie weitere Kosten und Einflußgrößen als Eingangsparameter beziehen.[579]

---

[578] Vgl. OECD - Committee on Fiscal Affairs, Transfer pricing guidelines for multinational enterprises and tax administrations, 1995, S. III-9.

[579] Vgl. OECD - Committee on Fiscal Affairs, Transfer pricing guidelines for multinational enterprises and tax administrations, 1995, S. III-19 f.

Gegenüber den beiden zuvor genannten Methoden versucht die globale formelbasierte Gewinnverteilung nicht, die betrachteten Transaktionen mit unkontrollierten Transaktionen zu vergleichen. Vielmehr bezieht sich der Formelansatz auf den aggregierten Gewinn aller beteiligten Unternehmen, während die transaktionsbezogenen Gewinnverteilungsmethoden eine fall- und transaktionsweise Zurechnung der Gewinne vornehmen und dabei auf die spezifischen Ausgestaltungen der Geschäftsvorfälle eingehen.

Dieser Ansatz wurde wegen der Vereinfachung des bürokratischen Aufwands und der größeren Sicherheit für den Steuerpflichtigen als Alternative zu den Ansätzen des Arm's Length Principle entwickelt. Zugleich soll er die wirtschaftliche Realität besser berücksichtigen. Die größte Schwierigkeit bei der Umsetzung dürfte darin bestehen, den Schutz vor der Doppelbesteuerung zu gewährleisten und zugleich eine einfache Besteuerung zu ermöglichen. Dies erfordert den international koordinierten Einsatz und die Zustimmung der Finanzbehörden aller beteiligter Staaten. Wegen der mangelnden Achtung des Fremdverhaltensgrundsatzes wird diese Methode jedoch bisher von den OECD Mitgliedsstaaten abgelehnt.[580] Diese Einstellung der Mitgliedsstaaten gegenüber der globalen formelbasierten Gewinnverteilung teilen auch die Guidelines der OECD, obgleich sie diesen Ansatz als weitere, mögliche Methode unter dem Abschnitt „andere Methoden" anführt.

#### 3.3.3.1.3 Kritische Würdigung der Transferpreismethoden

Die OECD beurteilt in ihren *Transfer pricing guidelines* die traditionellen Methoden als den direktesten Weg, die Einhaltung des Fremdverhaltensgrundsatzes der realwirtschaftlichen und finanziellen Transaktionen zwischen verbundenen Unternehmen zu gewährleisten. Dementsprechend sind diese Methoden anderen Transferpreismechanismen vorzuziehen. Dennoch ergeben sich aus der Komplexität des Geschäftslebens Schwierigkeiten in der Anwendung der traditionellen Methoden. In solchen Situationen, in denen keine oder nicht genügend Vergleichsdaten vorliegen, können sich andere Methoden als nützlicher erweisen.[581]

Die Marktpreismethode wird von der OECD den beiden anderen traditionellen Methoden vorgezogen. Dies ist dann sinnvoll, wenn tatsächlich eine unkontrollierte Transaktion als Referenz herangezogen werden kann, bei der keinerlei Anpassungen vorzunehmen sind. Dazu müssen die gehandelten Produkte gleich sein und es dürfen keine Unterschiede des erbrachten Leistungsumfangs existieren. Dieser Fall dürfte jedoch die Ausnahme darstellen, da zwar vergleichbare Transaktionen vorliegen können, jedoch der Zugang zu den relevanten Daten i.d.R verwehrt sein wird. Es muß daher bei den traditionellen Methoden zu angemessenen Anpassungen kommen.

[580] Vgl. OECD - Committee on Fiscal Affairs, Transfer pricing guidelines for multinational enterprises and tax administrations, 1995, S. III-21.

[581] Vgl. OECD - Committee on Fiscal Affairs, Transfer pricing guidelines for multinational enterprises and tax administrations, 1995, S. II-17 u. S. III-16.

*Deutsche Umsetzung und Auslegung des DBA USA/D:*

Der Fremdvergleichsgrundsatz ist das tragende Prinzip der Transferpreisprüfung. Die eigentliche Bedeutung der Verwaltungsgrundsätze liegt darin, auf der Grundlage des innerstaatlichen Rechts unter Berücksichtigung geltender bilateraler Vereinbarungen die maßgeblichen Prinzipien zu nennen, nach denen zu prüfen ist, ob bei international verbundenen Unternehmen der Transferpreis für grenzüberschreitende Leistungen dem Fremdpreis entspricht. Der Wortlaut des Art. 9 DBA USA/D erfaßt nur gesellschaftsrechtliche Verbindungen zwischen Unternehmen, also keine bloßen Interessensverknüpfungen. Die deutschen Verwaltungsgrundsätze erklären diese Abkommenseinschränkungen jedoch für irrelevant und erweitern somit ihren Handlungsspielraum bei den Betriebsprüfungen über den im Abkommen gesteckten Rahmen.[582]

Die Auswahl einer bestimmten Transferpreismethode ist Aufgabe des Unternehmens, nicht der Finanzverwaltung. Die Methodenauswahl hängt vom jeweiligen Geschäftszweck ab, den das Unternehmen autonom bestimmt. Die drei traditionellen Transferpreismethoden sind dabei vollkommen ausreichend. Die Finanzbehörden müssen sich i.d.R innerhalb der gewählten Methode auf die Prüfung beschränken, ob der Transferpreis sachgerecht ist. Die Finanzverwaltung hat die Transferpreise anzuerkennen, wenn das Unternehmen darlegt, daß es sich an die international anerkannten Transferpreisrichtlinien hält, wie sie in den OECD Richtlinien und den deutschen Grundsätzen beschrieben sind, und davon ausgegangen werden kann, daß die Transferpreise sorgfältig unter konsequenter Beachtung dieser Grundsätze bemessen werden. Nur bei Mißbrauchsfällen kann die Behörde zu einer eigenen Methodenwahl berechtigt sein.

Während die traditionellen Methoden von den Finanzbehörden anerkannt sind, werden die anderen Methoden sowohl von den Finanzbehörden als auch von der deutschen Wirtschaft kritisch gesehen. Die globale formelbasierte Gewinnverteilung wird grundsätzlich abgelehnt. Jede Gesamtbetrachtung oder Gewinnaufteilung, die zu einer steuerlichen Beanstandung führen soll, ist durch das Gesetz nicht gedeckt.[583] Die Gewinnteilungsmethode und die transaktionsbezogene Nettogewinnspannenmethode stellen nur andere Ausprägungen des globalen formelbasierten Ansatzes dar, der auch von der OECD verworfen wird. Sie sind mit dem Fremdvergleichsgrundsatz des Art. 9 OECD-MA und Art. 9 DBA USA/D nicht vereinbar und kommen auch unter unabhängigen Dritten nicht vor.[584]

---

582 Vgl. BMF, Schreiben IV C 5-S 1341-4/83 vom 23. Februar 1983, Grundsätze für die Prüfung der Einkunftsabgrenzung bei international verbundenen Unternehmen (Verwaltungsgrundsätze), BStBl 1983 I, S. 219, Tz. 1.2.1. Satz 4 und 5.

583 Vgl. OECD - Committee on Fiscal Affairs, Transfer pricing guidelines for multinational enterprises and tax administrations, 1995, S. III-23 f.; Ritter, Wolfgang, Steuerliche Prüfung internationaler Verrechnungspreise, 1983, S. 1679; Rädler, Albert J., Stellungnahme zu dem Entwurf des OECD-Berichts über Verrechnungspreise, 1995, S. 110.

584 Vgl. Ritter, Wolfgang, Steuerliche Prüfung internationaler Verrechnungspreise, 1983, S. 1680.

Die gleichberechtigte Behandlung von transaktionsbezogenen Gewinnmethoden und den drei traditionellen Methoden wird von deutscher Seite abgelehnt, da dies zu einem Auswahlprozeß führt, bei dem Unklarheit über die Auswahl der Einflußfaktoren und deren Gewichtung zur Ermittlung der Verteilung herrscht. Die Anwendung von transaktionsbezogenen Gewinnmethoden erfordert von den betroffenen Unternehmen einen hohen zusätzlichen Dokumentationsaufwand hinsichtlich aller möglicherweise als relevant betrachteter Daten. Dokumentationen solchen Umfangs sind im Geschäftsleben weder üblich noch mit zumutbaren Aufwand darstellbar. Die Anpassung der Gewinnmethoden durch die Finanzbehörden ist für das betroffene Unternehmen nicht überprüfbar, da es nicht über die den Behörden zur Verfügung stehenden Vergleichsdaten verfügt.[585]

Gewinne und Verrechnungspreise sind unterschiedliche Größen, die nicht miteinander vergleichbar sind. Während der Gewinn das Resultat vieler Einflußfaktoren ist, stellt der Verrechnungspreis für eine bestimmte Transaktion immer nur einen dieser Faktoren dar. Rückschlüsse vom Gesamtgewinn eines Unternehmens auf einen einzelnen Verrechnungspreis zu ziehen, ist daher nicht möglich. Weiterhin wird angenommen, daß aus dem Ist-Gewinn eines Unternehmens ohne weiteres der Soll-Gewinn eines anderen abgeleitet werden könne. Dies ist nicht realistisch. Schließlich kann die Vermeidung der Doppelbesteuerung durch die Gewinnverteilungsansätze nicht garantiert werden, da der Vergleich der transaktionsbezogenen Gewinne nicht von allen Staaten anerkannt wird, so auch nicht von Deutschland. Entsprechend fanden die Verwaltungsgrundsätze von 1983 keine Überarbeitung oder Anpassung an die transaktionsbezogenen Gewinnmethoden.

Die Regeln, auf die eine Berichtigung des Transferpreises nach deutschem Recht gestützt werden kann, sind die verdeckte Gewinnausschüttung, die verdeckte Einlage und als subsidiäre Auffangnorm die Berichtigungsvorschrift des § 1 AStG.[586] Ungeachtet der gemeinsamen Zielrichtung und des gemeinsamen Maßstabs der Berichtigungsvorschriften unterscheiden sie sich in ihren tatbestandlichen Voraussetzungen. Verdeckte Gewinnausschüttungen und verdeckte Einlage setzen eine gesellschaftsrechtliche Verbundenheit voraus, die in diesem Gesellschaftsverhältnis ihren Ursprung hat. § 1 AStG gelangt nur zur Anwendung, wenn weder eine verdeckte Gewinnausschüttung noch eine verdeckte Einlage vorliegt. Er erfaßt neben den gesellschaftsrechtlichen Verbindungen auch andere Formen der Verbundenheit, bezieht sich jedoch nur auf Einkünfte, die aus Geschäftsbeziehungen zwischen derart verbundenen Unternehmen stammen.[587]

---

[585] Vgl. Eggers, Winfried, Die neuen OECD-Guidelines zu den internationalen Verrechnungspreisen - Entstehungsgeschichte und Hintergründe, 1996, S. 394.

[586] Vgl. BMF, Schreiben IV C 5-S 1341-4/83 vom 23. Februar 1983, Grundsätze für die Prüfung der Einkunftsabgrenzung bei international verbundenen Unternehmen (Verwaltungsgrundsätze), BStBl 1983 I, S. 219, Tz. 1.1.3.

[587] Vgl. Woerner, Lothar, Verdeckte Gewinnausschüttungen, verdeckte Einlagen und § 1 AStG, 1983, S. 846.

*Amerikanische Umsetzung und Auslegung des DBA USA/D:*

Im Rahmen des *Tax Reform Act* von 1986 wurde die amerikanische Steuerbehörde, *Internal Revenue Service* (IRS), vom Kongreß damit beauftragt, eine Studie über die Grundsätze der Transferpreismethoden durchzuführen und festzustellen, ob Änderungsbedarf bestehe. Die Ergebnisse des im Oktober 1988 veröffentlichten Berichts führten zu den im Januar 1992 veröffentlichten *proposed regulations*, die schließlich am 21. Januar 1993 durch die temporären Richtlinien zu § 482 und § 6662 IRC ersetzt wurden und am 21. April 1993 in Kraft traten.[588]

Der IRS etabliert darin statt der bisherigen Priorität der Marktpreismethode vor der Wiederverkaufspreismethode und der Kostenaufschlagsmethode die sog. *best method rule*, die Regel der besten Methode. Dadurch soll sich in der Betriebsprüfung die Transferpreismethode durchsetzen, die angesichts der verfügbaren Daten und der Vergleichbarkeit zwischen der Transaktion von fremden Dritten und der geprüften Transferpreisbeziehung die genausten Ergebnisse verspricht, da bspw. nur wenige Anpassungen gegenüber den Daten von fremden Dritten vorzunehmen sind. In den Erläuterungen geht der IRS davon aus, daß die transaktionsbezogenen Gewinnmethoden das Prinzip des Fremdverhaltens erfüllen. Sie erhalten den gleichen Rang wie die traditionellen Methoden. Damit wird nicht mehr auf die unbedingte Vergleichbarkeit der Transferpreise bestanden, sondern kann auch die Vergleichbarkeit des bei einer Transaktion erzielten Erfolgs als Kriterium vorgesehen werden. Diese Sichtweise wird von zahlreichen europäischen Staaten, darunter auch die Bundesrepublik Deutschland, abgelehnt.[589] Die Objektivität dieser Methodik wird in Bezug auf den weltweit anerkannten Fremdverhaltensgrundsatz in Zweifel gezogen.

Entschließt sich der IRS während der Betriebsprüfung zu einem Vergleich zwischen gewählter Transferpreismethode und einer transaktionsbezogenen Gewinnmethode, so dürfte der Steuerpflichtige nur geringe Chancen haben, zu erklären, daß die von ihm gewählte Transferpreismethode zu genaueren Ergebnissen führt. Die Beweislast dafür, daß eine Beanstandung des IRS falsch ist, trifft nach dem US-Steuerrecht den Steuerpflichtigen. Somit hat der IRS den Gewinnmethoden durch den möglichen Vergleich mit den traditionellen Methoden eine besondere Rolle zugewiesen.[590]

Der IRS trifft bei der Methodenwahl seine Entscheidung unabhängig vom Steuerpflichtigen. Die amerikanischen Richtlinien stellen die innerhalb der Unternehmensgruppe getroffene Regelung der Arbeitsteilung und Aufgabenzuordnung mit den dazu getroffenen Vereinbarungen von vornherein in Frage. Vertragliche Vereinbarungen sollen nur anerkannt werden, wenn sie nach Auffassung des IRS wirtschaftlich gerechtfertigt sind. Die Regel der besten Methode kann vom IRS bei der Betriebsprüfung dazu genutzt werden, die Methode auszuwählen, die zu den höchsten Steuereinnahmen auf amerikanischer Seite führen werden. Als Argumentation kann dazu die

588 Vgl. United States Tax Reporter, Committee Reports IRC § 482, S. 38547.

589 Vgl. Eggers, Winfried, Die neuen OECD-Guidelines zu den internationalen Verrechnungspreisen - Entstehungsgeschichte und Hintergründe, 1996, S. 397.

590 Vgl. Werra, Matthias, Neue Richtlinien zur steuerlichen Prüfung von Verrechnungspreisen in den USA vom Januar 1993 - Rückkehr zum arm's length-Grundsatz?, 1993, S. 704 f.

Anwendung von möglichst objektiven Kriterien herangezogen werden. Welche Kriterien diesen Anspruch erfüllen, liegt jedoch im Ermessen des IRS. Für den Steuerpflichtigen ergibt sich bei dieser Interpretation des IRS möglicherweise der Nachteil, daß er die zum Vergleich des Gewinns zwischen unabhängigen Dritten herangezogenen Daten des IRS nicht überprüfen kann.

Für die Anpassung wird als Ziel lediglich die Angemessenheit zur Erreichung des Arm's Length Principle vorgegeben, der Ermessensspielraum wird jedoch nicht anhand von konkreten Vorgaben eingeschränkt. Die Vergleichbarkeit der unkontrollierten Transaktion ist nur schwer zu beurteilen, da sowohl die Kostenstrukturen, die Wirtschaftlichkeit als auch der erbrachte Funktionsumfang in die Überlegungen einzubeziehen sind. Schließlich können sich noch Unterschiede aus den nationalen Rechnungslegungsvorschriften ergeben.

Hierin ist eine wesentliche Problematik der Transferpreismethoden zu sehen, denn ausschlaggebend ist die Anerkennung durch die Steuerbehörden der beteiligten Steuerhoheiten. Diese Anerkennung erfolgt jedoch im Rahmen der Überprüfung der Jahresabschlüsse, die i.d.R erst Jahre nach der erfolgten Transaktion durch die Steuerbehörden durchgeführt wird. Sollte die gewählte Transferpreismethode und die vorgenommenen Berichtigungen bei der Überprüfung nicht anerkannt werden, so sind nachträgliche Änderungen der Jahresabschlüsse vorzunehmen, die zu Steuernachzahlungen führen werden.

Das amerikanische Steuerrecht sieht in § 6662 IRC[591] ein Bußgeld von 20% bzw. von 40%[592] einer Steuernachzahlung für den Fall vor, daß ein Verrechnungspreis korrigiert bzw. erheblich korrigiert werden muß. Von einer Korrektur bzw. einer erheblichen Korrektur wird ausgegangen, wenn ein Transferpreis um mehr als die Hälfte bzw. um mehr als Dreiviertel nach unten oder um mehr als das Doppelte bzw. um mehr als das Vierfache nach oben zu korrigieren ist. Des weiteren ist ein Bußgeld bei nachzuzahlender Steuer fällig, wenn die kumulierten Korrekturen den Betrag von 5 bzw. 20 Mio. USD überschreiten.[593] Diese Vorschriften werden als völlig unverhältnismäßig gewertet.[594]

Bereits bei einem schlichten Vergessen oder Versehen einer Berechnung ist ein Bußgeld von 20% bzw.40% fällig, weil bei großen Geschäftsvolumen eine Verrechnungspreiskorrektur von 5 bzw. 20 Mio. USD leicht erreicht werden kann. Reg. Sec. 1.6664-4 zu § 6664 IRC *Definitions and special rules* sieht jedoch vor, daß von einem Bußgeld abgesehen werden kann, wenn der Steuerpflichtige einen vernünftigen Grund für die fehlerhafte Verrechnungspreisgestaltung darlegen kann. Dazu wird eine umfangreiche Dokumentation gefordert, anhand derer der Steuerpflichtige den Versuch, die Steuerschuld richtig ermittelt zu haben, nachweisen muß. Dabei wird

---

591 § 6662 IRC: *Imposition of accuracy-related penalty*.

592 Vgl. § 6662(a) und § 6662(b)(2) bzw. § 6662(h)(1) IRC.

593 Vgl. § 6662(e)(1)(B) bzw. § 6662(h)(2)(A) IRC.

594 Vgl. Werra, Matthias, Neue Richtlinien zur steuerlichen Prüfung von Verrechnungspreisen in den USA vom Januar 1993 - Rückkehr zum arm's length-Grundsatz?, 1993, S. 708.

unterstellt, daß kein angemessener Versuch unternommen wurde, § 482 IRC zu erfüllen, wenn der Steuerpflichtige diese Dokumentation nicht innerhalb von 30 Tagen vorlegen kann. Weiterhin muß der Steuerpflichtige in gutem Glauben an die Richtigkeit der Transferpreise vertraut haben.[595] Hierbei sollen auch die Kenntnisse und Erfahrungen des Steuerpflichtigen berücksichtigt werden. Der Steuerpflichtige soll bei der Steuererklärung darlegen, daß er mit gutem Grund davon ausging, daß seine Verrechnungspreise einer Überprüfung mit mehr als 50% Wahrscheinlichkeit standhalten werden.[596]

Dazu gehört, daß der Steuerpflichtige zum Zeitpunkt der Preisfestsetzung von folgenden Annahmen ausgeht: Die angewandte Methode wird den Fremdverhaltensgrundsatz einhalten, die dazu getroffenen kritischen Annahmen werden sich während des Steuerjahres nicht ändern und diese kritischen Annahmen werden sich auch bis zum Zeitpunkt der Steuererklärung nicht ändern. Wenn der Steuerpflichtige davon Kenntnis erhält, daß sich die Grundlage einer solchen kritischen Annahme geändert hat, dann ist er zum Zeitpunkt der Steuererklärung verpflichtet, Berichtigungen vorzunehmen. Diese Regelung verstößt eindeutig gegen das Arm's Length Principle. Die rückwirkende Veränderung von Verrechnungspreisen bei Änderung der kritischen Annahmen entspricht gerade nicht dem Verhalten von unabhängigen Dritten, die sich mit den Kenntnissen zum Zeitpunkt der Preisverhandlung auch für die Zukunft binden.[597] Um die Position des Steuerpflichtigen zu bekräftigen, besteht die Möglichkeit, einen unabhängigen Experten hinzuzuziehen, der das Unternehmen bezüglich der Transferpreise beraten bzw. eine Transferpreisstudie angefertigt hat.

Eine solche Bußgeldregelung ist nicht Gegenstand eines Verständigungsverfahrens unter den von den USA abgeschlossenen DBA und führt daher bei Verrechnungspreiskorrekturen zu echten Steuermehrbelastungen.

Aus den unterschiedlichen Sichtweisen der deutschen und US-amerikanischen Finanzverwaltungen können sich für den Steuerpflichtigen wesentliche Nachteile ergeben. Nur die Steuerbehörde wird die verwendete Transferpreismethode bemängeln, die den in ihrer Steuerhoheit anfallenden Gewinn als zu niedrig erachtet. Diese Finanzverwaltung wird daher Anpassungen am Jahresabschluß fordern, die dann auch in den Abschlüssen der anderen Unternehmen zu berücksichtigen sind, um eine Doppelbesteuerung auszuschließen.

Problematisch ist in diesem Zusammenhang jedoch, daß sich diese Anpassungsforderungen erst Jahre nach der eigentlichen Anwendung der Transferpreismethode durch die steuerlichen Prüfung der Jahresabschlüsse ergibt.

---

595 Vgl. § 6664(c) IRC: *Reasonable cause exception.*

596 Vgl. Reg. 1.6664-4 zu § 6664 IRC.

597 Vgl. Werra, Matthias, Neue Richtlinien zur steuerlichen Prüfung von Verrechnungspreisen in den USA vom Januar 1993 - Rückkehr zum arm's length-Grundsatz?, 1993, S. 709. Werra geht davon aus, daß es in den meisten Fällen selbst bei Gutem Glauben an die Richtigkeit und ausführlicher Dokumentation unmöglich sein dürfte, einem Bußgeld zu entgehen.

#### 3.3.3.2 Internationale Verständigungsverfahren zur Beilegung von Transferpreiskonflikten

Art. 9 Abs. 1 DBA USA/D enthält den für die Beziehungen zwischen verbundenen Unternehmen international anerkannten Grundsatz des Fremdverhaltens. Danach können die Finanzverwaltungen die Gewinne verbundener Unternehmen berichtigen, wenn Bedingungen vereinbart worden sind, die nicht diesem Grundsatz entsprechen. Gem. Art. 9 Abs. 2 DBA USA/D, der in den bisherigen Abkommen nicht enthalten war, sind bei Gewinnberichtigungen des einen Staats in dem anderen Staat Gegenberichtigungen vorzunehmen, soweit Einigkeit besteht, daß die Berichtigung begründet ist. Für eine übereinstimmende Abgrenzung der Einkünfte zwischen verbundenen Unternehmen eröffnet Art. 25 das Verständigungs- bzw. Schiedsverfahren.

Dieser Artikel sieht vor, daß sich die zuständigen Behörden der Vertragsstaaten über die Vermeidung der Doppelbesteuerung in Einzelfällen verständigen und Auslegungs- und Anwendungsschwierigkeiten im gegenseitigen Einvernehmen beseitigen können. Abs. 1 und 2 entsprechen dem OECD-MA. In Abs. 3 wird das Verfahren so ausgebaut, daß es eine Grundlage für einen umfassenden Schutz auch auf Gebieten bildet, die im Abkommen nicht geregelt werden konnten. Dazu gehört insbesondere die Einkunftsabgrenzung bei international verbundenen Unternehmen.[598]

Ausgangspunkt des Abs. 5 ist, daß das DBA eine gemeinsame Rechtsgrundlage und ein gemeinsames Verfahren bietet, das den Schutz des Steuerpflichtigen garantieren soll. Dieses Ziel wird jedoch verfehlt, wenn es zwischen den Finanzverwaltungen zu Unterschieden in der Sachverhaltsfeststellung oder -bewertung oder zu Meinungsverschiedenheiten über die Rechtsfolgen kommt, da das Abkommen in derartigen Fällen keinen Einigungszwang kennt. Erst mit dem Scheitern des Verständigungsverfahrens ist zu prüfen, ob eine Doppelbesteuerung wegen sachlicher Unbilligkeit unter den Voraussetzungen des § 163 AO vermieden werden kann.[599] Auch das in Aussicht gestellte Schiedsverfahren ändert die Situation nicht zwangsläufig, da die Einleitung des Schiedsverfahrens noch an die Zustimmung beider Verwaltungen gebunden ist.[600] Somit erkennen die Staaten eine Verpflichtung zur Verständigung nicht an. Zugleich sind die Rechte des Steuerpflichtigen nicht ausreichend geregelt.[601]

Der Antrag auf Eröffnung des Verständigungsverfahrens ist nur zulässig, wenn der Steuerpflichtige geltend machen kann, daß eine abkommenswidrige Besteuerung

---

598 Gem. Abs. 23 des Protokolls des DBA USA/D können Steuerpflichtige ihre steuerlichen Belange in einem Staat unter Verzicht auf ein Verständigungsverfahren zügig abwickeln.

599 Vgl. BMF, Schreiben IV C 5-S 130-158/92 vom 1. April 1993, Internationales Verständigungsverfahren in Steuersachen - Merkblatt, BStBl. 1993 I S. 336, Tz. 8.

600 Vgl. BMF, Schreiben IV C 5-S 130-158/92 vom 1. April 1993, Internationales Verständigungsverfahren in Steuersachen - Merkblatt, BStBl. 1993 I S. 336, Tz. 9; Debatin, Helmut/Endres, Dieter, Das neue Doppelbesteuerungsabkommen USA/Bundesrepublik Deutschland, 1990, S. 135 f.

601 Vgl. Ritter, Wolfgang, Steuerliche Prüfung internationaler Verrechnungspreise, 1983, S. 1681.

vorliegt oder droht. Dazu gehören auch die Fälle, in denen im anderen Staat zu besteuernde Einkünfte nicht zutreffend auf der gemeinsamen Rechtsgrundlage des DBA abgegrenzt worden sind. Dies gilt nach deutscher Vertragsauffassung selbst dann, wenn bei der deutschen Einkunftsabgrenzung bei international verbundenen Unternehmen nach dem Grundsatz des Fremdverhaltens Sonderklauseln fehlen.[602]

### 3.3.4 Evaluation der Entwicklung eigener Transferpreismodelle des internationalen Handels von Finanzinnovationen unter Einbeziehung des DBA USA/D

Da von Seiten der deutschen Finanzverwaltung nur die drei traditionellen Transferpreismethoden anerkannt werden, ist lediglich die Anwendbarkeit dieser drei Methoden für den internationalen Handel von Finanzinnovationen bei der Einbeziehung des DBA USA/D zu überprüfen. Um festzustellen, ob die im DBA USA/D zur Verfügung gestellten Möglichkeiten ausreichen, ein Transferpreismodell zu entwikkeln, wird zunächst die aus dem Abkommen zu erzielende Rechtssicherheit untersucht. Dazu wird auch auf die Kosten und Ertragssituation eingegangen. Darauf aufbauend, werden die drei Methoden hinsichtlich ihrer Tauglichkeit überprüft.

#### 3.3.4.1 Risiko der Doppel- oder Minderbesteuerung

Zur Zeit interpretieren die am internationalen Handel von Finanzinnovationen beteiligten Staaten die Regeln zur Vermeidung der Doppelbesteuerung sehr unterschiedlich. Dies führt zu einem erhöhten Risiko der Doppel- oder Minderbesteuerung. Die internationale Staatengemeinschaft ist daher bestrebt, einen allgemein anerkannten Konsens zu finden, um diese Gefahr zu vermeiden.

Es gibt verschiedene Aspekte des internationalen Handels von Finanzinnovationen, die ihn vom internationalen Waren- und Dienstleistungshandel unterscheiden und damit das Risiko der fehlerhaften Besteuerung erhöhen:

1. Der Handel wird international und rund um die Uhr betrieben. Dabei werden regelmäßig bestimmte Aktivitäten an verbundene Handelsplätze delegiert. Dies kann Fragen bezüglich des Status des anderen Handelsplatzes aufwerfen, z.B. ob es sich um einen abhängigen oder unabhängigen Agenten im Sinne des Art. 5 DBA USA/D handelt.
2. Der internationale Handel von Finanzinnovationen wird häufig in Form der Funktionsintegration organisiert. Dies erschwert die Allokation der Handelsergebnisse auf die Jurisdiktionen der Handelsplätze. Selbst wenn sich die Steuerhoheiten auf eine Methode der Einkommenszuordnung einigen, können sich noch immer Probleme aus möglichen Zeitpunktdifferenzen bei der Berechnung der zu verteilenden Gewinne ergeben. Während die USA gem. § 475 IRC eine stichtagsbezogene Marktpreisbewertung vornehmen, besteuern die deutschen Behörden die Gewinne aufgrund des Niederstwertprinzips erst mit deren Realisierung. Dies kann zu permanenten Unterschieden in der Ergebnisermittlung führen.

[602] Vgl. BMF, Schreiben IV C 5-S 130-158/92 vom 1. April 1993, Internationales Verständigungsverfahren in Steuersachen - Merkblatt, BStBl. 1993 I S. 334, Tz. 2.3.2.b).

3. Der internationale Handel von Finanzinnovationen hängt wesentlich von der zur Verfügung gestellten Liquidität ab. Zugleich können die Liquidität und die zu bewertenden Gewinne und Verluste sehr leicht zwischen den Handelsplätzen transferiert werden. Die hohe Komplexität der dazu einsetzbaren Finanzinstrumente erschwert es den Behörden, solche Transfers nachzuvollziehen, insbesondere, da keine weiteren Transaktionen als Vergleichsmaßstab dienen können.
4. Schließlich existieren keine allgemein anerkannten Standards der Bilanzierung und Reglementierung.

Aufgrund dieser Charakteristika wird es für die Finanzverwaltungen zunehmend schwieriger, den angemessenen Steueranteil zu beanspruchen. Eine Lösung wird dadurch erschwert, daß nicht alle Staaten nationale Regeln besitzen, die nur einen Teil der einzelnen Transaktionen besteuern. Wenn die Aktivitäten einer inländischen Unternehmenseinheit für eine ausländische Einheit in einem Staat, der den Bewertungsansatz „alles oder nichts" verfolgt, einen bestimmten Schwellenwert übersteigen, wird das gesamte Ergebnis der Einheit besteuert. Wird der Schwellenwert nicht erreicht, erfolgt keine Besteuerung. Dieser Ansatz kann zu einer sachgerechten Besteuerung führen. Werden die Sicherungsgeschäfte einer Transaktion jedoch aus diesen steuerlichen Gründen in einer anderen Jurisdiktion anerkannt, fallen die wirtschaftlich zusammengehörenden Gewinne und Verluste in unterschiedlichen Steuerhoheiten an. Dies kann zum einen an der uneinheitlichen Anerkennung internationaler Transaktionen liegen, zum anderen an einer vermuteten, verdeckten Gewinnausschüttung durch den Transfer von Gewinnen und Verlusten in eine andere Steuerhoheit.[603]

### 3.3.4.2 Einstufung der Zweigstellen als Betriebsstätten

Wie bereits oben gezeigt, können die deutschen Banken die Handelstätigkeit in den USA über eine Niederlassung als Tochtergesellschaft oder als Zweigstelle aufnehmen. Die Wahl der Rechtsform hängt wesentlich von den regulartorischen Rahmenbedingungen ab. Die daraus resultierende Besteuerung dürfte dabei auf den ersten Blick keine Rolle spielen, da sich die Besteuerung in den USA nicht an den Rechtsformen orientiert. Hier gilt der Ansatz, daß wirtschaftlich identische Sachverhalte zu den gleichen Besteuerungsergebnissen zu führen haben. Wird jedoch die Form der Zweigstelle gewählt, kann sich aus der notwendigen Anwendung des DBA USA/D eine Rechtsunsicherheit bezüglich der in den Zweigstellen ausgeführten Tätigkeiten ergeben.

Gem. Art. 7 DBA USA/D werden Unternehmensgewinne nur in dem Staat besteuert, in dem das Unternehmen ansässig ist. Übt dagegen das Unternehmen seine Tätigkeit in dem anderen Staat durch eine dort belegene Betriebsstätte aus, so kann der Betriebsstättenstaat den Gewinn des Unternehmens besteuern, soweit der Gewinn der Betriebsstätte zuzurechnen ist. Um den Gewinn der im Ausland belegenen Betriebsstätte aus dem Gesamtgewinn des Unternehmens herauslösen zu können, ist die

---

[603] Vgl. OECD, The Taxation of Global Trading of Financial Instruments: A Discussion Draft, 1997, Tz. 16.

Betriebsstätte als ein selbständiges Unternehmen anzusehen. Die Gewinnabgrenzung erfolgt unter Beachtung der Fremdverhaltensgrundsatzes.[604]

Es ist daher zu überprüfen, inwieweit eine Zweigstelle als Betriebsstätte anzusehen ist. Für den Steuerpflichtigen ergeben sich aus dem DBA USA/D zwei Ansatzpunkte, die Gewinne nicht der Betriebsstätte zuzuordnen. Art. 5 Abs. 4 DBA USA/D listet vorbereitende und unterstützende Tätigkeiten auf, die nicht als konstituierendes Merkmal einzustufen sind. Gem. Art. 7 Abs. 5 DBA USA/D ist bei der Gewinnermittlung zu berücksichtigen, daß aufgrund des bloßen Einkaufs von Gütern oder Waren der Betriebsstätte kein Gewinn zuzurechnen ist.[605] Zusätzlich sind die Überlegungen der Bertiebsstättenklassifizierung auf die Vertretertätigkeiten auszudehnen.[606]

Entscheidend für die Klassifikation als vorbereitende und unterstützende Tätigkeit ist, ob die ausgeübten Tätigkeiten einen wesentlichen und bedeutsamen Teil der Unternehmensaktivitäten als ganzes darstellen. Hierzu existiert kein genau definierter Schwellenwert, um den internationalen Handel entsprechend zu klassifizieren.[607] Es ist also fraglich, ob die Handelstätigkeiten der ausländischen Zweigstelle dazu führen, diese als Betriebsstätte auszuweisen.

Die bloße Einkaufstätigkeit gem. Art. 7 Abs. 5 DBA USA/D bezieht sich ursprünglich auf den Güter- und Warenhandel. Dabei wird davon ausgegangen, daß eine Lokation als Agent lediglich die Einkäufe vornimmt, während der andere Standort als Prinzipal alle anderen Tätigkeiten übernimmt. Dem letzteren Standort sind dann die Ein- und Ausgaben und damit auch das wirtschaftliche Ergebnis zuzurechnen. Eine Übertragung auf den internationalen Handel von Finanzinnovationen ist nicht ohne weiteres möglich. Zum einen verwischt mit zunehmender Funktionsintegration die Unterscheidung in Prinzipal und Agent, da verantwortungsvolle Tätigkeiten an beiden Standorten wahrgenommen werden. Zum anderen werden beim Handel mittels separater Gesellschaften und beim integrierten Handel nicht nur Einkäufe an den Handelsplätzen vorgenommen, sondern es werden auch Vertriebstätigkeiten ausgeübt. Der Einwand der bloßen Einkaufstätigkeiten läßt sich daher allenfalls im Idealfall des zentralen Produktmanagements anwenden. Es bleibt jedoch auch hier fraglich, ob die ausgeübten Einkaufstätigkeiten durch den derivativen Charakter der Instrumente nicht implizite Verkaufstätigkeiten beinhalten und damit die Anerkennung der bloßen Einkaufstätigkeit versagt bleibt.

Weiterhin ist zu klären, ob gem. Art. 5 Abs. 5 DBA USA/D die zur Vertretung eines Unternehmens ausgeübten Tätigkeiten dazu führen, als Tätigkeiten einer Betriebsstätte des vertretenen Unternehmens betrachtet zu werden. Der Begriff „Person"

---

[604] Vgl. Wilke, Kay-Michael, Lehrbuch des internationalen Steuerrechts, 1992, Tz. 230 und 233.

[605] A.A. Sieker, Klaus, Betriebsstättengewinn und Fremdvergleichsgrundsatz, 1996, S. 113.

[606] Vgl. Art. 5 Abs. 5 DBA USA/D.

[607] Vgl. Vogel, Klaus, Doppelbesteuerungsabkommen in der Bundesrepublik Deutschland auf dem Gebiet der Steuern von Einkommen und Vermögen: Kommentar auf der Grundlage der Musterabkommen, 1996, Art. 5, Rn. 115 ff.

umfaßt natürliche und juristische Personen.[608] Eine Vertreterbetriebsstätte ist gegeben, wenn eine Person, die nicht unabhängiger Vertreter im Sinne Art. 5 Abs. 6 ist, in einem Staat für ein Unternehmen eines anderen Staats tätig ist, die Person eine Vollmacht hat, im Namen des Unternehmens Verträge abzuschließen und sie die Vollmacht gewöhnlich ausnutzt.[609] Die Abhängigkeit meint Personen, die an die Unternehmensanweisungen gebunden sind und auch persönlich zu diesem Unternehmen in einem Abhängigkeitsverhältnis stehen. Damit können auch beauftragte Unternehmen, die in die internationale Handelstätigkeit einbezogen werden, zu einer Betriebsstätte mit den entsprechenden steuerlichen Folgen werden, wenn ein solches Abhängigkeitsverhältnis vorliegt. Für die vom Vertreter ausgeübten Vorbereitungs- und Hilfstätigkeiten gilt das zuvor gesagte.[610]

Die Möglichkeiten, den internationalen Handel von Finanzinnovationen mittels Zweigstellen zu realisieren und dabei nur einer nationalen Besteuerung der Muttergesellschaft zu unterliegen, sind sehr eingeschränkt. Es existieren zwar keine klaren Abgrenzungskriterien der Vorbereitungs- und Hilfstätigkeiten, doch wird ein wesentlicher Beitrag zum Unternehmensgewinn erzielt, dürften die am Handel beteiligten Zweigstellen als Betriebsstätte eingestuft werden. Gleiches gilt für die Einkaufstätigkeit der Zweigstellen, die nur in Ausnahmefällen geltend gemacht werden kann. Auch der Versuch, die ausländische Unternehmenseinheit als einen unabhängigen Vertreter einzustufen, dürfte nicht zu einer ausschließlich nationalen Besteuerung führen, da durch das mit den derivativen Finanzinstrumenten verbundene Risiko immer eine Abhängigkeit zur vertretenen Gesellschaft bestehen wird.

#### 3.3.4.3 Anwendbarkeit der traditionellen Transferpreismethoden

Die Transferpreisrichtlinien unterstützen den Einsatz der traditionellen Methoden, die dadurch auch beim internationalen Handel von Finanzinnovationen anzuwenden sind, wenn dies möglich ist. Es ist daher zunächst zu überprüfen, ob für die drei grundsätzlichen Organisationsmodelle (Handel mittels separater Gesellschaften, zentralisiertes Produktmanagement und integrierter Handel) der Einsatz anderer als der traditionellen Methoden notwendig ist.

##### 3.3.4.3.1 Der internationale Handel mittels separater Gesellschaften - die Präsenz und der Handel vor Ort

Die traditionellen Methoden stellen bei dieser Organisationsform i.d.R anwendbare Ansätze zum Einhalten des Fremdverhaltensgrundsatzes dar, wenn jeder Handelsplatz sich so verhält, als wäre er im Hinblick auf die mit dem internationalen Handel verbundenen Aktivitäten eine eigenständige Gesellschaft. Dies ist bspw. bei Zweigstellen und Filialbetrieben der Fall, die sich mit Fremdwährungsgeschäften an den

---

[608] Vgl. Vogel, Klaus, Doppelbesteuerungsabkommen in der Bundesrepublik Deutschland auf dem Gebiet der Steuern von Einkommen und Vermögen: Kommentar auf der Grundlage der Musterabkommen, 1996, Art. 5, Rn. 137 ff.

[609] Vgl. Art. 5 Abs. 5 DBA USA/D.

[610] Vgl. Art. 5 Abs. 4 DBA USA/D.

Kassa- und Terminmärkten engagieren. In solchen Fällen sind grundsätzlich keine anderen Methoden als die traditionellen Methoden in Betracht zu ziehen. Dabei kann davon ausgegangen werden, daß jeder Handelsplatz einen angemessenen Gewinn erwirtschaften kann, unabhängig davon, ob es sich um Transaktionen mit unabhängigen Dritten, um zweigstelleninterne, unternehmensinterne Geschäfte oder um Geschäfte zwischen Unternehmen der Gruppe handelt. Beim Einsatz wenig komplexer Instrumente läßt sich relativ leicht überprüfen, ob der Fremdverhaltensgrundsatz eingehalten wird, da aus den Märkten vergleichbare Transaktionen mit unabhängigen Dritten existieren. Möglicherweise lassen sich die den Preis bestimmenden Einflußfaktoren aus den Marktnotierungen bestimmen, um so indirekt die Einhaltung des Fremdverhaltens nachweisen zu können.

Die Anwendung der traditionellen Methoden ergibt sich hier vor allem aus der Möglichkeit, vergleichbare Marktpreise zu erhalten, um damit das Einhalten des Arm's Length Principle nachweisen zu können. Sollte dieser Vergleichsmaßstab nicht vorhanden sein, z.B. bei komplexen OTC-Instrumenten, insbesondere Swaps, ist es fraglich, inwiefern unternehmensinterne Geschäfte durch die traditionellen Methoden abgedeckt werden können. Rechtssicherheit kann dann nur erzeugt werden, wenn die internen Geschäfte von der Unternehmensführung untersagt werden.

##### 3.3.4.3.2 Das zentralisierte Produktmanagement - der 24-Stunden Handel von einem Standort aus

Die traditionellen Methoden sollten sich auch beim zentralen Produktmanagement anwenden lassen. Auch herrscht Unsicherheit darüber, ob sich Marktpreise zwischen unabhängigen Unternehmen finden lassen. Insofern gilt das schon zum Handel mittels separater Gesellschaften gesagte.

Da der zentrale Handelsplatz die gesamte Verantwortung für den Eigenhandel und die Sicherung der Positionen übernimmt, hat er den aus diesen Aktivitäten resultierenden Gewinn zu erhalten. Zugleich sind aber die durch die anderen Handelsplätze bereitgestellten Dienstleistungen, z.B. der Vertrieb, zu vergüten. Zwischen unabhängigen Parteien dürften diese Basisvertriebsfunktionen mittels einer Maklerprovision abgegolten werden, so daß sich hierfür vergleichbare Daten finden lassen. Werden jedoch außerhalb des zentralen Handelsplatzes zunehmend höherwertige und komplexere Vertriebsfunktionen wahrgenommen, nähert sich das Organisationsmodell dem des integrierten Handels an.

Bei Transaktionen zwischen unverbundenen Unternehmen hängt die Höhe und die Art der Entlohnung vom Leistungsumfang ab, der wiederum vom betroffenen Finanzinstrument beeinflußt wird. So werden auf der einen Seite Verkäufer, die lediglich als Broker von Standardprodukten auftreten, eine Gebühr erhalten, z.B. in Höhe weniger Basispunkte. Auf der anderen Seite werden Vertriebsmitarbeiter, die zu einem hohen Grad spezialisierte Finanzinstrumente betreuen und an der Entwicklung neuer Produkte beteiligt sind, einen bestimmten Anteil des Gewinns als Entlohnung erhalten. In der Mitte dieser Bandbreite befinden sich die Kundenbetreuer, die zwar mehr als ein einfacher Broker leisten, zugleich aber nicht an der aufwendigen Entwicklung neuer Produkte beteiligt sind. Es kann daher argumentiert werden, daß auch hier eine Provision adäquat ist, die unabhängig vom schließlich erzielten Gewinn errechnet wird. Ebenso gut kann eine Gewinnbeteiligung in Betracht gezogen werden.

Diese Beteiligung kann sich auch nur auf den *initial profit* als positiven Barwert eines Kontrakts zum Abschlußzeitpunkt beziehen.

Auf diese Art wird die Tätigkeit der Kundenbetreuer auf vergleichbare Weise entlohnt, wie die durch einen unabhängigen Dritten erbrachten Dienstleistungen, da die Betreuer in hohem Maße in den Verdienst des sog. *initial spread*, der anfänglichen Handelsspanne, integriert sind. Eine Beteiligung, die sich auf den endgültig realisierten Gewinn bezieht, ist dann nicht angebracht, wenn der Vertriebsmitarbeiter keinen Einfluß auf die weitere Entwicklung der Transaktion und das damit einhergehende Risiko hat. Ist er in den weiteren Verlauf nicht mit eingebunden, würde er zu Unrecht am zusätzlichen Gewinn partizipieren oder bei negativen Wertveränderungen entsprechend bestraft werden.

Eine ähnliche Problematik ergibt sich auf der Ebene der Handelsplätze bei der Entscheidung, ob ein Handelsplatz, der unter der Kontrolle des zentralen Handelsplatzes eigenständig Handelsaktivitäten aufnimmt, lediglich eine vergleichbare Provision statt einer Gewinnbeteiligung erhält. Das gleiche gilt bei einer Funktionsintegration, die zum Ziel hat, Dienstleistungen für den zentralen Handelsplatz zu erbringen. Das Organisationsmodell nähert sich dadurch dem des integrierten Handels. Es stellt sich hier aber die Frage, ob die traditionellen Methoden dann noch anwendbar sind. Es fehlen Anhaltspunkte, ab welchem Umfang der Funktionsintegration eine Beteiligung am letztendlich erzielten Handelserfolg, eine Beteiligung am Initial Profit oder lediglich eine gewinnunabhängige Provision vom zentralen an den integrierten Handelsplatz zu entrichten ist und woran sich die Höhe der Vergütung mangels Vergleichsmaßstab zu orientieren hat.

Im Idealfall des zentralen Produktmanagements können die traditionellen Transferpreismethoden angewendet werden, da von den nicht zentralen Handelsplätzen lediglich die Tätigkeiten eines Broker übernommen werden. Zeitgleich mit dem Abschluß der Kontrakte werden diese mittels gespiegelter Gegengeschäfte zu gleichen Konditionen an den zentralen Handelsplatz transferiert.

#### 3.3.4.3.3 Der integrierte Handel - der Handel in das Globale Buch

Beim integrierten Handel hat jeder Handelsplatz die Möglichkeit, alle Funktionen zur Aufnahme und Durchführung der Handelstätigkeiten auszuführen. Der Unterschied zum Modell der separaten Gesellschaften und zum zentralen Produktmanagement liegt darin, daß die für die Transaktionen auszuübenden Tätigkeiten zwischen den Handelsplätzen geteilt bzw. von mehreren Handelsplätzen gemeinsam vorgenommen werden. Daher können die Handelsplätze beim Ansatz des integrierten Handels nicht ohne weiteres voneinander unabhängig agieren, sondern müssen miteinander kooperieren, um erfolgreich Positionen einzugehen und anschließend gewinnbringend das Risiko zu steuern. Deshalb ist es grundsätzlich nicht möglich, einzelne Geschäftsvorfälle einer bestimmten Lokation zuzuordnen und dann die traditionellen Transferpreismethoden anzuwenden. Dies wird im folgenden kurz erläutert.

Die Marktpreismethode geht davon aus, daß sich ein unabhängiger Preis für die Transaktionen ermitteln läßt. Dies ist bei den Finanzinnovationen grundsätzlich möglich. Es ergeben sich jedoch durch den integrierten Handel Probleme bei der Bestimmung der Transferpreise.

Für die Anwendung der Marktpreismethode ist zu klären, welcher Preis der quotierten Instrumente anzuwenden ist. Hier stellen sich drei Alternativen. Der Angebotskurs, der Nachfragekurs oder der Mittelkurs. In jedem Fall läßt sich keine Marktkonformität erreichen. Wird der Angebotskurs genutzt, zahlt der Handelsplatz einen zu hohen Transferpreis, der die Positionen übernehmen muß. Bei Anwendung des Nachfragekurses erhält entsprechend der Anbieter einen zu geringen Transferpreis. Daher ist es für einen Handelsplatz immer günstiger, die Positionen mit unabhängigen Dritten zu schließen. Dies gilt auch für den Mittelkurs, da hier beide Handelsplätze einen aus ihrer Sicht nicht marktkonformen Transferpreis erhalten bzw. zu entrichten haben.

Diese Problematik wird bei höheren Volatilitäten verschärft, da sich dann auch der Spread zwischen Angebots- und Nachfragepreis vergrößert. Hinzu kommt, daß bei der Anwendung dieser Methode nahezu die gleichen Transaktionskosten anfallen, die sich bei Geschäften mit unabhängigen Dritten ergeben. Zugleich wäre damit ein wesentlicher Vorteil des integrierten Handels nicht zu nutzen. Der integrierte Handel würde unter diesen Umständen dem Handel mittels separater Gesellschaften entsprechen. Hinzu käme eine weitere Einschränkung, da hier eine Abnahmeverpflichtung der Handelsplätze untereinander vorläge.

Die Absatzpreismethode kann nicht genutzt werden, da es nicht zu einem Verkauf der Positionen kommt. Die Positionen verbleiben bis zur Fälligkeit im Globalen Buch. Es können daher keine Absatzpreise für die gehandelten Positionen ermittelt werden.

Durch das beständige Weiterreichen der Positionen zwischen den Handelsplätzen, kann auch die Kostenaufschlagsmethode nicht verwendet werden. Da mit jeder Übernahme des Globalen Buchs für die darin enthaltenen Positionen Kosten anfallen, würde der Transferpreis beständig steigen. Damit sind die Transferpreise des integrierten Handels aber nicht mehr mit den Preisen unabhängiger Dritter zu vergleichen.

Daher können die traditionellen Methoden zur Lösung der Transferpreisproblematik nicht genutzt werden.[611]

### 3.3.5 Advance Pricing Agreement als von den USA vorgeschlagenes Verfahrensmodell zur Lösung der Transferpreisproblematik

Bei der Realisierung des internationalen Handels von Finanzinnovationen unter Verwendung des globalen Buchs kann, wie zuvor gezeigt, nicht auf die traditionellen Transferpreismethoden zurückgegriffen werden. Die Transferpreisrichtlinien der OECD schlagen neben den traditionellen Transferpreismethoden verschiedene Gewinnverteilungsmethoden vor. Diesem Ansatz folgt die deutsche Finanzverwaltung

---

611 Davon gehen auch die USA und Großbritannien aus, ohne dies näher zu begründen. Vgl. OECD - Committee on Fiscal Affairs, Working Party No. 8 on Tax Avoidance and Evasion - Attribution of Profits in Global Trading Cases, Presentation by the United States, 1994, S. 6; OECD - Committee on Fiscal Affairs, Working Party No. 8 on Tax Avoidance and Evasion - Attribution of Profits in Global Trading Cases, Presentation by the United Kingdom, 1994, S. 3. Ebenso hg, Krumnow plädiert für mark-to-market Bewertung, 1994, S. 13.

nicht. Die Verwaltungsgrundsätze von 1983 haben deshalb bisher auch keine Veränderung erfahren. Ebensowenig wurde der Art. 7 Abs. 4 des OECD-MA in das DBA USA/D aufgenommen. Dadurch ergibt sich für die deutschen Banken das Problem, bei der Anwendung der gegebenen Richtlinien keine Rechtssicherheit beim internationalen, integrierten Handel erlangen zu können. Im folgenden wird daher geprüft, inwiefern ein von den USA vorgeschlagenes Verfahrensmodell zur Lösung der Transferpreisproblematik beitragen kann.

Unabhängig von den bestehenden DBA der USA mit anderen Staaten veröffentlichten die USA im März 1991 die Verwaltungsanweisung *Revenue Procedure* (Rev. Proc.) *91-22.*[612] In dieser Anweisung wurde die Möglichkeit eines *Advance Pricing Agreement* (APA) vorgestellt. Im Juni 1995 wurden im *Announcement 95-49* mehrere Veränderungsvorschläge durch den IRS veröffentlicht und mit der Bitte um Kommentierung zur Diskussion gestellt. Die Ergebnisse der Diskussion mündeten in die Verwaltungsanweisung Rev. Proc. 96-53, die im Dezember 1996 veröffentlicht wurde.[613] Darin wird ein APA wie folgt definiert:

> Ein APA ist eine rechtlich bindende Vereinbarung zwischen einer oder mehreren Steuerbehörden und einem Steuerpflichtigen bezüglich der anzuwendenden Transferpreismethode zur Verteilung oder Zuordnung von Einnahmen, Abzügen, Krediten oder Darlehen zwischen oder innerhalb von zwei oder mehr Organisationen, Geschäften oder Unternehmen, die direkt oder indirekt von einer Person kontrolliert werden oder dessen Eigentum sind, mit dem Ziel, die Einhaltung des Fremdverhaltensgrundsatzes zu garantieren.[614]

Die Vereinbarung bezieht sich auf internationale Transaktionen, für die exante durch die Festlegung einer Transferpreismethode die spätere Besteuerung inländischer und ausländischer Steuerpflichtiger festgelegt wird. Ziel des APA ist es, die Beziehungen zwischen dem Steuerpflichtigen und den Steuerbehörden effizienter und weniger aufwendig zu gestalten.[615]

Bei der Beantragung eines APA schlägt der Steuerpflichtige eine Transferpreismethode vor und stellt Informationen bereit, die die Einhaltung des Fremdverhaltensgrundsatzes zwischen den spezifizierten Unternehmen belegen. Die Finanzbehörden bearbeiten den Antrag unter Einbeziehung der zur Verfügung gestellten sowie weiterer als relevant erachteter Informationen. Sollte der Antrag angenommen werden, so wird nach einer abschließenden Erörterung zwischen der Steuerbehörde und dem Steuerpflichtigen ein APA über die vorgeschlagene Transferpreismethode beschlossen. Nach Möglichkeit sollen auch die Finanzbehörden anderer Staaten in dieses Verfahren einbezogen werden.[616]

---

612 Vgl. Rev. Proc. 91-22, 1991-1, C.B. 526.

613 Vgl. Rev. Proc. 96-53, 1996-49, I.R.B. 9.

614 Vgl. Rev. Proc. 96-53 Sec. 1 u. Sec. 10.01.

615 Vgl. Rev. Proc. 96-53 Sec. 3.07.

616 Vgl. Rev. Proc. 96-53 Sec. 2.

Bereits 1921 versuchte der US-Kongreß durch die Einführung der § 482 IRC, internationale Transaktionen steuerlich zu regeln. Jedoch wurde erst 1954 der *arm's length standard*[617] definiert, der insbesondere durch die Anwendung im OECD-MA inzwischen in nahezu allen Industriestaaten unter dem Namen Arm's Length Principle als Maßstab für die Einkunftsabgrenzung zwischen verbundenen Unternehmen gilt.[618]

Die gewählte Transferpreismethode muß in Übereinstimmung mit § 482 IRC und den dazu gehörenden Ausführungsbestimmungen gewählt werden. In geeigneten Fällen wird die Finanzbehörde einer anderen Methode zustimmen, wenn nachgewiesen wird, daß keine der drei in § 482 IRC beschriebenen Methoden zur Anwendung kommen kann. Dabei ist das Arm's Length Principle immer einzuhalten, mittels geeigneter Daten zu belegen und eine zumutbare Überprüfung zu gewährleisten.

Der Prozeß des APA ist dazu ausgelegt, zwischen den beteiligten Parteien eine Übereinstimmung bezüglich der angemessenen Transferpreismethode zu erzielen, die Abläufe der darunter zusammengefaßten Transaktionen festzuschreiben und nach Möglichkeit die zu erzielenden Ergebnisse der Transferpreismethode aufzuzeigen.

Der Steuerpflichtige hat, so weit es zumutbar ist, die Daten von solchen Geschäften mit nicht verbundenen Unternehmen zu dokumentieren und bereitzuhalten. Sind diese Informationen nicht zu erhalten, so muß er vergleichbare Transaktionen darstellen. Sollte auch dies nicht möglich sein, so sind Geschäfte, die eine gewisse Ähnlichkeit aufweisen, zum Vergleich heranzuziehen. Die eingeschränkte Verwendbarkeit der Daten ist dabei durch entsprechende Anpassungen der Begleitumstände zu berücksichtigen. Sollten keinerlei Informationen dieser Art vorhanden oder feststellbar sein, so kann dennoch ein APA abgeschlossen werden. Der Steuerpflichtige hat dann jedoch die Einhaltung der Bestimmungen nachzuweisen.[619]

### 3.3.5.1 Verfahrensbeschreibung

Der eigentlichen Verhandlung zwischen der Steuerbehörde und dem Steuerpflichtigen können eine oder mehrere Vorabkonferenzen (*prefiling conferences*) vorgeschaltet werden. In diesen Konferenzen kann der Steuerpflichtige feststellen, ob sich der Aufwand eines APA lohnt und welche Angaben und Dokumentationen wahrscheinlich benötigt werden. Des weiteren wird darüber entschieden, ob die vorgeschlagene Transferpreismethode sinnvoll erscheint und ob ein unabhängiger Experte zu den Verhandlungen hinzugezogen werden soll. Schließlich wird dem Steuerpflichtigen mitgeteilt, ob das Verfahren Aussicht auf Erfolg hat und wie sich die Behörde den weiteren zeitlichen Ablauf, die Koordinierung und Beurteilung des Verfahrens vorstellt.[620]

---

617 Vgl. Reg. Sec. 1.482-1(b)(1) zu § 482 IRC.

618 Vgl. Wagner, Siegfried, Inhalt und Bedeutung von Advanced Pricing Agreements (APA), 1995, S. 265 f.

619 Vgl. Rev. Proc. 96-53 Sec. 3.03.

620 Vgl. Rev. Proc. 96-53 Sec. 4.

Für die Vorabkonferenzen ist es nicht erforderlich, die Identität des Antragstellers bekanntzugeben. Dies wird erst mit dem Eintritt in die Verhandlungen notwendig. Der Steuerpflichtige kann sich für die Vorabkonferenzen von einer Wirtschaftsprüfungsgesellschaft oder einem Verband vertreten lassen.[621] In diesem Verhandlungsstadium ist das *IRS National Office* der Gesprächspartner des Antragstellers.[622]

Im Anschluß an die Vorabkonferenzen treten die zukünftigen Vertragsparteien in die detaillierten Verhandlungen ein.

#### 3.3.5.1.1 Bestandteile des APA-Antrags

Zentraler Bestandteil des Antrags ist die detaillierte Beschreibung und Analyse der vorgeschlagenen Transferpreismethode bezüglich § 482 IRC sowie des darin definierten Arm's Length Standard. Dabei sollte die Anwendung der Transferpreismethode auf die Wirtschafts- und Steuerdaten der letzten drei Jahre dargestellt werden. Sollten die Daten dieser Jahre nicht vorliegen, z.B. da solche Geschäfte bisher nicht getätigt wurden, so können statt dessen hypothetische Daten oder eine Prognose verwendet werden. Falls die Periode von drei Jahren aus bestimmten Gründen nicht sinnvoll erscheint, so kann mit entsprechender Begründung auch ein anderer Zeitraum gewählt werden.

Da die für die Verhandlungen eingereichten Unterlagen von den Finanzbehörden zu den Akten genommen werden, sollten keine Originalunterlagen eingereicht werden. Die Informationen sollten übersichtlich gekennzeichnet sein. Falls die erforderliche Dokumentation zu umfangreich ist, kann auch nur ein Hinweis auf das Vorhandensein der Information dem Antrag beigefügt werden; die schnelle Bereitstellung ist dann jedoch durch den Antragsteller zu gewährleisten. Nicht englischsprachige Schriftstücke sind durch Übersetzungen zu ergänzen.[623]

Neben den zu entrichtenden Gebühren sind folgende Unterlagen einzureichen:[624]

- Beschreibungen der Organisationen, Unternehmen, Geschäfte und Transaktionen, die Bestandteil des APA werden.
- Namen, Adressen, Telefonnummern und Steueridentifikationsnummern der am Antrag beteiligten Parteien.
- Für die vertretungsberechtigten Personen ist das Formular 2848 auszufüllen.[625]
- Eine kurze Beschreibung der Unternehmensentwicklung, ihrer weltweiten Organisationsstruktur, Eigentumsverhältnisse, finanziellen Verknüpfungen, Standorte und Transaktionsabläufe.

---

[621] Vgl. Wagner, Siegfried, Inhalt und Bedeutung von Advanced Pricing Agreements (APA), 1995, S. 266.

[622] Das IRS National Office ist vergleichbar mit dem Bundesministerium der Finanzen.

[623] Vgl. Rev. Proc. 96-53 Sec. 5.01. Während in Rev. Proc. 91-22 Sec. 5.01 (3) noch eine beglaubigte Übersetzung gefordert wurde, ist gem. Rev. Proc. Sec. 5.01 (3) keine Beglaubigung mehr notwendig.

[624] Vgl. Rev. Proc. 96-53 Sec. 5.03 - 5.04.

[625] *Form 2848: Power of Attorney and Declaration of Representative.*

- Repräsentative Finanz- und Steuerdaten der Parteien über die letzten drei Jahre zusammen mit weiteren relevanten Daten und Schriftstücken bezüglich der vorgeschlagenen Transferpreismethode. Diese Informationen beinhalten die in den Formularen 5471 und 5472 erfaßten Daten sowie die Steuererklärungen, Geschäftsberichte und Jahresabschlüsse, sachdienliche Schriftwechsel mit den US- und Auslandsbehörden, existierende Preis-, Distributions- und Lizenzabkommen, Marktstudien und Finanzierungspläne, unternehmensweite Rechnungslegungsrichtlinien, Geschäftsfeldberichte, Budgets, Entwicklungserwartungen, Planungen sowie Rentabilitätsberichte der Geschäftsfelder oder der weltweiten Produktlinien.[626]
  Die Darstellung der Rentabilität und des *return on investment* der Unternehmen sollen als Basis für Vergleiche mit ähnlichen Unternehmen dienen. Dazu können z.B. die Bruttogewinnspanne, Gewinn vor Steuern oder der Gewinn pro Aktie herangezogen werden.
- Die von den Parteien genutzten Währungen und die zur Abrechnung der im APA erfaßten Transaktionen verwendete Währung.
- Die Geschäftsberichte der Parteien.
- Eine Beschreibung der bedeutenden Rechnungslegungsmethoden, die von den direkt betroffenen Parteien verwendet werden.
- Eine Erläuterung der wesentlichen handels- und steuerrechtlichen Unterschiede zwischen den USA und dem durch das APA direkt betroffenen Ausland.
- Eine Erörterung aller relevanten Steuerabkommen, Gerichtsentscheidungen, Ausführungsbestimmungen und Vorschriften, die die gewählte Transferpreismethode berühren.
- Eine Erklärung über die Position des Steuerpflichtigen und der Regierung bezüglich früherer und derzeitiger, die Transferpreismethode betreffender Streitfragen. Dies kann etwaige anhängige Verfahren oder Einsprüche von Expertenseite betreffen. Solche Informationen können für ähnliche Anlässe von den ausländischen Steuerbehörden benötigt werden.
- Die den Planungen zugrundeliegenden Faktoren (critical assumptions) und deren Einflüsse auf den zukünftigen Ablauf und Umfang der Transaktionen sind dem IRS aufzuzeigen. Es ist dafür unerheblich, ob diese Faktoren durch eines der Unternehmen selbst zu beeinflussen sind, z.B. durch eine neue Geschäftsstrategie, oder ob es sich dabei um exogene Faktoren, z.B. gravierende Budgetabweichungen, handelt. Des weiteren sind diese Angaben mit den für diese Prognosen vorgenommen Annahmen, z.B. Inflationsrate, zu ergänzen.
- Es ist eine Anfangsperiode für das APA vorzuschlagen. Dies könnten z.B. das Geschäftsjahr zum Zeitpunkt der Antragstellung sein. Die Anfangsperiode sollte für alle Parteien passend gewählt werden. Für die Abkommensdauer werden drei Jahre vorgeschlagen.

---

[626] *Form 5471: Information Return of U.S. Persons With Respect To Certain Foreign Corporations. Form 5472: Information Return of a 25% Foreign-Owned U.S. Corporation or a Foreign Corporation Engaged in a U.S. Trade or Business.*

- Es ist anzugeben, ob einige der Steuerpflichtigen Ausländer sind und ob bereits Besteuerungsabkommen zwischen den USA und den beteiligten Staaten bestehen oder ob sich die Staaten hierzu in Verhandlungen befinden.
- Jedem Antrag und allen nachgereichten Unterlagen ist eine Erklärung des Antragstellers beizufügen, aus der hervorgeht, daß der Inhalt des Antrags oder der Unterlagen wahr, richtig und vollständig ist. Der Antragsteller muß persönlich von den darin aufgeführten Fakten Kenntnis besitzen. Die Erklärung muß vom Antragsteller selbst unterschrieben werden; die Unterschrift kann nicht durch die Vertretungsberechtigten geleistet werden.
- Der Antrag ist vom Antragsteller oder einem Vertretungsberechtigten zu unterschreiben.[627]

Der Antrag ist als Original mit sieben Kopien bei dem *Associate Chief Counsel (International)* einzureichen.

Der IRS versucht mittels dieser Daten, eine Markteinschätzung über die vom Antrag betroffenen Geschäftsarten zu erhalten und will dabei auch Vergleichsmöglichkeiten mit anderen Unternehmen nutzen. Hierzu dienen auch Analysen der Arbeitsabläufe jeder Antragspartei inklusive der notwendigen Aktiva, der dabei auftretenden Kosten und der dazu angenommenen Risiken. Ebenso hilfreich sind Aufstellungen der Wettbewerber, Analysen der Wirtschaftlichkeit oder Studien über die Prinzipien der Preisfestsetzung und über die Funktionsabläufe, die in den vom APA betroffenen Staaten und Branchen üblich sind. Der IRS ist besonders am Analyseweg interessiert.

Neben dem oben beschriebenen APA, das sich sowohl mit den Erträgen als auch mit den Kosten und deren jeweiligen Zuordnung mittels Transferpreismethoden beschäftigt, eröffnet die Rev. Proc. 96-53 auch ein eingeschränktes Abkommen: das *Cost Sharing Arrangement* (CSA). Diese Übereinkunft zwischen Steuerpflichtigem und Steuerbehörden bezieht sich nur auf die Zurechnung von Kosten zwischen verbundenen Unternehmen innerhalb der USA.[628]

Die Antragsgebühr wird in Abhängigkeit vom Umsatz des Antragstellers und vom Umsatz der im APA berücksichtigten Transaktionen erhoben. Zu geringfügigen Transaktionen werden die Transaktionen gezählt, die einen geringeren Wert als 50 Mio. USD umfassen oder die sich mit dem Transfer von immateriellen Gütern in Form von Rechten oder Lizenzen im Wert von weniger als 10 Mio. USD beschäftigen. Mit den besonders niedrigen Sätzen soll das Instrument APA auch kleineren Unternehmen ermöglicht werden. Siehe hierzu die nachfolgende Tabelle.

[627] Wird die Unterschrift von einem Vertretungsberechtigten geleistet, so ist Rev. Proc. 87-4, 1987-1 C.B. 529 zu beachten.

[628] Da sich diese Arbeit mit dem internationalen Handel beschäftigt, wird auf diese Anwendungsmöglichkeit der Rev. Proc. 96-53 nicht näher eingegangen.

Tab. 14: Gebührenstruktur in USD für APA-Anträge gem. Rev. Proc. 96-53 Sec. 5.14

| **Umsatz in Mio. USD** | **Erster APA-Antrag** | **Jede multilaterale Erweiterung** | **Routinemäßige Erneuerung** | **Geringfügige Transaktionen** |
|---|---|---|---|---|
| < 100 | 5.000 | 7.500 | 7.500 | 7.500 |
| 100 - 1.000 | 15.000 | 7.500 | 7.500 | 7.500 |
| > 1.000 | 25.000 | 5.000 | 5.000 | 5.000 |

#### 3.3.5.1.2 Ablauf des APA-Antrags

Nach Eingang des APA-Antrags kontaktiert der Associate Chief Counsel den Steuerpflichtigen, um evtl. aufgetretene Fragen zu klären oder um zusätzliche Informationen, die für die weitere Bearbeitung benötigt werden, anzufordern. Diese Unterlagen sind bis zu dem vom IRS angegebenen Termin einzureichen.[629]

Innerhalb von 45 Tagen nach Eingang des APA-Antrags sowie der Antragsgebühren wird das APA-Team auf Seiten der Steuerbehörden gebildet. Neben dem IRS National Office wird nun auch das zuständige *IRS District Office* zu den Gesprächen hinzugezogen.[630] Die Beamten dieser beiden Behörden sowie eventuell weiterer zuständiger Behörden bilden das APA-Team. Der Teamleiter sollte aus dem Personenkreis ausgewählt werden, der schon an den Prefiling Conferences teilgenommen hat. Das Team ist der Verhandlungspartner des Antragstellers und untersteht dem *Chief Counsel (International)*.[631]

Nachdem der Antrag vollständig vorliegt und das Gremium auf Seiten der Steuerbehörden festgelegt ist, wird mit den regionalen Finanzbehörden die Bewertung koordiniert. Sollte der Antrag auch andere US-Behörden betreffen, so werden diese durch den Chief Counsel hierüber informiert. In Zusammenarbeit mit dem Leiter des regionalen Finanzamts wird mit dem Steuerpflichtigen wegen des Antrags verhandelt, die Richtigkeit der angegebenen Daten überprüft und evtl. weitere Unterlagen angefordert, die bis zu der von den Behörden gesetzten Frist beizubringen sind.

Ein erstes Treffen soll innerhalb von 60 Tagen nach Vorliegen des vollständigen Antrags stattfinden. Ziel dieses ersten Verhandlungstreffens ist es, einen ausführlichen Plan über das weitere Vorgehen zu verabschieden und einen genauen Zeitplan zu erstellen. Die Verhandlungen haben gem. § 7605 (b) IRC keine erneute Prüfung der bereits abgeschlossenen Steuerjahre zur Folge. Sollte der IRS im Verlauf der Ver-

629 Vgl. Rev. Proc. 96-53 Sec. 6.01.

630 Die *IRS District Offices* sind vergleichbar mit den örtlichen Finanzämtern.

631 Vgl. Rev. Proc. 96-53 Sec. 4.04.

handlungen weitere Informationen anfordern, so sind diese bis zur gesetzten Frist beizubringen. In begründeten Fällen kann die Frist verlängert werden.[632]

Sollte der IRS sich entschließen, dem Antrag stattzugeben, werden der Chief Counsel und der Steuerpflichtige das APA in einer von allen betroffenen Parteien akzeptierten Weise in Kraft setzen. Das APA kann Bestandteil eines mit den zuständigen Behörden eines anderen Staats abgeschlossenen Abkommens sein oder Teile eines mit den zuständigen Behörden eines anderen Staats abgeschlossenen Abkommens beinhalten.

Das Zurückziehen des Antrags ist nur möglich, wenn noch keine Übereinkunft mit den zuständigen Behörden erzielt oder das Abkommen noch nicht in Kraft gesetzt wurde. In diesem Fall werden alle bis dahin getroffenen Übereinkünfte hinfällig, falls dies vom Gesetz nicht anders bestimmt ist. Die Antragsgebühr wird nicht erstattet.[633]

Der Chief Counsel kann die Annahme des APA-Antrags oder die Inkraftsetzung eines APA ablehnen. Bei einer Ablehnung wird dem Antragsteller ein Rechtfertigungstreffen angeboten. Weitere Treffen können von Seiten des IRS angeboten werden. Der Antragsteller hat bei einer Ablehnung kein Recht, die Antragsgebühr erstattet zu bekommen, Ausnahmen sind jedoch möglich.[634]

### 3.3.5.1.3 Berücksichtigung zuständiger Behörden

Sollte eine der Antragstellerparteien berechtigt sein, sich auf ein zwischen dem Ausland und den USA bestehendes DBA zu berufen, so soll die zuständige Behörde zu den APA-Verhandlungen hinzugezogen werden. Von Abkommensstaaten gestellte Anträge, die den APA-Anträgen ähnlich sind, werden ebenfalls entsprechend dieser Ausführungsbestimmung bearbeitet. Grund für die Einbeziehung der zuständigen Behörden in die APA-Verhandlungen ist die sich sonst möglicherweise ergebende Doppelbesteuerung des Steuerpflichtigen und dessen ausländischer Unternehmen. Um eine schnelle Antragsbearbeitung zu gewährleisten, werden die zuständigen Behörden des In- und Auslands zu einem möglichst frühen Zeitpunkt in die Verhandlungen mit einbezogen, falls dies nicht schon in den Vorabkonferenzen geschehen ist.[635]

Die zuständige Behörde der USA schließt ein von einem anderen Staat angestrebtes APA jedoch nur mit der Zustimmung des Steuerpflichtigen ab. Sollte dies für den Steuerpflichtigen nicht annehmbar sein, so kann der APA-Antrag verworfen werden.

Die US-Behörden verfolgen das Ziel, bei den Verhandlungen möglichst ein multilaterales oder bilaterales Abkommen zu schließen, um so alle betroffenen Staaten von Anfang an bei den Verhandlungen berücksichtigen zu können. Zwar wird dem Steuer-

---

632 Vgl. Rev. Proc. 96-53 Sec. 6.05.

633 Vgl. Rev. Proc. 96-53 Sec. 6.06.

634 Vgl. Rev. Proc. 96-53 Sec. 6.07.

635 Während in Rev. Proc. 91-22 noch davon ausgegangen wurde, daß ein Abkommensland hinzugezogen werden kann, ist dies in der neuen Verwaltungsanweisung zur Pflicht geworden. Vgl. Rev. Proc. 96-53 Sec. 7.01.

pflichtigen das Recht eingeräumt, ein unilaterales Abkommen anzustreben, jedoch hat der Steuerpflichtige dann ausführlich zu begründen, warum er die ausländischen Behörden nicht in das APA einbeziehen will. Sollen DBA-Länder durch ein unilaterales Abkommen ausgeschlossen werden, behalten sich die US-Behörden vor, die ausländischen Behörden über den Antrag des Steuerpflichtigen zu informieren bzw. ein unilaterales Abkommen von vornherein abzulehnen.[636]

Falls die zuständigen Behörden einer Einigung nicht zustimmen können oder stimmt der Steuerpflichtige der Einbeziehung weiterer zuständiger Behörden nicht zu, so kann dennoch ein APA zwischen dem Chief Counsel und dem Steuerpflichtigen geschlossen werden. Der Steuerpflichtige hat dann die Ablehnung ausführlich zu begründen. Sollte es durch den APA-Abschluß bei Geschäften mit verbundenen Dritten, in Ländern, mit denen die USA ein DBA abgeschlossen haben, zu Doppelbesteuerungen kommen, so sind die Regelungen gem. Rev. Proc. 96-13 zu berücksichtigen.[637]

Die am APA beteiligten Behörden werden vom IRS über eventuelle, spätere Veränderungen, Kündigungen, Aufhebungen, Verlängerungsanträge, Bewertungen, jährliche Berichte oder über die Überprüfungen des Steuerpflichtigen bezüglich der Abkommenseinhaltung informiert. Soweit es möglich ist, soll mit dem Abschluß auch eine Fristenkonvergenz mit den ausländischen Behörden erzielt werden.

Sollte es durch einen APA-Abschluß zu Doppelbesteuerungen eines Steuerpflichtigen kommen, der wirtschaftliche Aktivitäten in einem Land ausübt, mit denen die USA ein DBA abgeschlossen haben, so behalten sich die US-Steuerbehörden vor, in einem Verständigungsverfahren gegebenenfalls noch von den Feststellungen eines APA abweichen zu können.[638]

#### 3.3.5.1.4 Vertraulichkeit der Informationen

Die in den Verhandlungen bereitgestellten Informationen werden entsprechend den Bestimmungen über die Vertraulichkeit der Informationen zur Einkommensbesteuerung und weiteren US-Gesetzen behandelt.[639] Es kann sich bei den Verhandlungen herausstellen, daß vertrauliche und sensible Informationen benötigt werden, die bei Weitergabe an Dritte dem Antragsteller schweren Schaden zufügen können. In einem solchen Fall wird ein Mechanismus entwickelt, mit dessen Hilfe diese Informationen dennoch bei ausländischen Behörden überprüft werden können, ohne diese Informationen selbst preiszugeben. Des weiteren werden sich die US-Behörden gegenüber den ausländischen Behörden dafür einsetzen, daß die in diesem Verfahren gesammelten Informationen auch im Ausland nur zur Feststellung des Steuerbescheids genutzt werden.

---

[636] Vgl. Rev. Proc. 96-53 Sec. 7.07.

[637] Vgl. Rev. Proc. 96-53 Sec. 7.08 und Rev. Proc. 96-13. In der Vorschrift Rev. Proc. 96-13 werden Art und Weise der Zusammenarbeit zwischen Steuerpflichtigem und Steuerbehörde in Bezug auf DBA geregelt.

[638] Vgl. Rev. Proc. 96-53 Sec. 7.08.

[639] Vgl. § 6103 IRC.

### 3.3.5.1.5 Rückwirkende Anwendung des APA

Bevor das APA abgeschlossen wird, kann der Steuerpflichtige gegenüber dem IRS die rückwirkende Anwendung des APA mittels eines *rollback request* beantragen, um die gewählte Transferpreismethode auch zur Lösung bisheriger Transferpreiskonflikte bzw. für zurückliegende und noch nicht geprüfte Steuerjahre anzuwenden. Sollte der Steuerpflichtige keinen Rollback-Antrag stellen, kann der IRS selbst die Initiative ergreifen und unter Berücksichtigung eventuell notwendiger Anpassungen die im APA gewählte Transferpreismethode zur Prüfung und Bewertung früherer Jahre verwenden.[640]

### 3.3.5.1.6 Unabhängige Expertenmeinung

Dem Steuerpflichtigen kann auferlegt werden, auf dessen Kosten einen unabhängigen Experten zu den Beratungen hinzuziehen, der vom Steuerpflichtigen, dem IRS und eventuellen ausländischen Behörden anerkannt wird.[641] Die fachliche Kompetenz des Experten wird durch eine entsprechende Ausbildung und Erfahrung im relevanten Gebiet und die Akzeptanz der Parteien als gegeben angesehen. Der Experte wird als unabhängig angesehen, wenn er keine materielle Verbindung zum abzuschließenden Abkommen hat und zuvor keine der Parteien bei den APA-Vorbereitungen oder bei früheren APAs unterstützt hat.[642]

Die Aufgabe des Experten ist es, die vorgeschlagene Transferpreismethode kritisch zu analysieren. Die schriftliche Expertise hat darzustellen, ob die ökonomischen Interessen der involvierten Parteien mit der vorgeschlagenen Transferpreismethode oder einer eventuell veränderten Fassung ausreichend berücksichtigt werden und der Arm's Length Standard eingehalten wird. Der Steuerpflichtige hat sicherzustellen, daß der Experte mit den Bestimmungen der Rev. Proc. 96-53 vertraut ist und daß sich der Experte mit seiner Äußerung an diese Bestimmungen hält.[643]

### 3.3.5.1.7 Rechtliche Folgen

Ein APA ist ein bindender Vertrag zwischen dem Steuerpflichtigen und dem IRS.[644] Wenn sich der Steuerpflichtige an die im APA festgelegten Regelungen und Bedingungen hält, wird der IRS die verabschiedete Transferpreismethode als den Arm's Length Standard einhaltend anerkennen und sie nicht erneut prüfen. Der Steuerpflichtige unterliegt weiterhin dem Einkommensteuerrecht der USA und ist zu allen sich aus dem US-Recht und Besteuerungsabkommen ergebenden Begünstigungen und Erleichterungen einbezogener Behörden berechtigt. Abgesehen von den im APA

640 Vgl. Rev. Proc. 96-53 Sec. 8.01.

641 Vgl. Rev. Proc. 96-53 Sec. 9.01.

642 Vgl. Rev. Proc. 96-53 Sec. 9.02 und 9.03.

643 Vgl. Rev. Proc. 96-53 Sec. 9.04.

644 Vgl. Rev. Proc. 96-53 Sec. 10.01.

getroffenen Vereinbarungen sollen sich keine weiteren rechtlichen Auswirkungen aus dem Abkommen ergeben.[645]

Falls nicht anders im APA festgelegt, darf keine Information aus den APA-Verhandlungen gegen den Steuerpflichtigen oder gegen Dritte in rechtlichen Auseinandersetzungen außerhalb des APA-Zeitraums genutzt werden. Hierzu ist dem Antrag eine Aufstellung über diese Informationen beizufügen. Dies gilt auch, wenn das APA nicht genehmigt oder später aufgehoben wird.[646]

#### 3.3.5.1.8 Verwaltung des APA

Für jedes vom APA betroffene Geschäftsjahr hat der Steuerpflichtige einen APA-Jahresbericht einzureichen. In dem Bericht sind die über das Jahr angefallenen Transaktionen aufzulisten. Die Einhaltung der Regelungen und Bedingungen des APA müssen daraus entnommen werden können. Dem Bericht sind alle weiteren, im APA geforderten Informationen sowie Anträge auf Verlängerung, Veränderung oder Beendigung beizufügen. Der APA-Jahresbericht ist innerhalb von neunzig Tagen nach der Steuererklärung im Original mit vier Kopien beim Chief Counsel einzureichen. Die Bearbeitung des Berichts erfolgt in Zusammenarbeit des Chief Counsel mit dem Leiter des regionalen Finanzamtes, dem Steuerpflichtigen und gegebenenfalls den ausländischen Behörden.[647]

Sollten die sich aus der angewandten Transferpreismethode entstandenen Ergebnisse die dem APA zugrundegelegten Erwartungen nicht erfüllen, so können im APA definierte, kompensierende Anpassungen getroffen werden. Voraussetzung hierfür ist, daß die Ergebnisse außerhalb des gesteckten Zielkorridors liegen, aber sich dennoch innerhalb eines im APA festgelegten Bereichs befinden. Kompensierende Anpassungen können auch vorgenommen werden, wenn sich bei der Anwendung der Transferpreismethode Berechnungsfehler ergeben haben. Bei einer Anpassung muß der Steuerpflichtige in dem guten Glauben gehandelt haben, die im APA vereinbarten Regelungen eingehalten zu haben.

Das zu versteuernde Einkommen des Steuerpflichtigen und seiner verbundenen ausländischen Unternehmen beinhaltet alle durch die Transferpreismethode entstehenden Ergebnisse unter Berücksichtigung eventueller, kompensatorischer Anpassungen. Die sich hieraus ergebenden Ausgleichszahlungen zwischen dem Steuerpflichtigen und seinen verbundenen ausländischen Unternehmen haben innerhalb von neunzig Tagen nach der Steuererklärung zu erfolgen und sind im APA-Jahresbericht aufzuführen.[648]

Die Überprüfung des APA erfolgt durch den Leiter des regionalen Finanzamts. Er prüft, ob die Regelungen und Bedingungen des APA eingehalten und die Angaben wahrheitsgetreu gemacht wurden, die Transferpreisberechnung korrekt erfolgt ist, ob die dem APA zugrundeliegenden Erwartungen weiterhin Gültigkeit besitzen und ob die

---

645 Vgl. Rev. Proc. 96-53 Sec. 10.02.

646 Vgl. Rev. Proc. 96-53 Sec. 10.05.

647 Vgl. Rev. Proc. 96-53 Sec. 11.01.

648 Vgl. Rev. Proc. 96-53 Sec. 11.02.

Transferpreismethode durchgängig angewandt wurde. Sollten die Anforderungen des APA nicht eingehalten worden sein, so hat der Chief Counsel darüber zu entscheiden, ob das APA aufgehoben, verändert oder beendet werden soll. Kleinere Veränderungen können durch Absprache zwischen Steuerpflichtigem und Leiter des regionalen Finanzamts erfolgen.[649]

Der Steuerpflichtige hat die Bücher ausreichend lange aufzubewahren, um dem IRS die Überprüfung der APA-Einhaltung zu ermöglichen. Auf eine schriftliche Anforderung des IRS hat der Steuerpflichtige die geforderten Unterlagen innerhalb von dreißig Tagen beizubringen. Übersetzungen müssen im Rahmen des Möglichen nach dreißig Tagen vorgelegt werden. Zwischen Steuerpflichtigem und Steuerbehörden können individuelle Fristen zur Aufbewahrung der Informationen vereinbart werden. Dabei kann auch der Informationsumfang festgelegt werden.[650]

Die Aufhebung eines APA kann durch den IRS erfolgen, wenn Betrug, arglistige Täuschung oder Mißachtung[651] durch den Steuerpflichtigen vorliegt. Die Aufhebung kann sich auf den gesamten APA-Zeitraum beziehen. Eventuelle steuerliche Vergünstigungen werden in diesem Fall nicht gewährt.[652]

Der IRS kann das APA kündigen, wenn der Leiter des regionalen Finanzamts und der Chief Counsel zu dem Schluß kommen, daß die zur Verfügung gestellten Informationen fehlerhaft dargestellt oder wesentliche Angaben nicht gemacht wurden und der IRS mit Wissen dieser Angaben dem APA so nicht zugestimmt hätte. Der Chief Counsel kann die Kündigung zurückziehen, wenn der Steuerpflichtige den guten Willen glaubhaft machen kann und entsprechende Änderungen in das APA aufgenommen werden. Sollte das APA gekündigt werden, so verliert es mit dem Inkrafttretens der Kündigung seine Gültigkeit. Der Steuerpflichtige unterliegt dann den US-Steuergesetzen und kann eventuelle Vergünstigungen durch bestehende Besteuerungsabkommen für sich geltend machen.[653]

Das APA kann überarbeitet werden, falls sich in den zugrundeliegenden Annahmen Änderungen ergeben. Die Notwendigkeit sollte spätestens mit dem Einreichen des jährlichen Berichts erfolgen. Das Vorgehen entspricht dann in vereinfachter Weise dem eines APA-Antrags. Sollte zwischen Steuerpflichtigem und dem Chief Counsel keine Einigkeit erzielt werden, so wird das APA rückwirkend zu dem Jahr gekündigt, in dem die Veränderung der zugrundeliegenden Annahmen stattgefunden hat.[654]

Auf Antrag kann das APA erneuert bzw. verlängert werden. Das Vorgehen entspricht dem eines APA-Antrags und muß die entsprechende Dokumentation enthalten.

---

[649] Vgl. Rev. Proc. 96-53 Sec. 11.03.

[650] Vgl. Rev. Proc. 96-53 Sec. 11.04.

[651] Unter Mißachtung wird gem. § 6662 (b)(1) und (c) IRC die Nachlässigkeit in der Auslegung und die Nichtbeachtung der Gesetzte verstanden.

[652] Vgl. Rev. Proc. 96-53 Sec. 11.05.

[653] Vgl. Rev. Proc. 96-53 Sec. 11.06.

[654] Vgl. Rev. Proc. 96-53 Sec. 11.07.

Sollten die Erwartungen vom IRS und dem Steuerpflichtigen mit dem bestehenden APA und der darin verabschiedeten Transferpreismethode erfüllt worden sein, so beschäftigt sich die APA-Erneuerung im wesentlichen mit der Anpassung der zugrundeliegenden Annahmen sowie der Festlegung neuer Zielkorridore. Der Antrag sollte spätestens neun Monate vor Auslaufen des bestehenden APA gestellt werden.[655]

Sollten neu erlassene Gesetze im Widerspruch zum APA stehen, so wird deren Gültigkeit nicht eingeschränkt. Das APA muß unter diesen Umständen durch die Vertragsparteien überarbeitet werden.[656]

#### 3.3.5.1.9 Zusammenfassung

Die Abrechnung grenzüberschreitender Leistungen zwischen international verbundenen Unternehmen ist mit einem nicht zu unterschätzenden Steuerrisiko verbunden, da sie im Spannungsfeld der Steuerzugriffe der Staaten liegt, in denen die verbundenen Unternehmen ansässig sind. Dieses Risiko besteht darin, daß jeder Staat geltend machen könnte, das multinationale Unternehmen benachteilige ihn bei der Transferpreisfestsetzung. Damit die dabei auftretenden Interessengegensätze nicht zu einer steuerlichen Doppelbelastung multinationaler Unternehmen führen, hat die amerikanische Steuerbehörde das Verfahren des APA entwickelt.

Ein APA ist eine Vereinbarung zwischen dem IRS und einem Steuerpflichtigen, die den Steuerpflichtigen an eine definierte Transferpreismethode bindet. Gleichzeitig verpflichtet sich der IRS, diese Methode bei einer Steuerprüfung nicht in Frage zu stellen, sondern den Fremdverhaltensgrundsatz als eingehalten anzuerkennen. Voraussetzung hierfür ist, daß die Bedingungen der Vereinbarung durch den Steuerpflichtigen und dessen verbundene Unternehmen eingehalten werden. Es werden unilaterale (IRS und Steuerpflichtiger) und bilaterale bzw. multilaterale Vereinbarungen (IRS, Steuerpflichtiger und ausländische Steuerbehörde bzw. -behörden) unterschieden. Grundsätzlich wird ein APA für drei Jahre abgeschlossen. Auf Basis jährlicher Berichte wird die Einhaltung der Bedingungen überprüft. Während der APA-Laufzeit kann es zu unterschiedlichen Anpassungen der Vereinbarung kommen, die das Ergebnis weiterer Verhandlungen der Abkommensparteien sind.

### 3.3.5.2 Bisherige Entwicklung bei der Umsetzung des APA

Vor der Veröffentlichung der Rev. Proc. 91-22 gab es in den USA keinen formellen Weg, auf dem ein Steuerpflichtiger mit dem IRS vorab einen Mechanismus über zukünftige Transferpreise zwischen verbundenen Unternehmen unter Einhaltung des Fremdverhaltensgrundsatzes gem. § 482 IRC festlegen konnte.

1986 änderte der amerikanische Kongreß § 482 IRC, um zu erreichen, daß der Transfer von immateriellen Gütern mit einem angemessenen Einkommen für die übertragenen Güter angesetzt wird. Insbesondere wurden unter dem Begriff der immateriellen Güter Dienstleistungen sowie Patente und Lizenzen zusammengefaßt.

---

[655] Vgl. Rev. Proc. 96-53 Sec. 11.08.

[656] Vgl. Rev. Proc. 96-53 Sec. 11.09.

Finanzinstrumente und deren internationaler Handel fallen jedoch ebenfalls in diese Kategorie.

§ 482 IRC betrifft fünf Transaktionsarten:

- Berechnete Zinsen für ein unternehmensintern gewährtes Darlehen.
- Einer verbundenen Unternehmenseinheit zur Verfügung gestellte Dienstleistungen.
- Die Ressourcennutzung durch eine verbundene Unternehmenseinheit.
- Unternehmensinterne Transfers von immateriellen Gütern.
- Unternehmensinterne Transfers von materiellen Gütern.

Eine 1988 durchgeführte Studie der *Treasury Department* stellte fest, daß die neuen Anforderungen des § 482 IRC nur bedingt von den Unternehmen erfüllt werden. Anfragen durch die Steuerbehörden wurden nur sehr verspätet oder gar nicht beantwortet.[657] Da die Direktinvestitionen ausländischer Unternehmen in den USA erheblich stiegen, ohne daß der IRS größere Steuereinnahmen erzielte, wurde die Überprüfung dieser Unternehmen für den IRS immer wichtiger.[658]

Das 1988 veröffentlichte *„White paper on transfer pricing"*[659] rief bei den Unternehmen zusätzliche Unsicherheit über das weitere Vorgehen des IRS bezüglich der angewandten Transferpreismethoden hervor. Es wurde erwartet, daß der IRS aufgrund der im White Paper genannten Transferpreismethoden eine Flut von Prozessen gegen international tätige Unternehmen anstrengen würde. Diese Bedenken wurden durch Aussagen ausländischer Steuerbehörden verstärkt, da sie ausführten, daß die in den bilateralen DBA gemachten Zusagen nicht eingehalten werden könnten, wenn es zur Anwendung der vorgeschlagenen Methoden durch den IRS käme.[660]

Aufgrund dieser Bedenken begannen 1989 einige Unternehmen, mit dem IRS über die Möglichkeit einer vorgezogenen Übereinkunft bezüglich zukünftig anzuwendender Transferpreismethoden zu verhandeln. Das erste Unternehmen, das ein APA erfolgreich abgeschlossen hatte, war die Firma *Apple Computer Corporation*[661], die im Januar 1991 ein Abkommen mit dem IRS und den australischen Steuerbehörden *Australian Tax Office* (ATO) abschloß.[662] Das Abkommen wurde als *Advance Determination Ruling* bezeichnet, wobei der Name der Bezeichnung entspringt, die das

[657] Vgl. Abdallah, Wagdy M., International Transfer Pricing Policies - Decision Making Guidelines for Multinational Companies, 1989, S. 83.

[658] Vgl. Treasury Department, Recent Service Experience in Administering Section 482 and Economic Theories Concerning the Implementation of Section 482, 1994, S. 195.

[659] Vgl. Treasury Department and Internal Revenue Service, A Study of Intercompany Pricing, 1988.

[660] Vgl. Patton, Michael F., Advanced pricing agreements, 1995, S. A-102.

[661] Vgl. Wagner, Siegfried, Inhalt und Bedeutung von Advanced Pricing Agreements (APA), 1995, S. 267.

[662] Vgl. Business International Corporation/Ernst & Young, International Transfer Pricing, 1991, S. 133.

ATO dem Verfahren gegeben hatte.[663] In der vorläufigen Fassung des ATO vom Juli 1994 wird das Verfahren entsprechend dem in der Rev. Proc. 91-22 im März 1991 veröffentlichten amerikanischen Verfahren ebenfalls als Advance Pricing Agreement bezeichnet.[664]

Im Juni 1995 veröffentlichte der IRS im *Announcement 95-49, Proposed Update of Advanced Pricing Agreement*, den Entwurf eines veränderten APA. Wesentliche Veränderungen ergaben sich in der möglichen rückwirkenden Anwendung des APA auf frühere Steuerjahre und die möglichst frühe Einbindung ausländischer DBA-Länder in die Verhandlungen. Aufgrund der Vielzahl von Kommentaren zu den Vorschlägen wurden weitere Änderungen vorgenommen. Die Ergebnisse wurden in der *Rev. Proc. 96-53, Section 482 - Allocation Between Related Parties*, im Dezember 1996 veröffentlicht. Zu den Veränderungen gehören die erhöhte und den Unternehmensgrößen angepaßte Gebührenstruktur und ein strukturierteres und beschleunigtes Vorgehen bei den Verhandlungen mittels Zeitplan und Aufgabenverteilung.[665]

#### 3.3.5.2.1 Gesetze und Gesetzesentwürfe anderer Länder und ihre Reaktionen

Die Reaktionen der von den USA befragten DBA-Länder spiegeln kein eindeutiges Meinungsbild wider. Verschiedene Länder haben sich durch eine eigene Gesetzgebung oder durch das Einleiten eines Gesetzgebungsverfahrens auf das von den USA vorgeschlagene APA eingestellt.

Zu diesen Ländern gehören:

- Australien[666]
- Kanada[667]
- Die Niederlande[668]
- Japan[669]

---

663 Vgl. Patton, Michael F., Advanced pricing agreements, 1995, S. A-102, Fn. 9.

664 Vgl. ATO, Draft Taxation Ruling: Income tax: Transfer pricing: application for advance pricing agreements - bilateral and unilateral advance pricing agreement procedure, 1994, Ziffer 1.

665 Vgl. IRS, Announcement 96-124, Section 482 - Allocations Between Related Parties, 1996-49 I.R.B. 22, 1996.

666 Vgl. ATO, Draft Taxation Ruling: Income tax: Transfer pricing: application for advance pricing agreements - bilateral and unilateral advance pricing agreement procedure, 1994.

667 Vgl. Revenue Canada, International Transfer Pricing: Advance Pricing Agreement (APA) Procedures and Guidelines, 1993.

668 Vgl. Under-Minister of Finance of the Netherlands, Netherlands Resolution of Under-Minister of Finance, No. IFZ94/855 - 19. October 1994, 1994.

669 Vgl. Wagner, Siegfried, Inhalt und Bedeutung von Advanced Pricing Agreements (APA), 1995, S. 271.

Frankreich und Großbritannien gaben an, keine Vorkehrungen getroffen zu haben, die eine Beteiligung am APA verhindere. Kanada wollte zunächst auf einer Testbasis an dem Verfahren teilnehmen und kanadische Unternehmen befragen, ob überhaupt ein ausreichendes Interesse daran bestehe. Inzwischen hat Kanada eine eigene gesetzliche Regelung angestrengt.[670] Japan will ebenfalls im Rahmen eines Pilotprojekts mit den USA zusammenarbeiten. Deutschland bekräftigte durch das Bundesministerium der Finanzen, daß das Verfahren starke Unterstützung von deutscher Seite erfahren werde.[671]

#### 3.3.5.2.2 Statistik über die Umsetzung des APA

Aufgrund des § 6103 IRC,[672] der die in den Steuererklärungen gemachten Angaben vor der Veröffentlichung schützt, ist es dem IRS nicht gestattet, die Namen der an den APAs beteiligten Unternehmen bekannt zu machen. Den Unternehmen steht es jedoch frei, hierüber die Öffentlichkeit zu informieren. Der IRS kann daher in seinem ersten Aktivitätsbericht nur indirekt Angaben über die bisherigen Erfolge bei der Umsetzung des APA machen.[673]

Nachdem bis 1992 lediglich neun APA-Anträge gestellt und ein Abkommen geschlossen worden waren,[674] haben sich bis Ende des ersten Quartals 1994 bereits 70 Steuerpflichtige, davon 36 mit amerikanischer Muttergesellschaft, in dem Programm engagiert.

---

670 Vgl. Humphreys, Brenda, International transfer pricing more important than ever before!, 1994, S. 25; OECD - Committee on Fiscal Affairs, Working Party No. 8 on Tax Avoidance and Evasion - Attribution of Profits in Global Trading Cases, Presentation by the United Kingdom, 1994, S. 4; Boidman, Nathan, Revenue Canada issues draft transfer pricing agreement circular, 1993, S. 664.

671 Vgl. IRS, Continuing Professional Education for Internal Examiners, FY 1992 Technical Update, 1992, S. B-2209.

672 Vgl. § 6103 IRC, Confidentiality and disclosure of returns and return information.

673 Falls keine anderen Quellen genannt werden vgl. zu den nachfolgenden Angaben: IRS, IRS APA Program Activity Update (FS-94-5), 1994.

674 Vgl. IRS, Continuing Professional Education for Internal Examiners, FY 1992 Technical Update, 1992, S. B2208 f.

Zu den beteiligten Ländern gehörten:

- Australien (bereits 1992)
- Belgien
- Brasilien
- Deutschland (bereits 1992)
- Frankreich
- Großbritannien (bereits 1992)
- Hong Kong
- Irland
- Italien
- Japan (bereits 1992)
- Virgin Islands
- Kanada (bereits 1992)
- Korea
- Mexiko
- Niederlande
- Norwegen
- Puerto Rico
- Schweiz
- Singapur

Von den 70 Anträgen waren 57 Fälle abgeschlossen: 19 mit einem APA, davon 9 als bilaterale Vereinbarung. 25 Verfahren befanden sich in der Schwebe, 13 Anträge wurden aus verschiedenen, nicht steuerlich motivierten Gründen zurückgezogen. Zu den Gründen gehörten bspw. personelle Veränderungen im Management sowie Restrukturierungen innerhalb der Unternehmen. Weitere 54 Unternehmen zogen ein APA in Betracht und führten hierzu erste Gespräche mit dem IRS.

Bis zum 30. Juni 1995 waren 35 Vereinbarungen mit einem APA abgeschlossen.[675] Zu den in den APAs berücksichtigten Industrien bzw. Produkten gehörten:

- Automobilindustrie
- Bekleidung
- Dienstleistungen
- Elektronische Geräte
- Finanzinstrumente
- Forstwirtschaft
- Getränke
- Öl und Ölnebenprodukte
- Pharmazeutika
- Stahl und Stahlprodukte
- Warenhandel

Im Bereich des globalen Handels sind mehrere APAs abgeschlossen worden. Diese APAs beinhalten Transaktionen von Waren und derivativen Finanzinstrumenten als auch die damit verbundenen Hedges zur Minimierung von Preis-, Zins- und Wechselkursrisiken. Es wurden Vereinbarungen mit amerikanischen Unternehmen getroffen, die über ihre ausländischen Tochtergesellschaften oder ihre dortigen Niederlassungen Handel betreiben sowie mit ausländischen Unternehmen aus DBA-Ländern, die mittels ihrer amerikanischen Niederlassung agieren. Obgleich bisher kein APA mit einem nicht amerikanischen Unternehmen eines DBA-Lands, das über seine juristisch eigenständigen Tochtergesellschaften Handel betreibt, abgeschlossen wurde, dürfte dies einer Vereinbarung nicht im Wege stehen.[676]

Bereits im Mai 1992 wurde bekannt, das die Sumitomo Bank Capital Markets, Inc., New York, sowie die britische Barclays Bank Plc., London, APAs für den internationalen Handel von Finanzinnovationen anstreben. In beiden Fällen wurde

[675] Vgl. Dobrovir, William A., Tax Analysts File FOIA Request for APAs, 1996.

[676] Vgl. IRS, Notice 94-40, 1994-1 C.B. 351, Global Trading Advance Pricing Agreements, 1994.

zunächst mit den amerikanischen Behörden verhandelt, bevor die britischen Steuerbehörden hinzugezogen wurden.[677]

### 3.3.5.3 Kritische Würdigung des Verfahrens

Oberstes Ziel des APA-Antragstellers ist die Akzeptanz der vorgeschlagenen Transferpreismethode sowie der Ergebniskorridore durch die Steuerbehörden. Damit soll Rechtssicherheit erlangt und eine mögliche Doppelbesteuerung vermieden werden. Die Vereinbarung versichert dem Steuerpflichtigen, daß es zu keiner neuerlichen Überprüfung der angewandten Transferpreismethode bezüglich der Einhaltung des Arm's Length Standard kommt, wenn er die festgelegten Bedingungen einhält und die Ergebnisse innerhalb des Zielkorridors liegen.

Ein neuartiger Aspekt des APA ist die Vorkehrung, eine spätere Anpassung der Abschlüsse vornehmen zu können, sollten die Ergebnisse der verbundenen Unternehmen nicht innerhalb eines gesteckten Rahmens liegen, um den Zielkorridor einhalten zu können. Diese Möglichkeit wird den Steuerpflichtigen allerdings erst mit Abschluß eines APA eröffnet. Aufgrund der Gesetzgebung ist dies jedoch nur bedingt möglich, selbst wenn es offensichtlich ist, daß ein anderes Ergebnis den tatsächlichen wirtschaftlichen Verhältnissen innerhalb des multinationalen Unternehmens entspricht. In der Ausführungsbestimmung zu § 482 IRC, Reg. Sec. 1.482-1(e)(2), ist eine Anpassung auch außerhalb des APA vorgesehen, solange sie nicht als Mißbrauch bewertet werden kann. In diesem Zusammenhang kann sich der Steuerpflichtige jedoch nicht auf eine Absprache mit dem IRS berufen und setzt sich somit einem möglichen Konflikt mit den Steuerbehörden aus.

Es wird dem Steuerpflichtigen die Möglichkeit eingeräumt, mit den Steuerbehörden eine individuelle Vereinbarung über die zukünftige Besteuerung spezifizierter Geschäfte zu treffen. Dies führt dazu, daß zwei gleichartige, multinationale Unternehmen unterschiedliche APA abschließen können. Zwar wird hierdurch die Gleichberechtigung, nicht aber die Gleichbehandlung vor dem Gesetz garantiert. Durch den Verhandlungscharakter des APA fühlen sich die teilnehmenden Unternehmen vom IRS bezüglich der Methodenauswahl nicht bevormundet, da sie im voraus Argumente für eine zu wählende Methode vortragen können. Die Auswahl erfolgt schließlich im gegenseitigen Einvernehmen. Dies führt zu einer wesentlich höheren Akzeptanz durch die Unternehmen und vereinfacht die spätere Überprüfung durch den IRS, da schon vorab die notwendigen Dokumentationen der Transaktionen festgelegt werden.

#### 3.3.5.3.1 Umfang der zu berücksichtigen Unternehmenseinheiten und Produkte

Im APA werden die beteiligten Unternehmen oder Unternehmenseinheiten und die betroffenen Transaktionen bzw. Produkte festgelegt. Es besteht nicht die Notwendigkeit, alle Unternehmenseinheiten oder alle transferierten Güter innerhalb der verbundenen Unternehmen in einem APA zu berücksichtigen. Der Antragsteller hat die

[677] Vgl. Pagan, Jill C./Wilkie, J. Scott, Transfer Pricing Strategy in a Global Economy, 1993, S. 194 f.

Möglichkeit, nur einzelne Produkte und Unternehmensteile der Vereinbarung zu unterwerfen.

Nach dem APA-Abschluß müssen alle einbezogenen Transfers zwischen den verbundenen Unternehmen APA-konform abgewickelt werden. Der Antragsteller darf nicht nachträglich eine andere Transferpreismethode anwenden, da er anderenfalls bei Eintritt eines Nachteils durch das abgeschlossene APA dieses leicht aushebeln könnte. Es käme in dem Abkommen nur zu einer einseitigen Bindung des IRS, nicht aber zu einer Bindung des Antragstellers an die Transferpreismethode. Sollten sich die Voraussetzungen des APA verändern, die eine neuartige Behandlung der Transaktionen notwendig machten, so kann dies entweder durch eine Abkommensanpassung oder durch eine Kündigung zu den oben genannten Bedingungen erfolgen. Es sollte jedoch schon bei Abschluß eine später zu erfolgende Anpassung in zuvor definierten Bereichen festgelegt werden. Dies erleichtert die spätere Anpassung erheblich und vermeidet langwierige Nachverhandlungen.

Der Umfang der im Abkommen zu berücksichtigen Produkte stellt damit ein strategisches Verhandlungsziel dar. Das Abkommen sollte daher zunächst die kritischen Transaktionen beinhalten, bei denen es in der Vergangenheit zu Konflikten mit den Steuerbehörden gekommen ist bzw. bei denen es wahrscheinlich ist, daß sich zukünftig ein Konflikt entwickelt. Des weiteren sollten die Unternehmenseinheiten einbezogen werden, die auf der gleichen oder einer ähnlichen Basis agieren. Auszuschließen sind all jene Transaktionen, bei denen eindeutig die Einhaltung des Fremdverhaltensgrundsatzes nachgewiesen werden kann und somit keine Rechtsunsicherheit besteht.

Bei der Entscheidungsfindung sind die Kosten, der bürokratische Aufwand und das potentielle Steuerrisiko mit dem Grad an Sicherheit über die zukünftige Besteuerung abzuwägen. Je umfangreicher der im Abkommen berücksichtigte Geschäftsbereich ist, desto größer ist die sich daraus ergebende Sicherheit bezüglich der Handhabung durch die einbezogenen Steuerbehörden. Gleichzeitig steigen damit jedoch die Kosten und der Verwaltungsaufwand. Die Grenzkosten werden allerdings wesentlich geringer sein als die schrittweise Einbindung der Bereiche in späteren APA-Verhandlungen. Hierzu trägt auch die Gebührenstruktur des APA-Verfahrens bei.

Sollte es wahrscheinlich sein, daß weitere Bereiche einer Überprüfung durch den IRS unterzogen werden, so ist es im Interesse des Antragstellers, diese Unternehmensteile schon von Anfang an in die Verhandlungen einzubeziehen, anstatt zu versuchen, dem IRS möglichst wenig Einblick in diese Teile zu geben. Es darf hierbei auch nicht übersehen werden, daß sich der Anlaß zur Überprüfung nicht nur aus dem beantragenden Unternehmen ergeben kann, sondern auch aus den vom APA ausgeklammerten Unternehmensbereichen.

Ein weiterer Einflußfaktor auf die einzubeziehenden Unternehmensteile ist die gewählte Transferpreismethode. Erscheint bspw. die Resale Price Method als angebracht, so wird sich die Methodenprüfung vor allem auf die Marketing- und Absatzaktivitäten beziehen und sie mit anderen Unternehmen in den USA vergleichen. Die Lieferanten der abzusetzenden Produkte übernehmen dann eine untergeordnete Rolle gegenüber den angenommenen Absatzaktivitäten des Unternehmens. Wird hingegen die Profit Split Method ausgewählt, dürfte der von den Behörden zu betrachtende

Bereich wesentlich größer ausfallen, da hierfür die Angemessenheit der eingebrachten Leistungen für die Ergebniszurechnung nachzuweisen ist.

#### 3.3.5.3.2 Auswahl der Transferpreismethode

Das Kernstück des APA ist die Übereinkunft zwischen den Steuerbehörden über die anzuwendende Transferpreismethode. Grundsätzlich werden die in den von 1968 stammenden Transferpreisbestimmungen[678] aufgeführten Methoden, Comparable Uncontrolled Price, Resale Price und Cost Plus, als akzeptable Standards angesehen. In jedem Fall muß die Methode die Einhaltung des Fremdverhaltensgrundsatzes gewährleisten. Sollte keine der drei aufgeführten Methoden anwendbar sein, so kann gem. den 1994 vorgenommen Änderungen der Reg. Sec. 1.482-2(e)(1)(iii) zu § 482 IRC eine andere Methode gewählt werden. Diese Möglichkeit wird als „vierte Methode“ bezeichnet und kann eine Kombination der drei Methoden oder eine mathematisch hergeleitete, formelbasierte Methode sein. Ein derartiger Ansatz wird jedoch nur dann akzeptiert, wenn auch die ausländischen Behörden eines anderen Staats, mit dem zuvor ein DBA abgeschlossen wurde, dieser Berechnung zustimmen. Sollte die vierte Methode angestrebt werden, so ist nachzuweisen, daß keine der ersten drei Methoden als Lösungsansatz angemessen oder praktikabel ist.[679]

Obwohl auch die Profit Split Method als vierte Methode vom IRS anerkannt ist, wird sie in den internen Richtlinien als Möglichkeit der letzten Zuflucht (*method of last resort*) bezeichnet, die nur anzuwenden ist, falls alle anderen Ansätze scheitern.[680] Die Gewinnaufteilung kann nicht die wahren Wertschöpfungen der beteiligten Unternehmensteile wiedergeben, da sich in der Praxis ein solches festes Verhältnis nicht ergeben dürfte. Daß diese Methode dennoch Anwendung findet, dürfte in ihrer hohen Praktikabilität und Einfachheit liegen. Demgegenüber ist der wesentlich höhere Aufwand zur korrekten Ermittlung der echten Wertschöpfungen anzusetzen. Es darf also in den meisten Fällen davon ausgegangen werden, daß eine Einhaltung des Arm's Length Standard hierdurch nicht gewährleistet werden kann, der IRS aber dennoch dem Verfahren zustimmt, um überhaupt eine Lösung zu erhalten.

Einer der entscheidenden Vorteile des APA-Verfahrens liegt in der großen Flexibilität bei der Entwicklung einer angemessenen Transferpreismethode durch die Parteien, ohne sich auf die starren Vorgaben des § 482 IRC zu beziehen.[681] Dennoch sind auch bei diesem Verfahren die gleichen Grenzen durch die notwendige Berücksichtigung des Arm's Length Principle einzuhalten. Der Antragsteller hat somit die Möglichkeit, eine Transferpreismethode zu wählen, die im Gegensatz zur Anwendung einer der traditionellen Methoden gem. den OECD Richtlinien keine oder nur wenige Anpassungen notwendig macht. Durch die Wahl einer individuellen Methode erhält er

---

[678] Vgl. Reg. Sec. 1.482-2(e) zu § 482 IRC.

[679] Vgl. Rev. Proc. 91-22 Sec. 3.01 und Reg. Sec. 1.6662-6T(d)(3)(ii)(C) zu § 6662 IRC.

[680] Vgl. IRS, Continuing Professional Education for Internal Examiners, FY 1992 Technical Update, 1992, S. B-22207.

[681] Vgl. Reg. Sec. 1.482-3(c)(2) zu § 482 IRC.

die Sicherheit über die Anerkennung des Arm's Length Principle. Zugleich ist ihm das Ausmaß einer möglicherweise notwendigen Anpassung bei Nichterreichen des Zielkorridors vorab bekannt. Dies wird an dem nachfolgenden Beispiel deutlich.

*Der Steuerpflichtige und seine ausländische Unternehmenseinheit schlagen eine modifizierte Absatzpreismethode vor. Bei diesem Ansatz wird der Preis für die unternehmensinternen Transaktionen des Steuerpflichtigen an die ausländische Einheit über die Bruttogewinnspanne so festgesetzt, daß das Ergebnis vor Steuern aufgrund eines angenommenen, zukünftigen Geschäftsverlaufs und erwarteter Preise innerhalb eines definierten Zielkorridors von 3-6% liegt. Sollte das tatsächlich erwirtschaftete Ergebnis der ausländischen Einheit außerhalb des Zielkorridors, aber innerhalb eines nach oben und unten um 3% erweiterten Korridors liegen, so würde das Ergebnis durch Kompensationszahlungen auf die entsprechende Grenze des ursprünglich festgelegten Zielkorridors angepaßt werden.*

Die Anwendung der traditionellen Absatzpreismethode würde den Vergleich der Bruttogewinnspanne zwischen kontrollierter und unkontrollierter Transaktion erfordern. Zusätzlich müßte bei einer Steuerprüfung die Kostenstruktur der Transaktionen analysiert werden, um eine Übertragung der Gewinne durch eine veränderte Struktur der Kosten ausschließen zu können. Durch die Anwendung der modifizierten Methode ist die Kostenentwicklung irrelevant, solange das Ergebnis vor Steuern der ausländischen Unternehmenseinheit innerhalb des Zielkorridors oder innerhalb des erweiterten Korridors liegt, für den eine Anpassungsregel existiert. Zum einen garantiert in diesem Beispiel das inländische Unternehmen der ausländischen Einheit eine definierte Bruttogewinnspanne innerhalb des Zielkorridors, zum anderen entfällt bei Erreichen eines Ergebnisses innerhalb des erweiterten Korridors die Überprüfung der Kostenstruktur. Somit wird das APA-immanente Ziel erreicht, die Überprüfung der in der Vereinbarung eingeschlossenen Transaktionen zu vereinfachen.

Ein weiterer zu berücksichtigender Aspekt ist die Handhabbarkeit der gewählten Methode. Obgleich durch das APA eine erhöhte Flexibilität gewährleistet wird, müssen die Unternehmen die internen Transaktionen entsprechend bepreisen und die sich aus der Anwendung der Transferpreismethode resultierenden Ergebnisse überwachen. Da die Zollbehörden nicht Vertragspartei des APA sind, stellt das APA für sie keine bindende Vereinbarung dar. Der Steuerpflichtige läuft somit Gefahr, zu hohe bzw. zu niedrige Zölle zu zahlen, wenn im Verlauf des Geschäftsjahres die Transferpreise nicht auf dem angemessenen Niveau gehalten werden. Dabei ist darauf zu achten, daß sich das Ergebnis zumindest innerhalb des erweiterten Korridors befindet, um die größere Sicherheit des APA durch die Anpassungsmöglichkeit nutzen zu können.[682]

Der Zugang zu den Daten unabhängiger Dritter ist ein weiterer Einflußfaktor für die Methodenwahl. Sollten verläßliche Daten zu vergleichbaren unkontrollierten Transaktionen vorhanden sein, so wird sich die Transferpreismethode an den traditionellen Methoden gem. den Ausführungsbestimmungen zu § 482 IRC orientieren. Sind diese Daten nicht verfügbar oder sind aufgrund der mangelnden Verfügbarkeit umfangreiche Anpassungen vorzunehmen, unter denen die Verläßlichkeit für die Gewährlei-

682 Vgl. Patton, Michael F., Advanced pricing agreements, 1995, S. A-109.

stung des Fremdverhaltensgrundsatzes leidet, so wird die Wahl auf eine vierte Methode fallen.

Schließlich sollte die gewählte Transferpreismethode mit der weltweiten Rechnungslegung des Antragstellers konsistent sein. Vorhandene Buchhaltungs- und Rechnungslegungssysteme berücksichtigen zwar mitunter die Absatzpreismethode oder die Kostenaufschlagsmethode, jedoch kann sich durch die Anwendung einer modifizierten Methode ein umfangreicher Änderungs- und Programmieraufwand ergeben.

Formal beschränkt sich das APA darauf, daß sich der Steuerpflichtige und die US-Finanzverwaltung über die anzuwendende Transferpreismethode einigen. Dies führt jedoch nicht nur zu einer abstrakten Einigung. Die steuerlichen Auswirkungen der Methodenanwendung wird ausführlich mit der Finanzverwaltung diskutiert und bspw. in Modellrechnungen als kritische Annahmen des angestrebten APA niedergelegt. Ohne solche Modellrechnungen, die die Resultate der vorgeschlagenen Transferpreismethode dokumentieren, wird es kaum zu einem APA-Abschluß kommen.[683]

### 3.3.5.3.3 Anwendungszeitraum des APA

Entsprechend seiner Definition bezieht sich das APA auf zukünftige Transaktionen. Der frühestmögliche Zeitraum, für den das APA gelten kann, ist das Geschäftsjahr, in dem die Vereinbarung beantragt wird. Dennoch kann es für den Antragsteller von Interesse sein, nicht nur eine zukünftige Vereinbarung zu treffen, sondern auch eine rückwirkende Regelung zu finden, die zurückliegende Dispute über die Wahl und die Anwendung einer Transferpreismethode beilegt.

Obwohl sich aus Rev. Proc. 91-22 keine rückwirkende Anwendung des APA ableiten ließ, wurde in den Ausbildungsunterlagen des IRS darauf hingewiesen, daß in entsprechenden Fällen das APA auch dazu genutzt werden könnte, die in der Vergangenheit aufgetretenen Streitigkeiten beizulegen. Der IRS konnte solche Regelungen bei Überprüfungen erfolgreich anwenden und hofft, daß dies auch in den vor Gericht zu verhandelnden Fällen möglich sein wird.[684]

In der Neufassung des APA in Rev. Proc. 96-53 wurde der IRS diesem Wunsch gerecht und fügte die Möglichkeit der rückwirkenden Anwendung in Sec. 8 ein. Hiermit ergibt sich ein neuer und attraktiver Weg, Rechtsstreitigkeiten beizulegen. Diese Verfahrensanpassung durch den IRS dürfte dem Antragsteller, der an einer fairen und raschen Beendigung des Disputs interessiert ist, Zeit- und Kostenersparnisse ermöglichen.

### 3.3.5.3.4 Zeitliche Einsparungen durch das APA

Trotz des hohen Zeitaufwands bei der Überprüfung der von Unternehmen genutzten Transferpreismethoden durch den IRS konnten ohne APA keine zufriedenstellende Ergebnisse erzielt werden. Die auftretenden Diskrepanzen führten zu

683 Vgl. Eilers, Stephan, Advanced Pricing Agreements (APAs) im US-amerikanischen Steuerrecht, 1996, S. 6.

684 Vgl. IRS, Continuing Professional Education for Internal Examiners, FY 1992 Technical Update, 1992, S. B-22205f.

zahlreichen, langwierigen Rechtsstreitigkeiten über die korrekte Auswahl der Transferpreismethode. Üblicherweise dauert ein Rechtsstreit zwischen IRS und einem Unternehmen wegen der angewandten Transferpreismethode bis zu acht Jahren. Dabei ist nicht auszuschließen, daß es zu weiteren Konflikten bei den zwischenzeitlich durchgeführten Untersuchungen des IRS kommen kann, die dann aber noch nicht in den laufenden Verfahren berücksichtigt werden.[685] Insofern bietet sich der Versuch an, die zurückliegenden Jahre mit der gleichen APA Regelung zu bewerten, um diese nachfolgenden Konflikte zu vermeiden.

In den veröffentlichten Ausführungsbestimmungen geht der IRS davon aus, einen APA-Antrag innerhalb von neun bis zwölf Monaten bescheiden zu können.[686] Dennoch ist bei einem bilateralen Abkommen von etwa ein bis zwei Jahren Bearbeitungszeit auszugehen.[687] Hinzu kommt in jedem Fall noch die Zeit der Prefiling Conference, in der die Notwendigkeit eines APA für die betrachteten Unternehmenseinheiten bewertet wird. Weiterhin ist der mögliche Zeitaufwand für die Informationsbeschaffung zu berücksichtigen. Es ist deshalb sinnvoll, schon bei der Prefiling Conference eine Absprache zu treffen, wie die Informationsanforderung und die Informationsbereitstellung koordiniert und durchgeführt werden soll. Dies gilt insbesondere für die Bereiche, in denen umfangreiche Datenbestände erst noch generiert werden müssen.

Durch den APA-Abschluß ergeben sich zunächst zukünftige Zeitersparnisse, da es bei Einhaltung der festgelegten Vorgehensweisen zu keinem Konflikt über die angewandte Transferpreismethode kommt. Dies gilt sowohl für die Unternehmenseinheiten, die sich in den USA befinden, als auch für die im Ausland ansässigen Unternehmensteile. Dies wird vor allem durch die Integration der zuständigen ausländischen Behörden erreicht, so daß nachträgliche Verhandlungen mit diesen Behörden entfallen.

Gelingt es dem beantragenden Unternehmen, das verabschiedete Verfahren auch auf die vergangenen Geschäftsjahre anzuwenden, so können die langwierigen, gerichtlichen Verfahren erheblich verkürzt, wenn nicht gar vermieden werden. Die rückwirkende Anwendung hat eine zusätzliche Zeitersparnis zur Folge. Dies ist jedoch nur notwendig, wenn es überhaupt zu einem Konflikt mit dem IRS kommt.

In Ausbildungsunterlagen gibt der IRS an, daß der für das APA benötigte Informationsumfang wesentlich geringer sei, als wenn es aufgrund des Einsatzes unrechtmäßiger Transferpreise zu einer Untersuchung im Unternehmen käme.

#### 3.3.5.3.5 Kosten der APA-Verhandlungen

Da es sich beim APA um ein freiwillig vom Steuerpflichtigen initiiertes Verfahren handelt, sollte sich der Antragsteller der Kosten für die Durchführung eines APA anstelle anderer Handlungsalternativen bewußt sein. Der Steuerpflichtige hat somit zunächst festzustellen, ob sich der mit dem APA verbundene Aufwand lohnt. Die dazu

685 Vgl. Patton, Michael F., Advanced pricing agreements, 1995, S. A-108.

686 Vgl. IRS, Continuing Professional Education for Internal Examiners, FY 1992 Technical Update, 1992, S. B-22204.

687 Vgl. Patton, Michael F., Advanced pricing agreements, 1995, S. A-108.

zu berücksichtigenden Kosten ergeben sich aus der Beantragung und dem Abschluß eines APA sowie aus den daraus abzuleitenden Leistungen.

Die direkt dem APA zurechenbaren Kosten beinhalten die Antragsgebühr, zwischen USD 5.000 und USD 25.000, die Kosten für die Steuerberater und Wirtschaftsprüfer, die eventuell einzuholenden Expertengutachten sowie für die mit dem APA-Antrag beschäftigten Mitarbeiter. Ein wesentlicher Kostenfaktor ist die Beschaffung der relevanten Daten. Der Antragsteller sollte daher schon in der Prefiling Conference mit dem IRS abstimmen, in welchem Umfang diese Informationen für einen erfolgreichen APA-Abschluß benötigt werden. Dies gilt ebenso für die Expertengutachten. *Hewlett-Packard*, ein amerikanischer Computerhersteller schätzte die Kosten auf ca. 1 Mio. USD und entschied sich gegen die Beantragung eines APA. [688]

Weitere dem APA zurechenbare Kosten entstehen, da i.d.R das Rechnungslegungssystem an die Transferpreismethode angepaßt werden muß. Zusätzlich sind Veränderungen im Berichtswesen vorzunehmen, um die jährlichen Berichte und die notwendige Dokumentation für das APA zu ermöglichen. Die hierfür zu veranschlagenden Kosten dürften jedoch geringer ausfallen als die Aufwendungen, die notwendig waren, um die Ausführungsbestimmungen des § 6662(e) IRC[689] und § 6038A IRC[690] zu erfüllen.

Schließlich werden die Kosten durch die Anzahl der im APA eingeschlossenen Transaktionsarten und die beteiligten Unternehmenseinheiten beeinflußt. Entscheidend ist dabei die Komplexität der Unternehmensstrukturen und der Transaktionsarten. Die Kosten steigen überproportional mit der Anzahl der einzubeziehenden Staaten an, da zwischen allen involvierten Parteien eine Einigkeit über die Transferpreismethoden gefunden werden muß.[691]

Bei der Betrachtung der möglicherweise im Verlauf des APA-Verfahrens entstehenden Kosten sind auch die Kosten zu berücksichtigen, die anfallen, wenn kein APA beantragt wird und es zu einem Transferpreiskonflikt kommt. Die in § 6662 IRC in Aussicht gestellten Strafbeträge können zu einem starken Argument für die Einleitung eines APA-Verfahren werden.[692]

---

[688] Vgl. Business International Corporation/Ernst & Young, International Transfer Pricing, 1991, S. 60.

[689] § 6662 IRC: Imposition of accuracy-related penalty. In § 6662 IRC sind die Strafen für Falschangaben in Steuererklärungen festgelegt. Diese Strafen wurde nach Abschluß der Uruguay Runde 1994 aufgrund der Steueroasenproblematik wesentlich verschärft.

[690] § 6038A IRC: Information with respect to certain foreign-owned corporations. Mittels des § 6038A fordert der IRS wesentlich detailliertere Angaben der Unternehmen, die zu mindestens 25% in ausländischem Besitz sind.

[691] Dies ist für die Bayer AG das wichtigste Argument, keinen APA-Antrag zu stellen. Vgl. Zitzelsberger, Heribert, APAs in der Praxis eines deutschen Großunternehmens, 1996, S. 51.

[692] Aus diesem Grund strebt seit 1995 die Intel Corp. ein APA an. Vgl. Eilers, Stephan, Advanced Pricing Agreements (APAs) im US-amerikanischen Steuerrecht, 1996, S. 2, Fn. 3 u. S. 3.

### 3.3.5.3.6 Informationsbereitstellung der Unternehmen

Mit dem Angebot des APA handelt der IRS nicht uneigennützig, denn er erhält so Einblick in die internen Abläufe zwischen den verbundenen Unternehmen bzw. zwischen Stammhaus und Betriebsstätte.[693] Die wahrscheinlich größte, psychologische Hürde, die von den Antragstellern zu überwinden ist, dürften die Überlegungen über den Zugang zu den vom IRS geforderten Daten und Informationen sein.[694]

Durch die Änderung des § 6038A IRC[695] wurden die Anforderungen an die Inhalte der Berichte ausländisch kontrollierter US-Tochterunternehmen wesentlich erweitert. Der Unterschied zum standardmäßig angeforderten Informationsumfang, der durch den APA-Abschluß erforderlich wird, ist somit nicht mehr so groß wie vor der Änderung des § 6038A IRC. Dennoch werden interne Informationen, die als Geschäftsgeheimnisse eingestuft werden und keinem Dritten zugänglich gemacht werden, vom IRS eingefordert. Dies wird von den Unternehmen als äußerst kritisch gewertet. Die Bedenken im Hinblick auf diese freiwillig zu machenden Angaben, die Voraussetzung für das APA sind, haben mehrere Gründe. Teilweise resultieren diese Sorgen aus der Tatsache, daß der Antragsteller freiwillig Informationen zur Verfügung stellt, ohne die Gewißheit zu haben, daß das APA-Verfahren überhaupt zu einem erfolgreichen Abschluß kommt.

Außerdem wird das Risiko gesehen, daß die Informationen an nicht berechtigte Dritte gelangen könnten, wodurch ein nicht wieder gutzumachender, wirtschaftlicher Schaden für die beantragenden Parteien entstehen kann. Weiterhin besteht für die Antragsteller die Gefahr, daß der IRS aus den neuen, zusätzlichen Informationen Nutzen für nicht endgültig beschiedene Steuerfestsetzungen ziehen bzw. in laufenden Verfahren gegen den Antragsteller verwenden könnte. Möglicherweise kann der IRS aufgrund des so erworbenen Wissens zu einer anderen, weniger vorteilhaften Beurteilung der noch nicht endgültig ergangenen Steuerbescheide kommen. Zum Beispiel kann der Steuerpflichtige während der APA-Verhandlungen aufgefordert werden, vergleichbare Transaktionsdaten zwischen unabhängigen Dritten zu präsentieren, von denen der Steuerpflichtige meint, sie unterstützten die Angemessenheit der vorgeschlagenen Transferpreismethode. Sollte das APA nicht erfolgreich abgeschlossen werden, so wird der Antragsteller sich nicht an diese vergleichbaren Geschäfte binden wollen.

Schließlich zielen die Bedenken darauf ab, daß es zwischen dem IRS und dem Antragsteller zu einem Prozeß kommen könnte, falls es nicht zu einer Vereinbarung kommt. Das gilt auch dann, wenn die noch nicht steuerlich geprüften Geschäftsjahre im Antrag nicht enthalten sind. Dies kann jedoch durch eine vorsichtige und gezielte Steuerung der Informationsfreigabe umgangen werden.

---

693 Vgl. Wagner, Siegfried, Inhalt und Bedeutung von Advanced Pricing Agreements (APA), 1995, S. 266.

694 Vgl. Business International Corporation/Ernst & Young, International Transfer Pricing, 1991, S. 60.

695 *Tax Reform Act* von 1986.

Die Freigabe von sensiblen Geschäftsdaten oder Geschäftsgeheimnissen wird in Rev. Proc. 96-53 ausdrücklich angesprochen. In Sec. 10 heißt es, daß Angaben, die im Rahmen der APA-Verhandlungen gemacht werden, wie die unter § 6103 IRC fallenden Angaben der Steuererklärung, vor der Veröffentlichung geschützt werden. Weiterhin wird angeführt, daß die an ausländische Behörden weitergegebenen Informationen den Vertraulichkeitsverpflichtungen der DBA der USA unterliegen.[696] Das Abkommen beinhaltet, daß Informationen, die zwischen den zuständigen Behörden ausgetauscht werden, als vertraulich anzunehmen sind und vom Empfängerland nur zur Anwendung der nationalen Steuergesetzgebung zu verwenden sind. Geschäftsgeheimnisse werden nicht ausgetauscht.

Obwohl der IRS in der Rev. Proc. 96-53 angibt, daß die im Rahmen des APA gemachten Angaben ebenfalls unter § 6103 IRC fallen, handelt es sich dabei um eine Interpretation des IRS, die nicht ausdrücklich in § 6103 IRC genannt wird. Insofern ist der Status der unterbreiteten Informationen fraglich.[697] Sollte sich eine außenstehende Partei auf den *Freedom of Information Act* (FOIA) berufen, so kann dennoch gem. § 6110 (c) IRC erreicht werden, daß die den Steuerpflichtigen und dessen Transaktionen identifizierende Inhalte zu löschen sind.[698] Für den Fall, daß ein Prozeß mit dem Ziel der Veröffentlichung erfolgreich geführt wird, sollte sich die beantragende Partei daher das Recht einräumen, die zur Verfügung gestellten Daten zu überprüfen und Identifizierendes zu löschen bzw. Sensibles entsprechend darzustellen.

Anfragen zur Veröffentlichungen der bisher getroffenen APA-Vereinbarungen wurden bereits gestellt.[699] Deren Beantwortung wurde jedoch vom IRS wiederholt abgelehnt.[700] Obgleich Bedenken bezüglich der Vertraulichkeit der Angaben bestehen, dürften die Risiken bei entsprechender Planung als gering einzustufen sein.

#### 3.3.5.3.7 Unilaterale Abkommen versus bilaterale Abkommen

Die ursprüngliche Motivation des IRS zur Entwicklung des APA ergab sich aus zwei Gründen: die korrekte Steuererhebung und die Vermeidung der Gewinnverschiebung. Die richtige und damit auch höher ausfallende Besteuerung ausländischer

---

696 Vgl. U.S. Model Tax Convention, Artikel 26 sowie das DBA USA/D.

697 Vgl. Willamette Industries, Inc. v. Comr., 689 F.2d 865 (9th Cir. 1982). In diesem Urteil befand das Gericht, daß die zum Vergleich mit einem Dritten eingereichten Mitteilungen gem. *Freedom of Information Act* zu veröffentlichen sind; lediglich Namen der Käufer und Verkäufer sowie das Umsatzvolumen sind zu löschen.

698 Gem. § 6110 (c) IRC sind Informationen, die dem IRS zur Steuerfestsetzung zugänglich gemacht werden, in Bezug auf den *Freedom of Information Act* als „zu löschen" einzustufen.

699 Vgl. Stratton, Sheryl, Competing Interests Snag APA Program Guidance, 1996; Dobrovir, William A., Tax Analysts File FOIA Request for APAs, 1996; Bureau of National Affairs Inc., BNA Sues IRS for Release of Advanced Pricing Agreement Information, 1996.

700 Vgl. Cummings, John B., IRS Issues Final Denial of Tax Analysts's FOIA Request for APAs, 1996.

Unternehmen in den USA wurde insbesondere im Präsidentschaftswahlkampf 1991 betont. Präsident Clinton erhoffte sich aufgrund der korrekten Auslegung der aktuellen Gesetzgebung ca. 45 Mrd. USD Steuereinnahmen zusätzlich von ausländischen Unternehmen zu erheben.[701]

Zugleich versprach sich der IRS einen Einblick in die Geschäftsprozesse der beantragenden Steuerpflichtigen, um diese dann bei der Überprüfung weiterer Unternehmen dieser Branchen nutzen zu können. Mit dem zunehmenden Wissen aus den bereits geschlossenen Abkommen soll schließlich eine allgemein verbindliche Regelung für die jeweiligen Branchen entwickelt werden. Dafür dürften mindestens fünf APAs einer Branche notwendig sein.[702]

Mit der Einführung des APA in Rev. Proc. 91-22 wurde die Möglichkeit eröffnet, andere Staaten in die Verhandlungen einzubeziehen. Der IRS ging jedoch davon aus, daß dies unter Federführung der US-Steuerbehörden geschähe. Da mit dem APA aber zugleich die Doppelbesteuerungsabkommen tangiert werden, führte dies zu einer internationalen Diskussion des Verfahrens.[703]

Das in Rev. Proc. 96-53 überarbeitete APA-Verfahren betont daher den möglichen multilateralen Charakter der Vereinbarung und fordert ein möglichst frühzeitiges Einbeziehen weiterer Staaten. Insbesondere die Staaten, mit denen ein DBA besteht, sollen von Anfang an zu den Verhandlungen hinzugezogen werden. Bilaterale bzw. multilaterale Vereinbarungen werden den unilateralen Abkommen nun vorgezogen.[704]

Neben der internationalen Diskussion des amerikanischen Alleingangs findet dieses veränderte Vorgehen seine Begründung insbesondere in der politischen Zielsetzung des IRS, das APA-Verfahren zu einem international anerkannten Standardverfahren zu entwickeln.

Durch den Vorbehalt, in einem Verständigungsverfahren gegebenenfalls noch von den Feststellungen eines APA abweichen zu können, möchte der IRS offensichtlich eine Parallele von APA und Verständigungsvereinbarung mit dem betroffenen ausländischen Steuerbehörden erreichen. Die US-amerikanische Finanzverwaltung geht davon aus, daß APAs unproblematisch auch als Vereinbarungen unter den jeweiligen Vorschriften der Verständigungsverfahren der anwendbaren DBA abgeschlossen werden können. Dies erscheint jedoch zweifelhaft. Eine wesentliche Voraussetzung hierfür dürfte die frühzeitige Einschaltung aller beteiligter Finanzverwaltungen schon bei der Auswahl der Transferpreismethode sein.[705]

---

701 Vgl. Gwynne, S.C., The Foreigner-Tax Folly, 1992, S. 39.

702 Vgl. Pagan, Jill C./Wilkie, J. Scott, Transfer Pricing Strategy in a Global Economy, 1993, S. 195.

703 Vgl. OECD - Committee on Fiscal Affairs, Transfer pricing guidelines for multinational enterprises and tax administrations, 1995, S. IV-1.

704 Vgl. Rev. Proc. 96-53 Sec. 7.07.

705 Vgl. Eilers, Stephan, Advanced Pricing Agreements (APAs) im US-amerikanischen Steuerrecht, 1996, S. 9 ff.

#### 3.3.5.3.8 Verfahrensabgrenzung gegenüber dem Doppelbesteuerungsabkommen zwischen den USA und Deutschland

Die derzeitigen Überlegungen der USA zu den Transferpreisen bezüglich immaterieller Güter[706] beschäftigen auch andere Staaten. Die sich dabei ergebenden Probleme bedürfen eines internationalen Lösungsansatzes, der die existierenden Prinzipien der internationalen Besteuerung berücksichtigt.[707]

Im Kommentar zum OECD-MA wird die Entscheidungsfindung indirekt den Steuerbehörden überlassen, ohne auf entsprechende Mitwirkungsmöglichkeiten und -pflichten des Steuerpflichtigen näher einzugehen.[708] Dieses Vorgehen kommt der amerikanischen Ansicht sehr nahe, die der Finanzverwaltung einen umfangreichen Ermessens- und Entscheidungsspielraum zubilligt, während aus deutscher Sicht den Steuerbehörden nur das Recht einer Überprüfung der vom Steuerpflichtigen gewählten Methode eingeräumt wird.

Bei der Verwendung eines APA können die unterschiedlichen Möglichkeiten der Einflußnahme durch die beteiligten Staaten über den Verhandlungscharakter egalisiert werden.

#### 3.3.5.3.9 Rechtsgrundlagen für APAs im deutschen Steuerrecht

Im deutschen Recht existieren drei Vorschriften, die die Erteilung von Vorwegauskünften ausdrücklich regeln. Es handelt sich dabei um die Lohnsteueranrufungsauskunft (§ 42 EStG), die Zolltarifauskunft (Art. 12 Zollkodex) und die verbindliche Zusage im Anschluß an eine Außenprüfung (§§ 204-207 AO).[709]

Die beiden erstgenannten Vorschriften können im Zusammenhang mit der in dieser Arbeit behandelten Thematik für eine Vorwegauskunft nicht genutzt werden. Die §§ 204-207 AO regeln eine verbindliche Zusage, die im Anschluß an eine Außenprüfung unter bestimmten Voraussetzungen darüber zu erteilen ist, wie ein für die Vergangenheit geprüfter und im Prüfungsbericht dargestellter Sachverhalt in Zukunft steuerrechtlich behandelt wird. Damit ist die verbindliche Zusage gem. §§ 204-207 AO nicht einschlägig, da Gegenstand der Auskunft im Zusammenhang mit dem APA ein noch nicht verwirklichter Sachverhalt ist.[710]

Dies bedeutet jedoch nicht, daß die Finanzverwaltung in anderen Fällen keine verbindlichen Auskünfte und Zusagen erteilen kann. Die Steuerbehörden sind nach

---

[706] Vgl. § 482 IRC.

[707] Vgl. OECD - Committee on Fiscal Affairs, Tax aspects of transfer pricing within multinational enterprises: The United States proposed regulations, 1993, S. 4.

[708] Vgl. Kommentar zum OECD-MA, Art. 7 Abs. 24.

[709] Vgl. Krabbe, Helmut, Auskünfte mit Bindungswirkung nach Treu und Glauben, 1987, S. 2067.

[710] Vgl. Portner, Rosemarie, Advanced Pricing Agreements (APAs) im deutschen Steuerrecht - innerstaatliche Aspekte und Abkommensrecht, 1996, S. 17.

innerstaatlichem Recht befugt, allgemein Zusagen und Auskünfte zu erteilen.[711] Die Befugnis hierzu wird als ein Annex zur Regelungsbefugnis gesehen.[712]

Auskünfte sind i.d.R individuelle Tatsachenmitteilungen oder unverbindliche Rechtsmitteilungen einer Verwaltungsbehörde.[713] Dabei können sie sich auch auf ein zukünftiges Verhalten beziehen. Sie werden grundsätzlich ohne Bindungswirkung gegeben. Ob die Erklärung im Einzelfall als verbindlich oder unverbindlich zu gelten hat, ist durch Auslegung zu ermitteln. Unverbindliche Erklärungen sind im Regelfall dadurch gekennzeichnet, daß sie ausdrücklich als unverbindlich oder widerruflich gekennzeichnet werden.[714]

Anders als die Auskunft ist die Zusage nicht nur Wissenserklärung oder unverbindliche Meinungsäußerung, sondern ein bindendes Leistungsversprechen, das zu einem bestimmten zukünftigen Verhalten verpflichtet. Die Zusage ist eine hoheitliche Selbstverpflichtung zu einem künftigen Verhalten. Es handelt sich bei ihr um einen Verwaltungsakt, der mit Rechtsbehelfen anfechtbar ist. Ein Anspruch auf Auskunftserteilung besteht grundsätzlich nicht.[715]

Bei der Erteilung von verbindlichen Vorwegauskünften in anderen als den gesetzlich geregelten Fällen ist das Schreiben des BMF betreffend die Auskunft mit Bindungswirkung nach Treu und Glauben (verbindliche Auskunft)[716] zu beachten. Die Verbindlichkeit der Vorwegauskunft ist jedoch fraglich. Die OFD Koblenz spricht sich gegen die verbindliche Wirkung der Auskunft aus, da es sich bei der im BMF-Schreiben geregelten Vorwegauskunft um eine Wissenserklärung handelt, der nicht der Charakter eines Verwaltungsakts gem. § 118 AO zukommt.[717] Andererseits wird das Schreiben des BMF als Zusageerlaß bezeichnet, dem eine bindende Wirkung zukommt.[718]

---

711 Vgl. Tipke, Klaus/Kruse, Heinrich W., AO/FGO Kommentar, vor § 204, Anm. 3.

712 Vgl. Schwarz, Kommentar zur Abgabenordnung, vor §§ 204-207, Rn. 7; Krabbe, Helmut, Auskünfte mit Bindungswirkung nach Treu und Glauben, 1987, S. 2067.

713 Vgl. Tipke, Klaus/Kruse, Heinrich W., AO/FGO Kommentar, vor § 204, Anm. 3.

714 Vgl. Portner, Rosemarie, Advanced Pricing Agreements (APAs) im deutschen Steuerrecht - innerstaatliche Aspekte und Abkommensrecht, 1996, S. 18.

715 Vgl. Tipke, Klaus/Kruse, Heinrich W., AO/FGO Kommentar, vor § 204, Anm. 6, 7 u. 13; Koch, Karl/Scholtz, Rolf-Detlev, Abgabenordnung AO 1977, 1993, § 204, Rn. 4.

716 Vgl. BMF, Schreiben IV A 5-S 0430-9/87 vom 24. Juni 1987, Auskunft mit Bindungswirkung nach Treu und Glauben (verbindliche Auskunft), BStBl. 1987 I, S. 474 und vom 21.2.1990, IV A 5-S 0430-4/90, BStBl. I 1990, S. 146.

717 Vgl. OFD Koblenz, Verfügung vom 13.3.1995 - S 0111 A-St 53 1. Der gleichen Ansicht ist Krabbe, Helmut, Auskünfte mit Bindungswirkung nach Treu und Glauben, 1987, S. 2069.

718 Vgl. Schwarz, Kommentar zur Abgabenordnung, vor §§ 204-207, Rn. 2; Tipke, Klaus/Kruse, Heinrich W., AO/FGO Kommentar, vor § 204, Anm. 3.

In dem BMF-Schreiben werden die Voraussetzungen genannt, unter denen eine Vorwegauskunft erteilt werden kann. Sachlich wird der Anwendungsbereich verbindlicher Vorwegauskünfte insoweit eingeschränkt, als keine verbindliche Auskunft in Angelegenheiten erteilt wird, bei denen die Erzielung eines Steuervorteils im Vordergrund steht.

In diesem Zusammenhang ist jedoch fraglich, inwiefern die Transferpreisgestaltung in den Bereich des „Handelns eines ordentlichen Geschäftsleiters“ fällt und damit die Erteilung einer verbindlichen Vorwegauskunft ausschließt. Die Sorgfalt eines ordentlichen Geschäftsleiters wird in den Verwaltungsgrundsätzen als zentrales Angemessenheitskriterium für die Ermittlung von Fremdpreisen angesehen.[719]

Es ist davon auszugehen, daß es dem rationalen Verhalten eines ordentlichen Geschäftsleiters widerspricht, Entgelte festzulegen, die zu einer teilweisen oder völligen unentgeltlichen Leistungsübertragung führen. Damit wird der Ermessensspielraum des ordentlichen Geschäftsleiters eingeschränkt. Die Anerkennung einer Entscheidungsgrenze, die sich in der Transferpreishöhe als Entscheidungstatbestand ausdrückt, dürfte daher aus dem Regelungsbereich des BMF-Schreibens ausgenommen sein.[720]

Dagegen wird eine Vorwegauskunft zulässig sein, wenn der Gegenstand der Auskunft allgemeiner Art ist und bspw. eine Entscheidung für eine bestimmte Gewinnabgrenzungsmethode betrifft.[721] Auch Auskünfte über die Anerkennung von Vergleichsfällen, die bei der Anwendung der traditionellen Transferpreismethoden heranzuziehen sind, sowie die möglicherweise notwendigen Anpassungen sind nicht in den Handlungsbereich eines ordentlichen Geschäftsleiters einzuordnen. Sie können daher auch Gegenstand einer verbindlichen Vorwegauskunft gem. dem BMF-Schreiben sein. Auskünfte dieser allgemeinen Art dürften den wesentlichen Anwendungsbereich von APAs bilden.

Gem. dem BMF-Schreiben behält sich die Steuerbehörde vor, die Erteilung einer verbindlichen Auskunft abzulehnen.[722] Damit würde die Entscheidung über die Erteilung einer solchen Auskunft in das Ermessen der Finanzverwaltung gestellt. Dies wird von der OFD Koblenz abgelehnt. Nach ihrer Meinung ist eine Auskunft zu erteilen, wenn die in dem BMF-Schreiben genannten Voraussetzungen vorliegen. Anderenfalls ist die Auskunftserteilung zu versagen.[723] Die Ermessenseinengung der

[719] Vgl. BMF, Schreiben IV C 5-S 1341-4/83 vom 23. Februar 1983, Grundsätze für die Prüfung der Einkunftsabgrenzung bei international verbundenen Unternehmen (Verwaltungsgrundsätze), BStBl 1983 I, Tz. 2.1.1. u. 2.1.8.

[720] Vgl. Portner, Rosemarie, Advanced Pricing Agreements (APAs) im deutschen Steuerrecht - innerstaatliche Aspekte und Abkommensrecht, 1996, S. 20.

[721] Vgl. Krabbe, Helmut, Auskünfte mit Bindungswirkung nach Treu und Glauben, 1987, S. 2068.

[722] Vgl. Runge, Berndt, Handhabung von APAs durch die deutsche Finanzverwaltung - Mitwirkung bei ausländischen APAs, verbindliche Auskunft im Inland, 1996, S. 43.

[723] Vgl. OFD Koblenz, Verfügung vom 13.3.1995 - S 0111 A-St 53 1.

Steuerverwaltung durch die im BMF-Schreiben dargestellten Voraussetzungen führt zu einer Selbstbindung der Finanzverwaltung.[724]

Eine Auskunft kann mit dem Hinweis abgelehnt werden, daß das Finanzamt nicht verpflichtet ist, eigens für die zu erteilende Auskunft Ermittlungen durchzuführen. Bei der Festlegung einer Transferpreismethode dürfte sich regelmäßig der Bedarf einer näheren Untersuchung des Sachverhalts herausstellen. Dies ergibt sich schon aus der Folgenabschätzung des durch die Transferpreismethode beeinflußten, zukünftigen Steueraufkommens. Die Berechnungen, die von den Unternehmen bereitgestellt werden, die die Vorwegauskunft beantragen, bedürfen jedoch i.d.R einer Überprüfung durch die Steuerbehörden. Damit wird aber die Erteilung einer Vorwegauskunft im Rahmen eines APA fraglich.

Die Steuerverwaltungen zweier Bundesländer haben in zwei Erlassen zu verbindlichen Vorwegauskünften ausländischer Steuerverwaltungen Stellung genommen. Die deutsche Steuerverwaltung ist demnach grundsätzlich bereit, verbindliche Vorwegauskünfte zu grenzüberschreitenden Transferpreisgestaltungen verbundener Unternehmen zu erteilen oder an Vorwegauskünften ausländischer Steuerverwaltungen mitzuwirken.[725] Die Verwaltungsregelungen sind im Einvernehmen mit dem BMF und den obersten Finanzbehörden der Länder ergangen und gleichen sich inhaltlich.

Durch die Ländererlasse wird klargestellt, daß Vorwegauskünfte grundsätzlich auch zu Transferpreisgestaltungen und grenzüberschreitende Gestaltungen erteilt werden. Die Auskünfte sollten jedoch eine Ausnahme darstellen.

Zwar sieht sich die deutsche Steuerverwaltung an die steuerliche Beurteilung eines Sachverhalts durch die ausländische Steuerverwaltung nicht gebunden, jedoch ist bei der Betriebsprüfung der Transferpreise inländischer Unternehmen mit verbundenen, ausländischen Unternehmen festzustellen, ob mit ausländischen Steuerbehörden Vorwegabsprachen getroffen wurden. Dies wird damit begründet, daß die im Ausland getroffenen Vorwegabsprachen nicht zu einer Benachteiligung des deutschen Steueraufkommens führen darf.

Damit zieht der Unternehmensbereich die besondere Aufmerksamkeit der deutschen Steuerbehörden auf sich, für den im Ausland aber nicht in Deutschland eine Vorwegauskunft erteilt wurde. Das Versagen der mit der Vorwegauskunft angestrebten Rechtssicherheit wird bei den betroffenen Unternehmen zu einem erhöhten Risiko bei der Besteuerung führen.[726]

#### 3.3.5.3.10 Die Haltung der deutschen Finanzverwaltung

Aus Sicht der deutschen Finanzverwaltung kann es durchaus zweckmäßig sein, Methoden und Details bei der Transferpreisermittlung festzulegen und dabei mit den

---

[724] Vgl. Tipke, Klaus/Kruse, Heinrich W., AO/FGO Kommentar, vor § 204, Anm. 7.

[725] Vgl. Finanzministerium Baden-Württemberg, Erlaß vom 28.11.1994, S 1300/26; Bayerisches Staatsministerium der Finanzen, Schreiben vom 9.1.1995, 38-S1300-197/3-77 819/94.

[726] Vgl. Portner, Rosemarie, Advanced Pricing Agreements (APAs) im deutschen Steuerrecht - innerstaatliche Aspekte und Abkommensrecht, 1996, S. 24.

ausländischen Steuerbehörden zu kooperieren. Daher ist die deutsche Finanzverwaltung bereit, APAs im Rahmen von Verständigungsverfahren zu erörtern.

APAs werden jedoch nicht uneingeschränkt und in jedem Fall möglich sein. Fraglich ist bspw., inwiefern ein APA lediglich eine Produktreihe umfassen kann, ohne auf die weiteren Umstände eines Unternehmens einzugehen. Ein weiterer Kritikpunkt bezieht sich darauf, daß mit dem APA ein neues Besteuerungsverfahren eingeführt wird. Diese Besteuerung auf der Grundlage eines Vertrags zwischen den Steuerbehörden und dem Steuerpflichtigen ist der deutschen Steuerordnung grundsätzlich fremd.

Der Problematik des Personalmangels zur Durchführung eines APA-Verfahrens kann dadurch begegnet werden, daß die zum Abschluß notwendige Überprüfung als eine Verlagerung eines bestimmten Prüffelds in einen früheren Zeitpunkt angesehen wird. Dieses Prüfgebiet kann daher bei der späteren Überprüfung des Unternehmens vernachlässigt werden, bspw. indem sich die Prüfung in diesem Bereich auf wenige Stichproben beschränkt.[727]

#### 3.3.5.3.11 Zusammenfassende Darstellung der Vor- und Nachteile für den Antragsteller

Durch den APA-Abschluß ergibt sich für den Antragsteller die Rechtssicherheit bezüglich der zukünftigen, steuerlichen Behandlung der einbezogenen Transaktionen. Dies erfolgt im Hinblick auf die Höhe und Ausgestaltung der zukünftig zu erwirtschaftenden Ergebnisse und deren internationale Besteuerung. Damit wird das Ziel erreicht, die Doppelbesteuerung zu vermeiden. Dies kann jedoch nur mit bilateral koordinierten Zusagen erreicht werden.

Die vorgeschaltete Prefiling Conference ermöglicht es dem Steuerpflichtigen, die eigenen Erwartungen an ein APA mit den Steuerbehörden abzustimmen. In dieser Besprechung kann der Steuerpflichtige feststellen, ob sich für sein Unternehmen ein APA lohnt und wie es sich möglicherweise umsetzen läßt. Für ihn ergeben sich dadurch mehrere Vorteile. Zum einen kann er, ohne seine Identität preiszugeben, mit dem IRS Details der unternehmensinternen Abläufe diskutieren, zum anderen entstehen ihm nur geringe Kosten in dieser ersten Verhandlungsstufe. Da das APA-Verfahren ein neues Instrumentarium der amerikanischen Steuerbehörden darstellt, ist es für die Steuerpflichtigen besonders interessant, die darin enthaltenen Möglichkeiten für das eigene Unternehmen zu ermitteln, ohne dabei in weiterführende Verhandlungen treten zu müssen. Hatte der Antragsteller zuvor einen Disput mit dem IRS über die verwendeten Transferpreismethoden, so verfügt er mit dem APA über ein neues Verhandlungsinstrument.

Da das APA gem. Rev. Proc. 96-53 anders als zuvor gem. Rev. Proc. 91-22 eine rückwirkende Anwendung für bereits abgeschlossene Geschäftsjahre beinhaltet, kann das APA bei erfolgreichem Abschluß in den Verhandlungen mit dem IRS zur Beilegung der Rechtsstreitigkeiten für die vergangenen Jahre genutzt werden.

Im APA-Verfahren muß der Steuerpflichtige eine Vielzahl von Informationen bereitstellen, die über die punktuellen Informationsanforderungen einer normalen

[727] Vgl. Runge, Berndt, Handhabung von APAs durch die deutsche Finanzverwaltung - Mitwirkung bei ausländischen APAs, verbindliche Auskunft im Inland, 1996, S. 46 ff.

Betriebsprüfung hinausgehen. Dazu gehören auch Aussagen über die zukünftige Unternehmensentwicklung und möglicherweise Unternehmensgeheimnisse. Werden diese Informationen Dritten zugänglich gemacht, dürfte dies für das betroffene Unternehmen nicht unproblematisch sein. Hierin ist eine Gefahr für den Antragsteller zu sehen.

Zeitraubende Erörterungen mit den US- oder ausländischen Steuerbehörden und deren Untersuchungen über die Richtigkeit der Transferpreise entfallen.

Das Risiko einer möglichen Bestrafung aufgrund einer falschen Steuererklärung wegen einer fehlerhaft gewählten Transferpreismethode gem. § 6662 IRC kann wesentlich verringert oder sogar ausgeschaltet werden. Das Risiko der Bestrafung wegen einer Transferpreisanpassung oder einer Nachlässigkeit in der Dokumentation[728] entfällt. Wer bisher die hohen Kosten eines APA scheute, könnte sich aufgrund der möglichen Bußgelder ohnehin gezwungen sehen, eine Transferpreisstudie erstellen zu lassen, so daß die Hemmschwelle zum APA schon dadurch abgesenkt ist.[729] Aufgrund der mit dem APA verbundenen hohen Kosten, wird sich ein Verfahren nur für größere Transaktionen bei schwierig zu ermittelnden Fremdvergleichspreisen durchsetzen.

Nachteilig ist auch, daß das APA vor allem für stabile, sich stetig wiederholende Transaktionen anwendbar ist. Änderungen, die für die Preisermittlung von wesentlicher Bedeutung sind, müßten vorhersehbar sein, um in den Verhandlungen berücksichtigt zu werden. Dies ist sicherlich nicht immer der Fall.

Für die Buchhaltung ergibt sich eine Vereinfachung der Anforderungen. Der Dokumentationsumfang, der ohne ein APA für eine Verteidigung der eigenen Handlungsweise notwendig ist, kann durch die Vereinbarung auf den für eine Überprüfung relevanten Teil beschränkt werden. Der Antragsteller kann sich auf die im Abkommen festgelegten Dokumente beschränken und dadurch erhebliche Kosten sparen.

Schließlich ergibt sich für die Unternehmen eine Verringerung der Steuerrückstellungen bei der Bilanzierung.

Kritisch ist jedoch der zunehmende Arbeitsaufwand für die beteiligten Finanzbehörden zu bewerten. Die US-Finanzverwaltung dürfte sich und die ausländischen Finanzverwaltungen sowie die Unternehmen überfordern, wenn sie davon ausgeht, alle Transferpreise im Einzelfall abstimmen zu können, anstatt den international anerkannten Fremdverhaltensgrundsatz als allgemeine Regel zu akzeptieren. Die Möglichkeit des APA sollte den Ausnahmen vorbehalten bleiben und nicht zur Regel werden.

### 3.3.6 Entwicklung eines eigenen Modells zur Gewinnverteilung unter Einbeziehung des APA

Es ist festzulegen, welche Aktivitäten und Einkünfte in Verbindung mit der internationalen Handelstätigkeit bei der Gewinnallokation berücksichtigt werden müssen. Dabei sind folgende Punkte zu beachten.

---

[728] Vgl. § 6662 (e) und (h) IRC.

[729] Vgl. Werra, Matthias, Neue Richtlinien zur steuerlichen Prüfung von Verrechnungspreisen in den USA vom Januar 1993 - Rückkehr zum arm's length-Grundsatz?, 1993, S. 709.

1. Welche Ergebnisse sind den zu verteilenden Gewinnen zuzurechnen?
2. Welchen Aktivitäten, die in Verbindung mit dem internationalen Handel stehen, sollen die Gewinne zugeordnet werden?
3. Inwiefern reflektieren die Ergebniseinflußfaktoren die Umstände eines bestimmten Unternehmensbereichs und ermöglichen somit eine Gewinnverteilung, die unabhängigen Dritten entspricht?
4. Wie leicht sind die Faktoren durch den Steuerpflichtigen zu beeinflussen?
5. Welcher Aufwand ergibt sich für den Steuerpflichtigen und die Steuerbehörden bei der Ermittlung und Überprüfung der Faktorausprägungen?

### 3.3.6.1 Gewinnermittlung

Während die US-amerikanischen Behörden die Marktpreismethode gem. § 475 IRC zur Gewinnermittlung des zu versteuernden Gewinns vorschreibt, wird von deutscher Seite das Realisations- und Niederstwertprinzip verbindlich vorgeschrieben. Nehmen die beiden Steuerhoheiten die Berechnung des zu versteuernden Gewinns nicht durchgängig auf derselben Grundlage vor, so werden die Gewinne sehr wahrscheinlich einer Doppel- oder Minderbesteuerung unterliegen. Da die Geschäfte der deutschen Banken in Deutschland gebucht werden, kann von deutscher Seite als Ausgangspunkt die deutsche Gewinnermittlungsmethode mit Korrekturen in den USA entsprechend der US-Bestimmungen favorisiert werden.[730]

Der deutsche Ansatz der Gewinnermittlung geht von der Zielsetzung der deutschen Bilanzierung aus. Die für die Handelsbilanz ermittelten Ergebnisse werden aufgrund des Maßgeblichkeitsprinzips in die Steuerbilanz übernommen. Da die von den USA vorgeschriebene Mark-to-Market Methode zu einem höheren Gewinnausweis führt als das deutsche Realisations- und Niederstwertprinzip,[731] besteht aber die Möglichkeit, daß die deutsche Finanzverwaltung der Gewinnermittlung nach amerikanischem Verfahren für die im APA berücksichtigten Geschäfte zustimmt.[732]

Zu beachten ist jedoch, daß die deutsche Rechnungslegungsvorschriften eine Mark-to-Market Bewertung grundsätzlich nicht zulassen. Im Ergebnis stellt die Portfoliobewertung eine imparitätische Mark-to-Market Bewertung dar, weil sämtliche Geschäfte zu Marktwerten bewertet und die fiktiven Verluste mit unrealisierten Gewinnen verrechnet werden. Dabei führt ein kumulativer Verlustüberhang zu einer Drohverlustrückstellung. Ein kumulierter Gewinnüberhang bleibt unberücksichtigt.[733]

---

[730] Vgl. Wagner, Siegfried, Inhalt und Bedeutung von Advanced Pricing Agreements (APA), 1995, S. 271.

[731] Vgl. Bieg, Hartmut, Schwebende Geschäfte in Handels- und Steuerbilanz, 1977, S. 104 f.

[732] Vgl. Bertsch, Andreas/Kärcher, Ralph, Derivative Instrumente im Jahresabschluß und in der Steuerbilanz, 1996, S. 686 f. Zu diesem Schluß kommt indirekt Wagner, Siegfried, Inhalt und Bedeutung von Advanced Pricing Agreements (APA), 1995, S. 271.

[733] Vgl. Scharpf, Paul, Derivative Finanzinstrumente im Jahresabschluß unter Prüfungsgesichtspunkten: Erfassung, Abwicklung und Bildung von Bewertungseinheiten, 1995, S. 185.

Bei den Gewinnteilungsmethoden sind zunächst die Geschäftsergebnisse der einzelnen Unternehmenseinheiten zu aggregieren und anschließend den Ausprägungen der Einflußfaktoren entsprechend auf die Standorte zu verteilen. Dabei sind zwei Verfahren zur Gewinnermittlung möglich: das Netto- und das Bruttoverfahren.[734]

Beim Nettoverfahren bezieht sich die Gewinnallokation auf die Nettobetriebsergebnisse der beteiligten Unternehmenseinheiten. Die im Zusammenhang mit dem internationalen Handel stehenden Kosten werden vor der Ergebnisaggregation subtrahiert. Damit werden die Kosten der integrierten Funktionen vom gemeinsam erwirtschafteten Gewinn getragen. Es ergibt sich eine konsistente Verteilung von Gewinn und Kosten. Der Nachteil dieser Methode liegt in der mangelnden Motivation, Kosten zu senken, da diese nur zu einem Teil den eigenen Standort belasten.

Im Rahmen des Bruttoverfahrens werden lediglich die Bruttogewinne für die Gewinnallokation erfaßt. Die sich aus der Handelstätigkeit ergebenden Kosten werden an den Handelsplätzen belassen und sind nach der Gewinnallokation von den Handelsplätzen zu tragen. Ein Vorteil dieses Vorgehens ist die einfachere Anerkennung durch die Steuerbehörden, da diese dann nicht weiter zu überprüfen haben, wo in welcher Höhe Kosten angefallen sind und aufgrund welcher Zusammenhänge sie verrechnet werden.

Diese zweite Möglichkeit der Kostenverrechnung ist jedoch abzulehnen, da sie nicht zu einer konsistenten Erfolgszuweisung führen kann. Die zur Leistungserbringung erforderlichen Kosten sind durch die Funktionsintegration mit den Handelsergebnissen direkt gekoppelt. Es gilt daher für die Kosten wie schon für die Handelserfolge, daß eine Verteilung auf die Handelsplätze in dem Umfang zu erfolgen hat, in dem die Kosten verursachenden Funktionen in den internationalen Handel integriert sind.

Etwaige Bindungen der Kosten an einen Standort dürfen nicht dazu führen, die Entscheidungsmöglichkeiten der Unternehmensführung zur Funktionsintegration aufgrund eventueller Kostenvorteile oder -nachteile eines Standorts einzuschränken. Der Umstand, die Kosten vor der Gewinnverteilung vom Bruttogewinn aller Handelsplätze abziehen zu können, ermöglicht es den Unternehmen, die Standortvorteile eines Standorts konsequent mittels der Funktionsintegration für alle Handelsplätze zu nutzen.

Die an den Handelsplätzen anfallenden Kosten sind entsprechend des Umfangs der Funktionsintegration in lokale und globale Kosten zu unterteilen. Die globalen Kosten sind primär mit der globalen Handelstätigkeit verbunden. Die wegen mangelnder Funktionsintegration einem Handelsplatz ausschließlich zuzurechnenden Kosten gehören zu den lokalen Kosten. Ihre Höhe ist z.B. von der Standortwahl abhängig. Die zugrundeliegenden Tätigkeiten leisten keinen direkten Beitrag zum integrierten Handel.

Für die Nettogewinnermittlung sind nur die globalen Kosten anzurechnen. Die bei der Nettogewinnverteilung zu berücksichtigenden globalen Kosten sind weiterhin auf jene Kosten zu beschränken, die nicht unter Verwendung der traditionellen Transferpreismethoden verrechnet werden können. Bei einer erneuten Verrechnung solcher Kosten kann der Fremdverhaltensgrundsatz nicht mehr eingehalten werden.

---

[734] Vgl. OECD - Committee on Fiscal Affairs, Transfer pricing guidelines for multinational enterprises and tax administrations, 1995, Tz. 3.17 f.

Als Beispiel können die Personalkosten der Verkäufer betrachtet werden. Sie sind lokal zu verrechnen. Hierdurch erfolgt gleichzeitig eine Motivation zur effizienten Gestaltung der lokalen Kosten. Die erfolgsabhängige Vergütung der Chefhändler hingegen ist bei der Berechnung des zu verteilenden Nettogewinns einzubeziehen.

Auch die immateriellen Vermögensgegenstände, z.B. selbst entwickelte Software oder Handelsmodelle, haben Einfluß auf die Handelserfolge. Bei der Organisation über Zweigstellen sind keine Lizenzgebühren zu entrichten, da das Eigentum an den Lizenzen dem gesamten Unternehmen zugerechnet wird und somit von den Zweigstellen unentgeltlich genutzt werden kann.

Anders verhält sich dies bei Tochtergesellschaften. Sind einzelne Handelsplätze an der Systementwicklung nicht beteiligt, so haben sie aufgrund ihrer Gesellschaftsform entsprechende Ausgleichszahlungen für die Systemnutzung zu leisten. Da es sich bei der Systementwicklung um Tätigkeiten handelt, die auch von unabhängigen Dritten erbracht werden, kann eine Vergütung unter Einhaltung des Fremdverhaltensgrundsatzes ermittelt werden. Hier bietet sich bspw. die Kostenaufschlagsmethode auf Basis der vergleichbaren externen Kostensätze an.

Bei der Einteilung in lokale und globale Kosten können sich aber auch Schwierigkeiten ergeben. Dies kann z.B. bei den Verwaltungsgemeinkosten der Fall sein, die an den Handelsplätzen anfallen. Ein Handelsplatz, der erheblich höhere standortspezifische Kosten als die anderen Plätze aufweist, kann wesentlicher Bestandteil der Handelsstrategie sein und daher entscheidend zum Handelserfolg beitragen. Der Handelsplatz darf sich nicht aus diesem Handelssegment zurückziehen, da sonst der integrierte Handel keine Gewinne erwirtschaften kann. Wegen der Zuordnung der Verwaltungsgemeinkosten zu den lokalen Kosten kann es dazu führen, daß nach der Gewinnallokation der Standort Verluste aufgrund des globalen Handels ausweisen muß. Bei solchen Ausnahmen ist ein lokaler Vergleich der Verwaltungskosten bezüglich ihrer Effizienz vorzunehmen. Wird an diesem Standort effizient gearbeitet, so reicht es aus, den Handelsplatz unterhalten zu müssen, um die Kosten als globale Kosten einzustufen. Sind die Verwaltungskosten überhöht, ist eine Verrechnung über alle Standorte nicht möglich.

Durch die Anwendung des Nettoverfahrens ergibt sich die Möglichkeit, die Zinskosten für die Finanzierung des Globalen Buchs auf die beteiligten Handelsplätze zu verrechnen. Damit kann die aus den neuen US-Richtlinien zum Zinsabzug von Betriebsstätten[735] entstehende Rechtsunsicherheit[736] gelöst werden. Durch das Nettoverfahren wird die Ermittlung des Zinsabzugs vom IRS vorab anerkannt.

---

735 Vgl. Reg. Sec. 1.882-5 *Determination of interest deduction* zu § 882 IRC; McDaniel, Paul R./Ault, Hugh J., Introduction to United States International Taxation, 1989, S. 23 f.

736 In Reg. Sec. 1.882-5 (c)(2) zu § 882 IRC werden die Hedge-Geschäfte als Unterpunkt aufgeführt, ohne auf deren Behandlung einzugehen. Zusätzlich werden mehrere Berechnungsverfahren vorgestellt. Vgl. Webb, Craig L., U.S. Tax Rule Could Force Global Changes, 1996, S. 1; Webb, Craig L., Don't Hedge on Tax Rule, Banks Tell IRS, 1996, S. 1 u. 5.

### 3.3.6.2 Gewinnverteilungsmethoden

Derzeit existieren keine Richtlinien, die dem Steuerpflichtigen Anhaltspunkte liefern, wie die Gewinnverteilungsmethoden konkret umzusetzen sind, um von den Steuerbehörden anerkannt zu werden. Die Transferpreisrichtlinien der OECD beschreiben zwei Methoden abstrakt, die für die Allokation genutzt werden können. Dabei sind die Einflußfaktoren für die Gewinnallokation so zu nutzen, daß sie ein Ergebnis liefern, das dem unabhängiger Unternehmen entspricht. Die Richtlinien erkennen dabei an, daß die notwendigen Faktoren mitunter nur schwer zu identifizieren sind. [737]

Die Beitragsmethode basiert auf der Analyse der Erfolgsbeiträge der partizipierenden Unternehmenseinheiten. Die Gewinne werden dem relativen Wert der ausgeführten Funktionen entsprechend verteilt. Die andere Methode, die sog. Residualanalyse, nimmt eine zweistufige Gewinnverteilung vor. In der ersten Stufe wird den Handelsplätzen eine Grundrendite für die geleisteten Funktionen zugeteilt, ohne die Tätigkeiten zu berücksichtigen, welche die besonderen Leistungen und Erfolgsbeiträge des einzelnen Handelsplatzes ausmachen. In der zweiten Stufe wird der verbleibende Gewinn so verteilt, wie es unter vergleichbaren Umständen zwischen unabhängigen Unternehmen verteilt werden würde.

Wird die Beitragsmethode genutzt, so sind die zum Erwirtschaften der globalen Handelsgewinne notwendigen Funktionen zu identifizieren und zu bewerten. Anschließend ist der Gewinn entsprechend den Ausprägungen der Einflußfaktoren zu verteilen.

Bei der Residualmethode werden in der ersten Stufe die globalen Funktionen, die keinen Einfluß auf den Handelserfolg haben, z.B. Teile des Back Office, entlohnt. Die Vergütungshöhe hängt von der ausgeübten Tätigkeit ab. Sie dürfte i.d.R mittels vergleichbarer Servicegebühren unter Einhaltung des Arm's Length Principle bestimmbar sein. Nachdem die so zugeteilten Beträge vom Nettogewinn abgezogen worden sind, wird der sich daraus ergebene Handelserfolg gem. den geleisteten Beiträgen der integrierten Funktionen den Handelsplätzen zugerechnet. Insofern handelt es sich bei der Residualmethode um eine Erweiterung der Beitragsmethode, indem die erste Stufe vorgeschaltet wird. Die Bereiche, die eine Ergebnisbeeinflussung vornehmen können, müssen zunächst die Servicebereiche entlohnen, bevor das restliche Ergebnis auf die Handelsplätze verteilt werden kann. So erhalten die Servicebereiche für die erbrachten Leistungen eine garantierte Rendite, die mit der Rendite unabhängiger Unternehmen vergleichbar sein muß.

### 3.3.6.3 Identifikation der Einflußfaktoren

Der aktuelle Kommentar zum OECD-MA ist im Hinblick auf den internationalen Handel wenig aussagekräftig. Als allgemein zu nutzende Kriterien für die Anwendung der Gewinnteilungsmethoden werden unternehmenseigene Rezepte und Patente, die Kosten- sowie die Kapitalstruktur angeführt. Für Banken wird zusätzlich das *working*

[737] Vgl. OECD - Committee on Fiscal Affairs, Transfer pricing guidelines for multinational enterprises and tax administrations, 1995, Tz. 3.15 ff.

*capital* (Umlaufvermögen abzüglich der kurzfristigen Verbindlichkeiten) als das wichtigste Kriterium herangezogen.[738] Der Kommentar legt sich damit nicht auf bestimmte Lösungswege fest. Vielmehr wird es zur Aufgabe der Steuerbehörden gemacht, in Zusammenarbeit mit dem Steuerpflichtigen die Methoden so anzuwenden, daß der Fremdverhaltensgrundsatz bestmöglich eingehalten wird.

Auch in dem Diskussionspapier der OECD zur Besteuerung des internationalen Handels von Finanzinnovationen finden sich keine detaillierteren Angaben zu den Einflußfaktoren. Das Papier stellt lediglich einzelne Besteuerungsansätze dar, ohne sie kritisch zu würdigen oder Empfehlungen zu geben.[739]

Der IRS hat bereits mit Steuerpflichtigen, die funktionell voll integrierte Geschäftseinheiten im Bereich des weltweiten Handels von Waren und Finanzinstrumenten betreiben, APAs abgeschlossen. Diese Geschäftseinheiten werden durch den Transfer der in ein Buch gehandelten Positionen charakterisiert. In der *Notice 94-40* werden die Erfahrungen des IRS mit dem Abschluß solcher APAs behandelt. Der Text gibt abstrakt gehaltene Hinweise auf die Einflußfaktoren, mit deren Hilfe die weltweite Ergebnisallokation durchgeführt werden kann und skizziert sie kurz.[740]

Die in der *Notice 94-40* angesprochenen Faktoren sind:

1. Der relative Wert eines Handelsplatzes - der Wertfaktor.
2. Das mit dem Handelsplatz verbundene Risiko - der Risikofaktor.
3. Das Ausmaß der Aktivität eines Handelsplatzes - der Aktivitätsfaktor.

Im folgenden werden diese drei Einflußfaktoren näher beschrieben und auf ihre Anwendbarkeit hin untersucht. Zusätzlich wird ein weiterer Faktor hergeleitet:

4. Die von einem Handelsplatz übernommene Verantwortung - der Verantwortungsfaktor.

Bei der Auswahl der Einflußfaktoren ist darauf zu achten, daß erfüllte Funktionen nicht doppelt Eingang in die Gewinnverteilung finden bzw. derselbe Faktor nicht für mehrere Tätigkeiten und Funktionen genutzt wird. Es besteht jedoch die Möglichkeit, die Ausprägungen der einzelnen Faktoren miteinander zu vergleichen, um so die Verhältnismäßigkeit der Faktorausprägungen zu überprüfen.

#### 3.3.6.3.1 Der Wertfaktor

Der Wertfaktor ist ein direktes Maß für den Beitrag eines Handelsplatzes zu den weltweiten Gewinnen dieser Geschäfte. Der Handel von Waren und Finanzinstrumenten erzeugt den Gewinn und Verlust in diesem Sektor. Für die im APA einbezogenen

---

[738] Vgl. OECD, Kommentar zum OECD-MA, 1994, Art. 7 Abs. 24.

[739] Vgl. OECD, The Taxation of Global Trading of Financial Instruments: A Discussion Draft, 1997. Dieses Diskussionspapier basiert auf der Umfrage: OECD - Committee on Fiscal Affairs, Working Group on Innovative Financial Transactions - Questionnaire on Global Trading, 1995.

[740] Vgl. IRS, Notice 94-40, 1994-1, C.B. 351, Global Trading Advance Pricing Agreements, 1994.

Steuerpflichtigen waren die Händler die wichtigsten Quellen, um Gewinne für das Unternehmen zu erzeugen, denn sie hatten i.d.R Kundenlisten und Marktkenntnisse.[741]

Die Händler sind für die Verhandlungen der Preise verantwortlich, zu denen Geschäfte abgeschlossen werden. Sie führen diese Transaktionen aus und bestimmen die jeweilige Hedgingstrategie. Ihre Entlohnung basiert i.d.R. auf einem Gehalt und einem möglichen Leistungsbonus, der von ihrem Beitrag zum Erfolg des Globalen Buchs abhängt. Daher ist die Händlerentlohnung eines Handelsplatzes als gutes Maß für den Wert des Handelsplatzes anzusehen.[742] Diese Betrachtungsweise kann auf die Kundenbetreuer ausgedehnt werden, die aufgrund ihrer Leistungen ebenfalls eine erfolgsabhängige Entlohnung erhalten.

Aufgrund ihrer Schlüsselrolle zum Handelserfolg erwarten die Händler eine angemessene Vergütung. Wird dieser Erwartung nicht entsprochen, wechseln die Händler zu einem anderen Arbeitgeber, der ihre Leistungen aus ihrer Sicht angemessen honoriert. Dadurch wird eine marktgerechte Mindestvergütung der Händlerleistungen garantiert. In dem spezialisierten Bereich des weltweiten Handels von Finanzinnovationen würde in Verhandlungen mit unabhängigen Unternehmen ebenfalls versucht, über die Vergütung der Händler deren Beitrag zum zu realisierenden Gewinn zu messen. Daher kann die Händler- und Kundenbetreuervergütung auch im Fremdvergleich den Wert der Leistungen wiedergeben.

Dieser Faktor kann jedoch durch die Banken beeinflußt werden, indem an einem Handelsplatz überhöhte Vergütungen gezahlt werden, wenn es sinnvoll erscheint, dort einen größeren Anteil der Handelsgewinne anfallen zu lassen. Eine solche Einflußnahme läßt sich durch einen Vergleich mit ortsansässigen Händlern überprüfen, die in einem ähnlichen Tätigkeitsfeld arbeiten.

Weniger leicht läßt sich feststellen, in welchem Umfang auch Managementleistungen über deren Vergütung als weiterer Wertfaktor zu berücksichtigen sind.

Bei der Anwendung der Einflußgröße Vergütung sind zwei Sachverhalte zu beachten. Zum einen kann die Vergütung im Falle eines Verlusts nicht analog angewandt werden. Eine solche Anwendung würde dazu führen, daß die als besonders gut eingestuften und deshalb überdurchschnittlich entlohnten Händler für den Verlust entsprechend stark verantwortlich gemacht würden, obgleich sie aufgrund ihrer Fähigkeiten den geringsten Beitrag am Verlust haben dürften. Im Verlustfall ist daher die Faktorgewichtung zu invertieren.

Zum anderen können sich geographische Unterschiede in der Durchschnittsentlohnung der Händler und Kundenbetreuer ergeben, die nicht auf Leistungsunterschiede zurückzuführen sind. Sie können bspw. auf Differenzen bei den Lebenshaltungskosten

---

741 Vgl. IRS, Notice 94-40, 1994-1, C.B. 351, Global Trading Advance Pricing Agreements, 1994; OECD, The Taxation of Global Trading of Financial Instruments: A Discussion Draft, 1997, S. 37 f.

742 Vgl. OECD - Committee on Fiscal Affairs, Working Party No. 8 on Tax Avoidance and Evasion - Attribution of Profits in Global Trading Cases, Presentation by the United Kingdom, 1994, S. 4.

oder bei der Arbeitsmarktlage beruhen. Dieser Umstand kann auf zweierlei Art berücksichtigt werden.

Einerseits kann lediglich der Teil der Vergütung in den Faktor eingehen, der die Leistungsfähigkeit des Händlers repräsentiert, z.B. der Bonus, sofern hier eine Unterteilung in Standard- und Bonusbestandteil getroffen wurde. Bei der Verlustverteilung ist zusätzlich zu beachten, daß hier möglicherweise keine Malus-Regelung existiert. Andererseits können Branchen- und Länderindizes der Händlervergütung als Referenz genutzt werden, um mit deren Hilfe die unterschiedlichen Leistungsbeiträge zu beurteilen, die sich aus der Händlervergütung ergeben.

#### 3.3.6.3.2 Der Risikofaktor

Die Transferpreisrichtlinien besagen, daß es zur Einhaltung des Fremdverhaltensgrundsatzes notwendig ist, alle ausgeführten Funktionen und Tätigkeiten zu berücksichtigen. Zu den Kernaufgaben des Handelsbereichs gehört es, Risiken einzugehen bzw. Risiken der Kunden zu übernehmen und dafür eine Provision zu erhalten. Zwischen dem Risiko und dem erwarteten Gewinn besteht eine Relation. Unter der Annahme, daß die Unternehmen sich risikoavers verhalten, kann davon ausgegangen werden, daß je größer das Risiko einer Position ausfällt, desto höher auch der zu erwartende Gewinn ist. Der Risikofaktor mißt das potentielle Risiko, dem jeder Handelsplatz die weltweite Unternehmensliquidität aussetzt.

Fraglich ist, worauf der Risikofaktor bezogen werden kann. Der IRS gibt an, daß aufgrund der Individualität der Antragsteller der Risikofaktor in den bisher abgeschlossenen APAs auf unterschiedliche Arten gemessen wurde, z.B. über das laufzeitgewichtete Volumen von Swap-Transaktionen, bestimmt durch Multiplikation des Nominalbetrags einer jeden Swap-Transaktion mit der Laufzeit, oder über die am Jahresende offenen Warenpositionen, die an einem Handelsplatz eingegangen wurden.

Beide Methoden sind jedoch abzulehnen, da sie vom Steuerpflichtigen sehr leicht zu beeinflussen sind. Durch den Abschluß einer hohen Anzahl von Swap-Kontrakten, die untereinander als Hedge-Geschäfte fungieren, aber nicht als solche gekennzeichnet werden, können an einem beliebigen Standort nahezu unbegrenzt viele Swaps mit hohen Nominalbeträgen und langen Laufzeiten abgeschlossen werden. Auf die gleiche Weise können beliebig viele Positionen am Ende eines Jahres offen gehalten werden, ohne tatsächlich Risikopositionen aufzubauen.

Auch das Risiko der aggregierten Positionen kann nicht als Maßstab genutzt werden, da nicht festzustellen ist, welchem Handelsplatz das aggregierte Risiko in welchem Umfang zuzurechnen ist. Ebensowenig kann sich diese Betrachtung nur auf das aggregierte Risiko der an einem Standort eingegangenen Positionen beziehen, da die Kontrakte immer vor dem Hintergrund des gesamten Handelsbuchs abgeschlossen werden.

Das APA gibt Zielkorridore vor, in denen sich das Ergebnis zum Jahresende befinden soll. Diese Korridore umfassen auch die zur Berechnung der Gewinnallokation benötigten Einflußgrößen. Damit erhalten die Steuerbehörden die Möglichkeit, die über die in den Zielkorridorgrenzen festgelegten Erwartungen hinausgehenden Entwicklungen zugunsten eines Standorts zu überprüfen und mittels der angesprochenen Korrekturen auszugleichen. Ein übermäßiges Engagement dürfte daher beim Vergleich der Handelsplätze auffallen. Dennoch können die Steuerpflichtigen im Rahmen eines schleichenden Prozesses und unter Zuhilfenahme der jährlichen Anpassungen der Zielkorridore eine Veränderung der Gewinnallokation betreiben.

Eine Berücksichtigung des Value-at-Risk als Einflußgröße, die angibt, inwieweit ein Handelsplatz das gesamte Unternehmen Risiken aussetzt, kommt derzeit nicht in Betracht, da die sehr aufwendige und komplexe Berechnung i.d.R nur einmal täglich durchgeführt wird. Um diese Kennzahl für den Risikofaktor nutzen zu können, ist jedoch eine kontinuierliche Erfassung dieses Werts notwendig, um das Risikoverhalten auch während der aktiven Handelszeit der Standorte berücksichtigen zu können. Eine Berücksichtigung des Value-at-Risk beim Transfer des Globalen Buchs von einem Handelsplatz zum nächsten würde das zwischentägliche Risiko vernachlässigen. Hinzu kommt, daß die Inanspruchnahme von Eigenkapital durch die in den Mindestanforderungen geforderte Risikounterlegung nur auf dem einmal täglich ermittelten Value-at-Risk basiert.

Eine höhere Risikoaussetzung eines Handelsplatzes führt nicht zwangsläufig zu einem erhöhten Gewinnanteil, sie läßt lediglich einen höheren Gewinn erwarten. Da keine zwangsläufige Verbindung zwischen dem Eingehen von Risikopositionen und dem Aufkommen für die daraus resultierenden Verluste besteht, ist festzustellen, welche Unternehmenseinheit letztendlich das Risiko trägt. Da die Risiken leicht transferiert werden können, muß mittels einer Funktions- und Transaktionsanalyse festgestellte werden, wie das Risiko behandelt und gemanagt wird. Besondere Beachtung ist dabei den internen Transaktionen zu schenken. In dem Umfang, in dem die einzelnen mit entsprechendem Kapital ausgestatteten Handelsplätze möglicherweise entstehende Verluste ausgleichen, ist die Risikoübernahme durch die Gewinnverteilung zu honorieren.

Neben der Risikoübernahme ist auch das Risikomanagement als Einflußfaktor zu berücksichtigen. Da die im internationalen Handel tätigen Unternehmen eine größere Anzahl von Positionen eingehen und die damit verbundenen Risiken als Nettogröße betrachten können, ergibt sich für sie auf die einzelne Position bezogen ein geringeres Risiko. Die Handelsplätze des integrierten Handels können daher den gleichen Gewinn bei geringerem Risiko erzielen, als Unternehmen, die nicht in ein Globales Buch handeln.

Je risikobehafteter ein Handelsbuch ist, desto schwieriger ist das Risiko zu handhaben und desto wichtiger ist es, das Buch so zu managen, daß die bei Kontraktabschluß noch nicht realisierten Barwerte erhalten und gesichert werden können. Die Banken können dazu zwei Verfahren anwenden. Zum einen kann das Risiko direkt von den Händlern gemanagt werden, in dem diese Hedge-Strategien verfolgen. Dies geschieht in den meisten Fällen und ist schon im Wertfaktor berücksichtigt. Zum anderen können auch eigene Risikomanager die aggregierten Risikopositionen betrachten und darauf aufbauend das Risiko begrenzen. Das Initiieren neuer Geschäfte mit positivem Barwert wird von den Händlern vorgenommen. Das Schließen einzelner oder aggregierter Positionen erfolgt durch die Risikomanager. Dieser Ansatz wird weniger häufig verfolgt, da es hier zu Konflikten zwischen den Risikobetreuern und den Händlern bezüglich ihrer Handlungsfreiräume kommen kann. Im letzteren Fall wäre ein ähnliches Vorgehen über die Vergütung der Risikomanager möglich, wie es schon beim Wertfaktor für die Händlervergütung beschrieben wurde.

Unabhängig davon, welcher dieser beiden Ansätze des Risikomanagements verfolgt wird, übt die Geschäftsführung durch die Limitierung und Strategievorgaben ebenfalls Einfluß auf das Ergebnis aus. Es erscheint jedoch schwierig, hier Indikatoren zu finden, anhand derer eine Gewinnverteilung vorgenommen werden kann. Hinzu kommt, daß die Geschäftsleitung für das Ergebnis aller Handelsbereiche zuständig ist, dabei aber auch vom Gesamtergebnis profitiert. Es ist daher fraglich, ob hierfür eine Gewinnbeteiligung sinnvoll ist.

Soll auch dieser Einfluß bei der Gewinnallokation berücksichtigt werden, dürfte es durch die für die Handelsplätze allgemein verbindlichen Unternehmensvorgaben zu einer Gleichverteilung über die Handelsplätze kommen. Dennoch hat das Risikomanagement damit einen Einfluß auf die Verteilung und kann nicht vernachlässigt werden.

#### 3.3.6.3.3 Der Aktivitätsfaktor

Der Aktivitätsfaktor ist ein weiteres Maß für den Erfolgsbeitrag eines Handelsplatzes zum Bruttoerfolg des Unternehmens. Er berücksichtigt den Umfang des Mitarbeitereinsatzes. Danach soll ein Handelsplatz einen höheren Gewinnanteil erhalten, wenn er einen höheren Anteil an den abgeschlossenen Geschäften hat. Hierfür eignet sich allerdings im Gegensatz zum üblichen Warenhandel nicht der Umsatz, der sich auf die Nominalbeträge der Kontrakte bezieht, da sich diese von den Händlern in beliebiger Weise manipulieren lassen.[743]

Der Aktivitätsfaktor kann statt anhand des nominalen Kontraktvolumens über den *net present value* (NPV) der an einem Handelsplatz abgeschlossenen Transaktionen ermittelt werden. Der NPV ist der Barwert der mit einem Kontrakt verbundenen Zahlungsströme. Um die Handelsplatzaktivität als Erfolgsbeitrag messen zu können, muß der Barwert zum Abschlußzeitpunkt einer jeden einzelnen Transaktion als *initial net present value* (INPV) verwendet werden.[744] Der Vorteil gegenüber dem nominalen Umsatz besteht darin, daß der INPV von den Händlern nicht beeinflußt werden kann. Zugleich handelt es sich um eine einfach zu bestimmende und mit dem Erfolgsbeitrag direkt verknüpfte Größe.

Der INPV kann jedoch nicht allein für die Erfolgszuordnung genutzt werden, da die eingegangen Positionen nicht sofort durch ein entsprechendes Gegengeschäft gesichert werden. Der Barwert kann sich gegenüber dem INPV solange verändern, bis über einen Micro- Macro- oder Portfolio-Hedge die Position mit dem dann aktuellen NPV gesichert wird. Das Sicherungsgeschäft selbst enthält ebenfalls einen INPV. Die Entscheidung über den Sicherungszeitpunkt liegt bei den Händlern oder Risikomanagern. Der sich auf die Sicherungsstrategie beziehende Anteil wird mittels des Wertfaktors berücksichtigt.

---

743 Auch hier gilt das in Kapitel 3.1 Marktevaluation auf S. 140 zu den Nominalbeträgen von Kontrakten gesagte. Anders sieht dies der IRS, der in seiner Notice 94-40 den Umsatz als einziges Aktivitätskriterium anführt.

744 Diese Bezeichnung erfolgt in Anlehnung an den Begriff *initial margin*.

Der INPV-Ansatz ist hilfreich, um das Volumen der OTC-Instrumente zu bewerten. Die Methode eignet sich jedoch nicht für börsengehandelte Hedge-Geschäfte, da sie keinen INPV beinhalten. Dies gilt auch für die zum Hedging eingesetzten und von regionalen Einheiten bezogenen Barmittel und Devisenkassageschäfte. Weiterhin wird der INPV-Ansatz durch das große Volumen der Hedge-Geschäfte erschwert. Wenn bspw. ein Händler sich an einem bestimmten Standort mit Hedge-Geschäften für ein OTC-Instrument befaßt, gibt die Summe des Umsatzvolumens der getätigten Hedge-Geschäfte die geleistete Arbeit und Wertschöpfung wieder.

Das Hedge-Volumen beinhaltet außerdem zwischen den Finanzzentren inhärente Asymmetrien. Der amerikanische Handelsplatz kann ein breites Sortiment von Futures nutzen, insbesondere 3-Monats-Futures, um das Buch zu sichern. Die Handelsplätze, an denen diese Instrumente nicht verfügbar sind, müssen andere Instrumente nutzen, um die gleiche Sicherungswirkung zu erhalten. Als ein Beispiel für solche Asymmetrien wird das folgende Beispiel betrachtet:

Es wird nur ein USD 100 Mio. Kontrakt benötigt, um einen Forward von USD 100 Mio. zu hedgen. Es ist jedoch eine Gruppe von 16 Kontrakten mit einem nominalen Volumen von USD 1600 Mio. erforderlich, um einen aus 16 3-Monats-Perioden bestehenden 4-Jahres Zinsswap zu hedgen. Da bis zu 16 solcher Kontrakte verwendet werden müssen, um eine Position mit einer Laufzeit von vier Jahren zu sichern, ist der Nominalbetrag aller Futures inflationiert.

Angesichts des Profils der Geschäfte, bei denen Futures und andere börsengehandelte Kontrakte genutzt werden, um Risiken von drei Monaten bis zu fünf Jahren zu hedgen, ist es angemessen, die börsengehandelten Nominalbeträge durch einen Faktor zu teilen, um eine bessere Vergleichbarkeit mit OTC-Instrumenten zu erreichen. Der Faktor repräsentiert die mittlere Anzahl der Kontrakte, mit denen normalerweise Geschäfte des angenommenen Typs gesichert werden.

Das Hedge-Volumen, d.h. das Volumen der verbuchten und nicht zu den OTC-Instrumenten gehörenden Geschäfte, einschließlich Barmittel und Devisenkassageschäfte, ist der zweite Bestandteil des Aktivitätsfaktors.

Eine Gewichtung innerhalb des Aktivitätsfaktors zwischen Hedge-Volumen und INPV läßt sich über den Vergleich von gesicherten Positionen mit börsengehandelten Sicherungsgeschäften auf der Hedge-Volumen Seite und nominalem Umsatz der Geschäfte mit INPV auf der anderen Seite erzielen.

#### 3.3.6.3.4 Der Verantwortungsfaktor

Ausgangspunkt für die nachfolgenden Überlegungen ist folgendes Beispiel: Ein Handelsplatz geht zu Beginn der aktiven Handelszeit eine Position ein und schließt diese Position mit einem Micro-Hedge bevor das Globale Buch weitergereicht wird. Die Verantwortung für die offene Position liegt die ganze Zeit bei einem Handelsplatz, die anderen Standorte sind zu keinem Zeitpunkt in diese Transaktion involviert. In diesem Fall ist der Erfolg auch nur diesem einen Handelsplatz zuzurechnen. Diese Sichtweise läßt sich zunächst auf alle Micro-Hedges anwenden, die innerhalb einer Zeitzone von einem Handelsplatz eingegangen werden.

In einem weiteren Schritt soll die Einschränkung auf eine Zeitzone mit einem Handelsplatz aufgehoben werden. Wird eine Position über die Zeitzonengrenze hinweg offen gehalten und erst in der nachfolgenden Handelszeit durch einen Micro-Hedge geschlossen, sind beide Zeitzonen so am Erfolg beteiligt, wie die zeitliche Zugehörigkeit zu den beteiligten aktiven Handelszeiten durch die Verantwortungsübernahme für die offene Position bestand.

Wird bspw. eine Position in Deutschland zwei Stunden vor Ende der deutschen Handelszeit eingegangen und erst nach einer Stunde in der amerikanischen Handelszeit durch ein direkt auf diese Position bezogenes Sicherungsgeschäft geschlossen, so ergibt sich eine Gewinnverteilung aus diesem Micro-Hedge zwischen dem deutschen und dem amerikanischen Handelsplatz von zwei zu eins.

Daher ist es unerheblich, wie lange ein Kontrakt ungesichert ist. Es kommt vielmehr darauf an, wie lange die beteiligten Handelsplätze die Verantwortung für den offenen Kontrakt übernehmen. Weiterhin ist es notwendig, daß dieses Geschäft durch einen Micro-Hedge gesichert wird. Damit läßt sich nachvollziehen, wie lange jeder Handelsplatz über die aktive Handelszeit an der offenen Position beteiligt ist und in wieweit sich daraus eine Erfolgsbeteiligung durch die Verantwortungsübernahme ableiten läßt. Dies wird in der nachfolgenden Abbildung veranschaulicht.

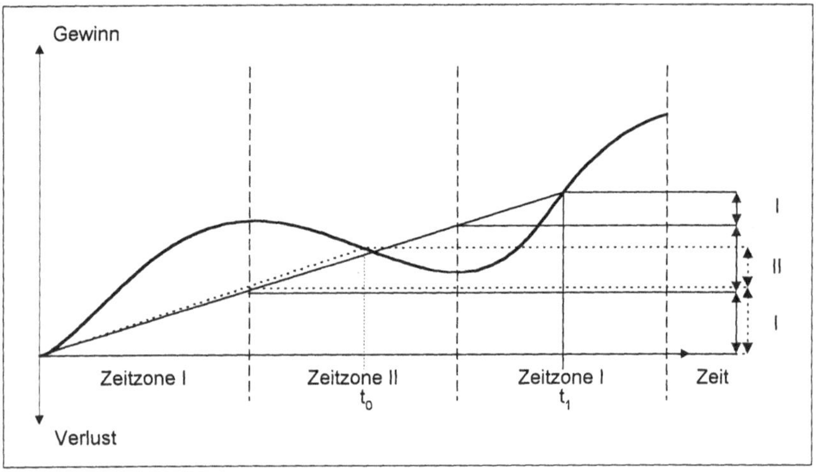


Abb. 15: Verantwortungsbezogene Gewinnermittlung nach Schließung einer offenen Position

Zu Beginn der Handelszeit in Zeitzone I wird eine Position eingegangen. Die Gewinnentwicklung (geschwungene Linie) ist über die Zeit abgetragen. Wird in Zeitzone II nach der Hälfte der dortigen Handelszeit zum Zeitpunkt $t_0$ das Geschäft geschlossen (gestrichelte Linien), so kann rechts die Gewinnverteilung der dann gesicherten Position abgelesen werden. Zeitzone I erhält zwei Drittel, Zeitzone II ein Drittel des Erfolgs aus diesem Macro-Hedge. Wird der Kontrakt erst zum Zeitpunkt $t_1$, wieder Zeitzone I, der darauffolgenden Handelszeit durch einen Micro-Hedge geschlossen, ergibt sich durch die zeitlich unterschiedliche Verantwortungsübernahme eine andere Verteilung. Sie kann ebenfalls rechts abgelesen werden (durchgezogene

Linien). Es ergibt sich hier eine Gewinnallokation zwischen Zeitzone I und II von drei zu zwei.

Die Gewinnentwicklung der ungesicherten Position ist nicht zu beachten. Lediglich der gesicherte Erfolg wird über die beteiligten Handelsplätze verteilt. Dieser Ansatz kann nur für die mittels eines Micro-Hedge gesicherten Geschäfte genutzt werden. Damit läßt sich der Erfolg von etwa 15% aller Positionen über diesen Verantwortungsfaktor zuordnen. Alle anderen Positionen werden über Macro- oder Portfolio-Hedges gesichert.[745] Bei der Gewinnverteilung über den Verantwortungsfaktor werden innerhalb der Portfolios untergeordnete Bewertungseinheiten gebildet und damit für die Erfolgszuordnung aus dem Portfolio herausgelöst.

Bei Macro- und Portfolio-Hedges läßt sich nicht mehr die Sicherungswirkung eines Geschäfts auf eine Position nachvollziehen. Eine Gewinnverteilung entsprechend der Verantwortungsübernahme über mehrere Zeitzonen ist hier nicht sinnvoll, da sie zu einer Gleichverteilung führen würde. Dies kann auch bei einer über längere Zeit offen gehaltenen und dann mit einem Micro-Hedge geschlossenen Position vorkommen. Da aber die Wahrscheinlichkeit eines Micro-Hedges nur für kurze ungesicherte Zeiten sehr hoch ist, führt dies nicht zwangsläufig zu einer Gleichverteilung.

Macro-Hedges können allenfalls dann für den Verantwortungsfaktor genutzt werden, wenn alle Positionen innerhalb einer Handelszeit eingegangen werden und kein Risiko bestehen bleibt. Nur unter diesen Bedingungen kann der Erfolg eindeutig einem Handelsplatz zugeordnet werden, da durch die Sicherung die nachfolgenden Handelsplätze keine Erfolgsveränderung mehr bewirken können. Diese Möglichkeit besteht für Portfolio-Hedges nicht, da deren Positionen nie völlig gesichert sind, sondern die Risiken ständig variieren.

Der auf die Macro-Hedges einer Zeitzone und die Micro-Hedges zurückzuführende Gewinn wird ausschließlich über den Verantwortungsfaktor den beteiligten Handelsplätzen zugerechnet. Dazu ist er, vor der Allokation mittels der anderen drei Faktoren, zu dem auf diese Hedges zurückzuführenden Anteil des Bruttogewinns vom verbleibenden Gewinn abzuziehen und über den Verantwortungsfaktor zu verteilen. Der restliche Betrag ist über den Wert-, Risiko- und Aktivitätsfaktor zu verrechnen.

Der anteilige Abzug der Ergebnisse aus Micro-Hedges kann auch dazu führen, daß sich das verbleibende Handelsergebnis als Verlust darstellt. Sind die Ergebnisse aus direkt gesicherten Kontrakten negativ, kann die Zuordnung über den Verantwortungsfaktor zu einer Verbesserung des über die anderen drei Faktoren zu verteilenden Ergebnisses führen.

Der IRS sieht den Verantwortungstransfer für die Positionen als wesentliches Merkmal des internationalen Handels.[746] Dennoch wird in den bisher abgeschlossenen APAs nicht versucht, eine transaktionsbezogene Gewinnzuteilung in dem Umfang vorzunehmen, in dem dies möglich ist. Dies ist um so erstaunlicher, als hier eine verursachungsgerechte Erfolgszuordnung möglich ist.

745 Die Verteilung zwischen Micro- und Macro- bzw. Portfolio-Hedges beruht auf eigener Schätzung.

746 Vgl. IRS, Notice 94-40, 1994-1, C.B. 351, Global Trading Advance Pricing Agreements, 1994.

### 3.3.6.4 Gewichtung der Einflußfaktoren zur Gewinnallokation

Da die identifizierten Einflußfaktoren des internationalen Handels von Finanzinnovationen unterschiedlich stark zum Gesamtergebnis beitragen, ist es notwendig, sie entsprechend ihrem relativen Beitrag zu gewichten. Die Gewichtung hat sich dabei an den spezifischen Gegebenheiten eines jeden einzelnen Unternehmens zu orientieren. Mit der Einzelfallbetrachtung kann das Fremdverhalten eingehalten werden, während die Entwicklung einer allgemeingültigen Gewichtung lediglich zu einer formelbasierten weltweiten Gewinnverteilung führen würde, die abzulehnen ist, wie bereits oben gezeigt wurde.

Mit welchem Gewicht ein Faktor in die Gewinnallokation eingeht, kann sich somit nur aus dem Zusammenhang ergeben. Eine Methode zur Festlegung der Gewichtung existiert nicht. Genauso wenig läßt sich feststellen, ob eine gewählte Gewichtung korrekt ist im Sinne des Fremdverhaltensgrundsatzes. Lediglich durch den Vergleich verschiedener Parameter als Eingangsgrößen zur Berechnung der Einflußfaktorausprägungen läßt sich abschätzen, ob die gewählte Berechnungsgrundlage zu einer das Arm's Length Principle einhaltenden Allokation führt. Dazu kann bspw. die Verteilung des Verantwortungsfaktors mit der des Wertfaktors verglichen werden, da die mit den Macro-Hedges einer Zeitzone und den Micro-Hedges erzielten Renditen ein direktes Erfolgsmaß darstellen, während die Vergütungen der Händler nur deren Potential widerspiegeln.

Für den Steuerpflichtigen ergibt sich das Ziel, mit den am APA beteiligten Steuerbehörden eine Einigung über die Einflußfaktorgewichtung zu erzielen.

### 3.3.6.5 Zusammenfassung der Gewinnverteilung

Jeder der identifizierten Faktoren geht gewichtet in die Ergebnisallokation ein. Um den individuellen Gegebenheiten der Antragsteller gerecht werden zu können, kann keine einheitliche Gewichtung für alle APAs festgelegt werden. Zur Berücksichtigung der einzelnen Begleitumstände sind die Faktoren entsprechend individuell zu bestimmen.

Die nachfolgende Übersicht gibt die identifizierten Einflußfaktoren des internationalen Handels von Finanzinnovationen und deren Anwendung zur Gewinnallokation wieder:

*1. Kostenverrechnung mittels der traditionellen Transferpreismethoden.*

Zunächst werden die von einem Handelsplatz für die anderen am globalen Handel beteiligten Unternehmenseinheiten erbrachten Leistungen identifiziert, die sich anhand der traditionellen Transferpreismethoden verrechnen lassen. Für diese Leistungen werden die dem Fremdverhaltensgrundsatz entsprechenden Transferpreise ermittelt. Anschließend wird anhand dieser Preise der Leistungsaustausch mit den betroffenen Handelseinheiten verrechnet.

*2. Gewinnermittlung mittels des Netto- oder Bruttoverfahrens.*

Unabhängig davon, welches Verfahren angewendet wird, ist als erstes der Bruttogewinn des internationalen Handels von Finanzinnovationen zu bestimmen, indem die Positionen des Globalen Buchs entweder mit den stichtagsbezogenen Marktpreisen (US-Ansatz gem. § 475 IRC) oder anhand des Realisations- und Niederstwertprinzips (deutscher Ansatz) bewertet werden.

Entscheiden sich der Steuerpflichtige und die beteiligten Finanzverwaltungen für das Nettoverfahren, so sind die verbleibenden Kosten in lokale und globale Kosten zu unterscheiden. Die globalen Kosten grenzen sich von den lokalen Kosten dadurch ab, daß sie aufgrund der Funktionsintegration nicht einem Handelsplatz allein zugerechnet werden können. Die globalen Kosten sind vom Bruttogewinn abzuziehen. Der verbleibende Gewinn ist der Nettogewinn.

*3. Erfolgszuweisung mittels Beitrags- oder Residualmethode.*

Bei der Residualmethode erfolgt zuvor eine Berücksichtigung aller für den internationalen Handel geleisteten Funktionen, ohne deren direkten Beitrag zum Handelsgewinn zu messen. Dies entspricht bei der Wahl des Nettoverfahrens einer garantierten Rendite für die globalen Kosten. Die Höhe der Rendite hat dem Fremdverhaltensgrundsatz zu genügen.

Anschließend wird die Erfolgszuweisung wie bei der Beitragsmethode vorgenommen. Dabei werden die Gewinne dem relativen Beitrag der ausgeführten Funktionen entsprechend anhand der identifizierten Einflußfaktoren auf die Handelsplätze verteilt. Der Bruttogewinn aus den Macro-Hedges einer Zeitzone und den Micro-Hedges wird vom verbleibenden Gewinn anteilig abgezogen und über den Verantwortungsfaktor verteilt. Der restliche Gewinn wird mittels der gewichteten Wert-, Risiko- und Aktivitätsfaktoren auf die Handelsplätze verrechnet.

### 3.3.7 Beispielhafte Anwendung des Modells

Im folgenden wird beispielhaft dargestellt, wie die oben beschriebene Gewinnverteilung im Rahmen eines APA angewendet werden kann. Dazu wird eine deutsche Bank betrachtet, die sich im internationalen Handel von Finanzinnovationen engagiert und dazu einen integrierten Handel an den Handelsplätzen Deutschland und USA aufgebaut hat, der rund um die Uhr die Marktpräsenz der Bank ermöglicht. Ziel des APA ist es, den Handel der auf USD basierenden Geschäfte einschließlich der Sicherungsgeschäfte auf eine unumstrittene steuerliche Basis stellen zu können.

An den Handelsplätzen D und USA fallen durch den internationalen Handel von Finanzinnovationen Kosten von 140 und 100 Geldeinheiten (GE) an. Davon lassen sich 20 GE von USA nach D mittels der traditionellen Transferpreismethoden verrechnen. In D fallen 15 GE lokale und 125 GE globale Kosten an. Am Handelsplatz USA lassen sich die verbleibenden Kosten in 20 GE lokale und 60 GE globale Kosten unterteilen. Nach dem Bruttoverfahren ergeben sich damit in D zu tragende Kosten in Höhe von 160 GE (140 GE + 20 GE mittels traditioneller Transferpreismethoden verrechnet) und in USA 80 GE. Die Kostenstruktur ist auch der folgenden Tabelle zu entnehmen.

Tab. 15: Beispielhafte Kostenverrechnung zwischen D und USA

| | D | USA |
|---|---|---|
| Kosten | 140 | 100 |
| Davon mittels traditioneller Transferpreismethoden zu verrechnen | 0 | 20 |
| Davon nicht mittels traditioneller Transferpreismethoden zu verrechnen | 140 | 80 |
| Davon lokale Kosten | 15 | 20 |
| Davon globale Kosten | 125 | 60 |
| Zu tragende Kosten beim Bruttoverfahren | 160 | 80 |
| Zu tragende Kosten beim Nettoverfahren | 35 | 20 |

Der anhand des Mark-to-Market Verfahrens ermittelte Gewinn des Globalen Buchs beträgt 500 GE. Dies ist der Bruttogewinn. Der Nettogewinn in Höhe von 315 GE ergibt sich durch den Abzug der globalen Kosten vom Bruttogewinn. Die Gewinnermittlung nach Brutto- und Nettoverfahren ist in der folgenden Tabelle dargestellt.

Tab. 16: Beispielhafte Gewinnermittlung nach Brutto- und Nettoverfahren

| | **Bruttoverfahren** | **Nettoverfahren** |
|---|---|---|
| Bruttogewinn, über das Mark-to-Market Verfahren bewertet | 500 | 500 |
| ./. globale Kosten | | 185 |
| Nettogewinn | | 315 |

Bei der Gewinnverteilung ist zunächst zwischen Beitrags- und Residualmethode zu entscheiden. Im Falle der Residualmethode erhalten die Handelsplätze eine Rendite für die globalen Kosten ihres Bereichs. Die Rendite beträgt hier 4%. Der Brutto- bzw. Nettogewinn wird um diesen Betrag verringert. Damit ergibt sich bei Anwendung der Residualmethode eine Verteilung von 4 GE für den deutschen und 2,4 GE für den amerikanischen Standort. Beim Bruttoverfahren verbleibt ein zu verteilender Gewinn von 492,6 GE, beim Nettoverfahren von 307,6 GE. Im Falle der Beitragsmethode ändert sich der zu verteilende Gewinn nicht. Siehe hierzu die folgende Tabelle.

Tab. 17: Beispielhafte Gewinnverteilung anhand der Beitrags- und der Residualmethode

| **Gewinnermittlungs-verfahren** | Bruttoverfahren | | | | Nettoverfahren | | | |
|---|---|---|---|---|---|---|---|---|
| **Ermittelter Gewinn** | 500 | | | | 315 | | | |
| **Verteilungsmethode** | Beitrag | | Residual | | Beitrag | | Residual | |
| **Rendite der globalen Kosten** | 0% | | 4% | | 0% | | 4% | |
| **Handelsplatz** | D | USA | D | USA | D | USA | D | USA |
| **Verteilter Gewinn durch Residualmethode** | 0 | 0 | 5 | 2,4 | 0 | 0 | 5 | 2,4 |
| **Anschließend zu verteilender Gewinn** | 500 | | 492,6 | | 315 | | 307,6 | |

Der anschließend zu verteilende Gewinn wird über die Einflußfaktoren den Handelsplätzen zugerechnet. Dazu wird zunächst die Verteilung über den Verantwortungsfaktor vorgenommen. Die Gewinne aus den Macro-Hedges einer Zeitzone und den Micro-Hedges betragen in D 70 GE, in USA 80 GE. Daraus ergibt sich als Verantwortungsfaktor für D 46,66%, für USA 53,33%. Aufgrund des Anteils dieser Gewinne am Brutto- bzw. Nettogewinn nach Anwendung der Betrags- bzw. Residualmethode ergibt sich folgende Gewinnverteilung.

Tab. 18: Beispielhafte Gewinnverteilung anhand des Verantwortungsfaktors

| **Gewinnermittlungsverfahren** | Bruttoverfahren | | | | Nettoverfahren | | | |
|---|---|---|---|---|---|---|---|---|
| **Verteilungsmethode** | Beitrag | | Residual | | Beitrag | | Residual | |
| **Anschließend zu verteilender Gewinn laut Tab. 17** | 500,00 | | 492,60 | | 315,00 | | 307,60 | |
| **Handelsplatz** | D | USA | D | USA | D | USA | D | USA |
| **Gewinne aus Macro-Hedges einer Zeitzone und aus Micro-Hedges** | 70,00 | 80,00 | 70,00 | 80,00 | 70,00 | 80,00 | 70,00 | 80,00 |
| **Verantwortungsfaktor** | 46,7% | 53,3% | 46,7% | 53,3% | 46,7% | 53,3% | 46,7% | 53,3% |
| **Gewinnverteilung über den Verantwortungsfaktor** | 70,00 | 80,00 | 68,96 | 78,82 | 44,10 | 50,40 | 43,06 | 49,22 |
| **Anschließend zu verteilender Gewinn** | 350,00 | | 344,82 | | 220,50 | | 215,32 | |

Die Gewichtung der restlichen drei Einflußfaktoren ergibt für den Wertfaktor ein Gewicht von 50%, für den Risikofaktor von 20% und für den Aktivitätsfaktor von 30%.

Die erfolgsabhängige Vergütung am Standort D beträgt 175 GE, am Standort USA 150 GE. Die unterschiedlichen Lebenshaltungskosten und Vergütungsniveaus werden im Standortindex berücksichtigt. Für D ergibt sich ein Indexwert von 1,25, für USA von 1,5. Die angepaßte Vergütung ist für D 140 GE, für USA 100 GE. Über den Wertfaktor (D 58%, USA 42%) werden die Gewinne wie folgt verteilt.

Tab. 19: Beispielhafte Gewinnverteilung anhand des Wertfaktors

| **Gewinnermittlungs-verfahren** | Bruttoverfahren | | | | Nettoverfahren | | | |
|---|---|---|---|---|---|---|---|---|
| **Verteilungsmethode** | Beitrag | | Residual | | Beitrag | | Residual | |
| **Zu verteilender Gewinn** | 175,00 | | 172,41 | | 110,25 | | 107,66 | |
| **Handelsplatz** | D | USA | D | USA | D | USA | D | USA |
| **Erfolgsabhängige Vergütung** | 175 | 150 | 175 | 150 | 175 | 150 | 175 | 150 |
| **Standortindex** | 1,25 | 1,5 | 1,25 | 1,5 | 1,25 | 1,5 | 1,25 | 1,5 |
| **Angepaßte Vergütung** | 140 | 100 | 140 | 100 | 140 | 100 | 140 | 100 |
| **Wertfaktor** | 58,3% | 41,7% | 58,3% | 41,7% | 58,3% | 41,7% | 58,3% | 41,7% |
| **Gewinnverteilung über den Wertfaktor** | 102,08 | 72,92 | 100,57 | 71,84 | 64,31 | 45,94 | 62,80 | 44,86 |

Da das Risiko zu 100% vom Standort D getragen wird, ergibt sich anhand des Risikofaktors folgende Gewinnverteilung.

Tab. 20: Beispielhafte Gewinnverteilung anhand des Risikofaktors

| **Gewinnermittlungs-verfahren** | Bruttoverfahren | | | | Nettoverfahren | | | |
|---|---|---|---|---|---|---|---|---|
| **Verteilungsmethode** | Beitrag | | Residual | | Beitrag | | Residual | |
| **Zu verteilender Gewinn** | 70,00 | | 68,96 | | 44,10 | | 43,06 | |
| **Handelsplatz** | D | USA | D | USA | D | USA | D | USA |
| **Risikofaktor** | 100% | 0% | 100% | 0% | 100% | 0% | 100% | 0% |
| **Gewinnverteilung über den Risikofaktor** | 70,00 | 0 | 68,96 | 0 | 44,10 | 0 | 43,06 | 0 |

Am Handelsplatz D wird ein INPV von 65 GE erwirtschaftet (USA 95 GE). Die über den Faktor "Durchschnittliche Anzahl von Hedge-Geschäften mit INPV gleich Null" angeglichenen Hedge-Volumina betragen in D 70 GE und in USA 10 GE. Bei einer Gewichtung der INPV und der Hedge-Volumina von 60% und 40% ergibt sich anhand des Aktivitätsfaktors folgende Gewinnverteilung.

Tab. 21: Beispielhafte Gewinnverteilung anhand des Aktivitätsfaktors

| **Gewinnermittlungs-verfahren** | Bruttoverfahren | | | | Nettoverfahren | | | |
|---|---|---|---|---|---|---|---|---|
| **Verteilungsmethode** | Beitrag | | Residual | | Beitrag | | Residual | |
| **Zu verteilender Gewinn** | 105,00 | | 103,45 | | 66,15 | | 64,60 | |
| **Handelsplatz** | D | USA | D | USA | D | USA | D | USA |
| **INPV** | 65 | 95 | 65 | 95 | 65 | 95 | 65 | 95 |
| **Hedge-Volumina** | 70 | 10 | 70 | 10 | 70 | 10 | 70 | 10 |
| **Aktivitätsfaktor** | 59,4% | 40,6% | 59,4% | 40,6% | 59,4% | 40,6% | 59,4% | 40,6% |
| **Gewinnverteilung über den Aktivitätsfaktor** | 42,66 | 62,34 | 42,02 | 61,42 | 26,87 | 39,28 | 26,24 | 38,35 |

Damit ergibt sich unter Verwendung sämtlicher, identifizierter Einflußfaktoren folgende Gewinnverteilung zwischen D und USA. Durch Abzug der vom jeweiligen Handelsplatz zu tragenden Kosten ergibt sich das APA-Ergebnis.

Tab. 22: Beispielhafte Gewinnverteilung zwischen D und USA

| **Gewinnermittlungsverfahren** | Bruttoverfahren | | | | Nettoverfahren | | | |
|---|---|---|---|---|---|---|---|---|
| **Ermittelter Gewinn** | 500 | | | | 315 | | | |
| **Verteilungsmethode** | Beitrag | | Residual | | Beitrag | | Residual | |
| **Handelsplatz** | D | USA | D | USA | D | USA | D | USA |
| **Gewinnverteilung durch Residualmethode** | | | 5,00 | 2,40 | | | 5,00 | 2,40 |
| **Gewinnverteilung über den Verantwortungsfaktor** | 70,00 | 80,00 | 68,96 | 78,82 | 44,10 | 50,40 | 43,06 | 49,22 |
| **Gewinnverteilung über den Wertfaktor** | 102,08 | 72,92 | 100,57 | 71,84 | 64,31 | 45,94 | 62,80 | 44,86 |
| **Gewinnverteilung über den Risikofaktor** | 70,00 | 0,00 | 68,96 | 0,00 | 44,10 | 0,00 | 43,06 | 0,00 |
| **Gewinnverteilung über den Aktivitätsfaktor** | 42,66 | 62,34 | 42,02 | 61,42 | 26,87 | 39,28 | 26,24 | 38,35 |
| **Verteilter Gewinn** | 284,74 | 215,26 | 285,51 | 214,48 | 179,38 | 135,62 | 180,16 | 134,83 |
| **Zu tragende Kosten** | 160,00 | 80,00 | 160,00 | 80,00 | 35,00 | 20,00 | 35,00 | 20,00 |
| **APA-Ergebnis** | 124,74 | 135,26 | 125,51 | 134,48 | 144,38 | 115,62 | 145,16 | 114,83 |

# 4 Zusammenfassung und Ausblick

Seit Mitte der 80er Jahre haben die Umsätze von Finanzinnovationen stark zugenommen. Dieses Marktwachstum geht mit einer zunehmenden Konzentration der Marktteilnehmer einher. Dabei stellen USD basierte Finanzinnovationen die am häufigsten gehandelten Finanzinstrumente dar. Sie werden rund um die Uhr gehandelt. Um von der globalen Entwicklung zu profitieren, sehen sich die deutschen Kreditinstitute gefordert, weltweit am Handel von Finanzinnovationen teilzunehmen.

Das Ziel der vorliegenden Arbeit ist die Evaluation des internationalen Handels USD basierter Finanzinnovationen zwischen Deutschland und den USA aus Sicht deutscher Kreditinstitute. Um den internationalen Handel realisieren zu können, stehen zwei traditionelle Ansätze zur Verfügung:

- Der internationale Handel mittels separater Gesellschaften - die Präsenz und der Handel vor Ort.
- Das zentralisierte Produktmanagement - der 24-Stunden Handel von einem Standort aus.

Wesentlicher Nachteil des Handels mittels separater Gesellschaften ist die hohe Anzahl von Transaktionen zum Limitmanagement und die damit entstehenden Transaktionskosten. Ein Zugriff auf alle Positionen der beteiligten Unternehmenseinheiten ist nicht möglich. Dieser Zugriff wird zwar durch das zentrale Produktmanagement gewährleistet, jedoch kann beim 24-Stunden Handel nur unter erschwerten Bedingungen eine direkte Kundenbetreuung erfolgen. Zugleich ergeben sich bei diesem Ansatz wegen des Schichtbetriebs Schwierigkeiten, adäquat qualifiziertes und motiviertes Personal zu rekrutieren.

Die in den traditionellen Ansätzen enthaltenen Nachteile werden in dem neuen Ansatz des integrierten Handels, der Handel in das Globale Buch, überwunden. Dabei werden die Vorteile der beiden traditionellen Ansätze weiter genutzt. Beim integrierten Handel existiert nur noch ein Handelsbuch, das Globale Buch, in das alle Positionen gehandelt werden. Nach Beendigung der aktiven Handelszeit wird das Globale Buch an den zeitlich nachfolgenden Handelsplatz weitergereicht. Damit kann zu jedem Zeitpunkt auf alle Positionen zugegriffen werden. Die Kunden werden vor Ort angemessen betreut. Durch das Limitmanagement bedingte Transaktionen entfallen.

Der Erfolg des Globalen Buchs läßt sich weder einzelnen Positionen noch einzelnen Handelslokationen direkt zuordnen. Dadurch ergibt sich das Problem einer möglichen Doppelbesteuerung. Um eine Mehr- und Minderbesteuerung international tätiger Unternehmen auszuschließen, wurde das DBA USA/D geschlossen. Der darin verankerte Fremdverhaltensgrundsatz soll mittels der Transferpreismethoden gewährleistet werden. Die in Deutschland und den USA anerkannten traditionellen Transferpreismethoden lassen sich jedoch für den Handel in das Globale Buch aufgrund der Funktionsintegration nicht anwenden. Von deutscher Seite werden die von den USA entwickelten Gewinnvergleichsmethoden nicht anerkannt.

Für die deutschen Kreditinstitute ergibt sich daraus eine Rechtsunsicherheit bezüglich der aus steuerlicher Sicht anzuwendenden Transferpreismethode bzw. Gewinnallokation. Durch das von den USA vorgeschlagene APA-Verfahren können die Banken Rechtssicherheit erhalten.

Ein APA ist eine rechtlich bindende Vereinbarung zwischen den Steuerbehörden und dem Steuerpflichtigen bezüglich der anzuwendenden Transferpreismethode zur Verteilung oder Zuordnung von Einnahmen, Abzügen, Krediten oder Darlehen. Die Zurechnung erfolgt zwischen oder innerhalb von zwei oder mehreren Unternehmen, die direkt oder indirekt von einer Person kontrolliert werden oder dessen Eigentum sind. Die Vereinbarung hat zum Ziel, die Einhaltung des Fremdverhaltensgrundsatzes zu garantieren. Das APA ist vom Steuerpflichtigen zu beantragen. Die in der Vereinbarung getroffenen Regelungen werden zwischen dem Steuerpflichtigen und den involvierten Steuerbehörden verhandelt.

In Deutschland existiert kein mit dem APA vergleichbares, eigenständiges Verfahren. Die deutschen Finanzbehörden können den Steuerpflichtigen jedoch auf Anfrage eine verbindliche Vorwegauskunft erteilen. Die Auskunft hat für die Steuerbehörden eine bindende Wirkung. Über den APA-Ansatz können die Gewinnverteilungsmethoden auch in Deutschland genutzt werden, ohne das Risiko der mangelnden Anerkennung durch die Finanzverwaltung einzugehen.

Um im Rahmen des APA eine Gewinnallokation vorzunehmen, ist zunächst der zu verrechnende Gewinn zu ermitteln. In den deutschen Bilanzen wird der Erfolg des Eigenhandels als Nettoergebnis aus Finanzgeschäften ausgewiesen. Das Ergebnis wird über die Bildung von Bewertungseinheiten ermittelt. Dazu werden unter Beachtung der Kriterien zur Bildung von Bewertungseinheiten Positionen in Hedges zusammengefaßt. Für die Kreditinstitute existiert neben Micro- und Macro-Hedges auch die Möglichkeit, Portfolio-Hedges zu bilden. Um Portfolio-Hedges nutzen zu können, wird ein entsprechend ausgerichtetes Risikomanagement vorausgesetzt. Das Portfolio wird imparitätisch bewertet. Ergibt sich nach der Aggregation aller Marktwerte ein Verlustüberhang, so ist hierfür eine Drohverlustrückstellung zu bilden. Unrealisierte Gewinne werden nicht berücksichtigt.

Die US-amerikanische Ermittlung des zu versteuernden Gewinns erfolgt über die Mark-to-Market Methode. Sowohl nicht realisierte Verluste als auch nicht realisierte Gewinne werden aggregiert berücksichtigt.

Der Mark-to-Market Ansatz wird von den Kreditinstituten zur Ermittlung des wirtschaftlichen Ergebnisses genutzt. Teilweise wird auch in Deutschland die Mark-to-Market Methode zur Ermittlung des Nettoergebnisses angewendet. Die Methode wird auch von den deutschen Finanzbehörden anerkannt, da hierdurch vorzeitig Steuereinnahmen erzielt werden.

Der so errechnete Gewinn ist der Bruttogewinn. Werden von diesem Gewinn die globalen Kosten getragen, so sind die globalen Kosten vom Bruttogewinn zu subtrahieren. Der verbleibende Gewinn ist der Nettogewinn. Der Brutto- bzw. Nettogewinn wird den Handelsplätzen zugeordnet. Die Erfolgszuweisung kann mittels Beitrags- und Residualmethode erfolgen. Die Residualmethode garantiert den Handelsplätzen eine Rendite für die Übernahme der globalen Kosten. Der verbleibende Gewinn wird anschließend über die Beitragsmethode zugeordnet.

Um den Erfolg der Handelstätigkeiten den beteiligten Steuerhoheiten entsprechend ihren geleisteten Beiträgen zuzurechnen, werden die Erfolgsfaktoren identifiziert und ihrem Anteil am Ergebnis entsprechend gewichtet. Die Gewinnallokation erfolgt entsprechend der Faktorgewichtung. Für den integrierten, internationalen Handel von Finanzinnovationen sind vier Einflußfaktoren relevant.

1. *Der Wertfaktor*

Dieser Faktor spiegelt den Wert eines Handelsplatzes wider. Die jeweilige Ausprägung der einzelnen Handelsplätze wird über die Entlohnung der Händler ermittelt.

2. *Der Risikofaktor*

Über diesen Faktor wird die Risikoübernahme der Handelsplätze berücksichtigt. Hierdurch wird den Handelsplätzen in dem Umfang eine Provision garantiert, in dem sie die eintretenden Risiken tragen.

3. *Der Aktivitätsfaktor*

Der Mitarbeitereinsatz wird anhand dieses Faktors honoriert. Er wird über die Kennzahlen INPV und Hedge-Volumina gemessen.

4. *Der Verantwortungsfaktor*

Die Erfolge der Positionen, die mittels Macro-Hedges einer Zeitzone oder mittels Micro-Hedges gesichert werden, können den beteiligten Handelsplätzen direkt zugeordnet werden. Die Verteilung der Ergebnisse aus Micro-Hedges erfolgt über den Zeitanteil der Verantwortungsübernahme.

Durch die Entwicklung international anerkannter Rechnungslegungsstandards durch das *International Accounting Standards Committee* (IASC) kann die Problematik der unterschiedlichen Ermittlung der Bilanzposition Nettoergebnis aus Finanzgeschäften gelöst werden. Mit dem *International Accounting Standard* IAS 32, *Financial Instruments: Disclosure and Presentation*, wurde das *Exposure Draft* E 48, *Proposed International Standard - Financial Instruments*, in einem ersten Teil vom IASC umgesetzt. Die weitere Umsetzung ist für das Jahr 1997 geplant.[747]

Eine deutsche Bank veröffentlicht ihren Jahresabschluß bereits nach IAS. Die steuerliche Anerkennung durch die deutschen und US-amerikanischen Steuerbehörden steht jedoch aus. Daher ist in Deutschland weiterhin eine Steuerbilanz nach den oben aufgeführten Bilanzierungsregeln zu erstellen, um das Nettoergebnis aus Finanzgeschäften zu ermitteln. In den USA erfolgt die Ermittlung nach wie vor anhand der Mark-to-Market Methode.

Neben der einheitlichen Rechnungslegung und Ermittlung des Nettoergebnisses bedarf es eines internationalen Standards zur Verteilung des Nettoergebnisses aus dem integrierten Handel von Finanzinnovationen. Bis ein solcher Standard geschaffen ist, stellt das APA eine sinnvolle Alternative für die global agierenden Kreditinstitute dar.

Ein Ansatz zur Entwicklung einer entsprechenden Methode der Gewinnallokation wird mit der vorliegenden Arbeit zur Diskussion gestellt. Mit dem Abschluß einer ausreichend hohen Anzahl von APAs bezüglich des integrierten, internationalen

[747] Vgl. IASC, International Accounting Standards 1996, 1996, S. 551 ff. u. 603 ff.

Handels von Finanzinnovationen dürfte von den USA eine einheitliche Regelung vorgeschlagen werden. Die vorliegende Arbeit stellt einen Ausgangspunkt für die Entwicklung eines solchen Standards für den integrierten, internationalen Handel von Finanzinnovationen dar.

## Literatur

ABDALLAH, WAGDY M.: International Transfer Pricing Policies - Decision Making Guidelines for Multinational Companies, New York: Quorum Books 1989

ADLER/DÜRING/SCHMALTZ: Rechnungslegung und Prüfung der Unternehmen, Kommentar zu HGB, AktG, GmbHG, PublG nach den Vorschriften des Bilanzrichtliniengesetzes, 5. Aufl., Stuttgart: Poeschel 1987

ANDRES, MARTINA: Zins- und Währungsswaps als innovative Finanzinstrumente, Wien: Verband der wissenschaftlichen Gesellschaften Österreichs 1989 (Dissertationen der Wirtschaftsuniversität Wien, Bd. 46) (zugl. Diss. Wirtschaftsuniversität Wien 1988)

ARNOLD, WOLFGANG/BURG, SABINE: Swaps und Ricardos Theorem der komparativen Kosten, in: Die Bank, 27. Jg. (1987), Heft 4, S. 194-235

ATO: Draft Taxation Ruling, Income tax, Transfer pricing: application for advance pricing agreements - bilateral and unilateral advance pricing agreement procedure, 1994

BAK: Schreiben vom 24. Februar 1975, I 4-32, Mindestanforderungen für bankinterne Kontrollmaßnahmen bei Devisengeschäften - Kassa und Termin, in: Johannes Consbruch et al. (Hrsg.): Kreditwesengesetz mit verwandten und zugehörigen Vorschriften, München: Beck 1975 (4.120)

BAK: Schreiben vom 30. Dezember 1980, V3-Gr 8/77, Anforderungen an das Wertpapierhandelsgeschäft der Kreditinstitute, in: Johannes Consbruch et al. (Hrsg.): Kreditwesengesetz mit verwandten und zugehörigen Vorschriften, München: Beck 1980 (19.03)

BAK: Schreiben vom 16. September 1986, I 3-271-2/86, Anzeigepflicht nach § 24 Abs. 1 Nr. 9 KWG, in: Johannes Consbruch et al. (Hrsg.): Kreditwesengesetz mit verwandten und zugehörigen Vorschriften, München: Beck 1986 (4.207 a))

BAK: Schreiben vom 17. August 1987, I 3-271-1/87, Anzeigepflicht nach § 24 Abs. 1 Nr. 9 KWG, in: Johannes Consbruch et al. (Hrsg.): Kreditwesengesetz mit verwandten und zugehörigen Vorschriften, München: Beck 1987 (4.207 b))

BAK: Verlautbarung vom 23. Oktober 1995, I 4-32-3/86, Mindestanforderungen an das Betreiben von Handelsgeschäften der Kreditinstitute, in: Johannes Consbruch et al. (Hrsg.): Kreditwesengesetz mit verwandten und zugehörigen Vorschriften, München: Beck 1995 (4.270)

BAK: Bekanntmachung Nr. 1/69 vom 20. Januar 1969, zuletzt geändert durch Bekanntmachung vom 2. Oktober 1996, Grundsätze über das Eigenkapital und die Liquidität der Kreditinstitute, in: Johannes Consbruch et al. (Hrsg.): Kreditwesengesetz mit verwandten und zugehörigen Vorschriften, München: Beck 1996 (3.01)

BAK: Verlautbarung vom 29. Oktober 1997, I 7-A223-2/93, Bekanntmachung über die Änderung und Ergänzung der Grundsätze über das Eigenkapital und die Liquidität der Kreditinstitute, 1997

BASELER AUSSCHUß FÜR BANKENAUFSICHT: Basle Capital Accord: the treatment of the credit risk associated with certain off-balance-sheet items, Basel: BIZ 1993

BASELER AUSSCHUß FÜR BANKENAUFSICHT: Konsultationspapiere des Baseler Ausschusses für Bankenaufsicht über Netting und Zinsänderungsrisiko als Gegenstand der Aufsicht, in: Johannes Consbruch et al. (Hrsg.): Kreditwesengesetz mit verwandten und zugehörigen Vorschriften, München: Beck 1993 (23.05)

BASELER AUSSCHUß FÜR BANKENAUFSICHT: Risk management guidelines for derivatives, Basel: BIZ 1994

BASELER AUSSCHUß FÜR BANKENAUFSICHT: Richtlinien für das Risikomanagement im Derivativgeschäft vom 27. Juli 1994, in: Johannes Consbruch et al. (Hrsg.): Kreditwesengesetz mit verwandten und zugehörigen Vorschriften, München: Beck 1994 (23.06)

BASELER AUSSCHUß FÜR BANKENAUFSICHT: Verlautbarung vom Juli 1988, zuletzt geändert durch Bekanntmachung vom April 1995, Internationale Konvergenz der Eigenkapitalmessung und Eigenkapitalforderungen, in: Johannes Consbruch et al. (Hrsg.): Kreditwesengesetz mit verwandten und zugehörigen Vorschriften, München: Beck 1995 (23.03)

BASELER AUSSCHUß FÜR BANKENAUFSICHT UND DAS TECHNICAL COMMITTEE OF THE INTERNATIONAL ORGANISATION OF SECURITIES COMMISSIONS: Framework for supervisory information about the derivatives activities of banks and securities firms, in: Johannes Consbruch et al. (Hrsg.): Kreditwesengesetz mit verwandten und zugehörigen Vorschriften, München: Beck 1995 (23.07)

BAYERISCHES STAATSMINISTERIUM DER FINANZEN: Schreiben vom 9.1.1995, 38-S1300-197/3-77 819/94, in: IStR, 4. Jg. (1995), Heft 5, S. 241

BECKMANN, REINHARD: Termingeschäfte und Jahresabschluß, Köln: Müller Botermann 1993 (Finanzierung - Steuern - Wirtschaftsprüfung, Bd. 18) (zugl. Diss. Univ. Münster 1992)

BELKAOUI, AHMED R.: Multinational Financial Accounting, New York: Quorum Books 1991

BENKE, RALPH L., JR./EDWARDS, JAMES D.: Transfer Pricing: Techniques and Uses, New York: National Association of Accountants 1980

BENNE, JÜRGEN: Einzelbewertung und Bewertungseinheit, in: DB, 44. Jg. (1991), Heft 51/52, S. 2601-2610

BENNINGA, SIMON/PROTOPAPADAKIS, ARIS: Forward and Futures Prices with Markovian Interest-Rate Processes, in: Journal of Business, Vol. 67 (1994), No. 3, S. 401-421

BERTSCH, ANDREAS/KÄRCHER, RALPH: Derivative Instrumente im Jahresabschluß und in der Steuerbilanz, in: Roland Eller (Hrsg.): Handbuch Derivativer Instrumente, Stuttgart: Schäffer-Poeschel 1996, S. 649-688

BIEG, HARTMUT: Schwebende Geschäfte in Handels- und Steuerbilanz, Frankfurt am Main: Lang 1977 (Europäische Hochschulschriften, Reihe 5: Volks- und Betriebswirtschaft, Bd. 151) (zugl. Diss. Univ. Saarbrücken 1976)

BIZ, GROUP OF TEN: Public Disclosure of Market and Credit Risks by Financial Intermediaries (Fischer Report), Basel: BIZ 1994

BIZ, GROUP OF TEN: STUDY GROUP: Recent Innovations in International Banking, Basel: BIZ 1986

BIZ, GROUP OF TEN: WORKING GROUP: Recent Developments in International Interbank Relations, Basel: BIZ 1992

BIZ, MONETARY AND ECONOMIC DEPARTMENT: International Banking and Financial Market Developments, Basel: BIZ 1989-1997

BIZ, MONETARY AND ECONOMIC DEPARTMENT: Central Bank Survey of Foreign Exchange and Derivatives Market Activity 1995, Basel: BIZ 1996

BIZ, MONETARY AND ECONOMIC DEPARTMENT: International Banking and Financial Market Developments, Basel: BIZ 1996 (Heft August 1996)

BLACK, FISCHER: How to use the Holes in Black-Scholes, in: Atsuo Konishi/Ravi E. Dattatreya (Hrsg.): The Handbook of Derivative Instruments - Investment Research, Analysis and Portfolio Applications, Chicago: Institutional Investor 1991, S. 509-524

BLACK, FISCHER/SCHOLES, MYRON: The Pricing of Options and Corporate Liabilities, in: JoPE, Vol. 81 (1973), May/June, S. 637-659

BMF: Schreiben IV C 5-S 1341-4/83 vom 23.2.1983, Grundsätze für die Prüfung der Einkunftsabgrenzung bei international verbundenen Unternehmen (Verwaltungsgrundsätze), in: BStBl. 1983 I (1983), S. 218-233

BMF: Schreiben IV A 5-S 0430-9/87 vom 24.6.1987, Auskunft mit Bindungswirkung nach Treu und Glauben (verbindliche Auskunft), in: BStBl. 1987 I (1987), S. 474

BMF: Schreiben IV A 5-S 0430-4/90, vom 21.2.1990, Auskunft mit Bindungswirkung nach Treu und Glauben (verbindliche Auskunft), in: BStBl. 1990 I (1990), S. 146

BMF: Schreiben IV C 5-S 130-158/92 vom 1.4.1993, Internationales Verständigungsverfahren in Steuersachen - Merkblatt, in: BStBl. 1993 I (1993), S. 332-336

BOIDMAN, NATHAN: Revenue Canada issues draft transfer pricing agreement circular, in: Tax Management International Journal, Vol. 22 (1993), S. 664-666

BOOS, KARL-HEINZ: Entwurf einer Sechsten KWG-Novelle, in: Die Bank (1997), Heft 2, S. 119-125

BOOS, KARL-HEINZ/HÖFER, BIRGIT: Die Kapitaladäquanz-Richtlinie, Teil I, in: Die Bank, 35. Jg. (1995), Heft 5, S. 285-291

BOOS, KARL-HEINZ/HÖFER, BIRGIT: Die Kapitaladäquanz-Richtlinie, Teil II, in: Die Bank, 35. Jg. (1995), Heft 6, S. 359

BOOS, KARL-HEINZ/SCHULTE-MATTLER, HERMANN: Der neue Grundsatz I: Kreditrisiken, in: Die Bank, 37. Jg. (1997), Heft 8, S. 474-479

BRACKERT, GERHARD/PRAHL, REINHARD/NAUMANN, THOMAS: Neue Verfahren der Risikosteuerung und ihre Auswirkungen auf die handelsrechtliche Gewinnermittlung, in: WPg, 48. Jg. (1995), Heft 16, S. 544-555

BRACKERT, GERHARD/PRAHL, REINHARD/RANDERATH, MICHAEL/NAUMANN, THOMAS: Financial Instruments, Frankfurt am Main: KPMG 1995

BRAUN, HERBERT: Risikomanagement - Eine spezifische Controllingaufgabe, Darmstadt: Toeche-Mittler 1984

BREALEY, RICHARD A./MYERS, STEWART C.: Principles of corporate finance, 5. Aufl., New York: McGraw-Hill 1996

BREAN, DONALD J.S.: Financial Dimensions of Transfer Pricing, in: Alan M. Rugman/Lorraine Eden (Hrsg.): Multinationals and Transfer Pricing, New York: St. Martins 1985, S. 149-164

BREZING, KLAUS: Konzernverrechnungspreise in betriebswirtschaftlicher, aktienrechtlicher und steuerrechtlicher Sicht, in: Die Aktiengesellschaft, 20. Jg. (1975), Heft 9, S. 225-232

BROCKHOFF, KLAUS: Forschung und Entwicklung - Planung und Kontrolle, 2. Aufl., München: Oldenbourg 1989

BRONFMAN, CORINNE/LEHN, KENNETH/SCHWARTZ, ROBERT A.: US Securities Market Regulation: Regulatory Structure, in: Benn Steil (Hrsg.): International Financial Market Regulation, New York: John Wiley & Sons 1994

BUBLITZ, FRIEDHELM: Die Funktionsweise der Deutschen Terminbörse, in: Axel-Günter Benkner (Hrsg.): Chancen an der Deutschen Terminbörse, Landsberg/Lech: Verlag Moderne Industrie 1990, S. 15-61

BUDDE, WOLFGANG D. ET AL.: WP-Handbuch, Bd. I, 10. Aufl., Düsseldorf: IDW-Verlag 1992

BUDDE/CLEMM/ELLROTT/FÖRTSCHLE/SCHNICKE: Beck'scher Bilanz-Kommentar, Der Jahresabschluß nach Handels- und Steuerrecht, §§ 238 bis 339 HGB, 3. Aufl., München: Beck 1995

BUNDESAUFSICHTSAMT FÜR DAS KREDITWESEN: Verlautbarung über Mindestanforderungen an das Betreiben von Handelsgeschäften der Kreditinstitute, I 4 - 42 - 3/86 vom 23.10.1995, Berlin: 1995

BUNDESVERBAND DEUTSCHER BANKEN: Bilanzielle Behandlung von DTB-Futures, in: Die Bank, 31. Jg. (1991), Heft 2, S. 105-108

BUNDESVERBAND DEUTSCHER BANKEN, KOMMISSION FÜR BILANZIERUNGSFRAGEN: Zur Rechnungslegung von Swapgeschäften, in: Die Bank, 28. Jg. (1988), Heft 3, S. 158-165

BUNDESVERBAND DEUTSCHER BANKEN, KOMMISSION FÜR BILANZIERUNGSFRAGEN: Behandlung von DTB-Aktienoptionen im Jahresabschluß von Banken, in: Die Bank, 30. Jg. (1990), Heft 4, S. 211--216

BUREAU OF NATIONAL AFFAIRS INC.: BNA Sues IRS for Release of Advanced Pricing Agreement Information, in: Tax Notes Today (1996), 29.2.1996

BURKHARDT, DIETRICH: Grundsätze ordnungsgemäßer Bilanzierung für Fremdwährungsgeschäfte, Düsseldorf: IDW-Verlag 1988 (zugl. Diss. Univ. Frankfurt 1987)

BURNS, JANE O.: Transfer Pricing Decisions in U.S. Multinational Corporations, in: Journal of International Business Studies, Vol. 11 (1980), Fall, S. 23-39

BÜSCHGEN, HANS E.: Finanzinnovationen - Neuerungen und Entwicklungen an nationalen und internationalen Finanzmärkten, in: ZfB, 56. Jg. (1986), Heft 4/5, S. 301-336

BÜSCHGEN, HANS E.: Zinstermingeschäfte - Instrumente und Verfahren zur Risikoabsicherung an Finanzmärkten, Frankfurt am Main: Knapp 1988

BUSCHMANN, WOLFGANG F.: Risiko-Controlling - Anforderungen an die Steuerung von derivativen Finanzinstrumenten, in: WPg, 45. Jg. (1992), Heft 23, S. 720-729

BUSINESS INTERNATIONAL CORPORATION/ERNST & YOUNG: International Transfer Pricing, New York: Business International Corporation 1991

C.K.: Neue Buchführungsstandards für Derivate, in: F.A.Z. (1997), 14.8.97, S. 19

COENENBERG, ADOLF G.: Verrechnungspreise zur Steuerung divisionalisierter Unternehmen, in: WiSt, 2. Jg. (1973), Heft 8/9, S. 373-382

COENENBERG, ADOLF G.: Kostenrechnung und Kostenanalyse, 2. Aufl., Landsberg/Lech: Verlag Moderne Industrie 1993

COMMERZBANK AG: Geschäftsberichte 1994, 1995 und 1996, Frankfurt am Main: Commerzbank AG 1995-1997

CONNORS, PETER J./HARTER, L.G. "CHIP": Taxation of Hedging Transactions, in: Robert A. Klein/Jess Lederman (Hrsg.): Derivatives Risk and Responsibility, Chicago: Irwin 1996, S. 461-488

CRAMER, JÜRGEN: Financial Engineering durch Finanzinnovationen, Wiesbaden: Deutscher Universitäts-Verlag 1993 (zugl. Diss. Univ. Münster 1991)

CTG.: Dresdner Bank schließt Devisenhandel in Amerika, in: F.A.Z. (1997), 28.6.97, S. 17

CUMMINGS, JOHN B.: IRS Issues Final Denial of Tax Analysts's FOIA Request for APAs, in: Tax Notes Today (1996), 12.6.1996

DACOROGNA, MICHAEL M. ET AL.: A geographical model for the daily and weekly seasonal volatility in the foreign exchange market, in: Journal of International Money and Finance, Vol. 11 (1993), Nr. 12, S. 413-438

DAHM, JOACHIM/HAMACHER, ROLFJOSEF: Neues Einkommensteuerrecht für moderne Finanzinstrumente, in: WM, 48. Jg. (1994), Sonderbeilage Nr. 3 zu Heft 21, S. 1-24

DAS, SATYAJIT: Swap & Derivative Financing - The Global Reference to Products, Pricing Applications and Markets, 2. Aufl., New York: Irwin 1994

DEBATIN, HELMUT/ENDRES, DIETER: Das neue Doppelbesteuerungsabkommen USA/ Bundesrepublik Deutschland, in: Price Waterhouse (Hrsg.): Beck'sche Steuerkommentare, München: Beck 1990

DEUTSCH, HANS-PETER: Risiko, Management von High-Tech Geschäften mit High-Tech Systemen, in: Roland Eller (Hrsg.): Handbuch Derivativer Instrumente, Stuttgart: Schäffer-Poeschel 1996, S. 123-152

DEUTSCHE BANK AG: Geschäftsberichte 1994, 1995 und 1996, Frankfurt am Main: Deutsche Bank AG 1995-1997

DEUTSCHE BUNDESBANK: Innovationen im internationalen Bankgeschäft, in: Monatsberichte der Deutschen Bundesbank, 38. Jg. (1986), Nr. 10, S. 25-35

DEUTSCHE BUNDESBANK: Bilanzunwirksame Geschäfte deutscher Banken, in: Monatsberichte der Deutschen Bundesbank, 45. Jg. (1993), Nr. 10, S. 47-69

DEUTSCHE TERMINBÖRSE: Grundsätze der Rechnungslegung für Kreditinstitute - Futures, Frankfurt am Main: DTB Deutsche Terminbörse 1991

DEUTSCHES INSTITUT FÜR NORMUNG: DIN EN 24217, Berlin: Beuth 1994

DEWEY, T. HENRY: A Treatise on Contracts for Future Delivery and Commercial Wagers, including "Options", "Futures", and "Short Sales", New York: Baker, Voorhis & Co. 1886

DOBROVIR, WILLIAM A.: Tax Analysts File FOIA Request for APAs, in: Tax Notes Today (1996), 5.1.1996

DREISSIG, HILDEGARD: Bilanzsteuerrechtliche Behandlung von Optionen, in: BB, 44. Jg. (1989), Heft 22, S. 1511-1517

DREISSIG, HILDEGARD: Swap-Geschäfte aus bilanzsteuerrechtlicher Sicht, in: BB, 44. Jg. (1989), Heft 5, S. 322-327

DRESDNER BANK AG: Geschäftsberichte 1994, 1995 und 1996, Frankfurt am Main: Dresdner Bank AG 1995-1997

DTB: DAX-Optionen, Frankfurt am Main: Deutsche Börse AG 1991

DTB: Bund-Futures, 3. Aufl., Frankfurt am Main: Deutsche Börse AG 1992

DTB: Aktienoptionen, 2. Aufl., Frankfurt am Main: Deutsche Börse AG 1993

DTB: Das Clearing an der DTB, Frankfurt am Main: Deutsche Börse AG 1995

DTB: Die Deutsche Terminbörse, Frankfurt am Main: Deutsche Börse AG 1995

DTB: Clearing-Bedingungen, Frankfurt am Main: Deutsche Börse AG 1997

DUFEY, GUNTER: Finanzinnovationen heute - Bestandsaufnahme und Ausblick, in: Klaus M. Burger (Hrsg.): Finanzinnovationen: Risiken und ihre Bewältigung, Stuttgart: Poeschel 1989, S. 13-21

ECKHARD, JULIF-HELMER: Prüfung der Risikosteuerung des Eigenhandels in Kreditinstituten, in: ZIR, 31. Jg. (1996), Heft 1, S. 1-14

EG-KOMMISSION: Richtlinie des Rates vom 18. Dezember 1989 über einen Solvabilitätskoeffizienten für Kreditinstitute (89/647/EWG), in: Amtsblatt der Europäischen Gemeinschaften, 32. Jg. (1989), Nr. L 386, 30.12.89, S. 14-22

EG-KOMMISSION: Richtlinie 93/22/EWG des Rates vom 10.5.1993 über Wertpapierdienstleistungen, in: Amtsblatt der Europäischen Gemeinschaften, 36. Jg. (1993), Nr. L 141/1, 11.6.93, S. 27-46

EG-KOMMISSION: Richtlinie 93/6/EWG des Rates vom 15. März 1993 über die angemessene Kapitalausstattung von Wertpapierfirmen und Kreditinstituten, in: Amtsblatt der Europäischen Gemeinschaften, 36. Jg. (1993), Nr. L 141/1, 11.6.93, S. 1-26

EGGERS, WINFRIED: Die neuen OECD-Guidelines zu den internationalen Verrechnungspreisen - Entstehungsgeschichte und Hintergründe, in: DStR, 34. Jg. (1996), Heft 10, S. 393-399

EILERS, STEPHAN: Advanced Pricing Agreements (APAs) im US-amerikanischen Steuerrecht, in: Norbert Herzig (Hrsg.): Advanced Pricing Agreements (APAs), Köln: O. Schmidt 1996, S. 1-12

ELLER, ROLAND: Einführung in das Management von Zinsrisiken, in: Roland Eller/Christian Spindler (Hrsg.): Zins- und Währungsrisiken optimal managen - Analyse, Risiko, Strategie, Wiesbaden: Gabler 1994, S. 13-59

ELLER, ROLAND: Management von Zinsänderungsrisiken, in: Roland Eller/Christian Spindler (Hrsg.): Zins- und Währungsrisiken optimal managen - Analyse, Risiko, Strategie, Wiesbaden: Gabler 1994, S. 61-207

ELLER, ROLAND (HRSG.): Derivative Instrumente - Überblick, Strategien, Tendenzen, in: Handbuch Derivativer Instrumente, Stuttgart: Schäffer-Poeschel 1996, S. 3-38

ELTON, EDWIN J./GRUBER, MARTIN J.: Modern portfolio theory and investment analysis, 4. Aufl., New York: John Wiley & Sons 1991

ENGEL, CLEMENS L.: Konzerntransferpreise im internationalen Steuerrecht, Köln: Deubner 1986 (Steuerwissenschaft, Bd. 22)

FASB: Original Pronouncements 1996/97 Edition - Accounting Standards as of June 1996, New York: John Wiley & Sons 1996

FASB: Accounting for Derivatives and Hedging - Summary of Board Decisions Made at the January 8 - July 16, 1997 Board Meetings, Norwalk, CT: FASB 1997

FIACK, CLAUS-PETER: Die rechtlichen Rahmenbedingungen für Börsentermingeschäfte nach der Börsengesetznovelle 1989, in: Axel-Günter Benkner (Hrsg.): Chancen an der Deutschen Terminbörse, Landsberg/Lech: Verlag Moderne Industrie 1990, S. 63-92

FINANZMINISTERIUM BADEN-WÜRTTEMBERG: Erlaß vom 28.11.1994, S 1300/26, in: IStR, 4. Jg. (1995), Heft 1, S. 34

FINNE, THOMAS: Bilanzierung von Fremdwährungsgeschäften und internationale Doppelbesteuerung, Baden-Baden: Nomos-Verlags-Gesellschaft 1991 (Schriften des Instituts für Ausländisches und internationales Finanz- und Steuerwesen der Universität Hamburg, Bd. 16) (zugl. Diss. Univ. Hamburg 1990)

FISCHER, THOMAS: Risikomanagement im Investment Banking, in: Die Bank, 34. Jg. (1994), Heft 11, S. 636-642

FRANZEN, CHRISTOPHER: Finanzinnovation - was ist das?, in: Die Bank, 28. Jg. (1988), Heft 1, S. 18-20

GEBHARDT, GÜNTHER: Berichterstattung deutscher Unternehmen über den Einsatz derivativer Finanzinstrumente, in: WPg, 48. Jg. (1995), Heft 18, S. 609-617

GLAAB, WOLFGANG/KRAFT, KLAUS: Interest Rate Swap, Currency Swap, Cross Currency Interest Rate Swap als Prüfungsgegenstand der internen Revision, in: ZIR, 21. Jg. (1986), Heft 3, S. 146-157

GLAUM, MARTIN: Finanzinnovationen und ihre Anwendung in internationalen Unternehmungen - dargestellt am Beispiel von Devisenoptionskontrakten, Gießen: Verlag der Ferber'schen Universitätsbuchhandlung 1991 (Gießener Schriftenreihe zur Internationalen Unternehmung, Bd. 4)

GLAUM, MARTIN: Die Bilanzierung von Finanzinstrumenten nach HGB, US-GAAP und IAS: Neuere Entwicklungen, in: DB, 50. Jg. (1997), Heft 33, S. 1625-1632

GÖBEL, STEFAN: Die Bilanzierung von Tageswerten und die Saldierung von Gewinnen und Verlusten, in: Ballwieser, Wolfgang (Hrsg.): US-Amerikanische Rechnungslegung, 2. Aufl., Stuttgart: Schäffer-Poeschel 1996, S. 161-181

GÖTTGENS, MICHAEL: Hedge Accounting, in: BFuP, 47. Jg. (1995), Heft 2, S. 146-165

GÖTTGENS, MICHAEL/PRAHL, REINHARD: Bilanzierung und Prüfung von Financial Futures und Forward Rate Agreements, in: WPg, 46. Jg. (1993), Heft 16, S. 503-513

GREENBERG, M.R. ET AL.: Brief an die Vorsitzenden der SEC und des FASB vom 31. Juli 1997, Norwalk, CT: FASB 1997

GROH, MANFRED: Zur Bilanzierung von Fremdwährungsgeschäften, in: DB, 39. Jg. (1986), Heft 17, S. 869-877

GROUP OF THIRTY: Derivatives: Practices and Principles, 1993

GRUBER, WALTER/RASKOPF, ROLAND: Die Behandlung von derivativen Zinsinstrumenten in der Kapitaladäquanzrichtlinie, in: Roland Eller (Hrsg.): Handbuch Derivativer Instrumente, Stuttgart: Schäffer-Poeschel 1996, S. 689-716

GRÜNEWALD, ANDREAS: Finanzterminkontrakte im handelsrechtlichen Jahresabschluß, Düsseldorf: IDW-Verlag 1993 (Schriften des Instituts für Revisionswesen der Westfälischen Wilhelms-Universität Münster) (zugl. Diss. Univ. Münster, 1992)

GUT, ALEXANDER: Buchführung und Ausweis von derivativen Finanzinstrumenten im internationalen Vergleich, in: Der Schweizer Treuhänder, 69. Jg. (1995), Heft 11, S. 959-666

GUTHOFF, MARKUS: Finanzinnovationen und der Wettbewerb der Banken an den Eurofinanzmärkten, Bergisch Gladbach: Eul 1994 (zugl. Diss. Univ. Göttingen 1993)

GWYNNE, S.C.: The Foreigner-Tax Folly, in: Time, Vol. 135 (1992), 30.11.92, S. 39

HAGEN, PAUL/JAKOBS, WOLFGANG: Risikosteuerung im Eigenhandel, in: Die Bank, 35. Jg. (1995), Heft 11, S. 664-671

HAGEN, PAUL/JAKOBS, WOLFGANG: Marktrisikosteuerung bei Trinkhaus und Burkhardt, in: Roland Eller (Hrsg.): Handbuch Derivativer Instrumente, Stuttgart: Schäffer-Poeschel 1996, S. 631-645

HALEY, CHARLES W.: Forward Rate Agreements (FRAs), in: Jack Clark Francis/Avner Simon Wolf (Hrsg.): The Handbook of Interest Rate Risk Management, New York: Irwin 1994, S. 226-236

HALLER, AXEL: Das Verhältnis von steuerlicher und "handelsrechtlicher" Rechnungslegung in den USA, in: DBW, 48. Jg. (1988), Heft 6, S. 723-733

HALLER, AXEL: Wesentliche Ziele und Merkmale US-amerikanischer Rechnungslegung, in: Wolfgang Ballwieser (Hrsg.): US-Amerikanische Rechnungslegung, 2. Aufl., Stuttgart: Schäffer-Poeschel 1996, S. 1-27

HÄUSELMANN, HOLGER/WIESENBART, THOMAS: Fragen zur bilanzsteuerlichen Behandlung von Geschäften an der deutschen Terminbörse, in: DB, 43. Jg. (1990), Heft 13, S. 641-647

HEHN, ELISABETH: Derivative Instrumente im Risikomangement, in: ZfgK (1997), Heft 9, S. 420-424

HEIN, MANFRED: Marktwirtschaftliche Bankensysteme außerhalb der Bundesrepublik Deutschland, in: Norbert Kloten/Johann H. von Stein (Hrsg.): Obst/Hintner - Geld-, Bank- und Börsenwesen, 39. Aufl., Stuttgart: Schäffer-Poeschel 1993, S. 287-319

HEINRICH, DETLEF: Swap-Transaktionen als Finanzierungsinstrument, in: WISU, 21. Jg. (1992), Heft 6, S. 482-485

HEINZ, LUDWIG: Finanzinnovationen, Bank-Lexikon: Handwörterbuch für das Geld-, Bank- und Börsenwesen, 10. Aufl., Wiesbaden: Gabler 1988, S. 819-839

HEMMELRATH, ALEXANDER: Die Ermittlung des Betriebsstättengewinns im internationalen Steuerrecht: Eine Untersuchung zur "Selbständigkeit" der Betriebsstätte gemäß Art. 7 Abs. 2 OECD-Musterabkommen, München: Beck 1982 (Rechtswissenschaftliche Forschung und Entwicklung, Bd. 25)

HERZ, ROBERT H.: Accounting, Financial Reporting, and Disclosure for Derivatives and Synthetics, in: Robert A. Klein/Jess Lederman (Hrsg.): Derivatives Risk and Responsibility, Chikago: Irwin 1996, S. 353-459

HERZ, ROBERT H./BEIER, GREGORY C.: Will the FASB Clip the Hedges?, in: Financial Executive (1993), Juli/August, S. 40-43

HG: Krumnow plädiert für mark-to-market Bewertung, in: Börsen-Zeitung (1994), 28.9.94, S. 13

HOCHGÜRTEL, MICHAEL F.: Der Financial Futures Markt - Eine Einführung, in: Außenwirtschaft, 37. Jg. (1982), Heft II/III, S. 329-344

HOFFMANN, PETER/RAMKE, RALF: Finanzinnovationen an der Deutschen Terminbörse - Chancen und Risiken des Handels mit Optionen und Finanzterminkontrakten, Berlin: 1990 (Grundlagen und Praxis des Bank- und Börsenwesens, Bd. 23)

HORN, NORBERT: Börsentermingeschäfte nach neuem Recht, in: ZIP, 11. Jg. (1990), Heft 1, S. 2-18

HST.: DTB erhöht Sicherheitsleistungen, in: F.A.Z. (1996), 15.2.1996, S. 28

HST.: Die Transaktionskosten verändern die Börsenlandschaft, in: F.A.Z. (1996), 3.12.96, S. 19

HULL, JOHN C.: Options, futures and other derivative securities, 2. Aufl., Englewood Cliffs, NJ: Prentice Hall 1993

HUMPHREYS, BRENDA: International transfer pricing more important than ever before!, in: CMA Magazine, o.Jg. (1994), May, S. 24-26

HÜTZ, GERHARD: Die Bankenaufsicht in der Bundesrepublik Deutschland und in den USA, Berlin: Duncker & Humblot 1990 (Schriften des Instituts für internationales Recht des Spar-, Giro- und Kreditwesens an der Universität Mainz, Bd. 64) (zugl. Diss. Fernuniv. Hagen 1989)

INSTITUT DER WIRTSCHAFTSPRÜFER, BANKENFACHAUSSCHUß: Stellungnahme BFA 2/1987: Zur bilanziellen Behandlung von Optionsgeschäften, in: WPg, 40. Jg. (1987), Heft 22, S. 682-683

INSTITUT DER WIRTSCHAFTSPRÜFER, BANKENFACHAUSSCHUß: Stellungnahme BFA 2/1993: Bilanzierung und Prüfung von Financial Futures und Forward Rate Agreements, in: WPg, 46. Jg. (1993), Heft 16, S. 517-518

INSTITUT DER WIRTSCHAFTSPRÜFER, BANKENFACHAUSSCHUß: Stellungnahme BFA 2/1993: Bilanzierung und Prüfung von Financial Futures und Forward Rate Agreements (Entwurf), in: WPg, 46. Jg. (1993), Heft 6, S. 182-183

INSTITUT DER WIRTSCHAFTSPRÜFER, BANKENFACHAUSSCHUß: Stellungnahme BFA 2/1995: Bilanzierung von Optionsgeschäften, in: WPg, 48. Jg. (1995), Heft 12, S. 421-422

INSTITUT DER WIRTSCHAFTSPRÜFER, HAUPTFACHAUSSCHUß: Geänderter Entwurf einer Verlautbarung zur Währungsumrechnung im Jahres- und Konzernabschluß, in: WPg, 39. Jg. (1986), Heft 23, S. 664-667

INTERNATIONAL ACCOUNTING STANDARDS COMMITTEE: International Accounting Standards 1996, London: 1996

INTERNATIONAL BANKING REGULATOR: The CCS List, in: International Banking Regulator (1996), No. 40, S. 3

INTERNATIONAL BANKING REGULATOR: Derivatives: How Much?, in: International Banking Regulator (1996), No. 43, S. 4

INTERNATIONAL BANKING REGULATOR: Where (Most of) the Money Is ..., in: International Banking Regulator (1996), Special Report, S. 5

IRS: Revenue Procedure 91-22, I.R.B. 1991-11, Section 482 - Allocation of income and deductions: Advance pricing agreements, Washington, D.C.: IRS 1991

IRS: Continuing Professional Education for Internal Examiners, FY 1992 Technical Update, Washington, D.C.: Tax Management 1992 (Tax Management - Foreign Income, No. 890), S. B2201-B2211

IRS: IRS APA Program Activity Update (FS-94-5), Washington, D.C.: IRS 1994

IRS: Notice 94-40, 1994-1 C.B. 351, Global Trading Advance Pricing Agreements, Washington, D.C.: IRS 1994

IRS: Announcement 95-49, Proposed Update of Advanced Pricing Agreement, 1995-24 I.R.B. 13, Washington, D.C.: IRS 1995

IRS: Announcement 96-124, Section 482 - Allocations Between Related Parties, 1996-49 I.R.B. 22, Washington, D.C.: IRS 1996

IRS: Revenue Procedure 96-53, Section 482 - Allocation Between Related Parties, 1996-49 I.R.B. 9, Washington, D.C.: IRS 1996

ISSING, OTTMAR/BISCHOFBERGER, KARLHEINZ: Derivate und Geldpolitik, in: Dieter Duwendag (Hrsg.): Schriften des Vereins für Socialpolitik, Berlin: Duncker & Humblot 1996 (Bd. 242 - Finanzmärkte, Finanzinnovationen und Geldpolitik), S. 111-137

JACOB, FRIEDHELM ET AL.: Handbook oh the 1989 Double Taxation Convention Between the Federal Republic of Germany and the United States of America, Amsterdam, NL: The International Bureau of Fiscal Documentation 1990

JAHN, UWE: Internationale Rahmenverträge für Finanztermingeschäfte, in: Die Bank, 32. Jg. (1992), Heft 6, S. 349-353

JAHN, UWE: Das 1992 ISDA Master Agreement, in: Die Bank, 34. Jg. (1994), Heft 2, S. 99-103

JECLICKA, JOHN: Funds Open Global Equities Market, in: International Banking Regulator (1996), No. 13, S. 1

JORION, PHILIPPE: Value at Risk: The New Benchmark for Controlling Market Risk, Chikago: Irwin 1997

JÜTTNER, UWE: GoB-System, Einzelbewertungsgrundsatz und Imparitätsprinzip, Frankfurt am Main: Lang 1993 (Betriebswirtschaftliche Studien, Rechnungs- und Finanzwesen, Organisation und Institution, Bd. 18) (zugl. Diss. Univ. Hannover 1992)

KANE, EDWARD J.: The Gathering Crisis in Federal Deposit Insurance, Cambridge, Mass.: MIT Press 1985

KAUFMAN, GEORGE G.: The U.S. Financial System - Money, Markets and Institutions, 3. Aufl., Englewood Cliffs, NJ: Prentice Hall 1986

KLEINSCHMITT, MARTIN: Das Informationsmodell bei Börsentermingeschäften, Berlin: Duncker & Humblot 1992 (Untersuchungen über das Spar-, Giro- und Kreditwesen, Bd. 75) (zugl. Diss. Freie Univ. Berlin 1991)

KOCH, KARL/SCHOLTZ, ROLF-DETLEV: Abgabenordnung AO 1977, 4. Aufl., Köln: Heymanns 1993

KOLB, ROBERT W.: Understanding Options, New York: John Wiley & Sons 1995

KÖLLHOFER, DIETRICH/SPRIẞLER, WOLFGANG: Informationswesen und Kontrolle im Bankbetrieb, in: Norbert Kloten/Johann H. von Stein (Hrsg.): Obst/Hintner - Geld-, Bank- und Börsenwesen, 39. Aufl., Stuttgart: Schäffer-Poeschel 1993, S. 782-910

KRABBE, HELMUT: Auskünfte mit Bindungswirkung nach Treu und Glauben, in: DB, 40. Jg. (1987), Heft 41, S. 2067-2069

KRADOLFER, VERENA: Finanzmarktprognosen - Fraktale Techniken, alternative Zeitskalen, Resultate, Zürich: Olsen & Associates 1993

KRATZ, KARLHEINZ: Finanzmarktvolatilität und monetäre Unsicherheit, Hamburg: Steuer- und Wirtschaftsverlag 1995 (Duisburger Volkswirtschaftliche Schriften, Bd. 19)

KROPHOLLER, JAN: Internationales Privatrecht, 2. Aufl., Tübingen: Mohr 1994

KRÜGER, MALTE: Was besagen hohe Devisenmarktumsätze?, in: ZfgK, 50. Jg. (1997), Heft 3, S. 109-114

KRUMNOW, JÜRGEN: Risikosteuerung im derivativen Geschäft, Vortrag gehalten im Rahmen des Bank- und Börsenseminars, Universität zu Köln am 1. Februar 1995 1995

KRUMNOW, JÜRGEN/SPRIẞLER, WOLFGANG/BELLAVITE-HÖVERMANN, YVETTE/KEMMER, MICHAEL/STEINBRÜCKER, HANNELORE: Rechnungslegung der Kreditinstitute: Kommentar zum Bankbilanzrichtlinie-Gesetz und zur RechKredV, Stuttgart: Schäffer-Poeschel 1994

KÜTING, KARLHEINZ/WEBER CLAUS-PETER (HRSG.): Handbuch der Rechnungslegung, Kommentar zur Bilanzierung und Prüfung, 4. Aufl., Stuttgart: Schäffer 1995

LAGGER, ANDRÉ: Risikomanagement bei Banken, Stuttgart: Haupt 1995 (Swiss Banking School, No. 112)

LANEGNBUCHER, GÜNTHER: Die Umrechnung von Jahresabschlüssen, in: DB, 35. Jg. (1982), Heft 8, S. 389-394

LANG, JOACHIM [HRSG.]: Unternehmensbesteuerung in EU-Staaten, Köln: O. Schmidt 1994

LERBINGER, PAUL: Swap-Transaktionen als Finanzinstrumente, in: Die Bank, 25. Jg. (1985), Heft 5, S. 245-249

LERBINGER, PAUL: Swap-Transaktionen als Bankleistung, in: Die Bank, 25. Jg. (1985), Heft 6, S. 294-297

LERBINGER, PAUL: Zins- und Währungsswaps - neue Instrumente im Finanzmanagement von Unternehmen und Banken, Wiesbaden: Gabler 1988

LEVI, MAURICE D.: International Finance - The Markets and Financial Management of Multinational Business, 2. Aufl., New York: McGraw-Hill 1990

LITAN, ROBERT E.: What Should Banks Do, Washington, D.C.: Brookings Institution 1987

LUTTER, MARCUS: Die rechtliche Struktur multinationaler Unternehmen, in: ZfbF, o.Jg. (1975), Sonderheft 4, S. 61-74

MARSHALL, JOHN F./KAPNER, KENNETH R.: Understanding Swaps, New York: John Wiley & Sons 1993

MCDANIEL, PAUL R./AULT, HUGH J.: Introduction to United States International Taxation, 3. Aufl., Deventer, NL: Kluwer 1989 (Series on International Taxation, No. 10)

MENNINGER, JUTTA: Financial Futures und deren bilanzielle Behandlung, Frankfurt am Main: Lang 1993 (zugl. Diss. Univ. Würzburg)

MILLER, MERTON: Financial Innovations and Market Volatility, Cambridge, Mass.: Basil Blackwell 1991

MÜLLER-MÖHL, ERNST: Optionen und Futures, 3. Aufl., Stuttgart: Schäffer-Poeschel 1995

NAUMANN, THOMAS K.: Bewertungseinheiten im Gewinnermittlungsrecht der Banken, Düsseldorf: IDW-Verlag 1995 (zugl. Diss. Univ. Frankfurt am Main 1995)

NIEHUS, RUDOLF J.: Grundsätze ordnungsgemäßer Bilanzierung von Wertpapier- und Warentermingeschäften in den USA, in: WPg, 38. Jg. (1985), Heft 8, S. 235-236

O.V.: Schlüsselbegriff: Innovation, Mannheim: F.A. Brockhaus 1989 (Brockhaus Enzyklopädie, Bd. 10: Herr - Is)

O.V.: Foreign Firms' Income in U.S. is Understated, in: The Wall Street Journal (1993), 4.6.93

O.V.: Using Derivatives - What Senior Managers Must Know, in: Harvard Business Review, Vol. 74 (1995), January/February, S. 33-41 o.V.: CIBC Unit's Survey On Derivatives Reveals Modest Gain in Use, in: International Banking Regulator (1996), No. 13, S. 5

o.V.: Banking Industry Wants Section 20 Reformed, in: International Banking Regulator (1996), No. 39, S. 5

o.V.: FASB Offers Compromise on Derivatives, in: Journal of Accountancy, Vol. 180 (1996), No. 6, S. 18-19

o.V.: Hearsay Marks Glass-Steagall Talks, in: International Banking Regulator (1996), No. 7, S. 1-2

o.V.: Commerzbank, Deutsche Bank und Dresdner Bank im Vergleich der Konzernbilanzen nach HGB, in: ZfgK, 50. Jg. (1997), Heft 9, S. 433-441

OCC: Quarterly Derivatives Fact Sheet - Fourth Quarter 1996, Washington, D.C.: U.S. Treasury Department 1996

OECD: Model Tax Convention on Income and on Capital, Paris: OECD 1992

OECD: Kommentar zum OECD-MA, Paris: OECD 1994

OECD: Taxation of new Financial Instruments, Paris: OECD 1994

OECD: The Taxation of Global Trading of Financial Instruments: A Discussion Draft, Paris: OECD 1997

OECD - COMMITTEE ON FISCAL AFFAIRS: Transferpricing and multinational enterprises, Paris: OECD 1979

OECD - COMMITTEE ON FISCAL AFFAIRS: Transferpricing and multinational enterprises: Three taxation issues, Paris: OECD 1984

OECD - COMMITTEE ON FISCAL AFFAIRS: Tax aspects of transfer pricing within multinational enterprises: The United States proposed regulations, Paris: OECD 1993

OECD - COMMITTEE ON FISCAL AFFAIRS: Working Party No. 8 on Tax Avoidance and Evasion - Attribution of Profits in Global Trading Cases, Presentation by the United Kingdom, Paris: OECD 1994

OECD - COMMITTEE ON FISCAL AFFAIRS: Working Party No. 8 on Tax Avoidance and Evasion - Attribution of Profits in Global Trading Cases, Presentation by the United States, Paris: OECD 1994

OECD - COMMITTEE ON FISCAL AFFAIRS: Transfer pricing guidelines for multinational enterprises and tax administrations, Paris: OECD 1995

OECD - COMMITTEE ON FISCAL AFFAIRS: Working Group on Innovative Financial Transactions - Questionnaire on Global Trading, Paris: OECD 1995

OFD KOBLENZ: Verfügung vom 13.3.1995 - S 0111 A-St 53 1, in: WPg, 48. Jg. (1995), Heft 10, S. 351

PAGAN, JILL C./WILKIE, J. SCOTT: Transfer Pricing Strategy in a Global Economy, Amsterdam, NL: IBFD 1993

PATTON, MICHAEL F.: Advanced pricing agreements, Washington, D.C.: Tax Management 1995 (Tax Management - Foreign Income, No. 890), S. A101-A144

PECHTL, ANDREAS: Optionen mit speziellen Eigenschaften, in: Roland Eller (Hrsg.): Handbuch Derivativer Instrumente, Stuttgart: Schäffer-Poeschel 1996, S. 225-260

PERRIDON, LOUIS/STEINER, MANFRED: Finanzwirtschaft der Unternehmung, 8. Aufl., München: Vahlen 1995 (Vahlens Handbücher der Wirtschafts- und Sozialwissenschaften)

PFEFFER, ANDREAS: Publizitätspflichten für derivative Finanzinstrumente nach US-GAAP, in: WPg, 48. Jg. (1995), Heft 12, S. 411-415

PORADA, WOLFGANG: Risikomanagement von Derivaten, in: F.A.Z. (1996), 4.11.96, S. B3

PORTNER, ROSEMARIE: Advanced Pricing Agreements (APAs) im deutschen Steuerrecht - innerstaatliche Aspekte und Abkommensrecht, in: Norbert Herzig (Hrsg.): Advanced Pricing Agreements (APAs), Köln: O. Schmidt 1996, S. 13-36

PRAHL, REINHARD/NAUMANN, THOMAS K.: Zur Bilanzierung von portfolioorientierten Handelsaktivitäten der Kreditinstitute, in: WPg, 44. Jg. (1991), Heft 23, S. 729-739

PRAHL, REINHARD/NAUMANN, THOMAS K.: Moderne Finanzinstrumente im Spannungsfeld zu traditionellen Rechnungslegungsvorschriften: Barwertansatz, Hedge-Accounting und Portfolio-Approach, in: WPg, 45. Jg. (1992), Heft 23, S. 709-719

PRAHL, REINHARD/NAUMANN, THOMAS K.: Geheimniskrämerei um Bewertung ist nicht mehr zeitgemäß, in: Handelsblatt (1994), 22.9.94, S. B9

PRAHL, REINHARD/NAUMANN, THOMAS K.: Die Bewertungseinheit am Bilanzstichtag - und was dann?, in: ZBB, 6. Jg. (1994), Heft 1, S. 1-9

PRANDL, PAUL: Genialer Grenzgänger, in: Capital, 35. Jg. (1996), Heft 3, S. 105-109

PRICE WATERHOUSE: Transfer Pricing Practices of American Industry, New York: Price Waterhouse 1984

RÄDLER, ALBERT J.: Stellungnahme zu dem Entwurf des OECD-Berichts über Verrechnungspreise, in: DB, 48. Jg. (1995), Heft 3, S. 110-111

RAWLS, S. WAITE III/SMITHSON, CHARLES W.: The Evolution of Risk Management Products, in: Robert J. Schwartz/Clifford W. Smith, Jr. (Hrsg.): The Handbook of Currency and Interest Rate Risk Management, New York: New York Institute of Finance 1990, S. 1-17

REED, WENDY: European Parlament Focuses on Derivatives, in: Capital Markets Update, o.Jg. (1995), Heft 4, S. 1

RETTBERG, UDO/ZWÄTZ, DIETRICH: Das kleine Terminhandels-Lexikon, 4. Aufl., Düsseldorf: Wirtschaft und Finanzen 1995

REVENUE CANADA: International Transfer Pricing: Advance Pricing Agreement (APA) Procedures and Guidelines, 1993

RIEGER, HORST: Prinzipien des internationalen Steuerrechts als Problem der Steuerplanung in der internationalen Unternehmung, Berlin: E. Schmidt 1978 (Steuerberatung, Betriebsprüfung, Unternehmensbesteuerung, Bd. 4)

RITTER, WOLFGANG: Steuerliche Prüfung internationaler Verrechnungspreise, in: BB, 38. Jg. (1983), Heft 27, S. 1677-1687

RÖDER, THOMAS/LINZ, HEINRICH: Risiko-Management eines Derivativ-Portfolios: Chancen und Risiken für Banken und Aufsicht, in: Dieter Duwendag (Hrsg.): Schriften des Vereins für Socialpolitik, Berlin: Duncker & Humblot 1996 (Bd. 242 - Finanzmärkte, Finanzinnovationen und Geldpolitik), S. 139-167

RUDOLPH, BERND: Derivative Finanzinstrumente - Entwicklung, Risikomanagement und bankaufsichtsrechtliche Regelungen, in: Bernd Rudolph (Hrsg.): Derivative Finanzinstrumente, Stuttgart: Schäffer-Poeschel 1995, S. 3-44

RUNGE, BERNDT: Handhabung von APAs durch die deutsche Finanzverwaltung - Mitwirkung bei ausländischen APAs, verbindliche Auskunft im Inland, in: Norbert Herzig (Hrsg.): Advanced Pricing Agreements (APAs), Köln: O. Schmidt 1996, S. 43-50

SAINT PHALLE, THIBAUT DE: The Federal Reserve - An Intentional Mystery, New York: Praeger 1985

SCHÄFER, KLAUS: Einsatz und Bewertung von Optionen und Futures, in: Bernd Rudolph (Hrsg.): Derivative Finanzinstrumente, Stuttgart: Schäffer-Poeschel 1995, S. 45-130

SCHARPF, PAUL: Derivative Finanzinstrumente im Jahresabschluß unter Prüfungsgesichtspunkten: Erfassung, Abwicklung und Bildung von Bewertungseinheiten, in: BFuP, 47. Jg. (1995), Heft 2, S. 166-208

SCHARPF, PAUL/EPPERLEIN, JOACHIM K.: Rechnungslegung und interne Kontrolle von derivativen Finanzinstrumenten, in: Bernd Rudolph (Hrsg.): Derivative Finanzinstrumente, Stuttgart: Schäffer-Poeschel 1995, S. 131-170

SCHARPF, PAUL/EPPERLEIN, JOACHIM K.: Risikomanagement derivativer Finanzinstrumente, in: BFuP, 47. Jg. (1995), Heft 2, S. 209-229

SCHARPF, PAUL/LUZ, GÜNTHER: Risikomanagement, Bilanzierung und Aufsicht von Finanzderivaten, Stuttgart: Schäffer-Poeschel 1996

SCHARPF, PAUL/SOHLER, ARMIN: Leitfaden zum Jahresabschluß nach dem Bankbilanzrichtlinie-Gesetz - Bilanz, GuV und Anhang, Düsseldorf: IDW-Verlag 1992

SCHEFFLER, JAN: Hedge-Accounting - Jahresabschlußrisiken in Banken, Wiesbaden: Gabler 1994

SCHERER, THOMAS B.: Doppelbesteuerung und Europäisches Recht, München: Beck 1995

SCHMEKEL, HELMUT: Rechnungslegung von Zinstermingeschäften für Banken und Industrieunternehmen, in: DB, 36. Jg. (1983), Heft 17, S. 893-898

SCHMEKEL, HELMUT: Die Bilanzierung von Terminkontrakten in den USA, in: Die Bank, 25. Jg. (1985), Heft 29, S. 1495-1496

SCHMOLL, ANTON: Risikomanagement im Kreditgeschäft - Risikokontrolle und Risikosteuerung in der Bankpraxis, Wien: Manz 1993

SCHREIBER, ULRICH: Die Bedeutung der US-amerikanischen Rechnungslegung für die Besteuerung von Gewinnen und Ausschüttungen, in: Wolfgang Ballwieser (Hrsg.): US-Amerikanische Rechnungslegung, 2. Aufl., Stuttgart: Schäffer-Poeschel 1996, S. 47-92

SCHUHMACHER, ANDREAS: Kompensatorische Bewertung bei der Sicherung von Bilanzpositionen durch Finanztermingeschäfte in Handels- und Steuerbilanz, in: DB, 48. Jg. (1995), Heft 30, S. 1473-1478

SCHULTE-MATTLER, HERMANN: Baseler Vorschlag zur Erfassung und Begrenzung von Marktrisiken, in: Die Bank, 34. Jg. (1994), Heft 1, S. 28-33

SCHULTE-MATTLER, HERMANN/TRABER, UWE: Marktrisiko und Eigenkapital, Wiesbaden: Gabler 1995

SCHULTE-MATTLER, HERMANN/TRABER, UWE: Benchmark- und Simulationsmethode zur Quantifizierung des Fremdwährungsrisikos, in: Die Bank, 35. Jg. (1995), Heft 10, S. 626-632

SCHUMPETER, JOSEPH A.: Konjunkturzyklen - Band I (Business Cycles. A Theoretical, Historical, and Statistical Analysis of the Capitalist Process.), übers. von Klaus Dockhorn, in: Reinhard Schaeder (Hrsg.): Grundriss der Sozialwissenschaft, Göttingen: Vandenhoeck & Ruprecht 1961

SCHWARTZ, ROBERT A.: US Securities Markets Regulation: Market Structure, in: Benn Steil (Hrsg.): International Financial Market Regulation, New York: John Wiley & Sons 1994

SCHWARZ: Kommentar zur Abgabenordnung, Freiburg: Haufe

SCHWARZE, ARMIN: Ausweis und Bewertung neuer Finanzierungsinstrumente in der Bankbilanz, Berlin: Duncker & Humblot 1989 (zugl. Diss. Univ. Bonn 1988)

SERFLING, KLAUS/DECHANT, ULRICH/GATSONIS, ALEXANDER: Die Bewertung von Optionen, Teil I und II, in: ZfgK, 43. Jg. (1990), Heft 9 u. 10, S. 448-452 u. S. 494-498

SHEREFF, HENRY D.: Itroduction to the Taxation of Financial Instruments: Federal Income Taxation of Capital Transactions in Securities, Straddles, Options and Futures, Philadelphia: American Law Institute - American Bar Association Committee on Continuing Professional Education 1990

SIEKER, KLAUS: Betriebsstättengewinn und Fremdvergleichsgrundsatz, in: DB, 49. Jg. (1996), Heft 3, S. 110-113

SILBER, WILLIAM L. (HRSG.): Towards a Theory of Financial Innovation, in: Financial Innovations, Lexington, Mass.: D.C. Heath and Company 1976, S. 53-86

SMALL, DAVID G.: Die US-Gewinnermittlung - eine bilanzsteuerrechtliche Übersichtm, Teil I, in: IStR, 4. Jg. (1995), Heft 3, S. 156-160

SMALL, DAVID G.: USA: Das neue Wahlrecht zur Klassifizierung von Kapital und Personengesellschaften, in: IStR, 5. Jg. (1996), Heft 6, S. 280-282

SMITH, CLIFFORD W., JR./SMITHSON, CHARLES W./WAKEMAN, LEE M.: The Evolving Market for Swaps, in: Robert J. Schwartz/Clifford W. Smith, Jr. (Hrsg.): The Handbook of Currency and Interest Rate Risk Management, New York: New York Institute of Finance 1990, S. 1-24

SMITHSON, CHARLES W.: A LEGO Approach to Financial Engineering: An Introduction to Forwards, Futures, Swaps and Options, in: Robert J. Schwartz/Clifford W. Smith, Jr. (Hrsg.): The Handbook of Currency and Interest Rate Risk Management, New York: New York Institute of Finance 1990, S. 1-22

STRATTON, SHERYL: Competing Interests Snag APA Program Guidance, in: Tax Notes Today (1996), 5.1.1996

STRAUSH, CARSTEN: Handbuch Terminhandel, Darmstadt: Hoppenstedt 1990

TANG, ROGER Y.W.: Transfer Pricing in the 1990s - Tax and Management Perspectives, New York: Quorum Books 1993

THOM, NORBERT: Innovationsmanagement, in: Schweizerische Volksbank (Hrsg.): Die Orientierung, Bern: Schweizerische Volksbank 1992 (Heft 100)

TIETMEYER, HANS: Europäische Geldpolitik in globalen Märkten, in: Deutsche Bundesbank (Hrsg.): Auszüge aus Presseartikeln, Frankfurt am Main: Deutsche Bundesbank 1996 (Nr. 27, 30.April 1996), S. 1-5

TIPKE, KLAUS/KRUSE, HEINRICH W.: AO/FGO Kommentar, 16. Aufl., Köln: O. Schmidt

TREASURY DEPARTMENT: Recent Service Experience in Administering Section 482 and Economic Theories Concerning the Implementation of Section 482, in: John H. Dunning (Hrsg.): United Nations Library on Transnational Corporations, New York: United Nations 1994 (Vol. 14 - Transnational Corporations: Transferpricing and Taxation), S. 194-213

TREASURY DEPARTMENT AND INTERNAL REVENUE SERVICE: A Study of Intercompany Pricing, Washington, D.C.: U.S. G.P.O. 1988

TREUBERG, HUBERT GRAF VON/ANGERMAYER, BIRGIT: Jahresabschluß von Versicherungsunternehmen, Stuttgart: Schäffer-Poeschel 1995

TREUBERG, HUBERT GRAF VON/SCHARPF, PAUL: DTB-Aktienoptionen und deren Abbildung im Jahresabschluß von Industrieunternehmen, in: DB, 44. Jg. (1991), Heft 13, S. 661

TROMMSDORFF, VOLKER/SCHNEIDER, PETER: Grundzüge des betrieblichen Innovationsmanagements, in: Volker Trommsdorff (Hrsg.): Innovationsmanagement in kleinen und mittleren Unternehmungen, München: Vahlen 1990

UNDER-MINISTER OF FINANCE OF THE NETHERLANDS: Netherlands Resolution of Under-Minister of Finance, No. IFZ94/855 - 19. Oktober 1994, 1994

UNITED STATES TAX REPORTER: Committee Reports IRC § 475, Washington, D.C.:

UNITED STATES TAX REPORTER: Committee Reports IRC § 482, Washington, D.C.:

USZCZAPOWSKI, IGOR: Optionen und Futures verstehen, 3. Aufl., München: Beck 1995

VOGEL, KLAUS: Doppelbesteuerungsabkommen und ihre Auslegung I, in: StuW, 11. Jg. (1982), S. 111-124

VOGEL, KLAUS: Doppelbesteuerungsabkommen in der Bundesrepublik Deutschland auf dem Gebiet der Steuern von Einkommen und Vermögen: Kommentar auf der Grundlage der Musterabkommen, 3. Aufl., München: Beck 1996

WAGNER, SIEGFRIED: Global Trading, in: StBP, 31. Jg. (1991), Heft 7, S. 154-157

WAGNER, SIEGFRIED: Inhalt und Bedeutung von Advanced Pricing Agreements (APA), in: StBP, 35. Jg. (1995), Heft 12, S. 265-271

WALTER, NORBERT: Finanzinnovationen als geld- und währungspolitisches Problem, in: Klaus M. Burger (Hrsg.): Finanzinnovationen: Risiken und ihre Bewältigung, Stuttgart: Poeschel 1989, S. 23-41

WANG, LAWRENCE K.: International Financial and Banking Systems, Acton, Mass.: Copley 1990

WEBB, CRAIG L.: German Futures Mart Wins Entry to U.S., in: International Banking Regulator (1996), No. 11, S. 1

WEBB, CRAIG L.: U.S. Tax Rule Could Force Global Changes, in: International Banking Regulator (1996), No. 16, S. 1 u. 5

WEBB, CRAIG L.: Don't Hedge on Tax Rule, Banks Tell IRS, in: International Banking Regulator (1996), No. 25, S. 1 u. 5

WEBB, CRAIG L.: Total U.S. Assets of Foreign Banks as of December 1995, in: International Banking Regulator (1996), Special Report

WELSH, GARY: A Regulatory Guide for Foreign Banks in the United States - 1996 Edition, Washington, D.C.: Price Waterhouse 1996

WERRA, MATTHIAS: Neue Richtlinien zur steuerlichen Prüfung von Verrechnungspreisen in den USA vom Januar 1993 - Rückkehr zum arm's length-Grundsatz?, in: DB, 46. Jg. (1993), Heft 14, S. 704-710

WHITE, LAWRENCE J.: US Banking Regulation, in: Benn Steil (Hrsg.): International Financial Market Regulation, New York: John Wiley & Sons 1994

WILKE, KAY-MICHAEL: Lehrbuch des internationalen Steuerrechts, 4. Aufl., Herne: Verlag Neue Wirtschafts-Briefe 1992

WINDMÖLLER, ROLF /BRECKER, NORBERT: Bilanzierung von Optionsgeschäften, in: WPg, 48. Jg. (1995), Heft 12, S. 389

WLECKE, ULRICH: Währungsumrechnung und Gewinnbesteuerung bei international tätigen deutschen Unternehmen, Düsseldorf: IDW-Verlag 1989 (zugl. Diss. Univ. Münster 1988)

WOERNER, LOTHAR: Verdeckte Gewinnausschüttungen, verdeckte Einlagen und § 1 AStG, in: BB, 38. Jg. (1983), Heft 14, S. 845-851

ZIMMER, MANFRED: Zinsoptionen - eine Spielwiese für Finanzjongleure?, Teil I und II, in: ZIR, 27. Jg. (1992), Heft 2 u. 3, S. 95-114 u. S. 197-212

ZITZELSBERGER, HERIBERT: APAs in der Praxis eines deutschen Großunternehmens, in: Norbert Herzig (Hrsg.): Advanced Pricing Agreements (APAs), Köln: O. Schmidt 1996, S. 51-54

## Urteile

BFH-Urteil vom 2. Oktober 1992 III R 54/91, DB 1993, Heft 4, S. 204

BFH-Urteil vom 1. August 1984 I R 88/80, BStBl. 1985 II S. 44-47

BFH-Urteil vom 16. November 1982 VIII R 95/81, BStBl. 1983 II S. 361-364

## Verordnungen

Verordnung zur Ausführung des Abkommens vom 2. Mai 1992 über den Europäischen Wirtschaftsraum für die Anwendung von Vorschriften des Gesetzes über das Kreditwesen, BGBl. I 1996 S. 319

Erste Verordnung zur Ausführung des Abkommens vom 2. Mai 1992 über den Europäischen Wirtschaftsraum für die Anwendung von Vorschriften des Gesetzes über das Kreditwesen, BGBl. I 1994 S. 1829

Verordnung über die Rechnungslegung der Kreditinstitute (RechKredV) vom 10.2.1992, BGBl. I 1992 S. 203-222

Verordnung über die Befreiung von bestimmten Pflichten nach dem Gesetz über das Kreditwesen vom 20. August 1985, BGBl. I 1985, S. 1713

# Glossar

| | |
|---|---|
| APA | Rechtlich bindende Vereinbarung zwischen den Steuerbehörden und dem Steuerpflichtigen bezüglich der anzuwendenden Transferpreismethode zur Verteilung oder Zuordnung von Einnahmen, Abzügen, Krediten oder Darlehen zwischen oder innerhalb von zwei oder mehreren Unternehmen, die direkt oder indirekt von einer Person kontrolliert werden oder dessen Eigentum sind. Die Vereinbarung hat das Ziel, die Einhaltung des Fremdverhaltensgrundsatzes zu garantieren. |
| Arm's Length Principle | Der im OECD-MA definierte → Fremdverhaltensgrundsatz. |
| Arm's Length Standard | Der im US-amerikanischen Steuerrecht unter Reg. Sec. 1.482-1(b)(1) zu § 482 IRC kodifizierte → Fremdverhaltensgrundsatz. |
| Call | Optionsform, die dem Inhaber das Recht gibt, das vereinbarte Underlying vom Stillhalter zum Ausübungspreis zu kaufen. |
| Derivat | Geschäfte, deren Preis sich von einem zugrundeliegenden Aktivum, von einem Referenzpreis, -zins oder -index ableitet. |
| Fair Value | Bewertung eines Finanzinstruments, bei der sich keine Arbitragemöglichkeit mehr bietet. |
| Finanzinnovation | Die geplante Erneuerung bzw. Neugestaltung von Funktionsbereichen oder -elementen in bereits bestehenden Zusammenhängen von Finanzinstrumenten mit dem Ziel, die bisher genutzten Verfahrensweisen zu optimieren oder neu auftretenden Funktionsanforderungen gerecht zu werden. |
| Forward | Bindende Verpflichtung zwischen zwei Vertragspartnern, ein Handelsobjekt zu einem vereinbarten Preis zu einem bestimmten, zukünftigen Zeitpunkt zu liefern (Verkauf) bzw. abzunehmen (Kauf). Ein Forward unterscheidet sich von einem Future dadurch, daß es sich nicht um einen standardisierten Kontrakt handelt. Forwards werden nicht börsengehandelt sondern individuell vereinbart. |

| | |
|---|---|
| Forward Rate Agreement (FRA) | Vertragliche Vereinbarung zwischen zwei Parteien mit dem Ziel, einen bestimmten Zinssatz für einen zukünftigen Zeitraum, bezogen auf einen bestimmten Nominalbetrag, festzulegen. |
| Fremdverhaltensgrundsatz | Grundsatz, der besagt, daß bezüglich der Transferpreise eine Transaktion zwischen wirtschaftlich oder finanziell verbundenen Unternehmen genau so vorzunehmen sei, wie zwei unabhängige Parteien unter den gleichen Umständen handeln würden. Sollten aufgrund einer anders gewählten Transferpreismethode Gewinne nicht anfallen, die abhängig von dieser Methode bei einem Unternehmen angefallen wären, so dürfen diese Gewinne dem Unternehmen zugerechnet und entsprechend besteuert werden. |
| Future | Standardisierte, bindende Verpflichtung zwischen zwei Vertragspartnern, ein Handelsobjekt zu einem vereinbarten Preis zu einem bestimmten, zukünftigen Zeitpunkt zu liefern (Verkauf) bzw. abzunehmen (Kauf). Ein Future unterscheidet sich von einem Forward dadurch, daß es sich um einen standardisierten Kontrakt handelt, der börsengehandelt wird. |
| Globales Buch | Positionen des Handelsbestands werden nicht in mehreren lokalen sondern nur in einem globalen Handelsbuch geführt. Das Globale Buch wird am Ende der aktiven Handelszeit von einem Handelsplatz zum zeitlich nachfolgenden Handelsplatz weitergereicht. |
| Handelsbuch | Bestandsführung von Positionen. |
| Hedge | Form der Risikobegrenzung, bei der zu einer vorhandenen oder antizipierten Position temporär oder dauerhaft eine entgegengesetzte Position eingegangen wird. Gewinne und Verluste aus den Positionen kompensieren sich annähernd bei Marktveränderungen. |
| Kostenaufschlagsmethode | Transferpreismethode, die den Fremdvergleichspreis aus den Kosten ermittelt, die das Unternehmen für das Produkt oder die Leistung aufgewendet hat, zuzüglich eines Gewinnzuschlags. |
| Long | Kauf einer Position bzw. der positive Bestand eines Instruments zu einem zukünftigen Zeitpunkt. |

| | |
|---|---|
| Macro-Hedge | Risiken mehrerer Geschäfte werden unter Berücksichtigung von risikomindernden Positionen eines Unternehmens gleichzeitig abgesichert. Zur Berücksichtigung kompensatorischer Wertentwicklungen dürfen nur solche Handelsbestände einbezogen werden, die durch ein institutionalisiertes Risikomanagement und eine enge Limitierung offener Positionen fortwährend gesichert und nur hinreichend diversifiziert sind. |
| Market Maker | Händler, der auf Anfrage immer einen An- und Verkaufskurs für ein bestimmtes Handelsgut angeben und zu diesen Konditionen eine bestimmte Mindestmenge abschließen muß. Durch diese Verpflichtung der Market Maker wird die Liquidität des Marktes garantiert. |
| Mark-to-Market | Bewertung von Positionen zu Marktpreisen. |
| Marktpreismethode | Transferpreismethode, bei der die Preise von Geschäften zwischen dem Steuerpflichtigen und unabhängigen Dritten oder zwischen fremden, voneinander unabhängigen Dritten untereinander als Vergleichsbasis herangezogen werden, um den Fremdverhaltensgrundsatz einzuhalten. |
| Micro-Hedge | Sicherung einzelner, bestehender oder geplanter Geschäfte. Es handelt sich dabei um eine konkrete Verknüpfung von Grund- und Sicherungsgeschäft zur Absicherung von Zins-, Währungs-, und sonstigen Risiken. Die Positionen müssen einander eindeutig zugeordnet werden. Das Risiko der offenen Position wird durch eine exakt angepaßte Sicherungsposition kompensiert. |
| Option | Vereinbarung, bei der einem Vertragspartner als Optionsberechtigtem das Recht eingeräumt wird, zukünftig innerhalb einer bestimmten Frist bzw. zu einem bestimmten Zeitpunkt mit dem anderen Vertragspartner als Stillhalter ein festgelegtes Vertragsverhältnis einzugehen bzw. vom Stillhalter die Zahlung eines hinsichtlich seiner Bestimmungsgrößen festgelegten Geldbetrags als Barausgleich zu verlangen. |
| Over the counter (OTC) | Die Kontraktbedingungen werden individuell vereinbart, im Gegensatz zu standardisierten, börsengehandelten Kontrakten. |

| | |
|---|---|
| Portfolio-Hedge | Geschäfte mit gleichartigem Risiko werden in Gruppen zusammengefaßt und unter Berücksichtigung gegenseitiger Wert- und Risikokompensationen gemeinsam abgesichert. Zur Portfoliobewertung wird der Barwert aller aus dem Handelsbuch zu erwartenden Zahlungen ermittelt. |
| Position | Das Engagement in ein Finanzinstrument. |
| Put | Optionsform, die dem Inhaber das Recht gibt, dem Stillhalter das vereinbarte Underlying zum Ausübungskurs zu verkaufen. |
| Short | Verkauf einer Position bzw. der negative Bestand eines Instruments zu einem zukünftigen Zeitpunkt. |
| Spread | Differenz zwischen An- und Verkaufskurs. |
| Stillhalter | Erstverkäufer einer Option gegen Zahlung einer Prämie. |
| Swap | Finanztransaktion, bei der zwei Vertragsparteien vereinbaren, Zahlungsströme, die aus bereits bestehenden oder noch zu begründenden Forderungen oder Verbindlichkeiten resultieren, über eine bestimmte Periode auszutauschen, um komparative Vorteile, die eine der Vertragsparteien an bestimmten Finanzmärkten oder Finanzmarktsegmenten hat, i.d.R gegen Entgelt, zum beiderseitigen wirtschaftlichen Vorteil zu arbitrieren. |
| Transferpreismethode | Verrechnungspreismethode für den internationalen Transfer von Gütern und Dienstleistungen zwischen verbundenen Unternehmen. Zu den traditionellen Transferpreismethoden gehören die Marktpreismethode, die Kostenaufschlagsmethode und die Wiederverkaufspreismethode. |
| Underlying | Das einer Position zugrundeliegende Instrument. |
| Volatilität | Standardabweichung der Preisveränderung als Maß für die Schwankungsintensität des Basispreises. |
| Wiederverkaufspreis-methode | Transferpreismethode, bei der es sich um einen indirekten Preisvergleich handelt, in dem die Angemessenheit der Handelsspanne des Wiederverkäufers überprüft wird. |

FSC
www.fsc.org
MIX
Papier | Fördert gute Waldnutzung
FSC® C083411

Kolibri 360 GmbH
Ferdinand-Jühlke-Straße 7
99095 Erfurt, Deutschland
produktsicherheit@kolibri360.de

Druck:
CPI Druckdienstleistungen GmbH
im Auftrag der
Kolibri 360 GmbH
Ferdinand-Jühlke-Str. 7
99095 Erfurt